经管类专业学位研究生
主干课程系列教材

International Taxation

国际税收

杜 莉 编著

复旦大学出版社

内容提要

　　本书主要阐述国际税收制度与规则以及跨国企业的税收筹划策略。在国际税收制度与规则方面，主要包括对跨境交易征收所得税的国内税法、双边税收协定和基于多边国际税收协调机制的相关规则，其中特别对中国的国际税收制度和相关实践进行详细介绍。在跨国企业的税收筹划策略方面，在阐述基本概念的基础上着重介绍跨国企业组织形式选择、金融活动、知识产权创造和管理以及供应链管理方面的国际税收筹划策略。

总　序

社会经济的发展对应用型专业人才的需求呈现出大批量、多层次、高规格的特点。为了适应这种变化，积极调整人才培养目标和培养模式，大力提高人才培养的适应性和竞争力，教育部于 2009 年推出系列专业学位硕士项目，实现硕士研究生教育从以培养学术型人才为主向以培养应用型人才为主的历史性转型和战略性调整。复旦大学经济学院于 2010 年首批获得金融硕士专业学位培养资格，经济学院专业学位项目依托强大的学科支持，设置了系统性模块化实务型课程，采用理论与实践结合的双导师制度（校内和校外导师），为学生提供从理论指导、专业实践到未来职业生涯设计的全面指导。目前，已经形成了金融硕士、国际商务硕士、保险硕士、税务硕士、资产评估硕士五大专业学位硕士体系，招生数量与规模也逐年增长。

专业学位（Professional Degree）相对于学术型学位（Academic Degree）而言，更强调理论联系实际，广泛采用案例教学等教学模式。因此，迫切需要编写一套具有案例特色的专业学位核心课程系列教材。本套教材根据专业学位培养目标的要求，注重理论和实践的结合。在教材特色上，先讲述前沿的理论框架，再介绍理论在实务中的运用，最后进行案例讨论。我们相信，这样的教材能够使理论和实务不断融合，提高专业学位的教学与培养质量。

复旦大学经济学院非常重视专业学位教材的编写，2012 年就组织出版了金融硕士专业学位核心课程系列教材。经过五年的探索和发展，一方面是学院的专业学位硕士由金融硕士扩展到了五大专业硕士学位体系；另一方面，对如何进行学位培养和教材建设的想法也进一步成熟，因此有必要重新对教材的框架、内容和特色进行修订。2015 年 4 月，我院组织专家审议并通过了专业学位研究生课程教材建设方案。2015年12月,完成了专业学位核心课程的分类,初步设定建设《程序化交易中级教程》《投资学》《公司金融》《财务分析与估值》《金融风险管理实务》等核心课程教材。2016年10月,组织校内外专家制定了《复旦大学经济学院专业学位核心课程教材编写体例与指南》,2016年11月,组织教师申报教材建设并召开我院专业学位研究生教指委会议,针对书稿大纲进行讨论和修订,删除了目前教材之间的知识点重复现象,提高了教材理论的前沿性,修改和增加了教材中每章的案例,突出教材知识点的实务性。教材初稿完成以后,邀请校外专家进行匿名评审,提出修改意见和建议;再要求作者根据校外专家的匿名评审意见进行修改;最后,提交给我院专业学位研究生教指委进行评议并投票通过后,才予以正式出版。

最后,感谢复旦大学研究生院、经济学院以及学院专业学位研究生教指委提供的全方位支持和指导,感谢上海市高峰学科建设项目的资助,感谢校外专家对书稿的评审和宝贵意见,感谢复旦大学出版社的大力支持。本套教材是复旦大学经济学院专业学位教材建设的创新工程,我们将根据新形势的发展和教学效果定期修正。

经管类专业学位硕士核心课程系列教材编委会

2017年6月

前　言

　　本书是针对税务硕士专业学位研究生的国际税收课程编写的教材,也可供从事国际税收征管、跨国企业税务管理和相关税务咨询的人士做为参考书或培训教材,主要内容涵盖国际税收制度与规则以及跨国企业的国际税收筹划策略。

　　在经济全球化的背景下,企业和个人的跨境经济活动越来越普遍,同时包括中国在内的各主要国家以及 G20、OECD 等国际组织正致力于国际税收制度体系的变革,无论从税收征管与税收遵从,还是从税收理论与实践研究方面看,国际税收领域亟待解决的问题都层出不穷,为此,国际税收课程的学习,是税务硕士专业学位研究生完善知识体系、提升专业素养的关键一环。

　　为更好适应税务硕士专业学位研究生的特点和教学要求,本教材在区分国内税法、双边国际税收协定、多边国际税收协调机制三个层次介绍国际税收基本原理、制度和规则的基础上,以较多篇幅介绍了跨国企业的国际税收筹划策略,并基于企业组织形式选择、金融活动、知识产权创造和管理、供应链管理等经营决策和税收筹划的重点领域进行内容编排,力图在企业决策运作的背景下再现复杂枯燥的国际税收制度和规则。除主干内容和框架的调整外,本教材还引入了更多的专栏和教学案例,以使学生既能加深对国际税收原理、制度和规则的理解,又能对国际税收筹划思路和方法有更多感性认识。

　　本书希望尽可能多地反映当前国际税收领域的前沿进展,如 G20 和OECD 的税基侵蚀和利润转移项目、美国"特朗普税改"、中国个人所得税制改革等,但是,尽管一再推迟出版时间,对于国际税收领域日新月异的变化仍难免挂一漏万,对此作者感到十分遗憾。同时,就本书所引述的案例而言,鉴于作者只能掌握部分公开信息,而缺乏对企业实际经营情况的全面了解,相关论述和判断可能存在一定的问题。希望读者了解本书的这些缺点和局限,批判性地阅读和使用本书。

本书写作思路的形成和内容的日臻完善是以复旦大学经济学院的税务硕士专业学位项目为依托的。复旦大学税务专硕项目多位校外兼职导师审读了本书的部分书稿或案例,包括毕马威中国税务服务主管合伙人卢奕先生、德勤税务合伙人俞萌女士、亚什兰(中国)投资有限公司税务总监朱萍女士等,朱萍女士还参与了第六章的编写。本书作者多次聆听来自毕马威、德勤、普华永道、金杜律师事务所、Mark Merric 律师事务所、荷兰国际财税文献局(IBFD)等著名税务咨询和研究机构的校外兼职导师讲授的相关实务课程,2016 年和 2017 年间更两次赴 IBFD 开展合作研究,有幸接触到 IBFD 丰富的国际税收文献和数据资源,并参与前沿国际税收问题的研讨活动。

复旦大学经济学院硕士研究生相雨佳(第二章)、王赠华(第三章)、张颖烨(第四章、第五章)、沙成磊(第七章)、周嘉琳(第八章)、殷倩(第九章)、潘迎春(第十章)、陈文婷(综合案例一)和刘逸晖(综合案例二)参与了相关章节部分初稿的写作。本书内容陆续在复旦大学经济学院税务硕士研究生国际税收专题课程的教学中试用,收到了同学们许多宝贵的反馈意见,书稿外审期间,两位匿名审稿专家也提出了中肯的修改意见。

作者衷心感谢上述方方面面的帮助与支持,当然,本书仍然存在的缺点和错误都归属于作者本人,希望各位读者和专家不吝批评指正。

杜　莉

2019 年 7 月于复旦园

目　录

图表目录

第一章

经济全球化背景下的国际税收问题

教学目的与要求

当今世界,国家(地区)间的经济交往日益频繁。随着商品、服务和资本、技术、劳动等生产要素的国际流动性的增强,政府征税也超越了本国(或本地区)的范围,国际税收应运而生,并对世界经济产生日益重要的影响。本章将在概述世界经济全球化趋势和典型跨境交易的基础上,介绍主要的国际税收问题及其解决机制,以及评估国际税收制度的基本原则。要求学生初步了解居民国、非居民国等基本概念,初步了解国际重复征税和国际重复不征税的表现及其解决机制,熟悉国际税收制度评估中的横向公平和纵向公平原则,资本输出中性和资本输入中性原则以及财政中性原则。

第一节　世界经济全球化和跨境交易

大约自 20 世纪 90 年代起,全球化成为世界经济的一个显著特征,其宏观上的突出表现是国际贸易和国际投资规模的迅速扩张,微观上的突出表现则是跨国企业在世界范围内配置资源的能力大大增强,跨国企业按照其自身的发展战略和经营战略在全球范围内融资,在全球范围内组织研发、生产和销售,其组织架构和经营活动也涉及越来越多的国家。

一、国际贸易和国际投资的扩张

(一) 世界进出口贸易总额迅速上升

如图 1-1 所示,20 世纪 90 年代以来,世界商品和服务进出口贸易总额开始持续上升;进入 21 世纪,该项指标上升更加迅猛,即使受到 2007 年下半年开始的国际金融危机的影响而一度有所回落,2011 年以后总体又回到了较高水平。

除了绝对额上升,世界进出口贸易总额占 GDP 比重的上升更为引人注目,即世界贸易额的增长速度远远超过总产出的增长速度。如图 1-2 所示,在 20 世纪 80 年代,世界进

（单位：万亿美元）

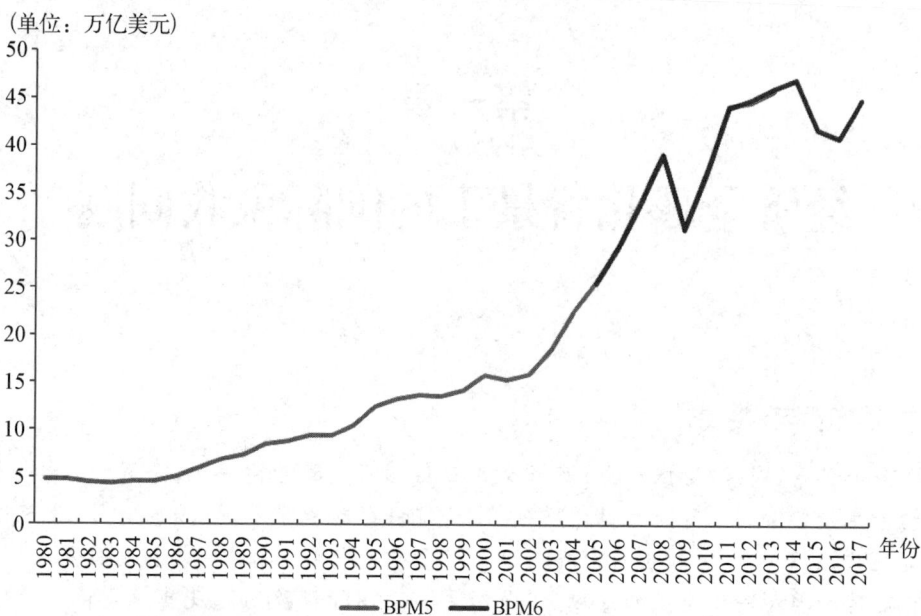

图 1-1　世界商品和服务进出口贸易总额（1980—2017）

来源：联合国贸易和发展会议网站，网址 https://unctadstat. unctad. org/wds/ReportFolders/reportFolders. aspx，作者根据进口总额和出口总额进行了计算，其中 BPM5 和 BPM6 代表国际收支统计的不同口径，分别指 IMF 发布的《国际收支手册》（第五版）和《国际收支手册》（第六版）。

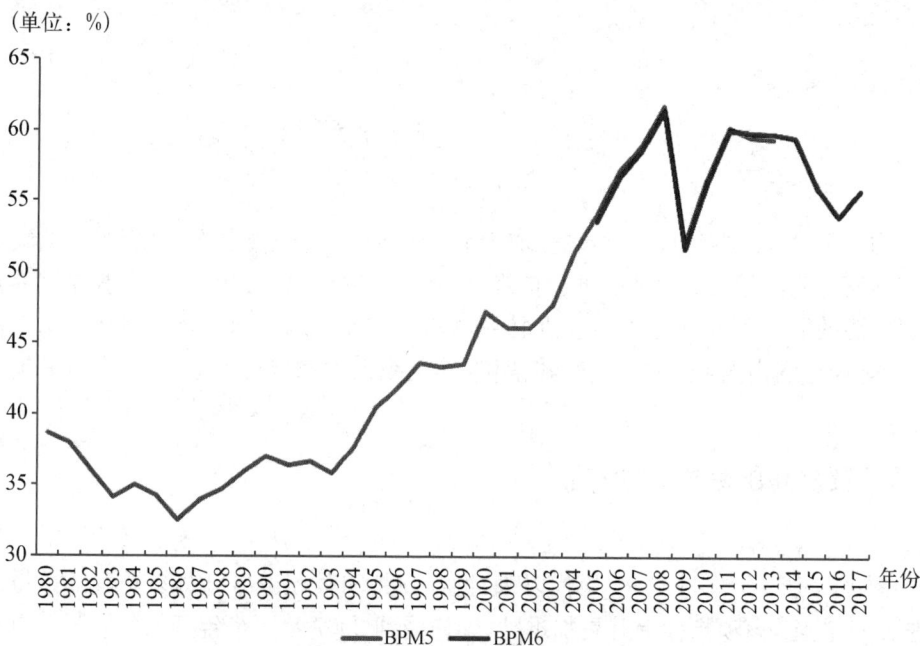

（单位：%）

图 1-2　世界商品和服务进出口贸易总额占 GDP 的比重（1980—2017）

来源：联合国贸易和发展会议网站，网址 https://unctadstat. unctad. org/wds/ReportFolders/reportFolders. aspx，作者根据进口总额、出口总额和当年价格 GDP 进行了计算。

出口贸易总额占 GDP 的比重大约在 35％左右，而自 90 年代中后期起，这一指标持续上升，到 2008 年世界经济金融危机时已经达到了 62％，此后在危机中虽有下降，仍然保持在 50％以上的较高水平。

国际贸易相对于总产出的重要性迅速上升，表明世界各国越来越多地依照比较利益和资源禀赋的差异参与国际分工，同时各国的国内经济与世界经济的依赖程度也日益提高。

(二) 跨国直接投资迅猛发展

跨国直接投资(foreign direct investment，FDI)是同跨国企业的全球化生产密切联系的。第二次世界大战之后，跨国直接投资主要在发达国家之间进行，后来发达国家对发展中国家的直接投资开始迅速增加。如图 1-3 和图 1-4 所示，自 20 世纪 90 年代中后期起，全球 FDI 的流出和流入及其占 GDP 的比重经历了多次的增长高潮。

(单位：万亿美元)

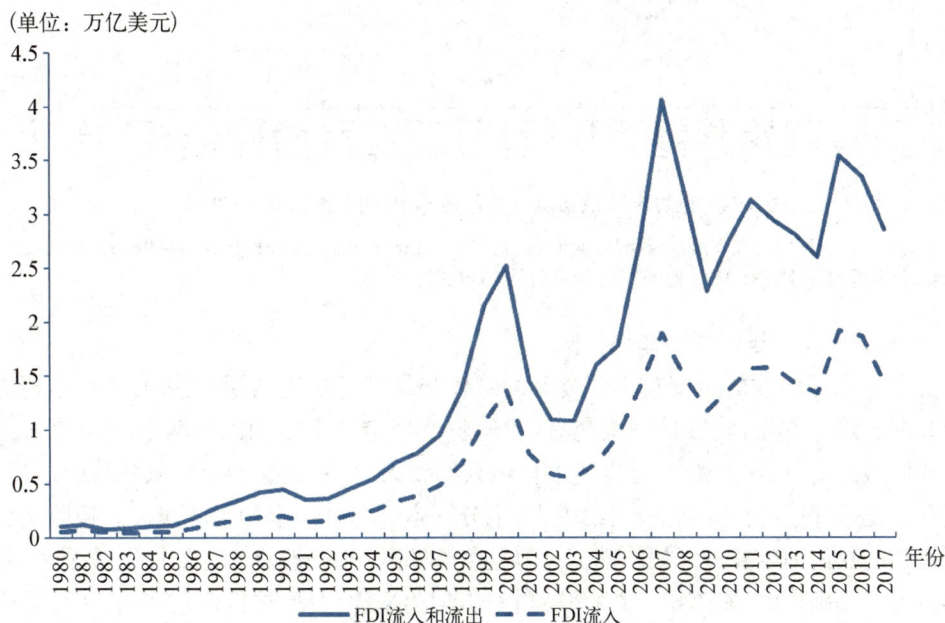

图 1-3　世界 FDI 流出和流入总额(1980—2017)

来源：联合国贸易和发展会议网站，网址 https://unctadstat.unctad.org/wds/ReportFolders/reportFolders.aspx。

跨国直接投资意味着作为最重要的生产要素之一的资本已经突破国界，开始在全球范围内追逐利润，这既是经济全球化的结果，也是经济全球化水平进一步提升的重要推动力。

二、典型的跨境交易

在国际贸易和国际投资迅猛增长的背后，是跨国企业全球化生产经营的广度和深度的不断加强，是复杂多样的跨境交易的开展。经济全球化最终将对税收产生怎样的影响，取决于跨境交易的形式，具体来说，又取决于交易双方的主体特征、交易所涉及的税收辖区、交易所涉及课税对象的性质等多种因素。因此，在提出经济全球化背景下的国际税收问题之前，需要对典型的跨境交易进行简要介绍。

(单位：%)

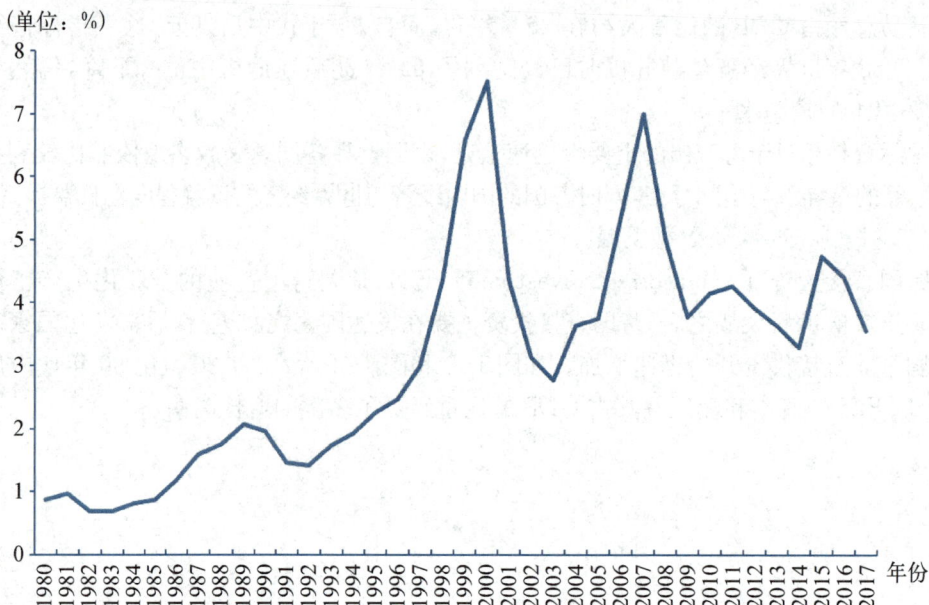

图 1-4　世界 FDI 流出流入总额占 GDP 的比重(1980—2017)

来源：联合国贸易和发展会议网站，网址 https://unctadstat.unctad.org/wds/ReportFolders/reportFolders.aspx，作者根据 FDI 流入总额、流出总额和当年价格 GDP 进行了计算。

（一）纳税人的居民国和非居民国

为了从国际税收的角度对不同类型的跨境交易进行描述，需要明确几个基本概念并做出基本假定。首先，既然是跨境交易，我们就要假定有甲国和乙国两个不同的国家[①]，同时我们假定有 X 先生和 Y 先生两个自然人纳税人，分别是这两个国家的税收居民，再假定有 A 公司和 B 公司两个公司纳税人，也分别是这两个国家的税收居民。税收居民是出于税收的目的而定义的居民自然人或其他实体，不同于一般意义上的居民或公民，各国的具体规定差别很大，本书第二章将详细探讨，但为简化起见，这里假定 X 先生和 Y 先生分别是甲国和乙国的公民，A 公司和 B 公司分别是注册在甲国和乙国的公司，甲国和乙国都将公民以及注册在本国的公司视为税收居民。

在上述基本假定之下，可以称甲国是 X 先生和 A 公司的居民国，乙国是 Y 先生和 B 公司的居民国，或者非正式地称甲国为 X 先生和 A 公司的母国或所在国。另一方面，乙国则可称为个人 X 和 A 公司的非居民国，或非正式地称为他们的东道国，如果个人 X 和 A 公司通过某种交易取得了来自乙国的所得，则称乙国为这些所得的来源国。上述基本概念和假定如表 1-1 所示。

（二）跨境经营活动的演进

对于那些将经营活动扩展到国外的企业来说，其可能采取的方式与其跨境经营活动所处的阶段有关。以注册在甲国的 A 公司为例，假定它是一个从事商品生产和销售的制

[①]　也可以是税收上独立的一个国家的某一地区，如中国香港、中国澳门等。本书所称境内和境外是根据税收管辖权定义的，正是基于这一考虑，中国香港在本书中称为"中国境外"。为简便起见，本书以下不再一一注释。

表 1-1　假设情形下纳税人的居民国和非居民国

纳 税 人	相关事实	国家性质认定		备　注
		甲 国	乙 国	
X 先生	是甲国公民	居民国	非居民国	
Y 先生	是乙国公民	非居民国	居民国	两国都将公民和注册在本国的公司视为税收居民
A 公司	注册在甲国	居民国	非居民国	
B 公司	注册在乙国	非居民国	居民国	

造企业,起初它可能只是通过乙国的独立代理商代为销售产品,这时的跨境交易是一种国际贸易,A 公司虽然将产品销售给了乙国的消费者,由于它并未在乙国派遣雇员,并未在乙国设立营业场所,A 公司的经营活动与乙国的联系并不十分紧密,乙国一般不会认为 A 公司取得了来源于本国的所得。

然而,如果 A 公司的产品在乙国很受欢迎,市场前景非常好,在符合乙国相关准入条件的前提下,A 公司可能就不满足于仅通过独立代理商销售产品,它可能先在乙国设立代表处进行市场研究和产品展示等活动,然后设立销售分公司来销售本公司的产品,接着为了更进一步地节约生产成本、更好地适应乙国消费者的需求,A 公司可能会在乙国设立生产分公司,甚至把总部和研究开发中心也转移到乙国,这时 A 公司的经营活动与乙国的联系就越来越密切了,A 公司取得的所得将被视为来源于乙国。上述演变过程如图 1-5 所示。

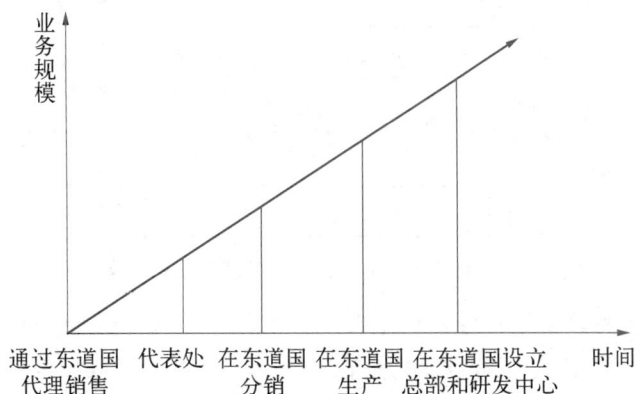

图 1-5　跨境经营活动的演进

(三) 几种类型的跨境交易

1. 企业在非居民国设立分支机构取得经营所得

在非居民国设立代表处、分公司等分支机构是跨国企业从事跨境经营活动的一种典型方式。如图 1-6 所示,A 公司设在乙国的分公司是 A 公司的一个组成部分,不具有独立法人地位,该分公司通过销售产品取得的所得将直接被视为 A 公司取得的来源于乙国的经营所得或营业利润。

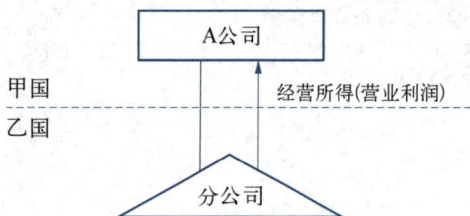

图 1-6　企业在非居民国设立分公司取得经营所得　　图 1-7　企业在非居民国设立子公司取得股息

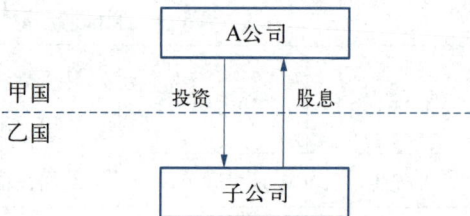

2. 企业在非居民国设立子公司取得股息

在海外设立分公司从事经营活动有利于跨国公司降低管理层级、提高效率，但是分公司在东道国的非居民公司身份也可能为公司在融资等方面带来一定的障碍，因此，跨国公司在非居民国通过子公司从事经营活动也非常普遍，这些子公司可以是新设的，也可以是通过兼并收购的方式取得的。

如图 1-7 所示，A 公司设在乙国的子公司是一个独立的法人实体，于是由该子公司销售产品取得的营业利润一般不会直接被视为 A 公司取得的所得，但该子公司可能就其税后利润向母公司 A 公司分配股息，这项股息收入将被视为 A 公司来源于乙国的所得。

3. 企业转让所持有的非居民国公司的股权取得资本利得

除了兼并收购海外公司，跨国公司也经常将所持有的非居民国公司的股权转让出去，当股权转让价格超出取得时的成本时，就将产生资本利得。

如图 1-8 所示，假定甲国居民公司 A 公司持有乙国居民公司 B 公司的股权，一段时间以后，A 公司将该项股权转让给另一家公司 C 公司，由此产生的资本利得一般将被视为 A 公司来源于乙国的资本利得。

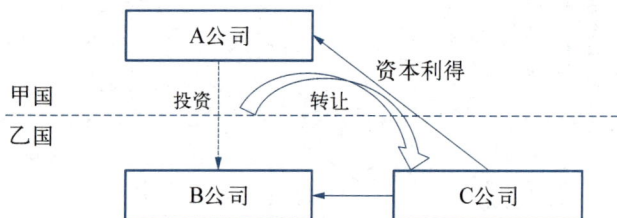

图 1-8　企业转让非居民国公司的股权取得资本利得

4. 个人在非居民国工作取得工资收入

对于自然人来说，典型的跨境交易是在非居民国工作取得工资收入。如图 1-9 所示，X 先生是甲国税收居民，但他可能受 A 公司派遣到其子公司——乙国的 B 公司——去担任技术指导工作，并获得相应的工资收入，无论此项工资收入是由 A 公司还是 B 公司支付，都可能被视为来源于乙国。

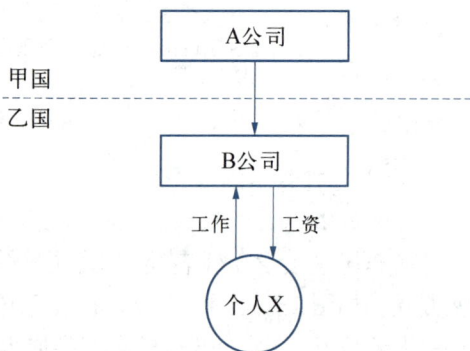

（四）跨境交易的基本特征

上文列举了几种类型的跨境交易，实践中

图 1-9　个人在非居民国工作取得工资收入

还有很多相似的交易活动,比如甲国居民 A 公司贷款给乙国的居民 B 公司取得利息收入,甲国居民 A 公司允许乙国居民 B 公司使用本公司的品牌取得特许权使用费收入,甲国居民 A 公司将设在乙国分公司的办公场所租给乙国居民 B 公司使用收取租金收入,甲国居民 X 先生到乙国从事表演活动获得演出酬金,等等。

这些交易活动的共同特点是企业或个人的交易行为跨越了国界,并且从事跨境交易活动的企业或个人都取得了来自非居民国的所得,这是本书所称的跨境交易的典型特征。

显然,随着跨境交易的出现,这些来自非居民国的所得将面临怎样的税收负担,应如何优化相关税收制度等一系列税收问题也就应运而生了。但是,在具体探讨这些问题之前,我们有必要进一步明确如何从税收角度考察复杂多样的跨境交易。

1. 跨境交易所得由谁取得

在前文介绍各类跨境交易时,我们首先对于取得所得的相关主体的居民身份进行了假定,这是因为,对于某个国家或地区来说,同样的某项所得由居民还是非居民获取,其税收待遇可能是不同的。同时,公司或合伙企业、子公司或分公司等不同的企业组织形式也可能导致税收待遇的差异。因此,从税收角度考察一项跨境交易,必须首先关注获取交易所得的"人"的特征。

2. 跨境交易所得在何处取得

跨境交易的第二个重要特征是取得跨境交易所得的地点。虽然跨境交易的复杂性可能导致其取得地点并不容易确定,但是我们仍然需要从税收角度关注某项所得是在母国还是东道国、高税国还是低税国取得的,取得所得的东道国与居民国是否签有双边税收协定或情报交换协定等基本问题。

3. 跨境交易所得如何取得

从税收角度考察跨境交易,还需要从多个不同的方面关注跨境交易所得取得的方式。

第一,需要关注纳税人开展跨境交易的组织形式,比如,纳税人是否在东道国设立子公司;如果设立子公司,纳税人在子公司中持股比例多少;如果不设立子公司,纳税人是否在东道国设立分支机构;如果不设立分支机构而通过代理开展业务,该代理是独立地位代理人还是非独立地位代理人;等等。

第二,需要关注纳税人开展跨境交易的融资方式,比如,纳税人是通过股权融资还是债权融资的方式向东道国的子公司注资。

第三,需要关注开展跨境交易的东道国经营实体承担的职能和风险,或交易中涉及的业务的性质,如某项交易中东道国经营实体是负责产品的研发、制造、分销、采购、交付还是仓储、展示,某个东道国经营实体的主要职能是持股、融资、持有知识产权、咨询、保险还是管理,等等。

4. 跨境交易所得属于何种类型

跨境交易所得在有关国家国内税法或对外谈签的税收协定中被认定为何种类型的所得也需要加以关注,常见的所得类型有经营所得(也称营业利润)、劳动所得(还可划分为独立劳务所得和非独立劳务所得)、投资所得(包括利息、股息、特许权使用费等)、财产所得(包括租金、资本利得等)以及其他所得(如董事费、博彩收入等)。一些所得类型可能在有些情况下性质难以区分,但税收待遇却不同,如经营所得和特许权使用费、股息和利息等;一些国家的税法还将不同类型的所得划分为积极所得(通常指经营所得和劳动所得)和消极所得(通常指投资所得和财产所得),或划分为普通所得和资本利得,并规定不同的税收待遇。

第二节 主要的国际税收问题及其解决机制

存在跨境交易时,一个国家的税收居民可以取得来源于非居民国的所得,对于这项所得,纳税人的居民国和非居民国都有权征税,于是可能导致对同一项所得的双重征税甚至多重征税。另一方面,由于有的国家放弃征收所得税,实行各类税收优惠政策,或由于各国在所得税制设计以及征收管理上的差异,跨境交易所得也可能在纳税人的居民国和非居民国都不纳税。国际重复征税和国际重复不征税都是跨境交易带来的新问题,一系列的国际税收制度和规则正是为解决这两大问题而发展起来的。

一、国际重复征税

(一)法律性国际重复征税

法律性国际重复征税是两个或两个以上国家的税务当局对同一个纳税人的同一项所得重复征税,其典型表现是跨国企业在非居民国设立分支机构取得的经营所得被居民国和非居民国重复征税。

分支机构并无独立法人地位,而是被视为企业的一个组成部分,因此跨国企业在非居民国设立的分公司取得的经营所得一般被视为该企业总所得的一部分,相应地,对于那些针对居民企业的全球所得征税的国家而言,其居民企业设在非居民国的分公司的经营所得应并入本国来源所得申报纳税。

如图 1-10 所示,如果甲国实行的是对居民企业全球所得征税的制度,则 A 公司应将其设在乙国的分公司取得的经营所得计入应税总所得向甲国的税务当局申报缴纳企业所得税(或公司所得税)。

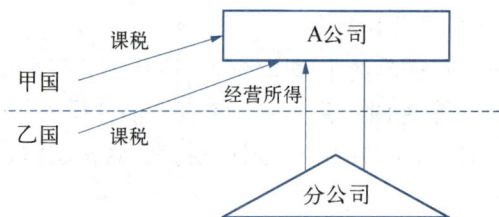

图 1-10 对企业在非居民国设立分公司取得经营所得的课税

另一方面,由于大部分国家都对本国来源所得征税,跨国企业在非居民国设立分公司取得的经营所得一般还需要向该非居民国的税务当局申报纳税。在图 1-10 所示的例子中,A 公司在乙国设立的分公司取得的经营所得还需要向乙国税务当局申报纳税。

由此可见,在居民国和非居民国都充分课税的情况下,跨国企业在非居民国设立分支机构取得的所得将被课征两道税。这两道税是针对同一个纳税人,之所以发生重复征税,是因为两个国家课税的法律依据不同,一个根据纳税人是本国居民,一个根据收入来源于本国,所以我们把这种重复征税称为法律性重复征税。

法律性重复征税还可能起因于两个国家对税收居民的定义不同,两个国家对所得来源地的判定标准不同等。

(二) 经济性国际重复征税

经济性国际重复征税是两个或两个以上国家的税务当局对不同纳税人就同一项所得重复征税,其典型表现是跨国企业在非居民国设立子公司取得的股息所得被居民国和非居民国重复征税。

若跨国企业在非居民国采取设立子公司的方式进行经营活动,由于子公司具有独立的法人地位,跨国企业的居民国通常不能直接针对子公司的经营所得征税,只是当子公司向母公司分配股息时,母公司应将该项股息计入应税总所得向本国的税务当局申报纳税。如图 1-11 所示,A 公司应将其收到的设在乙国的子公司的股息收入计入应税总所得向甲国的税务当局申报纳税。

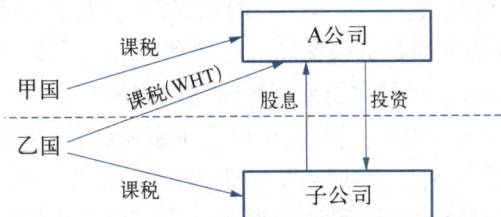

图 1-11　对企业在非居民国设立子公司取得股息的课税

另一方面,设在非居民国的子公司应就其经营所得向该非居民国申报纳税。如图 1-11 所示,设在乙国的子公司是乙国的税收居民,其经营所得需要向乙国的税务当局申报纳税。

不仅如此,对于跨国企业收到的来自非居民子公司的股息,非居民国将认为是来源于本国的所得,还将征收一道预提所得税(withholding tax, WHT),简称预提税。之所以称为预提税,是因为这项税收的纳税人是母公司,但由于母公司不是本国居民公司,不会在本国进行纳税登记,非居民国无法直接向母公司征税,而只能要求支付股息的子公司(该公司是本国的税收居民)进行预扣。在图 1-11 所示的例子中,乙国将就 A 公司收到的股息征收预提税,该项税收的纳税人是 A 公司,而其子公司将承担代扣代缴的义务,最后仅将税后股息支付给 A 公司。

可见,在居民国和非居民国都充分课税的情况下,跨国企业设在非居民国的子公司取得的经营所得,将被课征三道税。尽管这三道税形式上针对两个纳税人——跨国公司及其子公司,但被课税的所得从经济实质上看都属于该跨国企业在非居民国经营取得的收入,因此我们称其为经济性重复征税。

除跨国股息课税外,经济性重复征税还表现在其他方面,比如,若 A 公司与其设在乙国的子公司进行了某项交易(如将产品销售给子公司,由子公司在当地销售给消费者),甲国税务机关认为定价不合理,并进行了转让定价调整,而乙国的税务机关并不进行相应调整,这项交易的总利润就会被两个国家重复征税。

二、国际重复不征税

对于跨境交易带来的收益,各个国家的主管税务当局难以实施有效的税收征管,同时各国税制的差异也给从事跨境经济活动的企业和个人创造了大量的实施税收筹划甚至避税的机会,因此,在一部分纳税人因跨境交易而面临重复征税的同时,另一部分纳税人却可能因从事跨境经济活动而避免承担任何税负,这就是国际重复不征税。国际重复不征税可能源于逃税,也可能源于精心的避税安排,其中国际避税的模式十分多样,此处将借助两个例子初步介绍国际重复不征税的可能情形。

(一)利用避税地

国际重复不征税情况的出现首先与避税地的存在有密切的联系。目前,对于避税地并无统一明确的定义,但经济合作和发展组织(Organization of Economic Looperation and Development, OECD)在 1998 年发布的题为《有害的国际税收竞争》的报告中提出了四点确定避税地的关键因素,包括:① 不征税或仅征少量税;② 缺乏有效的税收情报交换;③ 缺乏透明度;④ 无实质性的投资或交易活动①。

就每个避税地而言,其提供的免税或低税待遇的程度是不同的,大体上可以区分为三种类型②:第一,不征所得税,如开曼群岛、英属维尔京群岛、巴哈马、百慕大、安道尔、瓦努阿图、巴林③等,人们常称这类国家或地区为纯避税地;第二,虽然开征所得税,但税负远低于国际一般水平或仅对境内来源所得征税,如直布罗陀、根西岛、泽西岛、列支敦士登、中国澳门、摩纳哥、蒙塞拉特岛、荷属安的列斯群岛④、哥斯达黎加、利比里亚、巴拿马、新加坡和中国香港等;第三,在制定和执行正常税制的同时,提供某些特殊税收优惠,如卢森堡和瑞士等。

利用避税地实现国际重复不征税的方式主要是由总部在高税国的跨国公司在避税地设立一家由其控股的基地公司,母公司在其与其他国家的所得来源进行的交易中插入一个中间环节,增加一笔通过基地公司的交易,从而将在其他国家的所得向基地公司转移[参见图 1-12(a)],或者在公司集团内部其他关联公司之间进行的交易中插入一个中间环节,使这一交易通过基地公司转手进行,从而将利润从有关的关联公司向基地公司转移[参见图 1-12(b)]。

通过这些途径流入基地公司的利润在避税地并不需要缴税或只需承担较少的税收,同时这些利润并不向母公司分配,而是直接向母公司或本集团内的其他公司进行贷款或

---

① 在 OECD 一系列反有害税收竞争措施的压力下,列入避税地"黑名单"的国家陆续同意在税收情报交换等方面与 OECD 合作,因此大多数传统的避税地国家或地区已不再完全符合上述避税地的四个特征,但相对于高税国来说,它们仍然可以给纳税人提供很多优惠。

② 避税地国家和地区的分布情况参见本书附录一。

③ 石油和天然气行业的企业需要缴纳特别所得税。

④ 荷属安的列斯群岛(Netherlands Antilles)1954 年起成为荷兰的自治领地。2010 年荷属安的列斯解体,其中最大的两个岛屿库拉索岛与圣马丁岛成为与荷兰本土地位平等的独立国家,而另外三个小岛则成为荷兰特别行政区,由荷兰直接管辖。

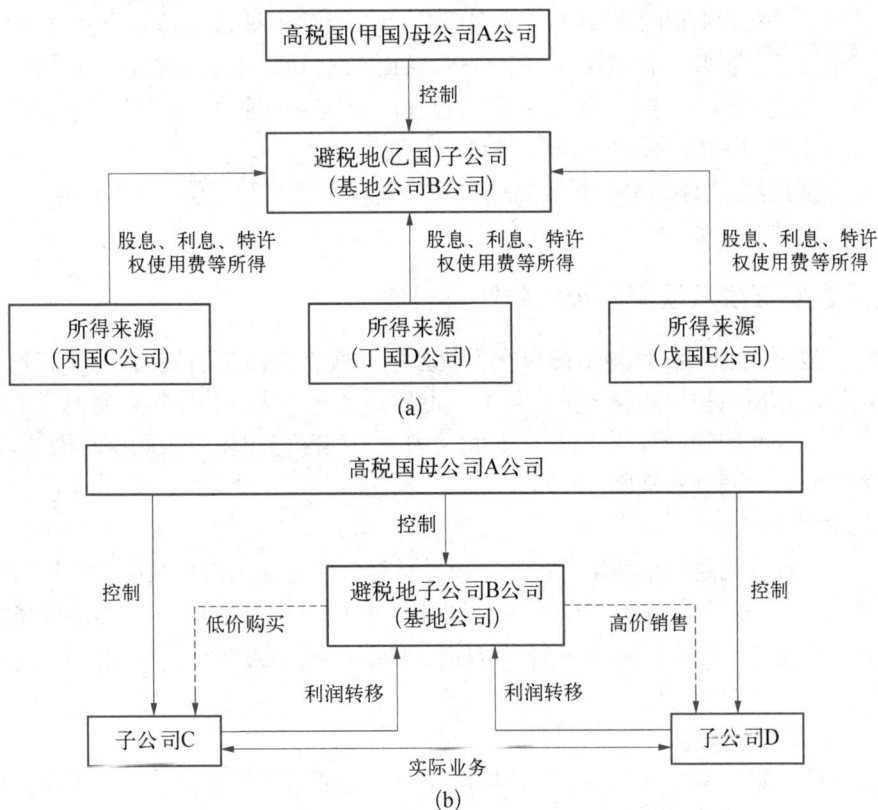

图 1-12 利用设在避税地的基地公司实现国际重复不征税的模式

再投资,于是母公司也不需要向所在的高税国政府申报纳税。虽然长期看,在基地公司积累的利润终将汇回给母公司,考虑到货币的时间价值,跨国公司仍然大幅度降低了税负。

(二) 利用混合实体

从事经营活动的企业可能是具有独立法人地位的公司,也可能是不具有独立法人地位的合伙企业。合伙企业通常不需要承担纳税义务,其经营收益需按一定的规则分配给投资者,由投资者(个人或公司)来承担纳税义务,因此在税收上相当于一个透明体。当企业从事跨境经营活动时,其在非居民国设立的经营机构究竟属于税收上的透明体还是非透明体,居民国和非居民国的认定并不一定相同。所谓混合实体(hybrid entity),则是指一个经营实体在一个国家被视为税收透明体,而在另外一个国家被视为非透明体。混合实体可能导致纳税人的跨境经营活动在两个国家都不承担纳税义务。

在图 1-13 中,甲国居民公司 A 公司设在乙国的子公司是一个混合实体,在甲国,它被视为税收透明体,而在乙国它又被视为非透明体。若 A 公司从银行借入款项,并将款

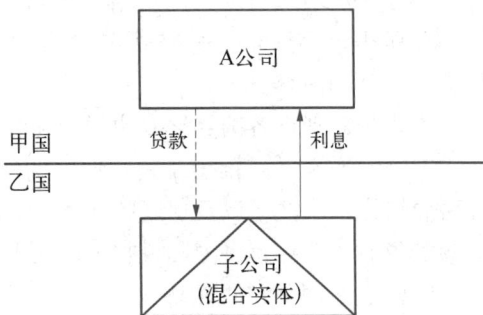

图 1-13 利用混合实体实现
国际双重不征税

项再借给其子公司,则在甲国,由于子公司(混合实体)并不被认为是一个独立的实体,A公司及其子公司在税收上将被视为一个整体,从而A公司向子公司收取的贷款利息不会被确认为应税收入;另一方面,在乙国,子公司被认为是一个独立的实体(非透明体),于是子公司向A公司支付的利息费用可以在税前扣除。

由此可见,混合实体向母公司支付的利息实现了一方扣除,另一方不计收入,在两个国家都不承担纳税义务。

三、国际重复征税及重复不征税的解决机制

国际重复征税和国际重复不征税在税收公平与效率方面都引发诸多问题,其中的国际重复不征税还使高税国的税基遭到侵蚀。世界经济全球化以及近年来的国际金融危机进一步提升了这些问题的复杂程度,为此相关国家和国际组织积极采取应对措施,推出了一系列的国际税收制度和规则。

(一)单边措施

针对国际税收问题的单边解决机制主要是世界各国在其国内税法中增加针对跨境交易的条款。这些条款不仅包括对于本国税收居民境外所得征税和对本国非居民境内所得征税的基本规定,还包括免除重复征税的措施以及加强税收征管、应对国际避税的措施等。

(二)双边税收协定

双边税收协定是两个国家为了解决国际税收问题通过谈判签订的一种书面协议。通过限制缔约国关于跨境交易的征税范围,规定更为有效的免除重复征税的方法以及缔约国税务当局在税收征管方面进行合作的途径,双边税收协定在解决国际重复征税和重复不征税问题方面比国内税法发挥了更为重要的作用。

不仅如此,针对同一个涉税事项,双边税收协定和国内税法可能同时作出规定,甚至双边税收协定的效力可能超过国内税法,这就意味着国际税收制度已经超越了一个国家的范围,它不仅包括每个国家对跨境交易的税收制度安排,也包括了国家间对跨境交易的税收制度安排。

(三)多边税收协调机制

在解决国际税收问题方面,多边税收协调机制的影响也很大,并且越来越重要。

早在1972年,丹麦、芬兰、瑞典、挪威和冰岛所签订的《税务行政协助的协定》就涵盖了避免所得税、财产税、遗产税、赠与税、社会保障税、增值税双重征税以及税收行政协作等诸多方面的内容。

为指导和帮助各国签署双边税收协定,OECD和联合国(United Nations,UN)分别于1977年和1992年推出了税收协定的示范文本(简称税收协定范本),之后又陆续发布了税收协定范本注释以及更新的文本,两个税收协定范本及其注释已经成为世界各国对外谈签税收协定和解决国际税收争议的重要基础性文件。

欧盟是在国际税收领域发挥作用的另一个重要国际平台,其突出表现在于欧盟发布的母子公司指令、并购指令以及利息和特许权使用费指令等多项税收指令直接涉及跨境交易,这些指令对欧盟成员国具有约束力,欧盟委员会甚至可以裁决否定各成员国税务当

局已经做出的税收处理。

进入 21 世纪以来,20 国集团(简称 G20)非常积极地参与国际税收协调,在 G20 的推动下,OECD 于 2013 年发布了题为《应对税基侵蚀与利润转移》(Base Erosion and Profit Shifting, BEPS)的报告,并提出了 15 项行动计划,其目标在于对现有的国际税收体系进行改革,包括对现有的双边税收协定进行修改。

OECD 的 BEPS 报告及其行动计划提出以后,旨在消除国际重复不征税的多边国际税收合作取得了长足的进展,2015 年 11 月 18 日 G20 领导人峰会国际正式批准了应对税基侵蚀和利润转移行动计划的所有 15 项成果报告。

另外,值得关注的是,欧洲委员会和 OECD 于 1988 年制定的《多边税收征管互助公约》于 2010 年修订后向全球开放,目前已有包括中国在内的 50 多个国家签署该公约。

第三节　评估国际税收制度的基本原则

单边、双边和多边的国际税收制度和规则是世界各国在应对企业跨境交易引发的国际税收问题的进程中发展起来的,针对这些制度和规则,跨国企业显然将进一步调整其税收筹划策略,详述国际税收制度、规则以及跨国企业的税收筹划策略正是本书的核心内容。为了便于进行相关的分析和判断,在进入这些核心内容之前,我们还需要回顾一下相关的税收原则。

一、公平原则

税收的公平原则体现为两个方面,一是纳税能力相同的人应承担同等的税收负担;二是纳税能力不同的人应承担不同的税收负担,纳税能力较强者应该多纳税。前者称为"横向公平",后者称为"纵向公平"。在国际税收领域,"横向公平"和"纵向公平"都需要赋予新的含义。

(一) 横向公平

在经济全球化背景下考虑跨境交易时,税收的横向公平意味着不论纳税人的收入是来自自己的居民国还是来自非居民国,收入水平相同时都应缴纳相同的税收。

在图 1-14 所示的例子中,甲国的税收居民 A 公司在乙国设有分公司取得经营所得,同时甲国的另一家税收居民公司 C 公司在甲国设有分公司并取得经营所得,横向公平要求 A 公司和 C 公司取得的经营所得承担相同的税负。

(二) 纵向公平

在经济全球化背景下考虑跨境交易时,税收的纵向公平意味着,纳税人的收入水平不同时应该根据全球所得的多寡缴纳不同的税收。

在图 1-15 所示的例子中,作为甲国税收居民的个人 X 被派到 A 公司在乙国的分公司工作并取得工资收入,同时 A 公司总部还向他支付奖金。根据纵向公平原则,如果甲国实行累进的个人所得税率,个人 X 的这两笔收入应该合并在一起,按照所适用的税率

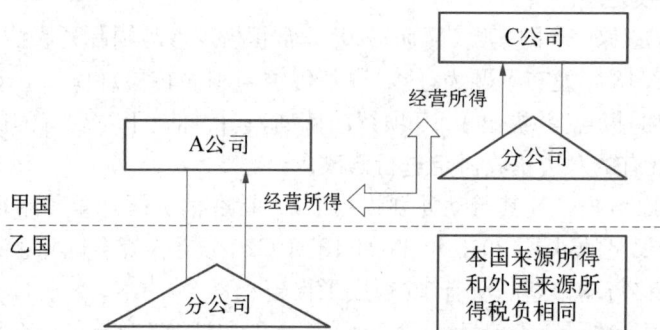

图 1-14　国际税收中的横向公平

缴税，即使甲国为了消除国际重复课税，可能豁免个人 X 来自乙国的工资收入，确定个人 X 应适用的个人所得税率时，这项工资收入仍应纳入考虑。

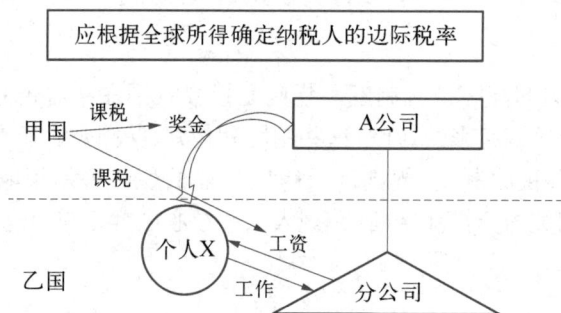

图 1-15　国际税收中的纵向公平

二、效率原则

税收的效率原则要求税收应促进资源的有效配置，在经济全球化的背景下，则是指税收应促进资本、劳动等要素的国际有效流动，其中资本要素的有效流动更为重要。在市场机制的作用下，投资者会自发地将资本从边际收益率低的国家或地区转移到边际收益率高的国家和地区，从而增进国际资本配置的效率，因此税收应在国际资本流动中保持中性，不干扰经济活动的地域安排，这又具体体现在资本输出中性和资本输入中性两方面。

（一）资本输出中性原则

从资本输出国角度看，税收不应改变资本的输出方向，资本不论投向国内还是国外，以及投向国外的不同国家或地区，其相对边际收益率都不应因税收而发生改变，这就是资本输出中性。

在图 1-16 所示的例子中，甲国的税收居民 A 公司在乙国设有分公司取得经营所得，甲国为资本输出国，若 A 公司在甲国同时进行经营活动，资本输出中性原则要求 A 公司在甲国和乙国取得的经营所得承担相同的税负。

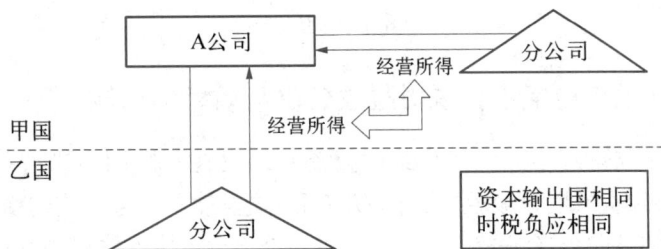

图 1-16 资本输出中性原则

（二）资本输入中性原则

从资本输入国角度考察,税收不应改变资本的输入方向,来自国内、国外以及来自国外不同国家或地区的投资应承担相同的税收负担,这就是资本输入中性。

在图 1-17 所示的例子中,A 公司在乙国设有分公司从事经营活动,乙国为资本输入国,如果另有乙国的税收居民 B 公司也在乙国设有分公司从事经营活动,则资本输入中性要求,A 公司和 B 公司在乙国取得的经营所得承担相同的税负。

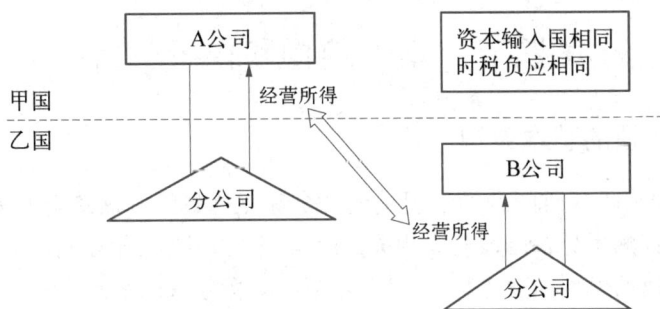

图 1-17 资本输入中性原则

（三）财政中性原则

资本输出中性仅考虑国际投资者的税收负担,但是,若综合考虑国际投资者承担的税收负担和享受的财政支出利益,那么由于反映在投资环境上的财政支出利益在发达国家通常大于发展中国家,投资者承担的税收负担在发展中国家应轻于发达国家,这种从净财政利益的角度出发定义的税收效率原则就是财政中性原则。

若以 F_d、F_f 分别表示投资者在国内和国外投资所面对的净财政利益（或净财政负担）,则财政中性要求:

$$F_d = F_f \tag{1-1}$$

即投资者投资于国内或国外应面对同样的净财政利益（或净财政负担）。若分别以 E_d 和 E_f 表示投资者在国内投资和国外投资所享受的财政支出利益,以 T_d 和 T_f 表示其在国内投资和国外投资所支付的税收,那么(1-1)式可改写成:

$$E_d - T_d = F_d = F_f = E_f - T_f \tag{1-2}$$

由于向发展中国家投资的投资者在国内投资所享受的财政支出利益大于在国外投资所享受的财政支出利益,即 $E_d > E_f$,所以,(1-2)式成立的条件是

$$T_d > T_f \tag{1-3}$$

三、国际重复征税与重复不征税对税收公平与效率的影响

国际重复征税与重复不征税使得跨国投资者与仅在本国国内进行投资的投资者相比,税收负担明显加重或明显减轻,从公平方面看,这显然不符合税收的横向公平原则,更加无从保证税收的纵向公平,从效率方面看,主要是不符合资本输出中性原则,因此,当前世界各国和国际组织为消除国际重复征税和重复不征税在建立国际税收制度和规则方面做出的努力主要是为了实现税收的公平和资本输出中性。

但是,也要看到,只要来自不同国家的投资者在东道国的税收负担一致,资本输入中性原则就可以满足,另一方面,财政中性原则认为发展中国家税负低于发达国家是合理的,因此,消除国际重复征税和重复不征税也并不意味着完全消除来源于居民国的所得和来源于非居民国的所得的税负差异,归根到底,国际税收制度和规则还是要尊重每个国家的税收主权。

第四节　本书结构和内容安排

一、国际税收问题的基本架构

总体上,种种国际税收问题的出现是经济全球化背景下开展跨境交易活动的纳税人和行使税收管辖权的世界各国政府及相关国际组织相互影响、相互制约的结果,并且这个过程仍然处在迅速的发展演变进程中,其基本架构如图 1-18 所示。

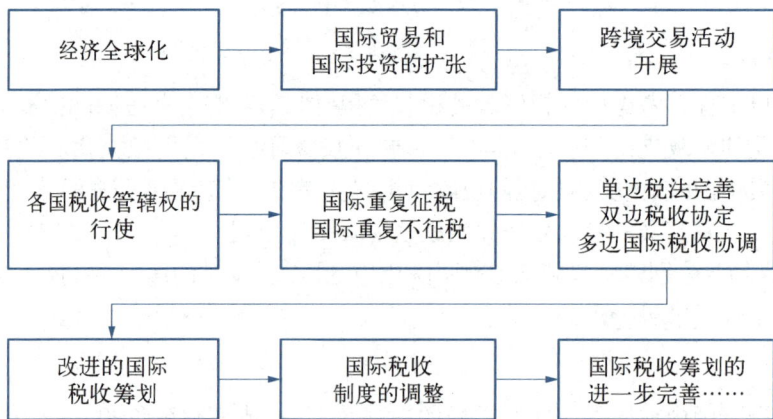

图 1-18　国际税收问题的基本架构

如图 1-18 所示,国际税收问题的基本逻辑并不复杂:跨境交易活动的开展和各国税收管辖权的行使引起国际重复征税和国际重复不征税两大基本问题,各个国家和国际组织为解决这两大问题采取的单边、双边和多边措施构成国际税收制度和规则的体系,纳税人面对本国税法和各个层次的国际税收规则必将改进其国际税收筹划策略,也可能开展

较为激进的国际避税,从而促使国际税收体系进一步改革,而纳税人的国际税收筹划措施也需要进一步完善……

然而,由于世界各国行使税收管辖权的方式和跨境交易的模式都十分多样且处于不断发展变化中,大部分国际税收问题的具体表现方式是无法穷尽的,这也是研究和学习国际税收学面临的最大困难。针对这种情况,我们需要对本书的范围进行适当的界定,并对内容安排的思路加以明确。

二、本书的结构

除本章外,本书余下的内容主要包括两大部分,一是阐述国际税收制度与规则,二是阐述跨国企业的税收筹划策略。在第一大部分,主要将分三章介绍三个层次的国际税收制度与规则,即国内税法、双边国际税收协定和多边国际税收协调机制,其中每一章将设一节介绍中国的国际税收制度和相关实践。在第二大部分,将首先概述国际税收筹划的基本概念、主要类型,随后分别介绍跨国企业组织形式选择、金融活动、知识产权创造和管理以及供应链管理中的国际税收筹划策略。

三、本书内容的范围

虽然广义地说,跨境交易涉及国际贸易和国际投资两大方面,相关的税收问题涵盖货物劳务税、所得税和财产税,但由于跨境交易的所得税问题更为复杂,本书将主要探讨针对所得税的国际税收问题,暂不涉及货物劳务税和财产税。

所得税的国际税收问题既涉及自然人,也涉及跨国企业,本书将主要探讨针对跨国企业的国际税收问题,也适当兼顾自然人。其中企业包括公司、合伙企业等不同类型的经营实体。各国关于企业组织形式的法律规定各不相同,为叙述简洁,本书所称公司指各类本身负有纳税义务的法人实体,合伙企业指本身不负有纳税义务而由其投资者承担纳税义务的企业,除特别说明外,本书所称企业一般均指公司。

关于作为课税对象的所得,根据相关国际税收制度的惯例,本书将区分为经营所得(营业利润)、劳动所得、股息、利息、特许权使用费、租金、财产转让所得等主要类型,另外,值得注意的是,经营所得和劳动所得通常被视为积极所得,而股息、利息、特许权使用费、租金和财产转让所得通常被视为消极所得。

本书探讨的国际税收制度和规则并不限于中国的涉外税收制度、中国对外缔结的税收协定和中国参与的国际税收协调机制,这是因为中国"走出去"的企业越来越多,中国的跨国企业需要在更广阔的背景下了解和熟悉国际税收制度和规则。

专栏 ·+·

巴斯夫集团在中国的发展历程

巴斯夫[①]是全球最大的化工企业之一,也是中国化工领域最大的外商投资企业,总部位于德国的路德维希港。该公司早在1885年便开始向中国出售纺织染料,1913年,

---

① 资料来源:巴斯夫大中华区历年年度报告,https://www.basf.com/cn/zh/who-we-are/publications.html。

中国市场销售额已经占到巴斯夫全球销售额的 14%。中华人民共和国成立后,巴斯夫继续开展在华业务,其在华业务发展的历程可以说是外资企业在中国发展的一个典型代表。

20 世纪 50 年代,巴斯夫授权总部位于中国香港的德国公司捷成(中国)贸易总公司作为其在中国的独家代理商。

1982 年,巴斯夫在中国香港成立子公司——巴斯夫中国有限公司。

1986 年,巴斯夫在中国建立第一个合资企业——上海高桥巴斯夫分散体有限公司,之后又相继有数家巴斯夫合资企业投入运营,其中包括上海巴斯夫染料化工有限公司、巴斯夫上海涂料有限公司和沈阳巴斯夫维生素有限公司等。

随着中国市场的重要性与日俱增,1995 年巴斯夫在中国香港设立东亚地区总部。

1996 年,巴斯夫在北京成立控股公司——巴斯夫(中国)有限公司,以便对中国内地的各项业务进行整合管理。

2000 年,巴斯夫与中国石化共同在南京成立合资企业——扬子石化-巴斯夫有限责任公司,总投资额达 29 亿美元,是巴斯夫公司历史上最大的单笔投资。

2004 年,巴斯夫(中国)有限公司和大中华区总部迁至上海。

2012 年,巴斯夫亚太创新园在上海浦东基地建成启用。

2016 年,巴斯夫三大全球研究平台之一的先进材料及系统研究总部落户浦东基地,亚太创新园成为巴斯夫的全球研发枢纽。

大中华区早已成为巴斯夫全球第三大市场,仅次于德国和美国。截至 2017 年,巴斯夫在大中华区拥有 25 个全资子公司、7 个主要合资公司及 24 个销售办事处,生产基地遍布全国,员工人数达到 8 982 名。

本 章 小 结

在世界经济全球化的背景下,国际贸易和国际投资迅速扩张,其背后是复杂多样的跨境交易的开展,如企业在非居民国设立分支机构取得经营所得、企业在非居民国设立子公司取得股息、个人在非居民国工作取得工资收入等。从税收角度看,典型跨境交易的特征体现在交易的主体特征、交易涉及的税收辖区、交易开展的方式、交易所得的性质等主要方面。

国际重复征税和国际重复不征税是跨境交易带来的主要税收问题,一系列的国际税收制度和规则正是为解决这两大问题发展起来的,包括解决国际重复征税及重复不征税的单边措施、双边税收协定及多边税收协调机制。

评估国际税收制度和规则的基本原则包括横向公平原则、纵向公平原则、资本输出中性原则、资本输入中性原则、财政中性原则等。

本书的主要内容包括两大部分,一是阐述国际税收制度与规则,二是阐述跨国企业的税收筹划策略。由于跨境交易的所得税问题更为复杂,本书将主要探讨针对所得税的国际税收问题,暂不涉及货物劳务税和财产税。

习题与思考题

一、材料分析题

2002 年 7 月 20 日上海市人民政府发布《上海市鼓励外国跨国公司设立地区总部的暂行规定》,2008 年 7 月 7 日又发布《上海市鼓励跨国公司设立地区总部的规定》,鼓励外国跨国公司以独资的投资性公司、管理性公司等企业组织形式在本市设立地区总部。其中,投资性公司是指跨国公司按照商务部发布的《关于外商投资举办投资性公司的规定》设立的从事直接投资的公司。管理性公司是指跨国公司为整合管理、研发、资金管理、销售、物流及支持服务等营运职能而设立的公司。试查阅有关资料,分析在沪跨国公司地区总部的组织架构、投资规模、行业分布、区位分布及承担的功能等特征。

二、讨论题

试分析关于跨境交易税收政策制定的资本输入中性原则、资本输入中性原则和财政中性原则的联系和区别。

第二章

针对跨境交易所得
征税的国内税法

教 学 目 的 与 要 求

　　国内税法是针对跨境交易所得的税收制度的基石,严格地说,全部国际税收制度是由各国国内税法中涉及跨境交易所得的内容组成的,即使双边税收协定和国际组织的相关规则也对跨境交易所得的课税做出规定,这些规定仍然需要经过每个国家国内立法程序的批准才能得以实施,因而也构成了国内税法的组成部分。然而,为了循序渐进地介绍国际税收制度,本章仅涉及每个国家独立制定的国内税法中涉及跨境交易所得的内容。通过本章的学习,要求学生掌握确立国家税收管辖权的基本原则、各国行使税收管辖权的典型模式、居民身份的认定规则、境内来源所得的认定规则、国际重复征税的免除方法以及主要的反国际避税规则等。

第一节　国家税收管辖权

　　税收管辖权是国家在税收领域中的主权,一个国家根据其国内税法对纳税人从事跨境交易活动取得的所得如何征税,首先取决于该国如何行使本国的税收管辖权,而主要国际税收问题的产生也在很大程度上是各国以不同方式行使税收管辖权的结果。

一、属人原则、属地原则与税收管辖权的三种类型

　　税收管辖权是一个主权国家管辖权的重要组成部分,一个主权国家不可能不受任何约束地任意征税。国际社会公认的确定国家管辖权行使范围的准则有两个,即属人原则(principle of person)和属地原则(principle of territoriality),前者指一个国家只能针对本国的公民或居民行使管辖权,后者指一个国家只能在本国领土范围内行使其管辖权。

　　在实践中,根据属人原则和属地原则,各国发展出了三类不同类型的税收管辖权,即公民管辖权(citizen jurisdiction)、居民管辖权(resident jurisdiction)和地域管辖权

(territorial jurisdiction),地域税收管辖权又称来源地税收管辖权(source jurisdiction)。其中,公民管辖权和居民管辖权是由属人原则所确立的税收管辖权,地域管辖权是由属地原则所确立的税收管辖权,更进一步地,根据三种税收管辖权,分别将确立以下不同的征税范围。

行使公民管辖权的国家对本国公民产生于世界范围内的所得行使征税权。所谓公民,指具有本国国籍并根据本国法律享有权利和承担义务的人。一个国家在行使公民管辖权时,所考虑的只是纳税人的公民身份,而不论其居住在何处,更不考虑所得的产生地。行使居民管辖权的国家对本国居民产生于世界范围内的所得行使征税权。居民指按照本国法律,由于住所、居所、管理场所或其他类似性质的标准,取得本国居民地位或被认定为本国居民的自然人和法人,依据有关国家税法的规定,也可以包括合伙企业、社会团体等非法人经济实体。一个国家在行使居民管辖权时,所考虑的只是纳税人在本国的居民身份,不论纳税人是否具有本国国籍,也不考虑所得的产生地点。

由于公民管辖权和居民管辖权的行使意味着本国公民或居民需要对世界范围内的所得缴纳所得税,因此也称全球税收管辖权。

行使地域管辖权的国家对产生于本国境内的所得行使征税权。这些国家在行使地域管辖权时,不考虑与所得相联系的纳税人是哪一个国家的公民或居民,而是以所得在本国境内产生的事实为依据。

二、居民身份的认定规则

居民管辖权和公民管辖权行使的基础在于居民和公民身份的认定。由于公民身份的认定是以国籍为依据,较为简单明确,以下我们着重探讨居民身份的认定标准问题。

(一) 居民个人

行使居民税收管辖权的国家通常在税法中对于判定一个自然人是否为本国居民的标准做出规定,原则上这些标准应能体现个人与本国具有足够密切的联系,从而符合这些标准的个人将被认定为本国税收居民,需要就世界范围内的所得在本国承担纳税义务。

从各国的实践看,居民个人的判定标准大体可归纳为以下几种类型。

1. 住所或居所

一些国家规定,一个自然人如果在本国境内拥有住所或居所,则为本国居民。住所(domicile)是指个人的永久性居住场所,一般是指配偶、家庭及财产的所在地,或户口登记所在地。居所(residence)则是指个人的习惯性居住场所(habitual abode),它是纳税人不定期居住的场所,即用作经商、求学、谋生等目的的非长期居住场所。居所既可以是纳税人自有的房屋,也可以是租用的公寓、旅馆等。采用这一标准的国家有日本、英国、加拿大、澳大利亚、德国等。

2. 居住时间

许多国家以自然人在本国居住或停留时间的长短作为判定其是否为本国居民的标准,如果一个人在本国境内居住或停留的时间超过了税法规定的期间,即为本国居民纳税人。从确定居民身份的时间期限来看,有的国家规定为半年(6个月或180天、183天),如英国、德国、加拿大等;也有的国家规定为一年,如中国、日本、韩国等。

在居留时间的计算上,不同国家之间也存在一些差别。这主要表现在两个方面。

第一,连续或累计计算居留时间的差别。按照一些国家的规定,自然人只有在本国境内连续居留时间超过税法规定期间,才成为本国居民纳税人。而另一些国家对于间歇地在本国居留,但累计时间超过税法规定期间的自然人也视为本国居民。

第二,计算居留期间起讫点的差别。一些国家以自然人在一个税收年度内居留在本国境内的时间是否达到本国税法规定的期间为准,而另一些国家则以自然人在本国居留的日历天数是否达到本国规定的期间为准。

3. 家庭成员

有的国家规定,如果一个自然人的家庭成员(配偶和子女)在本国,则为本国税收居民。采用这一标准的国家有法国、荷兰等。

4. 经济利益中心

有的国家规定,如果一个自然人的经济利益中心在本国,则为本国的税收居民。其中经济利益中心通常包括以下情况:① 个人从事主要投资活动的地点;② 个人的主要办公地点或开展实际管理活动的地点;③ 个人获取大部分收入的地点。采用这一标准的国家有法国、比利时、西班牙等。

5. 居住意愿

有的国家将在本国有长期居住的意图或被认为有长期居住意图的自然人规定为本国居民纳税人。确定一个人是否有在本国长期居住的主观意图,通常根据其签证时间或劳务合同时间的长短。如美国对取得永久居留权的外国人,即所谓的"绿卡"持有者,在税收上视为居民。巴西对于持有永久签证(permanent visa)的外国人在税收上视为居民。

在实践中,许多国家将上述两项或多项确定个人居民身份的标准结合使用,以便更好地行使居民税收管辖权,部分主要国家认定自然人居民身份的标准如表 2-1 所示。

(二) 居民公司

从各国的实践看,居民公司(resident company)的认定标准主要可归纳为以下类型。

1. 注册地标准

依照该标准,凡是按照本国法律组建并登记注册的公司则为本国居民公司,本国政府可对其来源于世界范围的全部所得行使居民管辖权征税。采用这一标准的国家有美国、英国、日本、法国、德国、巴西等。

2. 总机构标准

依照该标准,如果一个公司的总机构设在本国境内,即为本国居民公司。总机构是指企业总的管理或控制机构,它是负责公司的重大经营决策以及全部经营活动并统一核算公司盈亏的管理机构。采用总机构标准确定法人居民身份的国家有日本、新西兰等。

3. 控制和管理中心标准

依照该标准,凡是实际控制和管理中心所在地被认定在本国境内的公司均为本国居民公司。所谓实际控制和管理中心,是指经常对公司、企业的生产、经营、销售、分配等进行重要决策、管理、指挥、控制并发送重要指令的机构。通常来讲,实际控制和管理中心是一个企业经营活动的指挥中心,并不等同于企业的日常经营业务管理机构。因此,实际控制和管理中心所在地一般是指公司董事会所在地或董事会有关经营决策会议的召集地。采用实际控制和管理中心标准的国家有英国、德国、比利时、意大利、挪威、澳大利亚、加拿大、新加坡等。

4. 控股权标准

该标准以拥有控制权的股东的居民身份为依据确定一个公司的居民身份。例如,澳大利亚规定,一家跨国公司即使在国外注册,只要在本国从事经营活动且投票权由澳大利亚居民股东控制,也可确定为澳大利亚居民公司。

从各国的实践看,为了防止企业利用单一标准的片面性进行避税,许多国家都是兼用两种或两种以上标准来认定居民公司,具体参见表2-1。

表 2-1 部分国家判定纳税人居民身份的标准

国家	判定自然人居民身份的标准	判定法人居民身份的标准
日本	在日本有住所或连续居住 12 个月以上。其中没有日本国籍且在过去的 10 年中在日本居住 5 年以下(含)者为非永久居民	在日本设有总机构(按照日本法律注册登记的公司须将总机构设在日本)
美国	符合下列条件之一者: 1. 拥有在美永久居留权(绿卡) 2. 当年(日历年度)在美国停留满 31 天,并且近 3 年在美国的加权平均停留天数不少于 183 天(其中停留天数的加权平均值＝当年天数＋1/3×去年天数＋1/6×前年天数),但不包括当年在美国停留时间少于 183 天,且应税家庭(tax home,指纳税人通常或主要的营业地点)所在地在美国之外者 3. 第一年选择作为美国居民(新到美国,连续在美国停留超过 31 天,且其中 75% 的天数在第一个纳税年度者可以进行这样的选择)	依据美国联邦或州的法律登记注册
法国	符合下列条件之一者: 1. 家庭或主要住所在法国 2. 在法国从事经营活动,除非可以证明该活动是辅助性的 3. 经济利益中心在法国	仅行使地域管辖权,仅就在法国开展经营活动获得的所得征税
英国	符合下列条件之一者[①]: 1. 在一个纳税年度内在英国居住 183 天及以上 2. 在一个纳税年度内在英国有住所,且在拥有该住所期间,至少连续 91 天(其中 30 天在该纳税年度内)在海外没有住所,或者虽然在海外有住所,该纳税年度内在海外住所停留的时间少于 30 天 3. 英国工作日达到 365 天内所有工作日的 75% 以上(其中"英国工作日"指在英国工作 3 小时以上的工作日,且 365 天中的全部或部分天数应属于该纳税年度) 4. 在过去 3 年内按照下述标准之一被判定为英国居民,在英国拥有住所并在本纳税年度内死亡 除上述标准外,英国还规定了 5 种居民身份的例外情况以及可根据充分的经济联系确认个人居民身份的情况	在英国境内登记注册或者管理及控制中心在英国

---

① 根据英国于 2013—2014 财政年度开始应用的判定个人居民身份的标准。

续 表

国家	判定自然人居民身份的标准	判定法人居民身份的标准
德国	在德国有住所或习惯性的居所 在德国连续停留6个月以上将被认定为具有习惯性的居所	依据德国法律登记注册,或其管理机构设在德国
加拿大	符合下列条件之一者: 1. 在一个日历年度在加拿大停留183天及以上 2. 根据居住状况、社会经济联系等可判定其为加拿大居民	在加拿大登记注册或管理和控制中心设在加拿大
澳大利亚	符合下列条件之一者: 1. 在澳大利亚境内有永久住所 2. 纳税年度内连续或累计在澳大利亚停留半年以上(除非该个人通常的住所不在澳大利亚,且无意在澳大利亚定居)	符合下列条件之一者: 1. 在澳大利亚注册成立 2. 在澳大利亚从事经营活动且管理控制中心在澳大利亚或投票权由澳大利亚居民股东控制

资料来源:IBFD税收数据库,www.ibfd.org.

容易看出,由于各国确认纳税人居民身份的标准各不相同,有可能产生一个自然人或一个公司被两个或两个以上的国家认定为居民的情况,为处理这种双重居民身份的问题,国家之间往往会在避免双重征税协定中设定一套标准来判断纳税人的最终居民身份归属,具体可参见本书第三章第二节。

三、境内来源所得的认定规则

一国地域管辖权行使的范围主要是来源于本国境内的所得,无论这一课税对象应归属于本国的居民(公民)还是非居民(非公民)。因此,所得来源地的认定就成为地域管辖权行使的基础。各国国内税法一般针对不同类型的所得规定不同的来源地认定规则(source rule),但是各国的具体规定差异较大,本小节我们将主要介绍一些较为典型的做法。

(一) 经营所得

经营所得,也称营业利润,是跨国企业从事跨境经营活动取得的最主要的收入。但是,由于跨境经营活动的环节众多,形式多样,经营所得来源地的认定也最为复杂。从世界各国的实践看,大致可区分为两种方式,即"常设机构"标准和"贸易与经营活动"标准。

1. 常设机构标准

采用"常设机构"标准的国家,将在本国设立常设机构(permanent establishment, PE)的非居民企业取得的可归属于常设机构的所得作为来源于本国的经营所得,代表性国家有法国、英国、荷兰、德国、日本等。如法国对设在法国的常设机构(包括非独立地位代理人)取得的全球范围内的所得征税,而不论该机构是否是由法国居民设立的。

2. 贸易与经营活动标准

采用"贸易与经营活动"标准的国家将在本国从事"贸易与经营活动"的非居民企业取得的所得作为来源于本国的经营所得,代表性国家主要是英国、加拿大等。

(二) 劳动所得

劳动所得主要是指提供独立或非独立个人劳务而取得的收入。各国对劳动所得来源地的确定标准主要有两类,即劳动地点标准和支付地点标准。

1. 劳动地点标准

劳动地点标准是以劳动活动发生在本国,或劳务在本国提供的事实为依据,将非居民个人在本国境内从事劳动活动,由此而取得的收入视为本国境内来源所得。按照这一标准,在确定一项劳动所得是否为本国境内所得时,一般不考虑所得的支付者的居民国或所在国,也不考虑支付行为是否发生在本国境内。当个人某一纳税期间既在本国又在外国提供劳务时,则需要对总的劳动所得进行分摊,劳动时间是应用较为普遍的分摊标准。

2. 支付地点标准

支付地点标准是以劳动报酬在本国支付的事实为依据,凡是在本国境内支付的劳动所得均为本国境内来源所得。

(三) 投资所得

投资所得包括股息、利息以及各种特许权使用费,这类所得的取得是基于股权、债权、专利权、版权等各种权利,因此也被称为权益所得。投资所得来源地的确定往往根据产生这类所得的投资、贷款、专利、专有技术与本国经济的联系程度,不同类型投资所得来源地的确定标准又有所差别。

1. 支付者标准

各国对股息和利息大多采用所得支付者标准,即凡是由本国居民、在本国境内的常设机构或固定基地支付的这类所得,均视为本国来源所得。

2. 权益使用地标准

各国对特许权使用费主要采用权益使用地标准,即凡是提供在本国境内使用的专利、专有技术等所收取的费用都规定为本国境内来源所得。

(四) 财产所得

财产所得包括由于拥有各种不动产(immovable property)和有形动产(tangible movable property)取得的定期收益(主要是租金)和在各种不动产、动产转让过程中产生的资本利得(capital gains)。

1. 不动产所得

由于不动产具有不可移动性,一般都是固定地存在于某个国家的领土范围内,它的所有人只有取得财产存在国对其产权的认可,才有可能取得相应的租金等财产所得,因此确定这类财产所得来源地的依据是明确的。各国一般规定凡坐落于本国境内的不动产,其所有者通过出租或转让等形式取得的收益均为本国境内来源所得。

这里"不动产"具有财产存在国法律所规定的含义,一般包括:附属于不动产的财产,农业和林业使用的牲畜和设备,适用一般法律有关地产的规定的各种权利,不动产的收益权(usufruct)以及由于开采或有权开采矿藏、水源与其他自然资源而取得收入的权利等。

2. 动产租金

有形动产(如机器设备、存货等)也具有确定的物质形态,各国一般也以这类财产的所在国为其所得来源国,对处在本国的有形动产的所有者通过使用或出租等形式取得的收益行使地域管辖权征税。

3. 转让动产的资本利得

对于因转让动产而取得的资本利得,其来源地的确定标准主要有财产存在地标准和财产销售地标准。

(1) 财产存在地标准

大部分国家对转让动产的资本利得以交易财产的存在地为其来源地,将销售存在于本国境内的财产所产生的资本利得规定为本国境内来源所得。

有形动产由于具有确定的物质形态,其存在地一般是不难确定的。

构成无形动产的各项权益(如股权、债权、特许权等)没有确定的物质形态,因此有关国家主要以某项权利关系发生在本国境内的事实为依据,将本国居民公司发行的股票、本国政府或居民公司发行的债券或借款、在本国申请登记的专利等权益规定为本国境内财产,凡由这些权益的销售产生的资本利得即为本国来源所得。

(2) 财产销售地标准

也有的国家对各项动产利得采取财产销售地标准,以财产的实际销售地或成交地在本国境内为依据,将由此产生的资本利得规定为本国境内来源所得。例如,根据 2017 年 12 月 31 日以前的美国税法,在美国境内销售存货财产取得的所得为美国来源所得,其中在美国境内销售指财产所有权的转移地点在美国,此项规定又称所有权转移规则(title passage rule)。

(3) 财产生产地标准

2018 年以后,美国调整了销售存货财产取得所得的来源地规则,规定以该财产相关的生产行为的发生地为销售财产所得的来源地。

(4) 转让者居民国标准

转让动产所得的资本利得的来源国也可能是转让者的居民国。如美国规定销售个人财产取得所得的来源地为销售者的居民国,因此由美国居民取得的销售个人财产所得属于美国来源所得。

4. 转让无形资产的资本利得

转让无形资产的资本利得的来源地的确定规则与特许权使用费来源地的确定规则相似,即可能取决于该项无形资产转让后的使用地,也可能由转让者的居民国决定。如美国采取了将两种方法相结合的方式,即规定当转让无形资产的所得为固定收入时,其来源地为转让者的居民;当转让无形资产的所得不固定而与转让后无形资产的使用收益挂钩时,则其来源地为无形资产的使用地。

5. 转让子公司或分支机构的资本利得

转让设在一国的子公司或分支机构取得的资本利得一般视为来源于该子公司或分支机构所在国的所得。

6. 通过外国分支机构转让财产取得的资本利得

通过设在一国的分支机构转让财产取得的可归属于该分支机构的资本利得一般也视为来源于该分支机构所在国的所得。

四、各国行使税收管辖权的不同模式

由于税收管辖权是国家主权的组成部分,每个国家可以自主决定行使何种类型的税收管辖权,以及如何行使,因此各国在所得税课征中行使税收管辖权的方式并不统一,其差异主要体现在税收管辖权的选择、征税范围和征税方式的调整等。

(一) 税收管辖权的选择

关于税收管辖权的选择,从大多数国家的实践看,主要有以下五种典型模式。

1. 同时行使居民管辖权和地域管辖权

该模式的特点是兼行属地原则和属人原则,并通过行使居民管辖权来体现其中的属人原则,中国、英国、日本、德国、加拿大、澳大利亚、巴西、俄罗斯、印度等许多国家采用了这一模式。在该模式下,纳税人可分为承担无限纳税义务的纳税人和承担有限纳税义务的纳税人。其中居民要就自己来源于世界范围内的所得承担纳税义务,因此在该国负有无限纳税义务,又称全球纳税义务;而非居民只需就自己来源于该国境内的所得承担纳税义务,因此在该国负有有限纳税义务。

2. 同时行使居民管辖权、公民管辖权和地域管辖权

美国是同时行使地域、居民和公民三种税收管辖权的典型国家。在这一模式下,居民和公民都将承担无限纳税义务,就来源于世界范围内的所得在美国纳税,而不属居民的外国人承担有限纳税义务,主要就来源于美国境内的所得在美国纳税[①]。

3. 仅行使地域管辖权

一些国家(或地区)放弃了居民税收管辖权的行使,而选择行使单一的地域税收管辖权,如新加坡、马来西亚、中国香港、中国澳门等。这些国家(或地区)行使单一地域税收管辖权一方面避免了居民(或公民)税收管辖权行使的困难,另一方面也有利于吸引跨国投资者。

4. 放弃征收所得税

也有少数国家在所得税上既不行使居民管辖权,也不行使地域管辖权,从而完全放弃征收所得税,如开曼群岛、英属维京群岛、百慕大、巴哈马等,这些国家(或地区)一般国土面积小、政府开支规模小且有其他收入来源(如旅游业收入等),属典型的避税地国家(或地区)。

5. 对自然人和公司纳税人行使不同的税收管辖权

有的国家针对自然人和公司行使不同的税收管辖权,如巴林、阿联酋和科威特对公司纳税人行使地域税收管辖权,而对个人不征所得税;法国则对个人同时行使居民管辖权和地域管辖权征税,而对公司仅行使地域税收管辖权。

(二) 对居民管辖权和地域管辖权行使范围的调整

在上述基本的五种模式下,也有的国家将居民税收管辖权和地域管辖权的行使范围做进一步调整,比如,缩小居民管辖权的范围、扩大地域管辖权的范围等。

1. 对居民管辖权行使范围的调整

一些行使居民管辖权的国家对部分居民并不行使完全的税收管辖权。例如,英国对个人纳税人中无住所的居民(non-domiciled residents)仅就其英国来源所得和汇入英国的外国来源所得征收个人所得税;日本对个人纳税人中的非永久居民(non-permanent residents)仅就其日本来源所得以及在日本支付和汇入日本的外国来源所得征收个人所得税;我国税法也规定,在我国境内居住满 183 天但不满 6 年的居民个人,从我国境外取

---

① 特殊情况下,非居民的外国人也可能需要就外国来源所得在美国纳税。

得的所得,经主管税务机关批准,可以只就由中国境内公司、企业以及其他经济组织或个人支付的部分缴纳个人所得税。

2. 对地域管辖权行使范围的调整

按照地域税收管辖权的一般原则,一个国家对于非居民纳税人应仅就其境内来源所得课税,但有的国家对于非居民的某些境外来源所得也要征税。

例如,美国税法对在本国从事"贸易与经营活动"的外国公司就其与该"贸易与经营"活动构成有效联系的所得征收所得税,而该有效联系所得(effectively connected income, ECI)不仅包括美国境内来源所得,也包括可归属于设在美国的办事处或固定营业场所且该办事处或固定营业场所对收入的取得起到实质性作用的所得,如在美国境内通过设在美国的办事处向美国市场销售货物取得的所得。

根据2017年减税与就业法案实施以前的规定,美国以货物所有权转移(title passage)的地点作为销售货物所得的来源地,而在该法案实施以后,货物的生产地点为销售货物所得的来源地。但是,假设某香港企业通过直接出口方式对美国客户销售货物,同时在芝加哥租用一间办公室,配备了几个销售人员,由销售人员联系美国的客户和潜在客户,并将销售订单明细通过电子邮件发送给香港办公室,由香港办公室接单,订单中货物在香港生产,所有权转移也在香港离岸时进行。在这种情况下,不仅是那部分来源于芝加哥销售办公室的销售收入会被归类为美国来源收入,而且香港企业所有的在美销售收入都将被重新归类。芝加哥销售办公室的存在使得所有与美国相关的销售收入都归类为有效联系所得。

第二节 国际重复征税的免除方法

根据上文对不同国家行使税收管辖权情况的介绍,我们可以更清楚地看出在很多国家同时行使居民(公民)税收管辖权以及地域税收管辖权,并且对居民身份和收入来源地的判定标准都不尽相同的情况下,很容易引起税收管辖权的重叠和国际重复征税。国际重复征税导致参与国际经济活动的纳税人与仅参与国内经济活动的纳税人相比承担更重的税负,既有违税收公平原则,也不利于资源的有效配置。为应对这一问题,许多国家在国内税法中增加了免除国际重复征税的条款,因此,适用这些条款就成为确定从事跨境交易活动的纳税人的纳税义务的必要步骤。

一、国际重复征税免除的扣除法、免税法、抵免法和减免法

由于居民管辖权和地域管辖权重叠引起的国际重复课税相对更为普遍,且纳税人很难通过自身适当的筹划和安排来避免,各国国内法中采取的免除重复课税措施主要针对这种类型的国际重复课税。具体来说,目前国际上通行的做法是遵循属地优先原则,即承认地域管辖权处于优先行使的地位,由纳税人的居民国相应地放弃部分或全部基于居民管辖权本来可以取得的税收收入。因此,国际重复课税的免除就体现为纳税人的居民国对外国来源所得给予某种形式的税收减免。根据各国采用的不同税收减免方式,免除国际重复征税的方法主要有四种类型:扣除法、免税法、抵免法和减免法。

（一）扣除法

扣除法（deduction method）是指居民国政府在确定本国居民纳税人的应纳税额时，将其在非居民国已经缴纳的税款作为费用从应纳税所得额中扣除。

扣除法事实上只是缓和了国际重复课税，并未使其得到完全免除。因此，相对而言，采取扣除法消除重复课税的国家较少，更多的国家采取免税法和抵免法消除重复课税。

对于本来就无须缴纳所得税的亏损的公司纳税人来说，免税法和抵免法的意义不大，而扣除法可以进一步增加亏损额用以冲抵以后年度的利润，反而更为有利。因此，有的实行抵免法消除重复课税的国家也允许纳税人选择扣除法（如美国、英国、日本等）。也有的国家由于对免税法和抵免法的应用附加一定的条件，因而对于不能得到免税或抵免的外国税收允许作为费用扣除（如荷兰、瑞士、爱尔兰等）。

（二）免税法

免税法（exemption method）是指居民国政府在确定本国居民纳税人的应纳税额时，将其在非居民国取得的收入从总所得中排除，不予计税。

采用免税法意味着居民国完全放弃了居民管辖权，而承认地域管辖权的独占行使。因此，实行地域税收管辖权征税的国家也相当于实行了免税法消除重复课税。由于居民国对境外收入不予计税，国际重复课税可以完全免除。当非居民国税率小于居民国税率时，跨国纳税人不仅无须承担双重税收负担，反而会因为进行跨国经营活动而得到总体税收负担降低的额外利益。

为了应对纳税人利用本国实行免税法消除重复课税开展避税活动，实行免税法的国家在对本国居民的境外所得免税时往往附加一定的限制条件，如荷兰规定设在外国的常设机构取得的营业利润可以免税。但是这一规定并不适用于取得消极所得并承担较低税负的外国常设机构（low-taxed passive PEs），其中取得消极所得是指该常设机构主要从事消极投资、集团融资和租赁活动，承担较低税负是指该常设机构所在国的法定税率低于10%。

虽然实行免税法意味着居民国对外国来源所得不征，当纳税人为自然人时，实行累进个人所得税率的国家在确定纳税人在居民国的应纳税额时，往往先以包括境外所得的总所得为基础求出平均税率，再将此平均税率适用于境内所得，这种情况称为累进免税法（exemption with progression）。累进免税法在确定纳税人的适用税率时将境外所得也考虑在内，是纵向税收公平在国际税收领域的集中体现。

（三）抵免法

1. 全额抵免和限额抵免

抵免法（credit method）是指居民国政府在确定本国居民纳税人的应纳税额时，将其在非居民国已经缴纳的税款全部或部分从应纳税额中扣除。抵免法又有全额抵免和限额抵免之分。

全额抵免是指允许居民纳税人已在非居民国缴纳的有关税收全部在本国应纳税额中抵免。限额抵免是允许本国居民就其境外所得已在非居民国缴纳的税收在本国的应纳税额中抵免，但抵免数额不能超过抵免限额，抵免限额是指同项所得按照本国税法计算的应纳税额。

当前，实行抵免法消除重复课税的国家一般采用限额抵免法。在居民国采取限额抵免方法的情况下，重复课税可以全部得到免除，纳税人的实际税收负担则有三种情况：

① 居民国税率与非居民国税率相同时,税收抵免就相当于税收豁免,居民国政府对境外税收给予全部抵免,并不再补征税款;② 居民国税率高于非居民国税率时,居民国政府对境外税收给予全部抵免,并按照较高的本国税负补征其差额;③ 居民国税率低于非居民国税率时,居民国政府对境外税收只允许抵免相当于较低的居民国税负的部分,对于境外税负超出居民国税负的部分,纳税人不能得到退税,只能自行承担。

限额抵免法既贯彻了属地优先原则,承认地域管辖权的优先地位,又保证了本国居民管辖权的行使,使本国的财政收入不致因非居民国实行的高税率而受到损害,较好地兼顾了消除国际重复课税和维护本国税收权益的目标,因此是应用最为广泛的消除国际重复征税的单边措施。

也有一些国家对部分收入项目实行免税,而对不予免税的项目给予抵免,如奥地利对于国外常设机构的营业利润等积极所得实行免税(前提是该所得在国外承担不低于 15%的税负),而对股息、利息、特许权使用费等消极所得在国外缴纳的税收给予抵免。

2. 综合限额、分国限额和分项限额

实行限额抵免时,纳税人在居民国的应纳税额取决于抵免限额,当纳税人在多个国家取得收入或在国外取得不同类型的收入时,就涉及采用综合限额、分国限额还是分项限额的问题。

综合限额指居民国政府对其居民来自不同非居民国的所得汇总相加,按居民国税率计算出一个统一的抵免限额,纳税人缴纳的全部境外税收可在该限额内抵免。分国限额指居民国政府对其居民来自每一个非居民国的所得,分别计算出各自的抵免限额,在每一个非居民国所缴纳的税收只能在相应的抵免限额内给予抵免。分项限额指居民国对纳税人各种类型的境外所得分别计算抵免限额,纳税人各类境外所得已缴纳境外税收只能在同项抵免限额内抵免。各国采用上述方法的模式各不相同,采用综合限额法的国家有日本、印度、俄罗斯等,采用分国限额的国家有中国、德国、韩国等,美国采用了分项限额,英国、加拿大则采用了分国又分项的做法。

就综合限额法和分国限额法的比较而言,当纳税人就来自不同非居民国的所得或来自不同项目的所得面临不同税率时,综合限额因为可以将不同来源或不同项目的所得合并计算,境外税收超过抵免限额和境外税收低于抵免限额的项目可以相互抵消,纳税人的总税负将有所降低。但是,若某一非居民国的亏损可以抵消其他非居民国的盈利,当纳税人在部分非居民国发生经营亏损时,分国限额可能反而有利于纳税人扩大抵免限额,获得更多抵免。

分项限额与不分项限额的区别类似于综合限额和分国限额的区别,不再赘述。

3. 抵免限额的结转

实行限额抵免的国家对于当年不能得到抵免的外国税收,通常允许向以前年度或以后年度结转,如中国允许向后结转 5 年,日本允许向后结转 3 年,英国允许向前结转 1 年并向后无限期结转。当然,若居民国和各非居民国的税负水平都保持不变,纳税人某一年度超出抵免限额的外国税收在其他年度将仍然无法得到抵免,而只能自行承担。

(四) 减免法

减免法(reduction method)是指居民国政府对本国居民纳税人已在非居民国缴纳税

款的境外收入,在本国按较低的税率课税。如比利时对于居民个人来自国外的不动产所得、劳动所得等仅课征50％的个人所得税,且已在国外缴纳的税收可在应税所得中扣除。

减免法免除国际重复课税的程度是不确定的,可能只是部分免除国际重复课税,也可能使跨国纳税人的税收负担反而比只在国内从事经营活动的纳税人还要低,确切的效果取决于外国来源所得适用税率的高低。

二、针对跨境股息所得的间接抵免和参股豁免

上述国际重复征税免除的一般方法,就公司纳税人来说,都是基于纳税人以设立非独立实体的方式从事跨境经营活动的情况。但是,在当今世界经济全球化水平不断提高的背景下,跨国公司以在非居民国设立独立子公司的方式从事国际经济活动并获得境外所得的情况也十分普遍,在这种方式下跨国公司获得的境外所得主要表现为股息所得,与之相适应的国际重复征税免除方法主要是间接抵免和参股豁免。

(一)间接抵免

1. 间接抵免的定义

间接抵免是指居民国对于跨国公司就其持有股份的海外公司在东道国当地缴纳的公司所得税给予的抵免,之所以称为间接抵免,是因为此项税收的直接纳税人为被投资公司,但却是由持股公司间接负担的。

实行间接抵免的国家对间接抵免的适用范围通常有严格的限制,一般要求可享受间接抵免的公司必须是其下层公司的积极投资者,即必须拥有其下层公司或逐级拥有其下层公司一定数量以上的有表决权的股份。不参与分配股息公司的经营决策活动而单纯以取得股息(及资本利得)为目的的消极投资者(如专门从事证券投资的公司)是不能获得间接抵免的。例如,美国税法规定,美国公司必须符合以下条件才能获得间接抵免:① 持股公司必须拥有下层被投资公司10％以上有表决权的股票;② 持股公司必须间接拥有第二层或第二层以下被投资公司的5％以上有表决权的股份,即持股公司和各层被投资公司分别拥有下一层被投资公司的控股权比例的连乘积不得小于5％。

2. 间接抵免的计算方法

间接抵免的计算方法是按持股公司收到的股息占被投资公司税后利润的比例,确定被投资公司在非居民国缴纳的公司所得税中由持股公司承担的部分,并将这一部分税额从持股公司应向居民国政府缴纳的公司所得税额中扣除。根据获得间接抵免的持股公司取得的股息是来自第一层被投资公司还是来自第二层或第二层以下的被投资公司,间接抵免可分为一层间接抵免和多层间接抵免。

(1)一层间接抵免

若持股公司的居民国实行一层间接抵免,则持股公司在居民国的应纳税额计算步骤如下。

第一步,计算持股公司(母公司)收到的被投资公司(子公司)支付的股息所承担的外国公司所得税额 T_p:

$$T_p = T_s \times \frac{D}{Y_s - T_s} \tag{2-1}$$

这里 D 为持股公司从被投资公司取得的股息，T_s 为被投资公司在非居民国缴纳的税收，Y_s 为被投资公司在非居民国取得的所得。

当非居民国的公司所得税实行比例税率时，T_p 也可以按以下公式计算：

$$T_p = \frac{D}{1-r_s} \times r_s \tag{2-2}$$

这里 r_s 为非居民国公司所得税税率。

第二步，计算应归属于持股公司的被投资公司在非居民国取得的所得 Y_p：

$$Y_p = Y_s \times \frac{D}{Y_s - T_s} \tag{2-3}$$

同样，当非居民国的公司所得税实行比例税率时，Y_p 也可以按以下公式计算：

$$Y_p = \frac{D}{1-r_s} \tag{2-4}$$

或者，在第一步的基础上，Y_p 亦可计算为：

$$Y_p = D + T_p \tag{2-5}$$

第三步，将 Y_p、T_p 视为持股公司在被投资公司所在国取得的所得及缴纳的税收，按抵免法的一般规则计算持股公司在居民国的应纳税额。

一般说来，间接抵免是持股公司居民国给予本国从事国际经济活动的投资者的更为优惠的税收待遇。当被投资公司向持股公司分配股息时，被投资公司所在国一般将向持股公司就该项所得征收预提所得税，持股公司就其收到的股息向居民国申报纳税时，其直接缴纳的预提所得税一般均可能获得抵免。因此，允许间接抵免时，针对预提所得税的直接抵免和针对被投资公司在非居民国缴纳的公司所得税的间接抵免应结合起来计算处理。

（2）多层间接抵免

在经济全球化的背景下，一些持股公司不仅拥有第一层外国被投资公司，还可能通过第一层被投资公司在第三国拥有第二层被投资公司。第二层被投资公司在所在国缴纳公司所得税后向第一层被投资公司分配股息，第一层被投资公司将股息并入总所得又向其所在国缴纳公司所得税，再将其税后利润的一部分作为股息分配给持股公司，这时持股公司从第一层被投资公司处取得的股息不但承担了第一层被投资公司缴纳的公司所得税，也承担了第二层被投资公司缴纳的公司所得税。多层间接抵免就是用以消除持股公司从两层甚至更多层的外国被投资公司取得股息时所承担的多重税收负担的方法。

现以二层间接抵免（即对持股公司收到股息所承担的第一层和第二层被投资公司已经缴纳外国公司所得税进行的抵免）来说明这种多层间接抵免方法。持股公司在居民国应纳税额的计算步骤如下。

第一步，计算持股公司股息所承担的第一层被投资公司和第一层被投资公司分别向所在国缴纳的公司所得税额 T_p：

$$T_p = T_{s-1} \times \frac{D}{Y_{s-1} - T_{s-1}} + T_{s-2} \times \frac{D_{-1}}{Y_{s-2} - T_{s-2}} \times \frac{D}{Y_{s-1} - T_{s-1}} \tag{2-6}$$

这里 D、D_{-1} 分别为持股公司从第一层被投资公司和第一层被投资公司从第二层被投资公司取得的股息,T_{s-1}、T_{s-2} 分别为第一层被投资公司和第二层被投资公司在非居民国缴纳的税收,Y_{s-1}、Y_{s-2} 分别为第一层被投资公司和第二层被投资公司在非居民国取得的所得。

第二步,计算应归属于母公司的第一层被投资公司和第二层被投资公司在非居民国取得的所得 Y_p:

$$Y_p = Y_{s-1} \times \frac{D}{Y_{s-1} - T_{s-1}} + Y_{s-2} \times \frac{D_{-1}}{Y_{s-2} - T_{s-2}} \times \frac{D}{Y_{s-1} - T_{s-1}} \tag{2-7}$$

第二步与第一步公式的含义相近,即按股息占下层公司税后利润的比例确定应归属于上层公司的下层公司所得,而应归属于持股公司的第二层被投资公司所得须通过第一层被投资公司这个中间环节进行推算。

当然,当非居民国的公司所得税实行比例税率时,Y_p 也可以按以下公式计算:

$$Y_p = \frac{D}{1 - r_{s-1}} + \frac{D_{-1}}{1 - r_{s-2}} \times \frac{D}{Y_{s-1} - T_{s-1}} \tag{2-8}$$

其中,r_{s-1}、r_{s-2} 分别为第一层被投资公司和第二层被投资公司所在国的公司所得税税率。

另外,在第一步的基础上,Y_p 亦可计算为:

$$Y_p = D + T_p \tag{2-9}$$

【例 2-1】甲国 A 公司在乙国拥有一家子公司 B 公司,某纳税年度,A 公司自身实现所得 300 万元,B 公司实现所得 200 万元,在税后利润中分配给 A 公司股息 60 万元,甲、乙两国公司所得税税率分别为 30%、40%。乙国对股息收益征收预提所得税,税率为 15%,甲国实行抵免法消除重复课税。

1. 甲国给予纳税人在非居民国缴纳的股息收益预提税直接抵免,则 A 公司在甲国的应纳税额计算如下:

① A 公司全球所得＝300＋60＝360 万元

② A 公司抵免前应纳税额＝360×30%＝108 万元

③ A 公司抵免限额＝$\frac{60}{360}$×108＝18 万元

④ A 公司缴纳的预提所得税＝60×15%＝9 万元

⑤ A 公司境外税收总额＝预提所得税＝9 万元

⑥ 因为境外税收＜抵免限额,所以抵免额＝境外税收＝9 万元

⑦ 应纳税额＝抵免前应纳税额－抵免额＝108－9＝99 万元

2. 甲国同时实行直接抵免和间接抵免消除重复课税,则 A 公司在甲国的应纳税额计算如下:

① B公司缴纳公司所得税额＝200×40％＝80万元

② B公司税后利润＝200－80＝120万元

③ 应归属于A公司的B公司所得＝$200×\frac{60}{120}$＝100万元

④ A公司承担的B公司所得税＝$80×\frac{60}{120}$＝40万元

⑤ A公司缴纳的预提所得税＝60×15％＝9万元

⑥ 境外税收总额＝公司所得税＋预提所得税＝40＋9＝49万元

⑦ A公司抵免限额＝100×30％＝30万元

⑧ 因为境外税收＞抵免限额，所以抵免额＝抵免限额＝30万元

⑨ 应纳税额＝抵免前应纳税额－抵免额＝（300＋100）×30％－30＝90万元

3. 若B公司在丙国拥有子公司C，丙国所得税税率为50％。某纳税年度，A、B、C三家公司自身实现所得分别为300万元、200万元、400万元，B公司和C公司在税后利润中分别分配给上层公司股息55万元和100万元。甲国对A公司股息所承担的非居民国税收给予一层和多层间接抵免（暂不考虑预提税），则A公司在甲国的应纳税额计算如下。

① C公司缴纳公司所得税额＝400×50％＝200万元

② B公司承担的C公司所得税＝$200×\frac{100}{400-200}$＝100万元

③ 应归属于B公司的C公司所得＝$400×\frac{100}{400-200}$＝200万元

④ B公司抵免限额＝境外所得×境内税率＝200×40％＝80万元，因为境外税收＞抵免限额，所以B公司可抵免额＝抵免限额＝80万元

⑤ B公司应纳税额＝抵免前应纳税额－抵免额＝（200＋200）×40％－80＝80万元

⑥ 应归属于A公司的B公司所得（含C公司所得）

＝$(200+200)×\frac{55}{400-(100+80)}$＝100万元

（因为B公司承担的C公司已纳税收并未在乙国全部得到抵免，所以B公司总所得（200＋200）承担的总税收为180万元，其中的80万元为B公司自身缴纳的税收，100万元为B公司承担的C公司所得税）

⑦ A公司承担的B公司所得税（含C公司所得税）

＝$(100+80)×\frac{55}{400-(100+80)}$＝45万元

⑧ A公司抵免限额＝境外所得×境内税率＝100×30％＝30万元，因为境外税收＞抵免限额，所以A公司可抵免额＝抵免限额＝30万元

⑨ A公司应纳税额＝抵免前应纳税额－抵免额＝（300＋100）×30％－30＝90万元

（二）参股豁免

如前文所述，在境外设立子公司是跨国公司从事国际经济活动的常见做法，为了消除由此引起的对股息所得的重复课税，跨国公司的居民国可以采用股息所得税的间接抵免法。但是，间接抵免往往需要经历较为复杂的计算过程。为了使计算过程简化，一些国家

采取对本国居民公司收到的境外股息所得免税的办法,这就是参股豁免制度,该制度相当于针对来源于境外的股息所得应用免税法。

参股豁免和间接抵免的区别与免税法和抵免法的区别相似,即两种方法对纳税人税收负担和居民国政府税收收入的影响取决于居民国和非居民国税率的相对水平。如果外国子公司支付的归属于母公司收到股息的外国公司所得税加上母公司支付的股息预提税等于或大于对这部分股息应征的本国税收,那么,参股豁免和间接抵免的效果是相同的。按照免税法,对股息不再征收本国税收,因此总的税收就是归属于母公司收到股息的外国子公司所得税和母公司缴纳的外国股息预提税之和。按照抵免法,归属于股息的外国子公司所得税和母公司缴纳的外国股息预提税之和可以从本国税收中得到抵免,因此,如果已经直接或间接缴纳的外国税收之和等于或者大于本国应纳税收,也不必再缴纳本国税收。

以下通过例子展示参股豁免制下纳税人在居民国应纳税额的计算方法及其与间接抵免法的对比。

假定甲国 A 公司在乙国拥有一家子公司 B 公司(持股 100%),某纳税年度,B 公司实现所得 100 万元,在税后利润中分配给 A 公司股息 70 万元,甲、乙两国公司所得税税率分别为 35%、30%。乙国对股息收益征收预提所得税,税率为 10%。在甲国采取间接抵免和参股豁免两种方式消除对股息所得重复课税的情况下,A 公司须在甲国缴纳公司所得税和公司集团总纳税额的情况如表 2-2 所示。

表 2-2 间接抵免法和参股豁免法的比较

	间接抵免	参股豁免
外国子公司所得	100	100
已缴纳外国税收(税率 30%)	30	30
向母公司支付股息	70	70
股息预提税(税率 10%)	7	7
母公司收到的股息	63	63
母公司在居民国应纳税所得额	100	0
母公司在居民国抵免前应纳税额(税率 35%)	35	0
抵免限额	35	0
外国税收抵免额	35	0
母公司在居民国抵免后应纳税额	0	0
公司集团总纳税额	37	37

显然,母公司在居民国的应纳所得税额和公司集团的总纳税额在参股豁免和间接抵免方式下是相同的,而参股豁免方式计算过程要简化得多。

与间接抵免相似,实行参股豁免的国家一般也对母公司持有境外子公司股份的比例以及持股时间等规定一定的限定条件。如奥地利规定,本国居民公司持有外国公司 10%以上的股份且时间达到一年以上时,所收到的股息可以免予缴纳本国的公司所得税。为了防止参股豁免被滥用，奥地利还规定在以下两种情况下，参股豁免的规则不适用：① 子公司的收入主要是消极所得，即利息、租赁土地和房屋以外的财产的租金收入以及资本利得；② 子公司在东道国未承担 15％以上的公司所得税。

也有一些国家的参股豁免制是对本国居民公司收到的股息免征 95％的税收，如比利时、德国、意大利等。这些国家与实行 100％参股豁免制的国家一样，一般也规定持股比例、持股时间、从事真实经营活动取得积极所得以及在东道国纳税不得过低等条件。

第三节　反国际避税规则

除国际重复征税外，各国在税收管辖权行使和所得税制上的差异也可能为跨境交易带来更多的避税机会，跨国企业利用这些机会采取的复杂多样的避税安排导致一些国家的税基遭到侵蚀，为此这些国家可能在国内税法中规定一系列的反避税规则。对于从事跨境交易活动的纳税人来说，这些反避税规则也成为有关国家国内税法的重要组成部分。

一、一般反避税规则

（一）一般反避税规则的含义和特点

一般反避税规则（general anti-avoidance rules，GAAR）是指对于纳税人采取的不具有合理商业目的或不具有经济实质而减少税收负担或获取税收利益的安排，税务机关可予以调整并补征税款。一般反避税规则是相对于特别反避税规则而言的，是为规制各类税收规避行为而制定的一般防范性规定。特别反避税规则一般针对的是转让定价、资本弱化或利用受控外国公司等特定的避税行为，而一般反避税规则则涵盖了除特别反避税规则列举行为之外的其他避税行为。从法理的角度看，由于法律的相对固定性，制定应对所有避税行为的反避税规则是不现实的，任何特别反避税规则出台后，纳税人都会设计出新的避税方案以应对。为了防止税法陷入制定特别反避税措施——纳税人利用税法漏洞避税——制定新的反避税措施的恶性循环，有必要在特别反避税规则之外，制定针对更广范围避税行为的"兜底"规则，即一般反避税规则。

相对于特别反避税规则，一般反避税规则具有如下特征：① 概括性。以概括性的规定对避税行为予以立法上的否定。② 内容宽泛。旨在遏制特别反避税措施无法制约的其他避税行为，扩大了反避税调查的外延范围。③ 不确定性。由于一般反避税规则相对原则性、基础性，与特别反避税规定相比，执行中更多依据执法者的主观判断，从而具有一定的不确定性。

（二）一般反避税规则与特别反避税规则的关系

一方面，一般而言，特别反避税规则优先于一般反避税规则，即如果纳税人的某种避税行为符合特别反避税规则的相关规定，就应该应用特别反避税规则。比如我国《一般反避税管理办法（试行）》第六条"企业的安排属于转让定价、成本分摊、受控外国企业、资本弱化等其他特别纳税调整范围的，应当首先适用其他特别纳税调整相关规定。企业的安排属于受益所有人、利益限制等税收协定执行范围的，应当首先适用税收协定执行的相关规定。"但这并不意味着如果纳税人的行为通过特别反避税规则测试,税务机关就不能应用"一般反避税规则"对其进行避税行为的认定。在现有各国的反避税实践中,纳税人只有同时通过特别反避税规则和一般反避税规则的测试,才会保证其行为不被税务机关认定为避税行为而进行调整。

另一方面,特别反避税规则不断缩小一般反避税规则的适用范围。许多国家正不断补充增加特别反避税规则,如印度已将"受益所有人"等防止滥用税收协定的规定列入特别反避税规则。

（三）主要国家一般反避税规则的比较

随着经济全球化和跨境经营活动的不断发展,特别反避税规则无法应对日趋灵活的避税形式,越来越多的国家开始利用一般反避税规则打击避税行为。澳大利亚于1981年便将一般反避税规则引入所得税法。加拿大、新西兰、德国等也先后制定了一般反避税条款。美国、英国对一般反避税规则较为谨慎,美国在2010年后、英国在2013年才引入一般反避税规则,但在之前的税收案例的裁决上,美国多次引用了"经济实质""商业目的""分步交易"等原则。近年来,发展中国家如我国和印度也开始引入一般反避税规则。

综观各个国家的一般反避税规则,其针对的避税安排一般有三个要件:① 交易、行动或计划;② 纳税人从这种交易中获得了税收利益;③ 交易的主要目的是为了获得税收利益。在相关程序规定上,举证责任和机构设置是两个重要的方面。

1. 商业目的及经济实质

各个国家对避税安排的界定上,均将"目的"作为界定的标准,部分国家还在判定避税安排上引入经济实质规则。我国《一般反避税管理办法(试行)》第四条规定避税安排具有以下特征:① 以获取税收利益为唯一目的或者主要目的;② 以形式符合税法规定但与其经济实质不符的方式获取税收利益。即除了考量商业安排的目的以外,还要看经济实质,强调实质重于形式。新西兰的《2007年所得税法案》(Income Tax Act 2007)指出,避税安排必须直接或间接地将避税作为其目的或效果,且这个目的和效果不能是附带的。澳大利亚对"避税安排"的界定如下:① 将获取税收利益作为该安排的唯一或主要目的;② 安排的其中一个环节的唯一或主要目的是为了获得税收利益,该环节的实施也被视为避税安排;③ 安排既可以是双方的合意行为也可以是单方行为。加拿大采用商业目的标准:① 为直接或间接获得税务利益的一项交易、一系列交易或一系列交易的其中一项交易;② 误用税收规定、税收协定(非主观故意)和滥用税收规定、税收协定(主观故意);③ 避税安排既可是单项交易,也可是包含了该交易的一系列交易;④ 整体交易为非税目的,但如分步交易以税收利益为目的,则该分步交易仍会被视为避税交易。印度采用商业目的和经济实质的双重标准:① 该安排的主要目的或主要目的之一是获取税收利益;② 该安排导致了不符合独立交易原则的权利和义务;③ 该安排直接或间接地误用、滥用了税法;④ 该安排部分或全部缺乏商业实质;⑤ 善意的商业行为通常不会采取该安排。

2. 税收利益的确定

我国《一般反避税管理办法(试行)》第三条将税收利益界定为"减少、免除或者推迟缴纳企业所得税的应纳税额"。中国香港将税收利益界定为"对纳税法律责任的规避和延期,或税额的减少"。澳大利亚将税收利益界定为:① 因实施安排而减少收入或所得;

② 因实施安排而增加税前扣除；③ 因实施安排而产生资本损失；④ 因实施安排而获得境外税收抵免。印度税法中税收利益包括减少收入、增加扣除、获得税收优惠或退税。加拿大将税收利益界定为"减少、逃避或推迟缴纳税款，增加退税"。可见，澳大利亚对税收利益的界定较为具体，其他国家或地区对税收利益的界定较为原则化，并把推迟缴纳税款纳入税收利益的范畴。

在税收利益的衡量上，澳大利亚和中国香港采用替代假设的方法。在澳大利亚，在相关交易不存在的假设下预测纳税责任，并与实施交易产生的纳税责任相比，若前者高于后者，则可以确定存在税收利益。

3. 举证责任

民法的一般原则是原告若指控被告有罪，则原告负有举证责任。但是，税务当局很难了解纳税人的经营情况，跨国交易进一步增加了取证的复杂性，因此大部分国家在税收立法中背离了民法的这一原则，将举证责任归于纳税人。如我国《一般反避税管理办法（试行）》第九十五条规定：税务机关启动一般反避税调查时，应按照征管法及其实施细则的有关规定向企业送达"税务检查通知书"；企业应自收到通知书之日起 60 日内提供资料证明其安排具有合理的商业目的；企业未在规定期限内提供资料，或提供资料不能证明安排具有合理商业目的的，税务机关可根据已掌握的信息实施纳税调整，并向企业送达"特别纳税调整调整通知书"。但也有部分国家进行举证责任分摊。例如，加拿大规定由纳税人负主要举证责任，但纳税人是否存在误用或滥用税收规定则由税务机关负举证责任。

二、受控外国公司规则

（一）受控外国公司规则的主要内容

受控外国公司（controlled foreign company，CFC）是指由本国居民企业或居民个人控制的设立在低税率地区、并非出于合理经营需要对利润不作分配或少作分配的外国企业。如图 2-1 所示，母公司居民国所得税率较高，子公司所在东道国所得税率较低。通常情况下，只有母公司收到了股息才需就该部分股息缴纳所得税。若子公司不对股息进行分配，母公司即可规避较高的所得税。即使将来股息分配汇回至母公司，母公司也获得了税收递延带来的收益。

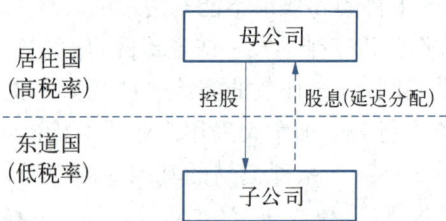

图 2-1 受控外国公司

受控外国公司规则是指将受控外国公司留存在海外不汇回的部分计入本国居民的应纳税所得额，从而遏制本国居民企业或个人利用建立在低税区或避税天堂的受控外国公司将收益留存在海外不汇回以达到延期缴纳税款目的的避税行为。

美国于 1962 年通过了肯尼迪法案，在国内收入法（Internal Revenue Code）的 F 分部做出规定：凡是受控外国公司利润归属于美国股东的部分（通称 F 分部所得），即使当年不作分配，也不汇回美国，也要视为美国居民股东的应税收入与其他所得一并缴纳美国所得税。此后，德国、日本、法国、英国等国家相继出台了 CFC 规则。我国于 2008 年正式在企业所得税法中引入受控外国公司反避税措施。

　　虽然各国的具体条款有所不同,受控外国规则大致都包含六大构成要素:受控外国公司的认定,应税所得的认定,应税所得的计算规则,纳税主体的认定,防止或消除双重征税的规则以及豁免条款。

　　受控外国公司的认定,主要看是否构成"控制",以及受控公司的设立地是否在低税率地区。对于应税所得,一般将受控外国公司的积极营业所得排除在外。纳税主体为在受控外国公司持股比例达到一定数量的居民股东。

　　为了消除重复征税,因未分配股息计入居民股东当期所得而缴纳的所得税税款,各国一般都规定在股息正式汇回时可以抵免或者免于再次征税。对于符合条件的受控外国公司,大部分国家制定了豁免条款,在一定的条件下,比如,可归属的所得额低于某一数额、受控外国公司取得积极经营活动所得、受控外国公司无避税动机等,可免于将不作分配的利润视同股息分配予以计税。

　　(二)主要国家受控外国公司规则的比较

　　1. 控制的认定

　　控制主要是指通过持有股份或资产对海外公司构成控制以及在经营、财务、管理等方面对其形成实质上的控制。控制可分为股份控制和事实控制,各国对控制的规定一般采用双重标准,即股份控制与事实控制满足一个即可。

　　在股份控制方面,一般采用50%的标准。根据美国《国内收入法》,美国股东在一个纳税年度中的任何一天持有某外国公司的股权超过50%,该外国公司就属于受控外国公司。个人、合伙企业、公司、信托或遗产财团直接或间接持有股份总数至少10%时,才予以计入上述持股比例。在德国CFC规则中,只要若干居民共同拥有外国公司50%以上的资本所有权或选举权,即使单个居民不能实际控制外国公司,也认为该外国公司是德国居民的受控公司。澳大利亚则规定五个或五个以下居民股东拥有50%或以上的股份,或者一个单个居民股东持有外国公司40%及以上的股份且对公司有实质性影响,这样的外国公司即符合"控制"的条件。我国对股份控制的界定与美国类似,并对间接控制的计算在《特别纳税调整办法(试行)》中作出规定:"中国居民股东多层间接持有股份按各层持股比例相乘计算,中间层持有股份超过50%的,按100%计算。"

　　事实控制是指居民在财务、经营、管理等方面对该外国公司构成实质控制。事实控制的规定可以防止企业通过股权安排规避CFC规则的适用。澳大利亚采用客观的事实控制测试和主观的事实控制测试进行判定,前者指单独的澳大利亚实体连同其关联方拥有或有权获得外国公司至少40%的控制权;对于既不满足50%股份比例又不满足40%控制权的情况,则要进行主观的事实控制测试,考虑影响股利政策、控制董事任命、日常管理、改变法律权利的能力等因素,确定五个或五个以下澳大利亚实体连同其关联方能否有效控制外国公司。我国税法规定,即使没有达到相应的股份比例,但是在股份、资金、经营、购销等方面对该外国企业构成实质控制,也同样适用CFC条款。

　　2. 设立地的确定

　　除了加拿大、美国、以色列等国家对受控外国公司的判定不考虑是否处于避税地外,大部分国家都规定只有设立在特定区域的外国公司才会被认定为受控外国公司。在判定标准上,有税率标准和名单标准两种方法。

（1）税率标准

税率标准指的是对实际税率低于一定标准的国家或地区适用 CFC 规则。我国规定设立在实际税负低于 12.5％的国家或地区的外国公司被认定为受控外国公司。德国规定的实际税率标准为 25％，实际税率为东道国对 CFC 征收的所得税与依德国受控外国公司规则认定的消极收入的比例。法国将设立在实际税负低于法国的 2/3 的国家或地区的外国公司视为受控外国公司，英国实际税率的规定则为低于英国税率的 75％。

（2）名单标准

一些国家将是否适用 CFC 规则的国家和地区以名单形式列出，有白名单和黑名单之分。列入白名单的国家或地区，或是实际税负较高，或是与制定 CFC 规则的国家签有税收协定。意大利于 2008 年确定了白名单，其认定基于有效的信息交换和"非明显低水平的税收"。我国在《国家税务总局关于简化判定中国居民股东控制外国企业所在国实际税负的通知》（国税函〔2009〕37 号）中，将美国、英国、法国等 12 个国家列入白名单，设立在以上国家的外国企业免于将该外国企业不作分配或者减少分配的利润视同股息分配额，计入中国居民企业的当期所得。列入黑名单的国家或地区一般为避税地，意大利曾采用黑名单的方法，但是最新的受控外国公司规则将 CFC 的定义扩展至位于非黑名单国家的企业（即使是欧盟的居民公司），并规定如下条件：① 适用的有效税率低于意大利有效税率的 50％；② 有超过 50％的消极收入。日本从 1992 年起取消了列举黑名单的做法，开始采用有效税率的测试来判定 CFC。

3. 应税收入

各国的受控外国公司规则一般都将受控外国公司的消极所得列为应税收入，消极所得通常是指利息、股息、租金和特许权使用费等。如我国《特别纳税调整实施办法（试行）》第八十四条规定，如果外国企业主要取得积极经营活动所得，可免于将不作分配或减少分配的利润视同股息分配额。美国《国内收入法》规定的应税所得主要包括 F 分部所得（基地公司所得和保险业务所得）、投资于美国财产的盈余以及超额消极性资产。日本在 CFC 条款中对经济"合理性"作出了规定，其中主营业务为专利权、股票投资等，主要获得消极所得的外国公司不视为具有经济合理性，需要适用 CFC 条款。德国对来自受控外国公司的二级子公司的，因从事积极营业活动而取得的所得，免于适用该规则。但是，法国受控外国公司规则下的应税收入为受控外国公司的全部所得，积极营业收入不能豁免。英国则将资产所得以外的全部所得纳入受控外国公司规则的应税范围。

4. 豁免条款

对于符合一定条件的受控外国公司，各国给予了一定的豁免。豁免条款可分为以下几种。

（1）微量所得

我国对年度利润总额低于 500 万元人民币的受控外国公司，其不作分配的利润免于视同股息分配额。美国税法规定，如果某一受控外国公司一个纳税年度内的的基地公司所得和保险业务所得之和小于收入的 5％和 100 万美元之中的较小数，那么可以对该部分所得进行豁免。

（2）积极营业所得

如前所述，我国、日本、德国等都在豁免条款里将积极营业所得排除在受控外国公司规则的适用范围之外。

（3）无避税动机

美国规定，如果受控外国公司在境外拥有固定经营场所，从事正当的营业活动，并且其所在地的实际税率比最高的美国税率高90％，该公司就可以被认为无避税动机而获得相应的豁免。英国规定，如果能够证实受控外国公司在纳税年度内的营业活动不是出于规避英国税收的动机，那么该受控外国公司的所得就可以不适用受控外国公司规则。

（4）股票公开上市

如果英国的受控外国公司的股票在其居民国公开上市交易，且35％以上的表决权为公众投资者拥有，那么该公司的收入不受CFC条款约束。

三、反资本弱化规则

（一）反资本弱化规则的主要内容

资本弱化（thin capitalization）是指企业的资金来源结构中负债远大于所有者权益（即资本）的现象。根据OECD的解释，企业负债与所有者权益的比例应为1∶1，当所有者权益小于负债时，即为资本弱化。大部分国家的税法规定，企业借款的利息费用可以税前扣除，而向股东支付的股息红利不能在税前扣除，向股东支付的股息红利面临双重征税的问题，因此企业往往更倾向于通过增加债权融资的比重来减少应纳税所得额。在经济全球化的今天，资本弱化也成为众多跨国企业避税的重要手段。

假设某跨国公司的子公司的息税前收入为100万元，现在需要向母公司融资100万元，子公司所在国的企业所得税率为25％，利息、股息预提税率均为10％。表2-3列出了子公司采取债权融资和股权融资两种不同方式时该公司集团需要在子公司所在国缴纳的所得税额。

表2-3　债权融资和股权融资的税负差别　　　　　　　　　　单位：万元

项　　　目		债权融资	股权融资
子公司	息税前收入	100	100
	利息费用（假设借款额为1 000，利率为10％）	100	0
	应纳税所得额	0	100
	企业所得税（税率为25％）	0	25
	税后净利润	100	75
母公司	利息预提税（10％）	10	0
	股息预提税（10％）	0	7.5
在子公司所在国的所得税负合计		10	32.5

可以看出，若子公司以借款的方式向母公司融资，该公司集团在子公司所在国仅需缴纳所得税10万元；而若子公司接受股权投资，则该公司集团需要缴纳32.5万元的所得税。

由于采用债权融资需要支付大量的债务利息，资本弱化使债权人和消费者面临较高的偿付能力风险，同时，跨国公司的资本弱化运作也侵蚀了东道国的税基，为此许多国家采取了反资本弱化规则。反资本弱化规则即为了防止企业以避税为目的增加债务融资比重,对于企业债务利息支出的扣除予以限制的规定。根据该规则,对于超出一定比例的关联方债权融资利息,或不符合独立交易原则的债务利息支出,在计算应纳税所得额时不允许扣除。

综观各国反资本弱化的方式,可以分为安全港模式和正常交易模式。在安全港模式下,对于企业向关联方(股东)的借债,如果负债/股权的比率超出了规定的标准,那么超出部分的利息支出将不予税前扣除,或视同股息分配。大部分国家的反资本弱化规则都采用安全港模式。正常交易模式指参照公平交易原则下借款方和独立银行间的借贷,对存在特殊关系借贷方之间的借贷条款和条件进行调整。这种方法的优点在于考虑了每个个案的特别因素和环境,排除了关联关系对借贷的影响。尽管 OECD 倾向于该方法,但是该方法需要考虑每个个案的金融市场条件等因素,在实践中成本较高,其调整的结果对纳税人来说也增加了不确定性。

(二)主要国家反资本弱化规则的比较

1. 安全港模式

(1)负债/股权比率

各国对负债/股权的比率规定的标准各不相同。美国、德国(对于固定利率的贷款)、法国等规定的比率为 1.5∶1,加拿大、葡萄牙为 2∶1,日本、德国(控股公司的贷款)为 3∶1。韩国对非金融企业规定的比率是 3∶1,对于金融机构规定的比率为 6∶1。澳大利亚对金融实体的非借贷业务规定的比率为 3∶1,借贷业务的比率随着资金数量的增加而增加,但最高不能超过 20∶1。

除了比率标准不同外,各国对于负债/股权比率的计算方法也不完全一致。一种以向单个特定股东的借款比上该股东的股权投资进行计算,超出比例的向该股东的借款利息不予扣除,加拿大等国采用这种计算方法。另一种以公司整体的负债/股权比进行计算,日本、法国、美国等采用这种方法。

(2)关联关系

反资本弱化规则针对的是企业纳税人与其股东之间利用关联关系以债权融资取代股权融资进行避税的行为。不存在特定关联关系的借款,如纳税人向银行、独立企业等第三方进行的借款,则不适用反资本弱化规则。

各国对关联关系的认定不尽相同,最普遍的是根据股权控制比例。在股权控制比例标准上各国的规定也有一定的差异。比如,澳大利亚的要求最低,股东只需持股 15% 即可适用资本弱化规则;而其他国家,如新西兰和美国,确定股东对公司的控制达到 50% 后才适用有关的法规。此外,大多数国家同时考虑直接和间接控制。

大多数国家反资本弱化规则仅适用于向非居民股东的借款,如澳大利亚、加拿大、德国、日本等;而有的国家的反资本弱化规则同样适用于向居民股东的借款,如美国、英国、中国、法国等。

(3)债权融资额

目前各个国家资本弱化规则针对的企业借债,既包括直接借款,也包括关联方通过第三方给予企业的间接贷款。因为如果只包括直接借款,那么纳税人很容易利用第三方进行规避。比如,我国对债权性投资的定义包括直接或者间接从关联方获得的负债性质的投资,间接的债权性投资既包括关联方通过无关联第三方提供的债权性投资,也包括无关联第三方提供的、由关联方担保且负有连带责任的债权性投资。澳大利亚的反资本弱化规则中,"外国债务"的基本来源有两种:一是居民企业向外国控制方或其非居民关联企业的借款,二是虽然该借款并非来自外国控制方和非居民关联企业,但是该借款由外国控制方或外国控制方的非居民关联企业提供担保或保证。

2. 正常交易模式

由于正常交易模式存在结果的不确定性以及较高的实施成本,该方法的应用多与安全港模式相结合。比如,德国的安全港规则规定了例外情形,如纳税人能证明贷款符合独立企业间的"正常交易原则"的,其利息仍视为合法利息,可以从税前扣除。即如果公司能够证明,超过安全港的债务按相同条件可以从与公司无关联的第三者(即非股东)那里获得,或者通过典型银行交易方式获得,则其支付的利息不作为股息分配。美国除了应用安全港比例以外,也采用"正常交易原则",如果股权控制在50%以上的关联企业间的贷款,在相同或类似情况下不会在非关联企业间提供,那么该贷款为"非正常交易",利息不允许扣除。英国的反资本弱化规则如下:如果利息支付发生在具有75%控股关系的跨国集团公司之间,且利息的支付是基于这种关系的,则将被视为股息分配;而在非控制的融资交易中,英国税务当局需要逐一确认以下四个问题,以确定借贷方之间是否存在特殊关系:① 英国公司全部债务的适当水平或程度;② 该公司从关联贷款获得债务的水平或程度;③ 如果没有特殊关系,是否能取得相差无几的贷款;④ 贷款是否以与市场利率相同的条件取得。但是税务部门在认定是否符合该正常交易原则时,将1:1的负债/股权比率作为判定的标准。

四、转让定价规则

(一) 转让定价规则概述

转让定价(transfer pricing, TP),是企业集团为了获取利润最大化,对关联企业间发生的商品购销、技术受让、资金借贷和劳务提供等制定的内部交易价格。非关联企业间的交易定价通常由市场决定。而关联企业之间的交易可能利用内部控制的优势,通过高价或低价的安排,将利润从所得税高的国家或地区转移到所得税低的国家或地区,因此转让定价是跨国企业常用的避税手段。

表 2-4　不同转让定价下的所得税负比较

情形一:

项　　　　目	A公司	B公司	集　团
所得税率	33%	10%	20%
销售收入(100件商品,每件1.5)	150	200	200
销售成本	60	150	60
利润总额	90	50	140
所得税	29.7	5	34.7

情形二：

项　目	A公司	B公司	集　团
所得税率	33％	10％	11.66％
销售收入(100件商品,每件0.7)	70	200	200
销售成本	60	70	60
利润总额	10	130	140
所得税	3.33	13	16.3

　　表2-4中列出了某集团在不同内部交易定价情形下的税负情况。假设A公司与B公司为同一集团的两家子公司：A公司负责生产,其所在国所得税率为33％；B公司负责销售,其所在国所得税率为10％。产品的生产成本均为60,销售给集团外第三方的价格均为200,集团利润总额均为140。在情形一中,A公司销售给B公司的价格为150,即B公司对外销售的成本为150。A公司的利润总额为90,B公司的利润总额为10,集团的所得税负为$90×33％+10×10％＝34.7$。而在情形二中,由于B公司适用的所得税率较低,因而该集团将A公司销售给B公司的销售价格定为70,则A公司的利润总额为10,B公司的利润总额为130,有80的利润通过转让定价的方式转移到了B公司。此时集团整体的所得税负仅为$10×33％+130×10％＝16.3$。

　　转让定价在跨国交易中的应用非常广泛,跨国企业既可以将利润转移给位于低税率国家或避税地的关联企业,也可以将利润转让给亏损的企业以充分利用抵免限额,还可以规避外汇管制,或者用于减少要交的关税。

　　需要注意的是,跨国集团在利用转让定价方法减少所得税负的同时,有可能会增加流转税负。如表2-5所示,A公司与B公司位于不同的国家,B公司产品的对外销售收入为150。A公司对B公司的销售定价为10时,B公司的应纳税所得额为140,关税完税价格为10。当A公司对B公司的销售定价为100时,B公司的应纳税所得额降低为50,但关税完税价格增加为100。

表2-5　不同转让定价的所得税负和流转税负差异

项　目	情　形　一	情　形　二
B公司的对外销售收入	150	150
A公司销售给B公司的收入	100	10
B公司的应纳税所得额	50	140
关税完税价格	100	10
所得税	低	高
关税	高	低

　　据不完全统计,世界上已有近70个国家针对关联企业间的转让定价行为制定了专门的转让定价税制,即规定关联企业之间的交易未按照独立交易原则进行定价,而带来税收

收益时,税务机关可以进行调整。

（二）关联关系的认定

关联方的认定是转让定价调整的前提。目前大多数国家都以"控制"作为判定关联关系的基本标准,并强调实质重于形式原则,不仅注重股权上的控制,也注重实质性的控制。在股权控制的比例标准上,各个国家差异较大。美国、新加坡、日本等国规定企业之间直接或间接控股比例达到50％方构成关联关系,中国、德国、西班牙规定的比例为25％,葡萄牙仅为10％。在实质控制方面,美国税法规定:任何两个或两个以上的经营实体,只要"受控制于"同一利益主体,即被视为有关联关系。所谓"受控制于"包括任何类型的控制,不论直接的或间接的、法定的或非法定的,也不论是已实施的或未实施的,只要纳税人的所得额已按有关利益主体的意图发生转移,就可以"推定"为控制行为。日本从三个方面来判断:人事调配权、经营活动的依赖程度、营运资金的依赖性。英国税法规定"凡法人或个人实体,在占有的股份或选举权中,或在关联企业组织章程赋予的权限中,或在任何规定处理权限的正式文件中体现出控制权的,均为关联企业"。

（三）转让定价的调整

1. 独立交易原则

独立交易原则(arm's length principle)又称公平交易原则,是指关联企业之间发生的收入与费用应按照没有关联关系的企业之间进行交易所体现的独立竞争精神进行分配。实行独立交易原则,意味着有关公司如果在经济利益上是各自独立的,经济活动是相互竞争的,依据在完全的市场条件下所采用的计价标准去定价,就不存在对收入与费用的人为转移,由此形成的收入与费用的分配是合理的。即使由于在资本、技术、管理等方面条件的不同而出现分配不公平,一方赚钱另一方亏损,也是在市场竞争条件下的正常现象,税务当局应该予以认可。

独立交易原则的理论依据是承认市场作用的合理性。在市场上,彼此独立的企业发生正常交易时,是按照市场竞争形成的价格进行的,一方愿买,一方愿卖,这种市场竞争条件下所形成的价格就是独立交易价格。该价格不受关联关系这种人为因素的影响,所以不会出现收入和费用的人为转移。显然,采用独立交易原则,让市场的力量来决定关联企业之间收入和费用的分配问题,无疑与当前许多国家所崇尚的市场经济理念和市场竞争原则相吻合,易于被各国税务当局和跨国纳税人所共同接受。

按照独立交易原则对转让定价进行调整的方法主要有两类:一是以交易为基础的比较价格法,一是以利润为基础的比较利润法。

2. 基于交易的转让定价调整方法

（1）可比非受控价格法

可比非受控价格法(comparable uncontrolled price method, CUP)是市场标准的具体运用,指通过参考无关联买卖双方之间非受控销售中的可比价格,来确定关联企业之间的货物交易价格;即把在受控交易中对转让的财产或劳务索要的价格,与一项可比非受控交易中对所转让的财产和劳务索要的价格加以比较,如果这两种价格中有任何差异就表明该关联企业商务和财务关系的条件是非正常的,需要用非受控交易的价格来替代受控交易价格。

根据独立交易原则,满足下列两个条件之一者,在使用可比非受控价格法时,一项非受控交易与一项受控交易就是可比的：① 进行比较的交易之间或从事那些交易的企业之间的差异不会对公开市场上的价格产生实质性影响；② 能够做出合理的精确调整以消除这类差异的实质性影响。可资比较的非受控销售包括：公司集团成员对一个无关联方的销售、无关联方对公司集团成员的销售以及无关联方对无关联方的销售。

在使用这种方法时，要求对非受控价格与受控价格的可比性加以仔细分析。所谓"可比"，是指交易情况和交易对象（如能够影响货物价格的产品质量、销售条件、市场容量和交易地理位置等）是相同或类似的。当有可能确定可比非受控交易时，可比非受控价格法是应用独立交易原则的最直接和最可靠的方法，在这种情况下，可比非受控交易法优先于所有其他方法。

在一个独立企业销售的产品与两个关联企业之间销售的产品相同的情况下，可比非受控价格法是一种特别可靠的方法。例如，一个独立企业销售无商标哥伦比亚咖啡豆，其品种、质量和数量与两个关联企业之间销售的相似，且受控和非受控交易发生在同一时间、同一生产或分配环节，并处于相似条件下，则该独立企业销售无商标哥伦比亚咖啡豆的价格就可以成为可比非受控价格。如果仅有的这项非受控交易涉及的是无商标巴西咖啡豆，就应调查一下咖啡豆的不同是否实质上影响了价格。比如说，可以询问咖啡豆产地是否收取额外费用，或者在公开市场上通常是否要求销售折让。如果这种差异对价格有实质性影响，则需要进行某些调整。若做不到合理地精确调整，那么可比非受控价格法的可靠性就会降低，这时就有必要综合运用可比非受控价格法和其他一些不太直接的方法，或者换成使用那些其他方法。

（2）转售价格法

转售价格法（resale price method，RP），又称再销售价格法，是指对于购自关联企业的产品，按照转售给独立企业的价格，减去适当的毛利额，作为关联企业之间最初产品买卖的正常交易价格。这一毛利额代表了转售者为弥补其销售和其他经营费用，以及根据所履行的职能所应得到的一笔适当的利润，也基于对可比非关联交易的分析得到。减除毛利总额后的余额，需要对其他一些与购买产品有关的成本（如海关关税）作出调整。该方法对从事销售经营的企业较为适合，具体计算公式为：

公平成交价格＝再销售给非关联方的价格×（1－可比非关联交易毛利率）

可比非关联交易毛利率＝可比非关联交易毛利/可比非关联交易收入净额×100％

根据独立交易原则，如果符合下列条件之一，对转售价格法而言，非受控交易对受控交易具有可比性，即为一项可比非受控交易：① 进行比较的交易之间或从事那些交易的企业之间的差异，都不会对公开市场中的转售价格毛利产生实质影响；② 合理地精确调整可以消除这些差异的实质性影响。应用转售价格法时，需要对产品差异所做的调整通常少于应用可比非受控价格法时所做的调整，因为产品的细微差异不大可能像对价格那样对利润率产生实质性影响。

当所使用的转售价格毛利率依据独立企业的一项可比交易时，如果关联企业和独立企业从事经营的方式有实质性差异，转售价格的可靠性可能会受到影响，这类差异包括那些影响成本的差异。当转售者没有对产品造成大量的增值时，最易于确定一项交易的适当的转售价格毛利。当一项转售交易是在转售者购买货物后不久实现的,转售价格毛利将会更为精确。最初购买与转售之间经历的时间越久,在进行任何比较时就越可能需要考虑其他因素,如市场变化、利率变化和成本变化等。如果转售者承担了特别风险或对该产品加入了无形资产(如商标)的因素,转售价格毛利就会提高。

转售者所从事的活动的水平将会影响转售价格毛利的高低。这种活动的范围可能非常广泛,从转售者作为一个运输商仅提供最简单的服务直到转售者承担所有权风险并负完全责任。如果从事受控交易的转售者没有进行实质性的商业活动而只是将货物转让给第三方,根据其所履行的职能,转售价格毛利会很低。如果可以证明转售者具有销售该货物的某些特殊技能,实际承担了特别风险或实质上从事的是与该产品有关的无形资产的创造或维持活动,则其转售价格毛利就会比较高。然而,转售者所进行活动的水平,不论是简单的还是实质性的,都需要有相关证据加以证明,这包括证明被认为偏高的促销费用为正当费用。

(3)成本加成法

成本加成法(cost plus method,CP),是指以关联卖方在受控交易中的成本加上合理的利润额,以此确定正常交易价格。该方法主要适用于在市场上无可比交易的某些独家产品,具体计算公式为:

公平成交价格＝关联交易发生的合理成本×(1＋可比非关联交易成本加成率)

可比非关联交易成本加成率＝可比非关联交易毛利/可比非关联交易成本×100%

根据独立交易原则,对于成本加成法而言,如果符合下列情况之一,则一项非受控交易与一项受控交易就是可比的:① 在交易之间或从事这些交易的企业间,没有可以对公开市场的成本加成额产生实质性影响的差异;② 可以作出合理的精确调整来消除这些差异的实质性影响。应用成本加成法确定一笔交易是否是可比非受控交易时,前面所述转售价格法中的原则同样适用。因此,成本加成法就不像可比非受控价格法那样需要对产品的差异做更多的调整。对前面所说可比性的其他因素给予更多重视可能更为合适,因为某些因素对成本加成的影响要大于对价格的影响。如同在应用转售价格法时,若存在对受控和非受控交易中获取的成本加成有实质性影响的差异,则需要对这类差异进行调整。这些调整的范围和可靠性将会影响到成本加成法在特定情况下所做分析的相对可靠性。

在应用成本加成法时,关键在于确定合适的成本加成率,即利润率。在确定利润率时,应考虑以下因素:货物的种类、卖方履行的职能、无形资产的影响、市场的地理位置等。同时,还要注意成本是根据何种会计方法计算出来的。由于它过分强调历史成本,不能反映在现实生活中商品无利润或亏损的情况,也难以用一种令人满意的方法把成本分配给特定产品。因此,成本加成法有一定的局限性。

例如,假设A公司向一个作为其关联企业的销售商销售烤面包机,B公司向作为独立企业的销售商销售电熨斗,在小家电业中,普通烤面包机与电熨斗制造商的利润率幅度通常是相同的。如果运用成本加成法,在受控与非受控交易中进行比较的利润率幅度应是制造商对销售商的销售价格与产品制造成本之间的差额。然而,A公司生产效率高于B

公司,因此其成本较低。即使A公司生产的是电熨斗而不是烤面包机,并且其定价与B公司完全相同,A公司的利润幅度高于B公司是合适的。因此,除非有可能调整这项差异对利润幅度的影响,成本加成法在这种情况下并不是完全可靠的。

要正确运用成本加成法存在某些困难,特别是在成本确定方面。虽然一个企业必须在一段时间内回收其成本以维持其经营,但对于任何一个年度中的特定业务来说,那些成本可能并不是合理利润的决定因素。尽管公司受竞争的驱使,经常通过参考有关产品的制造成本或劳务提供成本来大幅度降低价格,但也有发生的成本与市场价格之间没有明显联系的其他情况,如某些知识产权的研发成本不高,却能取得丰厚的回报。

3. 基于利润的转让定价调整方法

(1) 利润分割法

利润分割法(profit split method)是对若干关联企业共同参与的销售交易中产生的净利润,依各企业履行的职责和贡献,并参考外部市场对同类利润分配比例的标准,在有关企业之间加以分配。当各项交易密切关联时,不可能对它们单独估价,在这种情况下,独立企业可能决定建立一个合伙企业,并对利润进行分割。因此,通过确定独立企业预期将从交易中实现的利润,利润分割法可以消除在某一受控交易中制定或强加的特殊条件对利润的影响。

典型的利润分割法有一般利润分割法和剩余利润分割法。一般利润分割法是对某受控交易的综合利润,以每个关联企业在交易中所履行职能的相对价值为基础,在关联企业之间进行分配。如表2-6所示,假定集团的整体销售收入为600,利润为200,母公司P付出的成本占集团总成本的75%,子公司S付出的成本占集团总成本的25%。应用一般利润分割法,按成本将总利润在两个公司之间分配,经转让定价调整后,母公司P的利润为$200×75\%=150$,子公司S的利润为$200×25\%=50$。

表2-6 一般利润分割法举例

	母公司P	子公司S	集团整体
向第三方的销售收入		600	600
成本	300	100	400
利润			200
利润分割比例	75%	25%	
分割后利润	150	50	

剩余利润分割法把某受控交易综合利润的分配分为两个阶段:第一阶段,每个参与企业都分配到一定的利润,以保证其获得一般的基本回报,这种基本回报,是参考独立企业从事相同类型的交易所获取的市场回报确定的;第二阶段,将第一阶段分配后的剩余利润在各方之间分配,这时着重考虑开发无形资产的贡献等特殊因素。如表2-7所示,假定集团的整体销售收入为600,利润为200。首先将生产环节的常规利润60、销售环节的常规利润60分别分配给母公司P和子公司S。再根据两家公司各自在开发无形资产中负

担成本的占比分配剩余利润80。经转让定价调整后,母公司 P 的利润为 60＋80×75％＝120,子公司 S 的利润为 60＋80×25％＝80。

表 2-7　剩余利润分割法举例

	母公司 P	子公司 S	集团整体
销售给第三方的销售收入		600	600
成本	300	100	400
利润			200
生产环节常规利润(占收入 20％)	60		60
再销售环节常规利润(利润率为 10％)		60	60
剩余利润			80
利润分割比例	75％	25％	
剩余利润分配	60	20	
总利润	120	80	

利润分割法的一个优点是它通常不直接依赖严格可比的交易,因此,可应用于无法在关联企业间确认可比交易的情况。利润的分配是以关联企业之间自身职能分工为基础的。来自独立企业的外部数据在利润分割法的分析中,主要用于估计每个关联企业对某项交易所作贡献的价值,而不是去直接确定利润的分配。因此,利润分割法通过考虑不存在于独立企业,却存在于关联企业中的特殊的、可能是独有的事实和状况,提供更大的灵活性,并且由于它还反映了独立企业在面临同样情况时所会采取的行动,因而仍符合独立交易原则。

(2) 交易净利润法

交易净利润法(transactional net margin method, TNMM)是考察一个纳税人在某一受控交易中实现的净利润的方法。由于净利润率的确定总是同某一基数相关,如成本、销售额或资产,所以交易净利润法的操作同成本加成法和转售价格法有一定的相似性。交易净利润率应当参考纳税人在可比非受控交易中可能取得的净利润率加以确定,计算可比净利润率的指标也称利润水平指标(profit level indicators, PLI),常见的利润水平指标有息税前利润率、完全成本加成率、资产收益率、贝里比率等,具体计算公式分别如下:

$$息税前利润率＝息税前利润／营业收入×100％$$
$$完全成本加成率＝息税前利润／完全成本×100％$$
$$资产收益率＝息税前利润／[(年初资产总额＋年末资产总额)／2]×100％$$
$$贝里比率＝毛利／(营业费用＋管理费用)×100％$$

交易净利润法的优点在于净利润与价格相比,受交易差异的影响较少。因为企业间交易的差异,常常反映为营业费用的不同,各企业可能在毛利额上相差幅度很大,赚取的净利润水平却没有影响。

交易净利润法也有若干缺点。其最大的缺点就是纳税人的净利可能受到某些因素的影响，这些因素对价格或毛利没有影响，或只有很少的实质性或直接影响。这些因素使得精确、可靠地确定正常交易净利润的难度加大。

（四）成本分摊协议管理

根据 OECD 的定义，成本分摊协议指合同各参与方用来约定在共同研发、生产或受让无形资产、有形资产和服务时各自应做出的贡献和需承担的风险，并预期上述无形资产、有形资产和服务会为各参与方创造的收益而签订的协议。而根据我国《特别纳税调整实施办法（试行）》第七章的规定，企业与其关联方，可以就共同开发和受让无形资产、提供和接受劳务，签订成本分摊协议。可见，OECD 定义的成本分摊协议涉及无形资产、有形资产和服务，而我国则将成本分摊协议涉及的范围限定为无形资产和劳务。

在传统的交易模式下，集团内某子公司或母公司拥有无形资产，集团内另一关联企业要使用该无形资产，则需要向拥有该无形资产的关联方支付特许权使用费。在劳务方面，关联公司之间相互提供劳务，则需要支付劳务费。而在成本分摊协议的模式下，集团公司内部的关联公司都是平等的参与方，共同进行无形资产开发或者提供劳务，共同享有无形资产和劳务成果。因此，成本分摊协议下没有劳务交易或者无形资产使用权许可等交易，无须支付服务费或者特许权使用费。

为了防止纳税人滥用成本分摊协议进行避税，美国早在 1986 年就发布了相关的法规。经过一系列的修正，美国于 2008 年底发布成本分摊协议暂行规定，规定了成本分摊协议的基本原则、调整与管理方法等。2010 年和 2017 年版的《OECD 转让定价指南》也包含了成本分摊协议的内容。

成本分摊协议管理遵循两项原则：一是独立交易原则，关联方承担的成本应与非关联方在可比条件下为获得上述受益权而支付的成本相一致；二是风险与收益相配比原则，成本分摊协议的各参与方分担的风险应当与其收益相配比。成本分摊协议执行期间，参与方实际分享的收益与分摊的成本不相配比的，应根据实际情况做出补偿调整。

（五）预约定价安排

预约定价安排（advance pricing agreement，APA）是指企业与税务主管部门就未来几个年度内关联交易定价的原则和计算方法，按照独立交易原则达成的协议。按照参与国税务当局的数量划分，可以分为单边 APA、双边 APA 以及多边 APA。单边 APA 是企业与所在国税务主管部门签署的，适用范围只在签署国。单边 APA 不能规避国外关联企业被所在国税务机关进行转让定价调整的风险。双边和多边 APA 涉及两个或多个国家的税务部门，关联方与税务机关可就跨国关联交易的定价原则和计算方法达成一致。

预约定价安排一旦达成，对企业和税务机关都产生约束力，可以降低企业的税法遵从成本，为企业未来的经营提供一定的确定性，双边和多边的预约定价安排还可以避免国际双重征税。因此，预约定价安排受到各国重视。美国于 1991 年最先实行预约定价安排，英国、加拿大、日本等随之实行，目前大部分国家都有预约定价安排的规定。但是，企业向税务机关披露大量的信息也带来了风险，预约定价安排的达成也往往耗费较多的成本。

（六）同期资料管理

为了加强跨国企业转让定价的管理,各个国家普遍要求企业提供同期资料(contemporaneous documentation)。"同期"意味着纳税人在执行交易的同时就要提供包括转让定价方法等内容的相关资料,这样可以防止纳税人为了实现特定的税收结果而改变转让定价方法。

美国专门制订了按年填报的5472表格,要求企业填报与国外关联各方进行的所有货币与非货币交易。韩国要求纳税人说明所选转让定价方法以及选择的原因、关联交易的时间和海外关联方的利润表。墨西哥税务申报书需要包括关联交易和非关联交易的损益表,其相关文件和关联交易需要经独立注册会计师的证明。

对没有按规定提供同期资料的企业各国往往采取一定的处罚措施,如日本税务机关对未按规定提供同期资料的企业按照相似交易的毛利率对转让定价进行核定;加拿大对纳税申报时未提供同期资料的企业给予最高为调整额10%的处罚;波兰对要求提交日期7天内未提供同期资料的企业,征收转让定价调整利润增加额50%的附加税。

第四节　针对跨境交易的其他税收制度

一、境内外费用和损失的分配

所得税的课税对象是纳税人的收入扣除费用和损失后的余额,当纳税人进行跨境交易并分别取得来源于境内和境外的收入时,对其课税就要涉及将费用和损失在境内、外收入之间分摊,以合理确定境内所得和境外所得的问题。在境内、外税负存在差异,纳税人可能通过转移利润来避税时,境内、外费用和损失的合理分配对于保证高税国的税收利益就显得尤其重要。

各国对于境内、外费用和损失的分配一般采取以下原则:在计算所得税时,纳税人的境内所得部分和境外所得部分应分别计算,在取得境内所得和境外所得所发生的费用和损失可以确定的条件下,应分别归属于境内所得或境外所得;若费用和损失的来源不能确定,则应按规定的方法在境内、境外所得之间分摊。

美国税法关于境内、外费用和损失分配的规则非常详尽,根据该规则,纳税人发生的费用和损失必须按以下步骤在境内、境外所得之间分配。

首先,各种允许扣除的费用应根据其实际联系分配给各类收入项目。例如,与经营活动有关的费用应分配给经营所得类,与处理财产有关的费用应分配给财产所得类。

其次,将分配给某一类收入的费用在该类收入的法定组(statutory grouping)和其他组(residual grouping)之间分摊。法定组和其他组的区分主要是根据费用分配所针对的确定纳税义务的事项,比如,若费用分配的目的是确定抵免限额,则法定组为该类收入中的境外来源收入,而其他组为该类收入中的境内来源收入。费用在法定组和其他组之间进行分摊时也以实际联系为依据,对于按实际联系无法明确分摊的则根据销售收入、利润、销售量、销售成本等指标进行分摊。

【例2-2】一个外国公司(非居民企业)某纳税年度在其居民国 X 国销售本企业制造的产品获得70万美元的毛收入,同时通过设在美国的分支机构基于制造同样产品获得30万美元的毛收入。该公司在 X 国发生 20 万美元的工资薪金支出,在美国的分支机构发生 10 万美元的工资薪金支出,因推广在全球范围内生产的产品而发生 6 万美元的营销费用。

为确定该公司在美国的应税所得,对于该公司在该纳税年度内发生的全部成本,应按以下步骤进行分摊。

首先根据实际联系将工资薪金支出和营销费用都分配给制造业务收入(共 100 万美元),其次,将两项成本在制造业务收入的法定组和其他组之间分摊,其中法定组应为设在美国的分支机构取得的 30 万美元,其他组为在 X 国取得的 70 万美元,根据实际联系原则,该公司发生的工资薪金支出中 10 万美元应分配给法定组,20 万美元应分配给其他组,而营销费用不能直接分配,应按法定组和其他组收入的比例进行分摊,即其中分摊给法定组的费用为:

$$6 \text{ 万} \times (30 \text{ 万}/100 \text{ 万}) = 1.8 \text{ 万美元}$$

分摊给其他组的费用为:

$$6 \text{ 万} \times (70 \text{ 万}/100 \text{ 万}) = 4.2 \text{ 万美元}$$

全部分配完成之后,可得到该公司在美国的应税所得为:

$$30 \text{ 万} - 10 \text{ 万} - 1.8 \text{ 万} = 18.2 \text{ 万美元}$$

二、分支机构利润税

一些国家对非居民公司在本国的分支机构取得的境内所得,除课征公司所得税外,在其税后利润汇出本国时,还要另行征收汇出所得税。征收此税的原因在于:一是为了限制分支机构向境外汇出利润,鼓励其将税后利润用于在本国的再投资;二是由于各国对公司及其股东是分别课征所得税的,但分支机构不存在股息支付问题,分支机构的利润汇回总机构后,将由总机构分配股息,对分支机构征收汇出所得税实质上是对其税后利润中应包含的股息税进行预扣,因此能起到平衡分支机构与子公司税负的作用。

例如,法国公司税法规定,外国公司设在法国的常设机构的税后利润不论是否已作分配,均同法国居民公司分配给其外国股东的股息一样,征收 25% 的预提所得税;但如果常设机构今后分配给法国居民,则可退还已扣预提所得税;如果常设机构将利润汇给外国总公司,该外国公司将股息分配给法国居民股东,或在纳税年度结束后的 12 个月内未分配股息,或分配的股息低于在法国常设机构的税后利润,已课征的预提所得税可全部或部分退还。

三、税基侵蚀税

对关联企业进行跨境支付是跨国企业广泛采用的一种避税手段。例如,某公司在某一纳税年度的总收入(gross receipts)为 1 100 万美元,同年该公司向外国关联公司支付了 100 万美元利息,根据税法,这 100 万美元利息是应纳税所得额中的一项扣除(tax deduction),该公司当年的应纳税所得额就下降了 100 万美元。此类支付引起的扣除会导致公司所在国税基的减少和税收的损失,因此被称为税基侵蚀支付(base erosion payment）。为了应对税基侵蚀支付的影响,美国 2017 年税改中设立了税基侵蚀和反滥用税（base erosion and anti-abuse tax, BEAT,简称"税基侵蚀税"）,并于 2018 年起开始征收。税基侵蚀税应纳税额的计算公式是:

$$税基侵蚀税额＝修正应纳税额－常规应纳税额$$
$$＝修正应税收入×税基侵蚀税率－常规应纳税额$$

其中,修正应税收入（modified taxable income）是指不包含任何税基侵蚀支付引起的税收扣除的应税收入。如果修正应纳税额大于常规应纳税额,公司则需缴纳税基侵蚀税,应纳税额等于修正应纳税额和常规应纳税额的差额（如表 2-8 所示）。美国公司因向外国关联公司进行税基侵蚀支付产生的扣除越多,美国的税基损失就越大,将征收的税基侵蚀税就越多。同时,由于税基侵蚀税的课征,纳税人的纳税义务最后取决于修正应纳税额,所以修正应纳税额相当于对向外国关联实体进行税基侵蚀支付的美国公司征收的最低公司所得税。

表 2-8　美国 2018 年以后征收的税基侵蚀税的计算方法

常规应纳税额的计算		税基侵蚀税的计算	
销售收入	$1 000	销售收入	$1 000
货物成本	$500	货物成本	$500
非关联方费用	$200	非关联方费用	$200
向外国关联方支付的利息和特许权使用费	$200		
常规应税收入	$100	修正应税收入	$300
常规公司所得税率	21%	税基侵蚀税率	10%
常规应纳税额	$21	修正应纳税额	$30
		税基侵蚀税	$9

税基侵蚀税仅适用于同时符合以下两个条件的公司:（1）前三个纳税年度的年平均销售收入或营业收入大于 5 亿美元;（2）当年的税基侵蚀率大于 3%（对于某些银行和注册的证券交易商,该比例调整为 2%）。税收上视为透明体的经营实体不适用该税收。

上述条件中的税基侵蚀率为税基侵蚀扣除占全部扣除的比率。在表 2-8 所示的例子中,总扣除额为 900 美元,税基侵蚀扣除为 200 美元,则税基侵蚀率为 22.2%。

税基侵蚀税率在 2018 纳税年度[①]为 5%,2019—2025 纳税年度为 10%,2026 纳税年度以后为 12.5%。

确定"修正应税收入"是计算税基侵蚀税的应纳税额的一个关键环节,其基本方法是在常规应税收入的基础上加上税基侵蚀支付引发的扣除（base erosion benefis）,一般为向

---

① 美国的纳税年度为每年的 1 月 1 日至当年的 12 月 31 日。2018 纳税年度指开始于 2018 年的纳税年度,下同。

外国关联方支出利息的扣除、支出再保险费的扣除以及向外国关联方购买资产的折旧和摊销等,但货物成本和服务费支出不作为税基侵蚀支付。其中的外国关联方指至少持有美国公司25%的投票权或资本的外国实体(foreign person)。

专栏 ·+·

美国税法关于自然人居民身份的确定规则

由于美国以公民为基础行使属人主义的税收管辖权,具有美国国籍的居民和非居民一样要求承担无限纳税责任,对具有美国国籍的居民就不需要进行居民身份的判定。因此所谓自然人居民身份的判定,在美国就是关于不具有美国国籍的美国居民的认定。美国国内收入法典第7701节提供了一套规则来判定美国居民身份。任何人只要符合下列三项条件之一即为美国居民。其一,合法地准许进入美国并持有绿卡者;其二,实际在美国存在者(substantial presence in the United States);第三,第一年选择被当作居民看待者。

拥有绿卡者容易判断,但后两个标准的具体认定规则较为复杂。

关于实际在美国存在,美国财政部法规建立了一套计算办法。一个人当年在美国逗留至少31天,并且按一个加权平均计算方法计算,在过去的三年(至当年最后一天止)中在美国累计逗留183天,那么这个人即为美国居民。所谓加权平均计算方法,是指当年在美国出现的天数乘以1,上一年在美国逗留的天数乘以1/3,而再前一年在美国逗留的天数乘以1/6。例如,一个人从前年开始每年在美国逗留120天,这个人不符合成为美国居民的条件,因为按加权平均计算方法计算,这个人在这三年里在美国逗留的时间为180天($120×1+120×1/3+120×1/6=180$)。但如果这个人在美国每年来了122天,那么他就成为美国居民,因为按加权平均计算方法计算他在美国逗留183天($122×1+122×1/3+122×1/6=183$)。美国税法对此项规定有一个例外,对虽符合上述条件者,但当年在美国逗留的时间不到183天,且应税家庭所在地(tax home)位于与其联系比美国更加密切的国家者,仍然不能认定其为美国居民。[①] 所谓应税家庭所在地(tax home),是指纳税人通常或主要的营业地点[②]。

对新到达美国的人,可自愿选择成为美国居民,从而能够享受税法规定居民享有的所得税方面的扣除和宽免,因此总的税收负担可能要比按非居民纳税来得轻一些。这就是第一年居民选择。不是任何人都有资格进行这样的选择。有权进行这样的选择要符合这样的条件,即这个人在美国已经连续逗留31天,并且其中75%的天数要在开始计算这31天的这一年。[③] 例如,如果一个人从2000年10月1日起在美国累计停留31天以上,他就有权选择成为美国税法意义上的居民。但是,如果一个人从2000年9月9日抵达美国并停留至10月11日,虽然累计停留32天,由于在2000年纳税年度逗留的天数不到总天数的75%,他就无权选择成为美国税法意义上的居民。

·+·

---

① I.R.C. § 7701(b)(3)(B).
② I.R.C. § 911(d)(3);Reg. § 1,911-2(b).
③ 上面所谓年的计算,均指美国会计年度即从上年10月1日至当年9月30日。

案 例

沃达丰与印度税务机关税收诉讼案

一、案例背景①

沃达丰(Vodavone),1984年成立于英国,是著名的跨国移动电话运营商,在全球27个国家均有投资,拥有超过10万名员工和大约3.33亿用户。沃达丰使用沃达丰集团作为名称,分别于伦敦证券交易所及纽约证券交易所上市。

为拓展印度市场,2007年2月,沃达丰集团通过设在荷兰的沃达丰国际控股公司(Vodafone International Holdings BV②)向设在开曼群岛的和记电讯国际有限公司(Hutchison Telecommunications International Limited,简称"和电国际")以111.2亿美元的价格收购该公司100%持股的CGP投资公司(CGP Investments Holdings Limited),参见图2-2。和电国际由李嘉诚的和记黄埔(Hutchison Whampoa)100%(间接)控股,CGP投资公司则通过多个毛里求斯公司间接持有印度和记爱莎公司(Hutchison Essar Limited)67%的股权,印度和记爱莎是印度第四大移动电话运营商,因此沃达丰通过此次收购,从和记黄埔获得了印度和记爱莎公司67%的股权,大规模扩展了其在印度的移动电信业务。

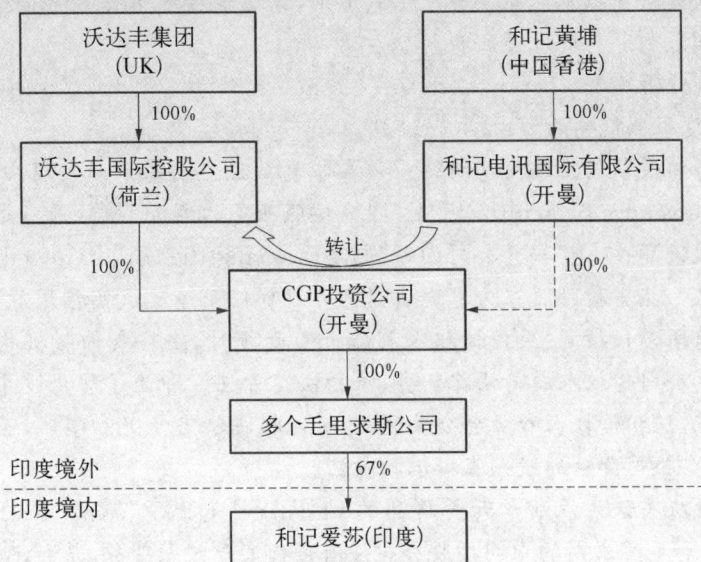

图2-2 沃达丰税案交易架构

印度同时行使居民税收管辖权和收入来源地税收管辖权。按居民税收管辖权来看,此次股权交易双方当事人(沃达丰国际控股公司、和记电讯国际有限公司)都不是印度居民。按收入来源地税收管辖权,印度税法规定,"股权转让所得来源地是被转让股权公司的注册地或股权转让发生地"。在本交易中,被转让股权公司(CGP)既不是印

---

① 主要资料来源于印度最高法院网站,https://www.sci.gov.in/jonew/judis/39003.pdf。

② 根据荷兰法律,BV为不公开发行股份的有限责任公司(private limited liability company)。

度的注册公司,股权转让也不在印度发生。从形式上看,此笔交易的收益无须在印度纳税,因此交易双方都没有向印度税务机关申报纳税。但是,2007年9月,印度税务机关向沃达丰送达了纳税单,发出了"说明理由通知",要求其说明不代扣代缴税款的理由。印度税务机关认为按照印度相关税法,此笔交易虽然是和电国际获得资本利得,但沃达丰作为支付方有代扣代缴税款的义务。沃达丰认为印度无权对这笔交易征税,因此向孟买高等法院提起诉讼。

此后,2008年12月,孟买高等法院驳回沃达丰的诉讼请求,沃达丰向印度最高法院上诉;2009年1月,印度最高法院驳回沃达丰的诉讼请求,要求印度税务机关重新审查其是否有权对此笔交易征税;2010年5月,印度税务机关作出有权对此笔交易征税的决定,要求沃达丰补缴税款,沃达丰不服,向孟买高等法院提起诉讼;2010年9月,孟买高等法院维持印度税务机关的决定,判决沃达丰败诉;沃达丰随后向印度最高法院上诉,2012年1月,印度最高法院最终判决沃达丰胜诉,印度税务机关无权对此笔交易征税[①]。

二、案例焦点问题

沃达丰税案是引起国际税收界广泛关注的一个著名税案。案件的焦点问题在于,印度税务机关是否有权基于事实重于形式原则,穿透多层中间公司向非居民企业间接转让本国公司股权获得的收益征税。

三、案例分析

(一)印度税务机关的理由

印度税务机关认为上述交易所得应该在印度纳税主要基于两大理由:一是"实质重于形式"(substance over form)原则,即应按照业务的经济实质,而不是按照法律形式来处理税收问题;二是"揭开公司面纱"制度(piercing the corporate veil),也称"公司法人资格否认",指当控股股东为逃避法律义务或责任而违反诚实信用原则,滥用法人资格或股东有限责任待遇,致使债权人利益严重受损时,法院或仲裁机构有权责令控股股东直接向公司债权人履行法律义务、承担法律责任。即为了防止股东滥用公司法人的有限责任,保护债权人和社会公共利益,可以根据特定情况和事实,否定公司的独立法人资格,令公司背后的股东直接承担责任。

印度税务机关认为注册于开曼群岛的CGP公司是出于"避税"目的而设立的公司,CGP公司和毛里求斯的中间控股公司没有任何实质经营业务,是和记爱莎的"壳公司"。交易的对象实质上是印度资产(根据股权交易协议,沃达丰收购CGP公司的目的就是为了取得和记爱莎的股权)。因此,应该按照"实质重于形式"的原则和"揭开公司面纱"制度,"看穿"(look through)中间公司,视同该交易是转让印度境内的资产(和记爱莎公司),从而印度税务机关有权对该笔交易征税。

---

① 后续进展:2012年5月印度国会追补立法,试图推翻该判决。2017年2月和2017年8月,和电国际分别收到印度税务局的评税令和罚款令,涉及3 223亿卢比(约合392亿港币)的资本利得税、利息及罚款。但和电国际拒绝了该项纳税义务,认为印度国会及税务当局推翻印度最高法院于2012年1月做出的裁决的做法,违反了国际法的基本原则。

（二）印度最高法院的判决依据

印度最高法院最终没有支持印度税务机关的主张，主要因为适用"实质重于形式"原则和"揭开公司面纱"制度的前提条件在于能够根据事实和整体交易情况证明"此笔交易是虚假交易或者是出于避税目的"。

从印度过去的案例看，真实的战略性税务筹划不应被视为虚假交易，控股架构是被印度的公司法和税法广泛认可的，在控股架构中运用特殊目的公司和控股公司在印度也是常见的合法架构。

税务机关评估一项交易应从整体上历史地确认交易的实质，不能把交易拆开单独确认此交易是否是出于避税安排，或者中间控股公司是否是为避税而特别设立的公司，或是否具有"合理商业目的"。

从沃达丰税案当中的事实情况看，和记黄埔集团1992年开始投资印度电讯市场，建立合资企业 Hutchison Max(Hutchison Max Telecom Limited)，1998年 CGP 进入和记黄埔的控股结构，2005年 Hutchison Max 易名为和记爱莎公司，印度和记爱莎每年合规地向印度缴纳所得税。

CGP 公司虽然没有任何实质经营业务，但设置由离岸公司中间控股的架构，有助于对冲商业风险、政治风险，方便投资流动，可以达成以下商业或经营目的：

- 方便进入印度境内投资；
- 方便转让印度和记爱莎的股权（撤资），即在投资时建立控股结构可预先设计好撤资方案；
- 在转让时无须办理印度相关政府机关的各种手续；
- 方便向各种投资机构贷款；
- 通过控股架构消除重复课税，或合法进行税收筹划。

因此，印度最高法院认为，此中间控股架构并不是专门为了避税而设立的，在和记黄埔控制和记爱莎之前，中间控股公司已经建立起来，和记黄埔和沃达丰双方都是追求长期经营的投资者，不能仅仅因为 CGP 是壳公司就直接否定其设立的"合理商业目的"。

四、总结与评论

本案例在国际税收界受到广泛关注，从纳税人角度，它展示了企业跨国经营中搭建的复杂组织架构，从税务机关角度，它体现了一个主权国家怎样行使其税收管辖权，其中涉及股权间接转让、事实重于形式司法原则的应用以及合理商业目的的界定等多个重要税收问题。

事件发生之初，印度税务机关以反避税为由意图扩大国内税法规定的税收管辖范围，结束时印度最高法院以企业经营具有合理商业目的为由否认了税收机关的征税权。虽然沃达丰最终没有补交税款，但本案例仍揭示出了跨国企业经营中可能面临的税收风险，以及基于合理商业目的安排业务活动的重要性。同时，本案例对于税务机关也提供了重要的启示：只有制定严谨的税收法规，尽可能弥补现行税法的漏洞，才能在反国际避税中占得先机，有效地维护国家的税收权益，同时也有助于给企业提供更多确定性，打造良好的营商环境。

本 章 小 结

国内税法中对跨境交易征税的规则是以国家税收管辖权为基础的。根据属人原则和属地原则,各国发展出了三类不同类型的税收管辖权,即公民管辖权、居民管辖权和地域管辖权。居民管辖权和公民管辖权行使的范围取决于居民和公民身份的认定规则。地域税收管辖权行使的范围取决于境内来源所得的认定规则。课征所得税的国家主要行使地域管辖权,也可同时行使居民管辖权和公民管辖权。各国对自然人和公司纳税人可能行使不同的税收管辖权。

一国可能在国内税法中采取扣除法、免税法、抵免法和减免法等单边措施解决国际重复征税问题。其中抵免法和免税法可完全消除重复课税,在国际上应用更为普遍。采用抵免法的国家一般实行限额抵免,抵免限额有综合限额、分国限额和分项限额之分。间接抵免和参股豁免是消除跨境股息支付中重复征税的两种方法。

为应对国际重复不征税问题,一国的国内税法中可能包括多种反国际避税规则。其中一般反避税规则适用于各种缺乏经济实质和真实商业目的的避税行为,受控外国公司规则主要针对企业无正当理由将利润保留在低税国家或地区的子公司获取税收递延利益的行为、反资本弱化规则主要针对企业通过过度负债获取不当利息扣除的行为,转让定价规则主要针对企业通过不合理的关联交易定价将利润转移到低税国家或地区的行为。

习题与思考题

一、材料分析题

[阅读材料]足球明星拉达梅尔·法尔考,1986年2月10日生于哥伦比亚的圣马塔,司职中锋。2009年后法尔考登陆欧洲联赛,先后效力于葡萄牙的波尔图和西班牙的马德里竞技足球俱乐部,2012年12月,法尔考成功入选国际足联年度最佳阵容。2013年6月,正值职业生涯巅峰的法尔考从马德里竞技俱乐部转会,加盟摩纳哥足球俱乐部。

摩纳哥公国,简称摩纳哥,是位于欧洲的一个城邦国家,也是世界上面积第二小的国家。除了南临地中海外,其余三面都与法国接壤,其防卫也由法国负责。由于摩纳哥国家太小而且只有一家足球俱乐部,所以摩纳哥足球俱乐部参加法国足球联赛。与欧洲顶级球队马德里竞技不同,摩纳哥队是一支2012—2013赛季刚从法乙升入法甲的球队,这样的一支球队是如何吸引刚刚进入国际足联年度最佳阵容的法尔考的呢?据媒体分析,除了俄罗斯老板雷博诺夫列夫的巨额投资之外,摩纳哥独特的个人所得税待遇是吸引法尔考的重要原因之一。

[问题]法尔考是哥伦比亚国民,加入了摩纳哥足球俱乐部,该俱乐部参加法国足球联赛,所以法尔考一年之内有很长时间在法国境内踢球,在摩纳哥境内也购置了住宅用于居住。在这种情况下,法尔考的薪金收入税负如何决定,他转会后的税负与转会前在西班

牙踢球相比,差异如何,与在法甲其他俱乐部踢球相比,差异如何。从税收方面考虑,他的转会是明智之举吗?

二、计算分析题

1. 假设有甲国石油母公司 A,拥有乙国石油子公司 B 和丙国石油孙公司 C。A、B、C 公司所在国公司所得税率分别为 40%、40%、40%。某纳税年度内,C 公司获得所得折合 50 000 美元,C 公司税后所得中分给 B 公司股息 21 000 美元。B 公司本身获得所得 80 000 美元,B 公司税后所得中分给 A 公司股息 38 000 美元。当年 A 公司本身获得所得 100 000 美元。甲国、乙国都按抵免法消除重复课税,给予直接抵免和间接抵免。试计算 A 公司在甲国应纳所得税。并思考如果三国所得税率分别为 50%、40%、30% 和 30%、40%、50% 时,上述结果将如何改变? 考虑乙国政府对汇出股息征收 15% 的预提税时 A 公司在甲国纳税情况又如何?

三、讨论题

2017 年 12 月 22 日,美国总统特朗普签署《减税和就业法案》,标志着涉及 1.5 万亿美元的税改法案正式落地。该法案于 12 月 20 日分别在美国国会参、众两院表决通过,于 2018 年 1 月 1 日开始实行。据估计,该法案将使大约 4 万亿美元的资本从海外回流美国。试查阅有关资料,分析该法案对跨境交易所得税制的具体调整措施,是否能成功带来美国海外资本回流,为什么?

第三章

双边国际税收协定

教 学 目 的 与 要 求

尽管一个国家对于跨境交易所得的重复征税和重复不征税可以采取一些单边措施,比如采用抵免法、免税法消除重复征税以及在国内税法中引入反避税规则,但是,由于对跨境交易所得的征税涉及两个或多个国家,上述问题的有效解决仍然依赖于国家之间的协调与合作,双边国际税收协定正是适应这一要求应运而生的。通过本章的学习,要求学生熟悉双边国际税收协定的类型和作用,OECD 和 UN 税收协定范本的联系和区别,税收协定与国内税法的关系,对所得和财产避免双重征税及防止偷漏税的双边国际税收协定的基本内容,滥用税收协定的主要表现以及反滥用税收协定的措施,双边税收情报交换协定的发展及主要内容等。

第一节　双边国际税收协定概述

一、双边国际税收协定的类型和作用

(一) 双边国际税收协定的类型

双边国际税收协定是两个国家(或地区),通过谈判的方式签署的确定双方的税收管辖权范围并解决其他相关税收问题的书面条约。

对所得和财产避免双重征税和防止偷漏税的协定是两个国家(或地区)全面协调所得税和财产税征收关系的最为重要的税收协定,截至 2019 年 8 月,世界上已生效的这类税收协定超过 3 300 个,其中部分国家(或地区)对外签订并已生效的对所得和财产避免双重征税及防止偷漏税协定的数量如表 3-1 所示。

表 3-1　部分国家(或地区)对外签订并已生效的对所得和财产避免
双重征税及防止偷漏税协定的数量

国家(或地区)	税收协定数量	国家(或地区)	税收协定数量
中　国	102	日　本	76
美　国	70	英　国	138

续　表

国家(或地区)	税收协定数量	国家(或地区)	税收协定数量
法　国	129	俄罗斯	80
中国香港	41	瑞　士	109
中国澳门	5	德　国	99
韩　国	96	中国台湾	32
澳大利亚	55	新加坡	91
印　度	102	卢森堡	84
巴　西	33	荷　兰	103

资料来源：IBFD税收数据库,www.ibfd.org,数据获取时间为2019年8月1日。

注：中国的税收协定数量中包括和我国香港、澳门地区签订的避免双重征税安排。另外,中国和前南斯拉夫联盟签订的税收协定适用于塞尔维亚和黑山两个国家。

除针对所得税和财产税的税收协定外,各国往往还对外签订关于互免国际空运和海运收入税收的协定、遗产赠予税协定、税收情报交换协定等。

由于本书的范围主要是跨境交易的所得税问题,因此,我们以下将主要介绍对所得和财产避免双重征税及防止偷漏税的协定以及税收情报交换协定,就对所得和财产避免双重征税及防止偷漏税协定而言,也将着重介绍其中针对所得税的条款。为简化起见,下文所称税收协定,如无特别说明,均指对所得和财产避免双重征税及防止偷漏税协定。

(二) 双边国际税收协定的作用

双边国际税收协定的作用和目标相当于一枚硬币的正反两面,概括而言,各国对外谈签税收协定的目标在于通过消除税收障碍促进国际间的经济往来,鼓励跨境投资和贸易,并防止从事跨境交易的企业和个人的偷漏税。这一总体性目标是通过以下五个方面实现的:

1. 消除国际重复征税

国际重复征税是两个或两个以上的国家就纳税人的同一课税对象课征两次以上的税收的现象。国际重复征税包括法律性国际重复征税和经济性国际重复征税。法律性重复征税是不同国家对同一个纳税人的同一项所得根据各自规定征税的现象,经济性重复征税是不同国家对不同纳税人就有经济联系的同一项所得课征两次以上的税收的现象。双边国际税收协定采用多种措施解决国际重复征税问题,其中法律性国际重复征税在国际税收协定中的解决方法主要是限制非居民国对本国来源所得实行来源地税收管辖权征税的范围,限制股息、利息、特许权使用费等消极所得在非居民国的适用税率,消除双重居民身份,由居民国采取免税法或抵免法消除国际重复征税等,经济性国际重复征税的解决方法主要是由居民国对境外来源的股息、红利所得实行间接抵免等。对于相关条款的具体内容,本章第二节将详细介绍。

2. 防止偷漏税

在经济全球化的背景下,企业和个人纳税人可以更方便地取得来自于世界范围的所得,而各国税务主管当局充分掌握本国居民纳税人在世界范围内获得所得的信息却十分困难,到境外开展税收征管和调查活动更是困难重重,因此,国际税收协定中包含有税收情报交换和税收征管协助等方面的条款(见本章第二节),从而使缔约国双方的税务主管当局可以相互合作,更有效地应对跨境交易中的偷漏税现象。

3. 消除税收歧视

为了维护跨境交易活动的公平,维护跨境交易活动中各个主体的正当权益,税收协定中往往附带无差别待遇条款,从而保证缔约国一方国民或企业在缔约国另一方负担的税收,不比另一方国民在相同情况下负担的税收更重。

4. 解决税收争端

随着跨国经济交往的增加,国家间关于税收问题的争议也越来越多。为解决这些问题,提供一个企业与税收当局和税收当局之间的对话渠道,双边税收协定往往包含有税收争端的相互协商程序。同时各缔约国还可以在已有的税收协定的基础上重新签订税收协定或对税收协定进行解释,以解决税收争议,使得国际税收协定符合各缔约国的需要。

5. 为纳税人提供税收方面的确定性

在税收协定生效期间,不管各缔约国国内税收法律如何变化,国际税收协定的基本内容不会改变。因此,税收协定可以为缔约国双方的纳税人提供一个相对稳定的税收法律环境,使纳税人可以更方便地进行企业经营等方面的规划,从而有利于促进国际贸易和国际投资等跨境经济活动的开展。

从上述目标出发,双边税收协定都不产生新的税种,也不增加税收负担,相反,对所得和财产避免双重征税及防止偷漏税的税收协定包含大量限制缔约国税收权力的条款,因此对纳税人来说,相当于提供了更为优惠的税收待遇。但是,由于每个国家不是和所有其他国家都签有税收协定,而且已经对外签订的税收协定的具体规定也不尽相同,因此,税收协定提供优惠的税收待遇的同时也造成从事跨境交易的企业和个人面临的税收环境更为复杂——跨国企业在评估投资于不同东道国面临的税收负担时,不仅要考虑不同东道国国内税法的差异,还要考虑居民国和不同东道国之间签订的税收协定的差异。

二、OECD 和联合国税收协定范本

(一) 税收协定范本的产生与发展

OECD 范本和联合国范本是为了指导各国签订双边税收协定的比较重要的两个示范性文本。为了避免对所得和财产的双重征税,1977 年 OECD 理事会正式通过了《经济合作与发展组织关于对所得和财产避免双重征税的协定范本》,即我们通称的 OECD 范本。在 OECD 范本的基础上,1980 年联合国经济及社会理事会颁布了《联合国关于发达国家与发展中国家之间避免双重征税协定范本》,即"联合国范本"或"UN 范本"。OECD 范本与 UN 范本在大部分内容上相同或相近,但是在一些问题上,UN 范本更加注意保护发展中国家(即"来源国"或"非居民国")的利益。OECD 范本和 UN 范本都不具有强制性,两个范本的主要意义都在于引导和促进各国税收协定的谈签。

从历史上看,OECD 范本的渊源可以追溯到 19 世纪西方国家间签订的外交协定。在 20 世纪 20 年代,国际联盟开始了对所得避免双重征税的范本的编写工作,并于 1943 年和 1946 年分别通过了墨西哥范本和伦敦范本。第二次世界大战后,国际联盟解体,这项工作被转移到新成立的联合国。1956 年,OECD 的前身欧洲经济合作组织(Organization for

European Economic Cooperation，OEEC)接受了这项工作，1963 年，OECD 下属的财政事务委员会(Committee of Fiscal Affairs，CFA)提交了《经济合作与发展组织关于对所得和财产避免双重征税协定范本》的草案，并于 1977 年由 OECD 理事会通过了经修订的该范本。在过去 50 年间，OECD 范本进行了多次更新，1992、1996、1998、2000、2003、2005、2008、2010、2014 和 2017 年都发布了新的修订本。

UN 范本的历史较 OECD 范本则要更短一些，20 世纪 60 年代前后，许多发展中国家进入联合国。由于 OECD 范本更倾向于限制来源国的征税权以消除双重征税，因此更多地作为来源国的发展中国家需要新的税收协定范本以保护其经济利益，在此基础上，联合国于 1967 年建立了一个由发达国家和发展中国家税务专家组成的小组编写相关材料。1980 年，联合国经济及社会理事会颁布了《联合国关于发达国家与发展中国家之间避免双重征税的协定范本》。联合国范本在 2001、2011 和 2017 年也进行了更新。

（二）税收协定范本的结构

从内容上看，OECD 范本和联合国范本具有大致相同的结构，两个范本正文都由两部分组成，即条款(articles)和注释(commentary)，条款是对具体内容作出的比较清晰和简单的规定，注释部分则对条款的具体内容和适用做出了阐述。

表 3-2　OECD 和 UN 税收协定范本的结构

条　　款	OECD 范本（2017）	UN 范本（2017）
第一条	人的范围	人的范围
第二条	税种的范围	税种的范围
第三条	一般定义	一般定义
第四条	居民	居民
第五条	常设机构	常设机构
第六条	不动产所得	不动产所得
第七条	营业利润	营业利润
第八条	国际船运和空运	国际船运和空运
第九条	联属企业	联属企业
第十条	股息	股息
第十一条	利息	利息
第十二条	特许权使用费	特许权使用费
第十二 A 条		技术服务费
第十三条	资本利得	资本利得
第十四条	［独立个人劳务］	独立个人劳务
第十五条	雇佣所得	非独立个人劳务

条　　款	OECD 范本（2017）	UN 范本（2017）
第十六条	董事费	董事费和高层管理人员报酬
第十七条	艺人和运动员所得	艺人和运动员所得
第十八条	退休金	退休金和社会保障所得
第十九条	政府服务所得	政府服务所得
第二十条	学生的所得	学生的所得
第二十一条	其他所得	其他所得
第二十二条	财产	财产
第二十三 A 条	免税法	免税法
第二十三 B 条	抵免法	抵免法
第二十四条	非歧视待遇	非歧视待遇
第二十五条	相互协商程序	相互协商程序
第二十六条	情报交换	情报交换
第二十七条	税收征收协助	税收征收协助
第二十八条	外交代表和领馆官员	外交代表和领馆官员
第二十九条	利益的授予	利益的授予
第三十条	适用区域的扩大	条约的生效
第三十一条	条约的生效	条约的中止
第三十二条	条约的中止	

　　OECD 和 UN 税收协定范本的结构如表 3-2 所示。OECD 范本有 32 条，被分为 7 个章节（chapters）。第一章协定范围（scope of the convention）包含了第一条和第二条，分别为人的范围和税种的范围；第二章定义（definitions）包含了第三条至第五条，分别对居民、常设机构等术语进行定义；第三章对所得的征税（taxation of income）包含了第六条至第二十一条，主要是对营业利润、股息、利息、特许权使用费、退休金等所得的税收管辖权划分和征税范围的规定；第四章对财产的征税（taxation of capital）包含第二十二条，主要是对财产征税的规定；第五章消除双重征税的方法（methods for elimination of double taxation）包含第二十三条，具体为供选择的两个部分——免税法和抵免法；第六章特别规定（special provisions）包含了第二十四至二十九条，分别为非歧视待遇、相互协商程序、情报交换、税收征收协助、外交代表和领馆官员、适用区域的扩大等内容，第七章最后规定（final provisions）包含第三十条和第三十一条，分别为关于条约生效和终止的内容。联合国范本的结构与 OECD 范本类似，但联合国范本只有 31 条，主要缺少的是 OECD 范本第三十条的内容"适用区域的扩大（territorial extension）"。值得关注的是，两个范本 2017

年修订的版本第六章都增加了第二十九条"利益的授予(entitlement of benefits)",该条款的作用主要是反税收协定的滥用。

在具体内容上,两个范本在第五条常设机构、第七条营业利润、第八条国际船运和空运、第十条股息、第十二条特许权使用费、第十三条财产收益、第十四条独立个人劳务、第二十五条相互协商程序、第二十六条情报交换等条款和这些条款后的注释方面均有一些差异。OECD范本自2000年以后删除了第十四条独立个人劳务,理由是独立个人劳务应作为营业利润处理,可适用协定的第七条和第五条。总体上说,如前文所述,联合国范本更注重维护来源国的税收管辖权,而OECD范本则更为注重维护居民国的税收管辖权,在本章第二节,我们将对两个范本的具体内容进行更为深入的讨论。

三、税收协定与国内税法的关系

（一）国际税收协定与国内税法的分歧

一个国家通过制定国内税法和对外缔结税收协定,对税收关系作出规范,都体现着本国的意志,国际税收协定是国内税法的延伸和发展,两者相互联系并相互补充,因此理论上,国际税收协定与国内税法应有同等的法律效力。但现实的情况是,国家与国家之间的税收分配关系以及各国政府与跨国纳税人的税收征纳关系十分复杂,世界各国的税收制度千差万别,往往国内税法制定在前、税收协定缔结在后,税收协定相对稳定而国内税法相对易变,所以两者的差异和矛盾是客观存在、不可避免的。大体有以下三种情况。

第一,对某些税收项目,国际税收协定作出可以征税的规范,而缔约国的国内税法却作出减税或免税的规范。比如,A、B两国签订的税收协定明确规定:"缔约国一方居民从位于缔约国另一方的不动产取得的所得,可以在另一国征税。"但A、B两国的税收制度不同,A国对不动产所得征税,而B国没有类似的税收。这样,税收协定与B国的国内税法就出现了分歧。

第二,对某些税收项目,国际税收协定做出减税或免税的规范,而缔约国的国内税法却做出征税的规范。这样的例子很多,比如对于营业利润,A、B两国签订的税收协定明确规定:"缔约国一方企业的利润应仅在该国征税,但该企业通过设在缔约国另一方的常设机构进行营业的除外。"且税收协定对常设机构的认定条件是建筑安装工程必须持续12个月以上。同时,B国的所得税法规定,对发生在境内的建筑安装利润收入,可以按其应税所得征收税率为30%的公司所得税。假定A国有一家建筑安装公司在B国承包一项工程,并取得了营业利润,但其在B国的经营期只有9个月。则按照B国的所得税法,B国应对A国这家建筑安装公司取得的营业利润征税,根据A、B两国缔结的税收协定,B国却无权征税。从而B国的国内法与A、B两国缔结的国际税收协定出现了分歧。

第三,对某些税收项目,国际税收协定和国内税法开始规范是一致的,但以后由于国内税法的修改产生了分歧。这种情况也是十分常见的。

（二）国际税收协定与国内税法分歧的处理办法

针对以上国际税收协定与国内税法分歧的情况,各国的做法不尽一致。

大部分国家对于国际税收协定与国内税法分歧的处理原则是税收协定优先于国内税法。例如,法国1958年宪法第55条规定:"依法批准或通过的条约或协定一经公布,具有高于法律的效力。"我国也坚持国际税收协定优先的原则，《中华人民共和国税收征管法》第九十一条规定"中华人民共和国同外国缔结的有关税收的条约、协定同本法有不同规定的，依照条约、协定的规定办理"，《中华人民共和国企业所得税法》第八十五条也规定"中华人民共和国政府同外国政府订立的有关税收的协定与本法有不同规定的，依照协定的规定办理"。但是，如果国内税法规定的征税条件、待遇或负担，低于或优于税收协定的，在一般情况下，仍按国内税法的规定处理，也就是不会因为税收协定许可的税率高于国内税法而增加纳税人的税负。

也有国家把国际法和国内法看作两个不同的法律体系，在发生冲突时，两者处于同等的地位，按照法律生效的时间顺序，后法优于前法。如美国宪法第2部分第6条就是这样规定的。

个别情况下，国内税法也可能优先于税收协定。如1986年美国制定的《税收改革法》的技术性报告中就认为当该法与税收协定发生冲突时，在某种特殊情况下，法律的效力优先于任何与之冲突的税收协定。这种做法招致了许多与美国有税收协定的国家的不满。

对国际税收协定和国内税法关系的处理还体现在对"协定"专门用语的解释上，有的国家主张依据国内法律来解释，有的国家主张依据税收协定本身的规定来解释。但在税收协定的实践中，一般都是两种主张结合采用的。通常的做法是：对于与其他法律共用的普遍性用语，如居民、国民、公司、国际运输、不动产等，依据"该国关于适用本协定税种的法律所规定的含义"，即依据国内税法解释；对于只在协定中使用的专门用语，如常设机构、固定基地、联属企业、税收无差别待遇等，依据协定条款的本身做出解释。这样，就可以尽量减少国际税收协定与国内税法的分歧。

四、税收协定的解释和修订

（一）税收协定的解释

税收协定属于双边国际条约，因此其解释要遵循关于条约解释的一般国际法规则和习惯，即1969年《维也纳条约法公约》第3123条的规定：条约应就其用语按照上下文并参照其目的和宗旨所具有的通常意义，善意地予以解释；为了证实由于适用前述规则所得到的意义，或者按照前述规则进行解释所得到的意义不明确或难以解释，或显然荒谬或不合理时，为了确定该用语的定义，可以使用补充的解释资料，包括该条约的准备资料及缔结的情况。

另外，双边税收协定又具有本身独具特色的解释规则，OECD范本和UN范本第三条第2款规定：缔约国一方在适用本协定时，对于未经本协定明确定义的用语，除上下文另有规定的以外，应当具有该缔约国关于适用本协定的税种的法律所规定的含义。根据这一规定，税收协定的解释依据不限于协定条文本身及其上下文的联系，即语义解释，而且在一定条件下还允许缔约国一方运用其国内有关税法所赋予的含义对税收协定的用语进行解释。将国内法的内容作为双边协定的解释依据，无疑是条约解释实践方面一种新的突破，也是避免双重征税协定解释区别于其他条约解释的重要特征，但鉴于国内税法的调整比税收协定更为频繁，给税收协定的适用带来了一定的不确定性。

（二）税收协定的补充和修订

缔约国双方可能就税收协定中的某些具体问题或技术细节进行补充或修正，由此形成的文件就是税收协定的议定书。议定书在法律上被视为税收协定的组成部分，和税收协定具有同等的法律效力。

例如 1984 年 4 月 30 日，中国和美国签署《中华人民共和国政府和美利坚合众国政府关于对所得避免双重征税和防止偷漏税的协定》，同日还签署了《中华人民共和国政府和美利坚合众国政府关于对所得避免双重征税和防止偷漏税的协定的议定书》，对协定中的部分内容进行补充；1986 年 5 月 10 日，双方又签署了《中华人民共和国政府和美利坚合众国政府对 1984 年 4 月 30 日签订的关于对所得避免双重征税和防止偷漏税的协定的议定书第七款解释的议定书》，再次对协定的内容进行补充。

当缔约国双方认为需要对税收协定内容进行重大调整时，也可以重签税收协定。

例如，中国和法国于 1984 年 5 月 30 日在巴黎签订了《中华人民共和国政府和法兰西共和国政府关于对所得避免双重征税和防止偷漏税的协定》及其议定书，但双方经过谈判于 2013 年 11 月 26 日又重新签署了《中华人民共和国政府和法兰西共和国政府对所得避免双重征税和防止偷漏税的协定》及其议定书，新的协定开始适用时原来的协定即停止有效。

第二节　避免双重征税和防止偷漏税的双边国际税收协定[①]

一、协定适用范围

税收协定的适用范围是从两个方面分别加以规定的，包括第一条人的范围和第二条税种的范围。

（一）人的范围

两个税收协定范本对于协定适用的人的范围，都规定为缔约国一方居民或同时为缔约国双方居民的人。曾有税收协定将协定适用的人的范围定义为"公民"或"纳税人"，相对而言，以"居民"概念定义的协定适用的人的范围更为适中合理，因而最终稳定下来为两个税收协定范本和各国所公认。

这里"居民"和"人"都是需要进一步界定的概念，将在协定的第 3 条和第 4 条进一步加以规定。

美国等行使公民税收管辖权的国家在对外签订税收协定时，需对协定适用的人的范围进行调整。如《中华人民共和国政府和美利坚合众国政府关于对所得避免双重征税和防止偷漏税的协定的议定书》的第二条特别规定，美国可以对其公民征税。

针对合伙企业等经营实体各国的税收待遇差异较大导致税收协定的适用规则较为模

---

① 本节内容主要依据为迄今为止最新的 2017 年的 OECD 税收协定范本和 UN 税收协定范本，但世界各国已经签订的税收协定大多参照了以往的税收协定范本，并且会根据本国的需要做出调整，因此我们也将适当介绍两个范本以往版本的内容以及部分国家自行拟定的税收协定条款。

糊的情况,2017 年更新的 OECD 范本和 UN 范本的第一条增加了一款,即通过被缔约国任何一方视为税收透明体的实体或类似安排取得的所得,可基于缔约国一方的法律视为该国居民的收入,但仅限于该国在税务上认定属于该国居民的那部分收入。这一条款的含义可由图 3-1 所示的例子加以说明,假定甲国和乙国签有税收协定,其中的第一条和2017 年的 OECD 和 UN 范本一致,甲国债务人支付一笔利息给乙国的一家合伙企业,该合伙企业有两位合伙人,分别持有合伙企业 50% 的权益,其中合伙人 1 是乙国的税收居民,合伙人 2 是丙国的税收居民,丙国和甲、乙两国都没有税收协定。则若乙国将该合伙企业视为税收透明体,且对合伙企业的收入转归其合伙人征收所得税,甲国应对归属于合伙人 1 的 50% 的利息收入适用协定的优惠待遇,如降低的预提所得税,而不能对合伙人 2 享有的另 50% 的利息收入适用协定优惠。即使甲国国内法将该合伙企业视为税收非透明体,也要按上述原则适用协定税收优惠,即协定的适用范围仅限于缔约国另一方税收上认定为该国居民收入的部分,而不能扩展到不在协定适用范围之内的其他人的收入。

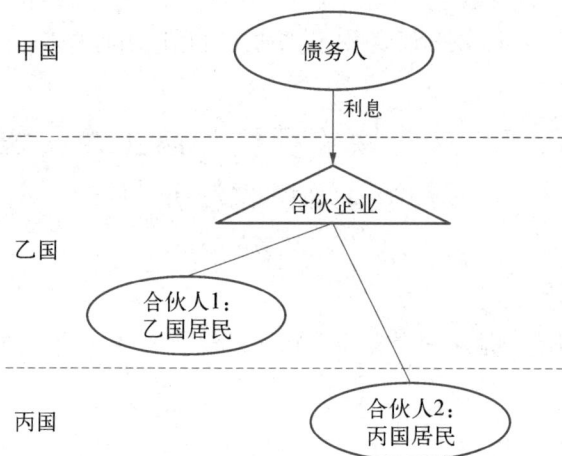

图 3-1　合伙企业合伙人适用税收协定的规定

2017 年 OECD 和 UN 税收协定范本的第一条还增加了一款,即税收协定不应影响缔约国对其本国居民的课税,基于协定相关条款可给予纳税人税收利益的除外。该条款主要是明确虽有协定的规定,缔约国仍有权实施受控外国公司条款等反避税规则。

(二) 税种的范围

两个税收协定范本都规定双边税收协定适用的税种一般是所得税和财产税类的税种。为了避免在实施税收协定时对适用税种解释的分歧,缔约国在税收协定中通常分别列出缔约国各方有关税种的名称。有的协定在列举的税种前面作出概括性的规定,也有的直接列出税种名称。

在有关缔约国协商同意的基础上,各国都尽量把本国现行的具有所得税或财产税性质的税种列入协定范围,既包括中央(联邦)税税种,也包括地方税税种。但在美国对外谈签的税收协定中,税种范围一般仅包括联邦所得税。

由于一个国家的税收制度和现行税种不会是一成不变的,考虑到协定签订后有关缔约国可能会出现税种变动,为了保证协定适用税种范围的准确性和连续性,税收协定中一般还列有专门条款,明确该协定也适用于缔约国在协定签订后增加或替代的所列税种的相同或类似税种,并规定缔约国的主管当局应将各自税法所作的实质变动通知对方缔约国。

(三) 地理范围

关于缔约国各方的地理概念,国际税收协定一般依据属地原则规定为缔约国能够有效行使其税收法律的所有领土、领水和领空,以及根据国际法拥有管辖权和有效行使其税收法律的所有领海以外区域,包括海底和底土。在一些发达国家对外签订的税收协定中,这一地理概念扩大到海外领地或国际托管地,具体体现在 OECD 范本第二十九条"区域的扩大"。

二、协定用语定义

(一) 一般定义

两个税收协定范本的第三条为一般定义,主要对"人""公司""缔约国""国际运输""主管当局""国民"等用语的含义做出规定。

"人"(person)包括个人、公司和其他团体;

"公司"(company)指法人团体或者在税收上视同法人团体的实体;

"缔约国一方企业"(enterprise of a Contracting State)和"缔约国另一方企业"(enterprise of the other Contracting State)分别指缔约国一方居民经营的企业和缔约国另一方居民经营的企业。

"国际运输"(international traffic)是指在缔约国一方设有实际管理机构的企业以船舶或飞机经营的运输,但不包括以船舶或飞机仅在缔约国另一方各地之间的经营,后者应属国内运输的范围。

"主管当局"(competent authority)在缔约国双方分别指哪些机构,在税收协定中需要作出列示。

"国民"(national)是指具有缔约国国籍的个人和按照缔约国法律组建的法人以及在缔约国税收上视同法人的非法人经济实体。

除以上内容外,OECD 范本 2000 年及以后的版本还对用语"企业"(enterprise)和"营业"(business)进行了说明,其中用语"企业"适用于任何营业活动,用语"营业"包括专业服务和其他具有独立性的活动,这两项改动都是由于 OECD 范本 2000 年及以后的版本删去了原来的第 14 条独立个人劳务所得,将独立个人劳务所得和企业的营业利润合并处理,因而需要明确地扩大原来"企业"和"营业"用语概念的内涵。

对于税收协定条款中没有明确定义的用语,税收协定规定应按缔约国的有关法律来解释,相关详细讨论参见本章第一节的第四小节"税收协定的解释和修订"。

(二) 居民

OECD 范本和 UN 范本的第四条关于"居民"的规定基本相同,即所谓居民,是指按照该缔约国法律,由于住所、居所、管理机构所在地,或者其他类似性质的标准,在该缔约国负有纳税义务的人。但这里所指的"纳税义务"并不等同于事实上的征税。例如,符合一定条件的基金会可能在缔约国享有免税待遇,但不妨碍这些基金会被视为税收协定意义上的居民。

两个范本还特别规定,"居民"用语不包括仅由于来源于该国的所得或位于该国的财产在该国负有纳税义务的人。之所以做出这一规定,是因为国际税收协定所要解决的主要是因缔约国税收管辖权之间的冲突引起的重复征税问题,只有在缔约国一方负有无限纳税义务的人才能享受协定所规定的免除重复课税的待遇。

如本书第二章第一节所述,各国的国内税法常常采用数项规则确定自然人或法人是否为居民,同时各国规定各不相同,因此可能产生一个"人"同时被确认为两个国家的居民的情况。

对于具有双重居民身份的个人,两个税收协定范本都规定按照以下的顺序最终确定其居民身份。

① 当其在某缔约国拥有永久性住所(permanent home)时,则应被确认为该缔约国居民,若在两个缔约国都拥有永久性住所,则应被确认为与其个人和经济联系更紧密的永久性住所,即重要利益中心(centre of vital interests)的所在国的居民;

② 如果其在缔约国任何一方都没有永久性住所,或难以确定其重要利益中心,则应被确认为是其习惯性住所(habitual abode)所在国的居民;

③ 如果其在缔约国双方都有或都没有习惯性住所,则应被确认为是其国籍所属缔约国(the State of which he is a national)的居民;

④ 如果其同时是缔约国双方的国民,或者不是缔约国任何一方的国民,缔约国双方主管税务当局应通过相互协商解决其居民身份归属问题。

对于具有双重居民身份的个人以外的"人",2017 年以前的税收协定范本一般规定以实际管理机构所在地(place of effective management)为判定标准,即首先应认为该纳税人是其经营的实际管理机构所在国的居民,在按这一标准仍无法判断居民身份时则由双方主管当局协商解决。

但是,鉴于双重居民身份也会成为一种导致双重免税的筹划手段,2017 年的 OECD和 UN 税收协定范本提出,对于自然人以外的双重居民身份的情况,直接由缔约国双方主管当局协商,而不是首先根据实际管理机构所在地判定居民国。

(三) 常设机构

1. 常设机构的定义

在双边国际税收协定中,常设机构是一个非常重要的概念。OECD 于 1963 年拟定的《关于对所得和财产避免双重征税协定范本(草案)》正式使用了"常设机构"的概念,用以作为确定营业利润来源地的依据。

OECD 范本和 UN 范本的第五条都规定,"常设机构"是指一个企业进行全部或部分经营活动的固定营业场所。因此,常设机构具有三个特征:① 有一个营业场所;② 这一场所必须是固定的;③ 通过这一机构进行的活动必须是以营利为目的的。

在税收协定中,是否在本国境内设有"常设机构"是非居民企业是否有来源于本国境内的营业利润的判定标准。如果一个非居民企业在一国境内设有从事经营活动的常设机构,那么该国就可以认定该企业有来源于本国的营业利润,从而可以对其行使地域管辖权课税。因此,针对营业利润的地域税收管辖权的确定问题,就归结为对"常设机构"的概念进行解释以及以常设机构为中心确定具体的应税所得额的问题。

2. 常设机构的类型

在给出常设机构的定义之后,两个税收协定范本随后列举了"常设机构"一语包括和不包括的各种情形,相应地,可概括出常设机构的四种类型,即场所型常设机构、工程型常设机构、代理型常设机构和劳务型常设机构。

(1) 场所型常设机构

由于"企业进行其全部或部分经营活动的固定场所"是常设机构的基本定义,因此常设机构首先应包括各种类型的固定营业场所。根据两个协定范本,这些固定营业场所具体包括管理场所、分支机构、办事处、工厂、车间(作业场所)以及矿场、油井、气井、采石场或任何其他开采自然资源的场所。

(2) 工程型常设机构

根据 OECD 范本,这类常设机构主要指延续 12 个月以上的建筑工地、建筑或安装工程。但 UN 范本将其范围进行了扩展,一方面是将时间期限缩短为 6 个月,另一方面是将工程的类型扩展为建筑工地、建筑、装配或安装工程或者与其有关的监督管理活动。

(3) 代理型常设机构

一个缔约国的企业授权非独立代理人(包括自然人和企业),在另一个缔约国经常代表该企业进行"活动"的,也可视为设有常设机构。OECD 范本列举的构成常设机构的非独立代理人的"活动"主要是有权并经常行使这种权力以该企业的名义签订合同,UN 范本在此基础上做了扩展,一是增加了经常在另一个缔约国保存货物或商品的库存,并代表该企业经常从该库存中交付货物或商品的情况,二是增加了一个缔约国的保险企业在另一个缔约国境内收取保险费或接受保险业务(涉及再保险的除外)的情况。

(4) 劳务型常设机构

劳务型常设机构是 UN 范本特有的规定。缔约国一方企业通过雇员或雇佣的其他人员在缔约国另一方国家提供包括咨询在内的劳务,也将构成在缔约国另一方国家设有常设机构,其前提是这些劳务是为同一项目或两个以上相关联的项目提供的,且在开始或结束于相关财政年度的任意 12 个月内累计持续时间超过 183 天。

我们可以将上述规定概括如表 3-3 所示,其中可以更明显地看出,与 OECD 范本相比,UN 范本对于常设机构范围的界定更宽,根据 UN 范本,企业更可能被认定为在非居民国设有常设机构,这和 UN 范本维护保护发展中国家利益、维护来源国征税权的目标是一致的。

表3-3　OECD 范本和 UN 范本关于常设机构范围的规定

项　目	OECD 范本	UN 范本
场所型常设机构	管理场所 分支机构 办事处 工厂、车间(作业场所) 矿场、油井、气井、采石场 其他开采自然资源的场所	管理场所 分支机构 办事处 工厂、车间(作业场所) 矿场、油井、气井、采石场 其他开采自然资源的场所

续 表

项 目	OECD 范本	UN 范本
工程型常设机构	建筑工地 建筑、安装工程 （持续 12 个月）	建筑工地 建筑、装配、安装工程 工程监督管理活动 （持续 6 个月）
代理型常设机构	由非独立代理人代表企业： 签订合同	由非独立代理人代表企业： 签订合同 保存并交付货物或商品 收取保险费或接受保险业务
劳务型常设机构		由雇员或其他人员提供咨询等服务 （为同一或关联项目 12 个月内累计持续 183 天）

3. 常设机构的例外情况

以上列举的是构成常设机构的情况，OECD 范本和 UN 范本还列举了不得视为常设机构的情形。

（1）准备性或辅助性活动

OECD 范本和 UN 范本都规定准备性或辅助性活动不包括在常设机构范围内，其中 OECD 范本列举的此项活动包括：

① 专门为储存、陈列或交付本企业的货物或商品的目的而使用的场所；

② 专门为储存、陈列或交付的目的而保存本企业货物或商品库存；

③ 专门为通过另一企业加工的目的而保存本企业货物或商品库存；

④ 专门为本企业采购货物或商品，或者为本企业收集情报而设立的固定营业场所；

⑤ 专门为本企业进行其他准备性或辅助性活动而设立的固定营业场所。

⑥ 专为上述 1—5 项活动的结合而设立的固定营业场所，前提是源于这种结合的固定营业场所的全部活动属于准备性或辅助性质。

UN 范本基本上也采纳了上述规定，但是在第 1 项和第 2 项的表述中仅保留了"储存"和"陈列"，而删去了"交付"。

上述规定强调，企业通过一个固定的营业场所进行活动，而这种活动对于该企业而言是准备性或辅助性的，则这个营业场所不应被认定是常设机构。这实际上等于承认一个现实，即如果一个营业场所对企业的利润有贡献，但它所发挥的作用相对较小，这样就很难将企业的利润分摊到该营业场所。要确定一项活动是否属于准备性或辅助性的，有时会存在一定的困难，但是有一个公认的原则：这个固定营业场所的活动不能与它的总机构的活动相同。例如，一个企业的固定营业场所为本企业进行广告宣传活动，可被视为准备性或辅助性的活动。但是，若它的总机构是一个广告公司，而这个固定营业场所从事的广告活动，与其总机构的营业活动相同，在这种情况下，这个固定营业场所的活动，就不再是准备性或辅助性的，而应被认定为常设机构。

（2）子公司

OECD 范本第五条的第七款规定,不能因缔约国一方居民公司控制或被控制于缔约国另一方居民公司或在缔约国另一方进行营业的公司,而认定其中一个公司是另一个公司的常设机构。UN 范本的第五条第八款与此相同。

此项规定表明,一般情况下,子公司是一个独立的法人实体,不是母公司的常设机构。但是,如果一个子公司不仅被它的母公司领导和控制,而且有权经常代表母公司签订合同,这时的子公司就成为它的母公司的一个非独立地位代理人,因而将构成常设机构。

（3）独立地位代理人

OECD 范本和 UN 范本都规定,缔约国一方的企业通过缔约国另一方的经纪人、一般佣金代理人或其他独立地位代理人在对方国家营业,这些独立地位代理人又按常规进行本身业务的,则不能认为该企业在该对方国家设有常设机构。

三、对不同类型所得课税的规定[①]

对不同类型所得课税的规定属于第三章对所得的征税的内容,也是税收协定的主体部分,第三章包括第六条不动产所得、第七条营业利润、第八条海运,内河运输和空运、第九条联属企业、第十条股息、第十一条利息、第十二条特许权使用费、第十三条财产收益、第十四条独立个人劳务（OECD 范本已删除）、第十五条受雇所得、第十六条董事费、第十七条艺术家和运动员、第十八条退休金、第十九条政府服务、第二十条学生和第二十一条其他所得。

根据两个税收协定范本,来源国对不同类型所得的征税权总体上有三种情况:有完全征税权、有部分征税权和没有征税权,对于有完全征税权的所得,需要进一步确定所得的征税范围和方法,对于有部分征税权的所得,需要进一步明确来源国如何适用限制性税率。以下我们将针对这三种情况分别介绍 OECD 对范本和 UN 范本对不同类型所得课税的规定。由于两个范本都进行了多次更新,此下我们以迄今为止最新的 2014 年 OECD 范本和 2011 年 UN 范本为例进行介绍。

总的来说,UN 范本更多地考虑到发展中国家和来源国的利益,OECD 范本更加符合发达国家和居民国的利益。同时,在具体条款上,可以注意到 UN 范本通过制定可以双边协商的条款和备选方案,给予缔约国更大的自由度以根据各国具体情况签定税收协定,而OECD 范本更注重税收协定范本的通用性。

（一）两个范本都规定来源国有完全征税权的所得

1. 不动产所得

对于第六条不动产所得,OECD 范本和 UN 范本保持了比较一致的意见,都规定缔约国一方居民从位于缔约国另一方的不动产取得的所得,可以在缔约国另一方征税。同时第六条还定义了不动产的范围,包括地产、附属于不动产的财产、开采矿藏、水源等获得收入的权利等。

---

① 税收协定中还有对财产课税的规定,本书从略。

2. 营业利润

对于第七条营业利润,两个范本都规定通过设在缔约国另一方的常设机构进行营业取得的营业利润可以在缔约国另一方征税,因此都维护了来源国的征税权,但关于对营业利润征税的范围,OECD 范本和 UN 范本的差距比较大,OECD 范本采用了归属原则,规定非居民国的征税以属于常设机构的利润为限,而 UN 范本采用了引力原则,规定非居民国的征税范围包括:① 该常设机构的利润;② 在常设机构所在国销售的货物或商品与常设机构销售的货物或商品相同或类似,并由此获得的利润;③ 企业在常设机构所在国进行的业务活动与常设机构进行的业务活动相同或类似,并由此获得的利润。

第七条第二款涉及应税营业利润的计算问题,两个范本都确立了营业利润的计算应遵循独立企业原则(independent enterprise principle)和正常交易原则(arm's length principle)。独立企业原则要求常设机构按它是一个独立的企业一样,独立计算利润;正常交易原则要求假设常设机构是一个相同或类似情况下的分设独立企业,考虑到其职能、使用的资产和承担的风险,计算其从事相同或类似商业活动可获得的利润。

在第二款之后,UN 范本的第七条还有四款,而 OECD 范本只有两款,其中最后一款两个范本内容相同,都规定企业利润中包含协定中其他各条单独规定的所得项目时,这些规定不受"营业利润"条款的影响;除此之外,UN 范本第七条的第三、四、五款和 OECD 范本第七条的第三款差异很大。

UN 范本的第七条第三款规定,在计算常设机构的利润时,允许扣除常设机构所发生的各项费用,包括行政和一般管理费用。但是常设机构与其总机构以及同一总机构设立的其他常设机构之间相互提供贷款、专利权、劳务或管理,并相应发生利息、特许权使用费、劳务费用或管理费用的收付,常设机构在计算利润时均不得计入收入和费用(银行企业的利息收付和属于偿还代垫实际发生的费用除外)。

UN 范本的第七条第四款规定,在与本条其他各款反映的原则一致的前提下,缔约国可以采用将企业总利润按一定比例分配给所属部门的方法来确定一个常设机构的利润;第五款规定,除非有适当和充分的理由,缔约国每年应采用相同的办法确定属于常设机构的利润。

对于上述三款,OECD 范本原来有相似规定,但 2011 年以后删除了这些条款,相反,在其第三款中做出了关于转让定价相应调整的规定,即缔约国可以在第二款的基础上对常设机构的利润和税收进行调整,另一方需为消除双重征税也作出适当调整,但需要双方进行协商。

此外,对于常设机构为企业采购货物或商品,是否应分配利润,UN 范本做出了一个注解,提出应将这个问题留待双边谈判去解决,而 OECD 范本没有这方面的规定。

3. 受雇活动的报酬

两个税收协定范本的第十五条都规定缔约国一方居民在缔约国另一方从事受雇的活动取得的报酬,可在该缔约国另一方征税。但是同时满足以下三种情况时应仅在其居民国征税:

① 收款人在有关会计年度中在缔约国另一方停留累计不超过 183 天;

② 该项报酬是由并非缔约国另一方居民的雇主自付或代表雇主支付的;

③ 该项报酬不由雇主设在另一国的常设机构或固定基地所负担。

4. 董事费

OECD范本和联合国范本都保护了对董事费来源地的税收管辖权,并规定作为收入来源国行使征税权的非居民国应为公司的居民国,同时联合国范本把公司高级管理人员取得的工资、薪金和其他类似报酬也加入了征税范围。

5. 艺人和运动员的所得

对于艺人(artistes)和运动员(sportspersons)的所得,OECD范本和联合国范本也都规定艺人和运动员从事个人表演或运动活动的国家可以征税,不论这类所得是否直接支付给艺人或运动员本人。

6. 国际运输企业雇员所得

两个税收协定范本都规定,个人受雇于从事国际运输的船舶或飞机上取得的报酬,应由企业实际管理机构所在的缔约国征税,因此事实上肯定了来源国的征税权。

(二)两个范本都规定来源国有部分征税权的所得

1. 股息所得

税收协定范本的第十条是关于股息征税的规定。

股息(dividends)是指从股份(shares)、享受股份(jouissance shares)或享受权利(jouissance rights)、矿业股份(mining rights)、发起人股份(founders' shares)或分享利润而非债权关系的其他权利取得的所得,以及按照分配股息公司的居民国的法律,视同股份所得同样征税的由其他公司权利取得的所得。

两个范本都认为缔约国一方居民公司支付给缔约国另一方的股息,可以在该缔约国另一方征税。

2. 利息所得

税收协定范本的第十一条是关于利息征税的规定。

两个范本都规定利息是由各种债权所取得的所得,不论有无抵押担保以及是否有权分享债务人的利润;特别指由公债(government securities)、债券(bonds)或信用债券(debentures)取得的所得及其溢价和奖金。由于延期还债而支付的罚款不作为利息。

两个范本都认为缔约国一方居民公司支付给缔约国另一方的利息,可以在该缔约国另一方征税,同时都制定了限制税率的条款以缓解重复征税,但在限制税率的设置上,两者有明显的差异,具体如表3-4所示。

表3-4 OECD和UN范本关于股息、利息对来源国限制税率的规定

税收协定范本	持股比例	股息预提税率	利息预提税率
OECD	直接持有大于25%	≤5%	≤10%
	其他情况	≤15%	
UN	直接持有大于10%	双边协商,低税率	双边协商
	其他情况	双边协商	

由上表可以看出,UN范本对来源国对股息、利息等投资所得征税设定的税率上限或高于OECD范本,或不设上限、允许缔约国双方协商,因此更有利于保护作为资本输入国

的发展中国家的利益。

（三）两个范本都规定来源国没有征税权的所得

两个税收协定范本的第十九条是关于政府服务所得，当缔约国一方当局提供报酬，但提供服务的个人是另一国居民和国民，且不是仅由于提供该服务成为另一国居民时，范本肯定了居民税收管辖权并否定了来源地税收管辖权。

（四）OECD 和 UN 范本对来源国征税权的规定不同的所得

1. 国际船运和空运所得

税收协定范本的第八条主要涉及国际船运和空运所得，在这一条中，OECD 范本规定国际运输应仅在企业实际管理机构或船舶母港所在的缔约国（若没有母港时则改为船舶经营者为其居民的缔约国）征税。UN 范本除了该规定外，还设置了一种替代方案，即企业经常在缔约国另一方从事业务发生的船运活动取得的利润，缔约国另一方可以征税，但缔约国另一方确定征税的利润，应以该企业从船运业务取得的全部纯利润为基础作适当的划分，并且由此计算的税额应减去一定的百分比，具体通过双边谈判加以确定。

2. 特许权使用费

税收协定范本的第十一条是关于特许权使用费课税的规定。

"特许权使用费"是指由于使用，或有权使用下列对象所支付的作为报酬的各种款项，包括：① 任何文学、艺术或科学著作（包括电影胶片）的版权；② 任何专利、商标、设计或模型、计划、秘密配方或程序；③ 工业、商业或科学设备；④ 有关工业、商业或科学经验的情报。

在特许权使用费征税权的划分上，OECD 范本和 UN 范本存在着原则性的分歧：OECD 范本将特许权使用费的征税权完全划给居民国；UN 范本则规定对特许权使用费居民国和非居民国都有征税权，非居民国对特许权使用费征收预提税时，应对税率进行限制，限制税率由缔约国双方谈判商定。

关于特许权使用费的概念界定，两个范本也不尽一致，其中 UN 范本规定特许权使用费是指"由于使用，或有权使用任何文学、艺术或科学著作，包括电影影片、无线电或电视广播使用的胶片、磁带的版权，任何专利、商标、设计或模型、计划、秘密配方或程序作为报酬的各种款项；或者由于使用，或有权使用工业、商业或科学设备，或有关工业、商业或科学经验的情报作为报酬的各种款项"，而 OECD 范本在 1992 年修改时取消了其中"使用，或有权使用工业、商业或科学设备"的内容，并且关于版权也仅涉及文学、艺术或科学著作和电影胶片。OECD 范本将提供设备使用权取得的费用排除在特许权使用费范围之外，主要是为了避免将特许权使用费和设备租赁费相混淆，但包括中国在内的不少国家在签订税收协定时仍然采用了 UN 范本的表述，这一点特别值得跨国企业关注①。

另外，两个税收协定范本都规定，如果特许权使用费的受益所有人是缔约国一方的居民，其通过常设机构或固定基地在缔约国另一方从事经营活动，而且据以收取特许权使用费的权利或财产与该常设机构或固定基地实际联系，应把该项特许权使用费并入常设机构或固定基地的所得征税，而不适用征收预提税的规定。UN 范本还补充规定，若据以收

---

① 本章末讨论的泛美卫星税案即涉及此项特许权使用费的定义问题。

取使用费的特许权与受益所有人在非居民国所从事的与其设立的常设机构的经营活动相同或类似的活动有实际联系,应把该特许权使用费并入常设机构的营业利润内征税。

3. 财产转让所得

第十三条财产收益主要是关于财产转让收益征税权的规定,两个范本在来源国可征税的范围方面有一定的差异。

OECD 范本规定缔约国一方居民转让位于缔约国另一方的不动产、设在缔约国另一方的常设机构的营业财产部分的动产(包括整个常设机构)以及缔约国另一方居民公司的股权(且该股权 50% 以上的价值直接或间接来自位于缔约国另一方的不动产)取得的收益可在该缔约国另一方征税,而转让从事国际运输的船舶、飞机、从事内河运输的船只或属于经营上述船舶、飞机或船只的动产取得的收益,应仅在该企业实际管理机构所在的缔约国征税。

UN 范本基本上也采用了上述规定,但是关于转让股份所得的规定在 2001 年以后的版本中做出了调整,一方面将该条款的适用对象从公司的股权拓展至合伙企业、信托或遗产中的权益,另一方面又强调该条款只适用于从事管理不动产的营业活动的公司、合伙企业、信托或遗产。

此外,UN 范本增添了一款,对于缔约国一方居民转让缔约国另一方居民公司的股份取得的收益,若转让者在转让前 12 个月内的任何时候直接或间接持有该公司的资本超过一定的百分比(具体比例由双方谈判确定),则缔约国另一方可以征税。

上述 OECD 范本和 UN 范本对不同类型财产转让收益征税权划分的规定可概括如表 3-5 所示。

表 3-5 OECD 范本和 UN 范本关于对财产转让收益征税权划分的规定

财 产 类 型		对转让收益有征税权的缔约国	
		OECD 范本	UN 范本
不动产		不动产所在缔约国	不动产所在缔约国
常设机构营业财产以及常设机构本身		常设机构所在缔约国	常设机构所在缔约国
从事国际运输的船舶、飞机、从事内河运输的船只或属于经营上述船舶、飞机或船只的动产		企业实际管理机构所在的缔约国	企业实际管理机构所在的缔约国
股权	50% 以上的价值直接或间接来自位于缔约国另一方的不动产*	不动产所在缔约国	不动产所在缔约国
	转让者在转让前 12 个月内的任何时候直接或间接持有发行股票公司资本达到一定比例(双边谈判决定)	转让者的居民国	发行股票公司的居民国
	其他股权	转让者的居民国	转让者的居民国
其他财产		转让者的居民国	转让者的居民国

* UN 范本还包括合伙企业、信托和遗产中的权益,但公司、合伙企业、信托或遗产应从事管理不动产的营业活动。

4. 独立个人劳务所得

在 2000 年之前,OECD 范本和 UN 范本的第十四条都是关于独立个人劳务所得的规定,但 2000 版的 OECD 范本删除了第十四条,其理由是除了其他条款中涵盖的一些特殊类型的劳务(如第八条海运、内河运输和空运,第十七条艺术家和运动员等),劳务活动应该和其他商业活动一样对待,因此,第七条中关于营业利润的规定适用于所有的商业活动,包括个人独立劳务。

然而 UN 范本仍然保留了这部分内容。UN 范本的第十四条规定"个人劳务"限于科学、文学、艺术、教育或教学活动,以及医师、律师、工程师、建筑师、牙医和会计师的独立活动。当个人在来源国设有经常可用的固定基地(fixed base),并且大部分收入来自该固定基地,或在一个年度中累计停留超过 183 天,并且其收入来自这一期间的,来源国可以对其独立个人劳务所得征税。

5. 退休金和其他类似报酬

关于退休金和其他类似报酬,OECD 范本第十八条只肯定了居民税收管辖权,UN 范本则列举了可供选择的 A、B 两部分条款。A 部分是在采纳 OECD 范本规定的前提下,增加了一款"按照缔约国一方社会保险金制度支付的退休金和其他款项,应仅在该缔约国征税"。B 部分是在 A 部分的基础上又增加一款更有利于非居民国的规定,即"如果退休金和其他类似报酬是由缔约国另一方居民或设在该国的常设机构支付,则对该项所得可由支付国征税。"

对于由政府支出的退休金,两个协定范本都规定应由支付退休金的政府所在国征税,这样处理,既非依据居民税收管辖权征税,当政府职员并非在支付退休金的政府所在国提供服务的情况下,也非严格依据地域税收管辖权原则征税。

6. 其他所得

在第二十一条其他所得中,OECD 范本只肯定了居民国的税收管辖权,联合国范本则补充未在协定其他条款中规定的收入也可以在来源国征税。

(五) 其他规定

1. 学生的所得

为了有利于培养人才,并且照顾留学生和出国培训实习生、学徒的实际困难,两个范本都规定:作为缔约国一方居民(包括在直接前往缔约国另一方前曾是缔约国一方居民)的学生或企业学徒,仅由于接受教育或培训的目的停留在缔约国另一方,其为维持生活、教育或培训收到的来源于该国以外的款项,该国不应征税。

UN 范本还补充规定:学生或企业学徒取得赠款、奖学金和雇佣报酬,在教育或培训期间,应与其所停留国居民享受同样的免税、优惠或减税。

可以看出,以上规范都不保证来源于学习或培训地的收入享受免税的照顾。但是在各国签订的税收协定中往往增加对学生或企业学徒在停留国取得的奖学金、津贴、补助金和奖金等收入免税的规定,对于在停留国取得的个人劳务所得等其他所得,则一般限定期限或金额给予免税待遇,或者规定与本国居民享受同样的免税、扣除或减税待遇。

2. 教师和研究人员所得

两个税收协定范本都未对教师和研究人员所得的征税制订专门条款,但许多国家对外签订税收协定时在这方面都单列条款,规定缔约国一方居民在缔约国另一方从事教学或科研活动取得的所得,停留国应在一定期限内给予免税待遇。另外,有的国家规定在缔约国一方免税应以在缔约国另一方征税为条件,也有的国家规定享受免税的应是由服务于公共利益的研究项目取得的所得。

四、双重征税的免除方法

(一)抵免法和免税法

双边税收协定采用的居民国对已由非居民国一方行使地域管辖权课税的所得免除重复课税的方法有两种,即免税法和抵免法。依据缔约国的协议,缔约国各方可联系本国税制的有关规定采用其中一种方法,也可区别所得或财产类型同时采用两种方法。如果缔约国采用的是累进免税法,则需要在有关条款中加以说明。

双边国际税收协定中规定的由居民国实行的免除国际重复课税的方法,仅适用于缔约国居民来源于或位于缔约国另一方的应税所得。缔约国居民来源于或位于非缔约国的所得则不能享受这一优惠。

(二)税收饶让抵免

所谓税收饶让抵免,就是居民国政府对本国纳税人因来源国税收减免而免除的那部分税款,视同已经缴纳并同样给予抵免。税收饶让抵免起源于 20 世纪 50 年代,随着第二次世界大战后新的国际政治经济秩序的建立,西方国家开始大量对外投资,新的跨国公司不断出现,同时发展中国家为了弥补投资的不足,往往也采用税收优惠吸引外资。在全球化的大背景下,1953 年,英国皇家委员会在向议会提交的报告中,首次提出应对发展中国家的涉外税收优惠予以饶让抵免。1957 年,美国首次将税收饶让抵免条款写入双边税收协定中,虽然该协定并未生效,却推动了税收饶让抵免条款在双边税收协定中的采用。此后,不仅发达国家普遍给予发展中国家单方面税收饶让抵免优惠,OECD 国家之间也常常互相给予税收饶让抵免的优惠政策。当时发达国家采取该政策的原因主要有三:一是为本国过剩的资本寻找海外投资机会,二是利用税收饶让抵免政策换取发展中国家较低的预提税等好处,三是承担帮助发展中国家经济发展的国际义务。

进入到 20 世纪 90 年代后,国际经济的形势发生了一些变化,一些原来的发展中经济体,如中国台湾、新加坡等,已经成为了资本输出地区,原有的"发达国家是资本输出国,发展中国家是资本输入国"的形势已经产生了改变,原有的一些 OECD 国家也开始怀疑税收饶让抵免的价值。1998 年 3 月,OECD 发布了名为《对税收饶让的重新认识》的调查报告,这份报告对后来各国的税收政策影响很大,该报告认为税收饶让实质上起到了鼓励投资者将利润汇回居民国的作用,同时可能会造成饶让抵免条款的滥用和有害税收竞争,饶让抵免管理工作也存在一些困难,在以上分析的基础上,OECD 对税收饶让抵免提出了若干建议,主要是限制该条款的使用。

在国际上,进行税收饶让抵免的惯例是居民国政府给予税收饶让,一般都要通过双边的国际税收协定加以明确规定。它一般是发达国家单方面对发展中国家的减免税所承担的协定义务,也是发展中国家在缩小来源地课税范围和对某些投资所得实行优惠税率等方面作出让步后,取得的谈判成果。居民国政府给予税收饶让不是无条件的,一般要限定

范围。有的国家包括公司所得税和预提税,有的仅限于预提税。在具体做法上也不尽一致,大致有以下三种情况:

① 依照税法规定的减免税或者退税优待,按假如没有这些鼓励措施而征收的税额给予饶让抵免。

② 把税法上规定的税率与签订税收协定降低的税率之间的课税差额视为已课税额,仍按税法规定的税率给予抵免。

③ 在签订税收协定降低税率的基础上再给予的减免税额,视为已课税额,仍按税收协定的税率抵免。

五、特别规定

(一)无差别待遇条款

避免税收歧视,给予税收无差别待遇,这是处理国际税收关系的一项重要原则。在国际税收协定中,一般均包括无差别待遇条款,规定缔约国应给予对方缔约国的国民以与本国国民相同的税收待遇。UN 范本和 OECD 范本对税收无差别待遇的规定基本相同,都包括四个方面的内容:

1. 国籍无差别

两个税收协定范本均规定,"缔约国一方国民在缔约国另一方负担的税收和有关条件,不应比缔约国另一方国民在相同情况下,负担或可能负担的税收或有关条件不同或比其更重",并指出"本规定也应适用于不是缔约国一方或双方居民的人"。这说明,国籍无差别待遇条款的人的适用范围已超越了税收协定本身的人的适用范围。若甲、乙两国为税收协定的缔约国,则适用国籍无差别待遇条款的具体情况有以下三种:

① 某纳税人是甲国的国民和居民,取得来源于乙国的所得,乙国对该纳税人的税收待遇不应比对乙国的国民更差;

② 某纳税人是甲国的国民,同时是乙国的居民,取得来源于乙国的所得,乙国对该纳税人的税收待遇应等同于乙国的国民;

③ 某纳税人是甲国的国民,但并非是甲国和乙国的居民,而是非缔约国丙国的居民,对该纳税人取得的来源于乙国的所得,乙国的税收待遇不应比对乙国的国民更差。

此外,协定范本还规定,无差别待遇条款也应适用于作为缔约国一方居民的无国籍的人,即"作为缔约国一方居民的无国籍的人在缔约国任何一方负担的税收和有关条件,不应比各该国国民在相同情况下,负担或可能负担的税收或有关条件不同或比其更重"。

但是,各国签订的国际税收协定在无差别待遇的适用范围上,并未完全依照两个范本,例如有的协定规定适用无差别待遇的国民必须是缔约国一方的居民,也有的协定规定实施无差别待遇只依据纳税人的居住地,而不是其国籍。

2. 常设机构无差别

常设机构无差别即缔约国一方企业设在缔约国另一方的常设机构,其税收负担不应高于缔约国另一方的本国企业。这一规范严格地说已超出了"国籍无差别"的范围。假定缔约国一方的企业是该国的居民公司,其在缔约国另一方的常设机构则是非居民公司。给予常设机构无差别待遇,就相当于对非居民公司的征税要同居民公司的征税无差别对待。但为了满足企业生产经营国际化的要求,国际税收协定范本还是做出了"常设机构无差别"的规范,使常设机构与居民公司处于平等的竞争地位。

常设机构与居民公司的税收无差别主要体现在原则上常设机构和居民公司的适用税率相同,常设机构亦应与居民公司一样独立地核算盈亏,税收的核定也要以净所得为基础,常设机构应税毛收入的项目范围和成本费用扣除标准应与居民公司相同。例如,英国的公司所得税率根据公司应税所得的水平有 21％ 和 28％ 两档,原则上外国公司设在英国的分支机构(常设机构)不能适用 21％ 的低税率,但如果外国公司的居民国是与英国签有税收协定的国家,则根据"常设机构无差别"的原则,该外国公司的分公司符合条件时就可以和居民公司一样适用 21％ 的低税率。

但一国为了消除对利润和股息的重复课税而对居民公司实施的股息免税、分劈利润和归集抵免等方法,一般不适用于常设机构。

同时,税收协定范本还规定,常设机构无差别不应被理解为"缔约国一方由于公民地位或家庭负担原因给予本国居民在税收上的任何个人扣除、优惠和减税,也必须给予缔约国另一方居民"。

3. 支付无差别

支付无差别即缔约国一方企业支付给缔约国另一方居民的利息、特许权使用费和其他款项,应与在同样情况下支付给本国居民一样,准予作为费用扣除。

可见,享受无差别待遇的支付项目主要是利息和特许权使用费,"利息"和"特许权使用费"在税收协定中有清楚的定义,而对于"其他款项"的解释,则要依据缔约国的国内法。依据税收协定范本的规定,在税收协定适用范围包含财产税的情况下,对缔约国一方支付给缔约国另一方居民的任何债务亦应准予扣除。但税务当局对于国际联属企业之间不符合正常交易原则的支付进行调整,不能看作是税收歧视。

4. 资本无差别

资本无差别指缔约国一方企业的资本,全部或部分为缔约国另一方的居民拥有或控制,该企业的税收待遇,应与缔约国一方其他同类企业相同。

这一规定意味着缔约国一方企业在缔约国另一方建立的拥有不同股权比例的子公司,应在缔约国另一方享有与该国企业同等的税收待遇,即同类企业不应因股权构成的不同而受到税收歧视。一个国家对外缔结税收协定可以依据实际情况,包含或者不包含"资本无差别"待遇条款。

在两个税收协定范本中,以上关于税收无差别待遇的各项规定适用的税种范围不仅限于所得税和财产税,而是扩展到"各种税收",在各国对外签订的税收协定中则作出了各种不同的规定,有的仅限于所得税,有的包括各种税收。

(二) 情报交换条款

OECD 范本第二十六条是情报交换条款①,共有五款,从不同方面对税收情报交换的有关内容做出了规定。

---

① 该条款在 1995 年之后经历了多次修改,其中 2005 年修改的内容最多。

1. 情报交换的范围

第一款规定了情报交换的范围,条款规定:"缔约国双方主管当局应交换可预见与本协定规定的实施相关的情报,以及可预见与缔约国、其所属行政区及地方当局所征收的税收的有关国内法的实施或执行相关的情报(以根据这些国内法征税与本协定不相抵触为限)。情报交换不受第一条和第二条的限制。"双方的情报交换不受税收协定第一条和第二条的限制,即突破了缔约国居民的限制和税种的限制,双方可以根据协议的相关要求交换涉及任何纳税人和任何税种的相关情报,这无疑扩大了情报交换的范围。同时在这项条款中,2005 年后的版本仅规定所交换的情报与本协定的实施"可预见相关"(forseeable relevant),而不要求为本协定的实施"必需"(necessary),这就将情报交换的范围扩大到与税收事务相关的尽可能宽的程度。UN 范本采纳了这一新标准,并在此基础上添加了一句:"特别地,税收情报交换应当在有助于避免逃税和避税时进行",这在一定程度上缩小了税收情报交换的范围,主要是考虑到发展中国家可能没有足够的行政资源为他国进行税收情报搜集。

2. 情报交换中的保密

第二款是相关保密条款,规定所获取的情报应仅限于对与第一款所述税收的评估、征收、执行、起诉或上诉裁决有关的人员或主管当局(包括法院和行政机关)或其监督部门披露,这些人员或主管当局只能将情报用于上述目的。此外,所获取的情报也可以在公开法庭程序或法院判决中披露。范本还补充规定,在提供情报一国的法律允许,并且得到该国提供提报的主管当局同意的情况下也可将情报用于其他目的,这样的规定主要是有助于在反洗钱等其他方面利用税收情报。

3. 可以拒绝情报交换请求的情形

第三款规定了可以拒绝情报交换请求的三种情况:第一是需要采取违反缔约国法律或行政习惯的行政措施时,缔约国可以拒绝该请求,第二是在缔约国一方需要另一方提供按照法律或正常行政渠道无法得到的情报时,另一方也没有义务提供,第三种是需要提供泄露商业机密或者违反公共政策(公共秩序)的情报时,缔约国也没有义务提供。这些规定意味着税收情报交换只能在缔约国现有的法律和行政框架内进行,有助于保护提供情报国家的利益,防止对一些行政资源不足的国家产生过大负担,但也可能因各国法律或行政制度的差异而削弱税收情报交换的有效性。

4. 不得拒绝情报交换请求的情形

第四款和第五款规定了不得拒绝情报交换请求的情况,第四款规定缔约国一方不能仅因这些情报与本国税收利益无关而拒绝提供,也不能由于情报由银行、其他金融机构以及任何人以代理或受托人身份(包括被指定人和受托人)掌握,或者由于情报与某人的所有者权益有关而拒绝提供情报。这些规定否定了国内税收利益要求,同时也使税收情报交换不受银行保密或所有权信息保密等规定的限制,有助于扫清税收情报交换可能面临的重要障碍,推动税收情报交换的顺利实施。

UN 范本第三到五款的规定和 OECD 范本基本相同,另外还新增了第六款,规定:"主管机关应当通过协商,根据第一款制定有关情报交换事项的适当方法和技术",这一规定也体现了联合国希望发展中国家在提供税收情报方面能够得到协助的意图。

（三）相互协商程序

两个税收协定范本的第二十五条为相互协商程序，主要规定双方主管当局如何对协定执行中纳税人提出的问题以及协定解释、实施中其他的困难、疑义进行协商。

纳税人对于未按协定规定征税的情形，可以在首次收到相关处理决定通知的三年内提交本人为其居民或国民的缔约国主管税务当局寻求解决。

接到案情的主管当局在认为纳税人提出的意见合理又无法单方面满意地解决的情况下，应设法与缔约国另一方主管当局相互协商解决本案。双方达成的任何协议应该予以执行，且不受缔约国国内法律的任何时间限制。

双方主管税务当局对于在解释和实施协定时发生的困难和疑义也可以进行协商，协商的办法可以是相互联系，也可以是指派代表组成委员会口头交换意见。

OECD范本在此基础上增加了一个仲裁条款，即所需要的信息完全提交后两年内双方主管当局对纳税人提出的事项不能达成一致时，应基于纳税人书面请求将该事项提交仲裁，除非缔约国一方的法庭或行政复议庭已就该事项做出决定。在没有直接受到此事项影响的人的反对的情况下，仲裁结果应对缔约国双方有约束力并予以执行，且不受缔约国国内法律的任何时间限制。

UN范本将此仲裁条款列为备选条款，但将提交仲裁的时限由两年延长为三年，还规定缔约国双方在收到仲裁结果的六个月内如能另行达成协议，也可以不执行仲裁结果。

（四）税收征收协助

两个税收协定范本的第二十七条为税收征收协助条款，主要就缔约国在税收征收中相互提供协助时应遵循的规则作出规定。这一条于2003年加入OECD范本，反映出进入新世纪以来各国对利用税收协定来防止偷漏税的重视程度显著加强。

1. 协助的对象和范围

OECD范本第二十七条第一款规定，缔约国双方应在应征税款（revenue claim）的征收方面相互协助，这种协助不受协定第一条和第二条的限制，缔约国双方主管当局应通过相互协商确定实施本条的方式。

对于"应征税款"这一术语的含义，第二十七条第二款解释为纳税人欠缴的缔约国一方、其所属行政区或地方当局所征收的任何税款，以及相关的利息、行政罚款和征收或保全费用，只要该税款的征收与本条约或缔约国双方参加的任何其他条约不冲突即可。

2. 协助的方式

第二十七条第三款规定，如果根据缔约国一方法律，一项税款的征收在该国国内可强制执行，并且欠税人无权阻止，那么在该国主管当局发出协助请求时，缔约国另一方的主管当局应予以接受，并将此项应征税收视同本国的应征税收依法进行征收。

第二十七条第四款规定，如果根据缔约国一方的法律，对于一项应征税款可以采取某些保全措施。那么，当该国主管当局提出征收协助请求时，缔约国另一方主管当局应予以接受，并将此项应征税收视为本国的应征税收，依法采取保全措施。

虽有上述两款规定，缔约国一方应缔约国另一方请求提供的征收协助时间上不受限制，并且也不应享有任何的优先权。

3. 争议处理

缔约国一方关于应征税款的存在性、有效性以及金额的异议,不应向缔约国另一方的法庭或行政机构要求诉讼或裁决。

4. 协助的中止

在以下两种情况下缔约国一方的主管当局应迅速将相关情况通知缔约国另一方的主管当局,并根据该缔约国另一方主管当局的选择决定中止或撤回征收协助请求:① 该项税款的征收在提出征收协助请求的国家不再可以强制执行或欠税人根据该国法律可以阻止其征收;② 在提出征收协助请求的国家对于该项税款不再可以采取保全措施。

5. 协助的例外情况

缔约国一方没有义务在以下情况下为另一方提供征收协助:① 违反本国和另一国的法律和行政惯例;② 违背公共政策或公共秩序;③ 征收协助请求国没有用尽其按照本国法律或行政惯例可采取的一切征收或保全措施;④ 本国所承担的行政成本与缔约国另一方可能得到的收益明显不成比例。

第三节 双边税收情报交换协定

一、税收情报交换协定的发展

在 1963 年最早的 OECD 税收协定范本草案中,就有了关于税收情报交换的内容。此后,在 OECD 和 UN 的正式税收协定范本中,都包含了税收情报交换条款(第 26 条)。国家之间在税收情报交换方面的合作,长期以来主要是在针对所得和财产的双边税收协定框架下进行的。然而,针对所得和财产的税收协定的首要目标是避免重复征税,其缔约国双方往往都是正常征收所得税的国家或地区。而就防止偷漏税而言,与低税国或避税地国家进行税收情报交换十分必要,因此,税收情报交换协定成为传统的针对所得和财产的双边税收协定的必要补充。1984 年,美国颁布了《税收情报交换协定》(或称 US 范本),以指导本国与其他国家签订有关税收情报交换的协定。

20 世纪 90 年代以来,随着经济全球化的发展,跨境交易变得更加便利和频繁,利用避税地进行逃税和避税的活动也越来越普遍,于是与避税地国家开展税收情报交换的问题得到更多关注。为了指导各国开展对外谈签税收情报交换协定的工作,OECD 于 2002 年发布了《税收情报交换协定范本》,在 2004 年的柏林会议上,G20 国家(包括中国)同意以 OECD《税收情报交换协定范本》为基础签订税收情报交换协定。

2008 年以后,受到全球金融和经济危机的影响,传统高税国纷纷陷入财政困境,迫切需要通过加强税收征管保护本国税基,国际税收协作的重点从避免"双重征税"转向避免"双重不征税",大约与此同时,瑞士银行等避税地金融机构协助纳税人通过转移资产、隐匿财富等方式逃避税收的丑闻频频曝出,促使国际社会更加重视国家间税收情报交换制度的完善。2009 年,税收透明度和情报交换全球论坛(The Global Forum on Transparency and Exchange of Information for Tax Purposes)在墨西哥改组成立,论坛积极推动建立国际税收情报交换体系,对相关国家(地区)涉及税收透明度的法律法规及情报交换工作进行同行审议,并对不执行国际税收情报交换标准的税收辖区实施惩罚措施。在此背景下,世界各国对外签订税收情报交换协定的进程进一步加速。

二、OECD《税收情报交换协定范本》的内容

OECD 的《税收情报交换协定范本》是各国对外谈签税收情报交换协定的主要参照,因此,我们以该范本为基础介绍双边税收情报交换协定的主要内容。

OECD《税收情报交换协定范本》在思想原则上与 OECD 税收协定范本有一脉相承的关系,而相对于 OECD 和 UN 税收协定范本的第二十六条,《税收情报交换协定范本》更像一本工作手册,其操作性更高。另外,《税收情报交换协定范本》中的条款都包含了双边协定和多边协定两个版本。

OECD《税收情报交换协定范本》的第一条为协定范围,其采取的也是可预见性标准,税收情报交换的范围包括"与这些税收的确定、核定、查证与征收,税收主张的追索与执行以及税收事项的调查或起诉具有可预见相关性的信息",并享有第八条规定的保密权。对于情报交换的过程,与 OECD 税收协定范本第二十六条规定的可以拒绝的情况类似,税收情报交换协定也要求在当事人不过分拖延和妨碍有效情况交换的情况下确保他们同样可获得被请求方法律和行政措施所赋予的权利和保障,从而在保护当事人权益和交换税收情报之间进行了折中,避免了税收情报交换协定与国内法的冲突。

第二条是关于管辖权,情报交换协定规定被请求方没有义务提供不归其所拥有,或者不由其管辖地域内的人掌握或控制的情报。这也保护了被请求方的利益,有利于一般国家与避税港国家顺利签署税收情报交换协定。

第三条规定了税种的范围,其范围由各国自行谈判决定。这一项也是更多地考虑到了被请求方的利益,给范本留下了更多的灵活性,给了缔约国自由发挥的空间。

第四条对"国家""人""公司""上市公司""税收""主管当局"等做了定义。

第五条是专项情报交换程序,即被请求方主管当局应缔约国另一方请求,书面向对方提供符合第一条规定的情报,该条规定被调查的行为如果发生在被请求方境内,无论根据被请求方法律是否构成税收违法,均应交换情报。由于税收情报交换协定往往是一般国家与避税港国家签署的,而避税港国家有时有一些保密法律阻碍情报交换,如瑞士的银行保密法。因此为了排除避税港国家法律对税收情报交换的阻碍,使得避税港国家不能通过立法阻止税收情报交换,所以这条规定专门包含即使构成违法也应交换的规定。

在第五条的其余部分,协定规定了应当确保提供情报的范围,包括银行、其他金融机构以及代名人、代理人或受托人掌握的情报,关于公司、合伙作业、信托、基金等的所有者权益的情报等,但不包括与上市公司或开放式集合投资基金或计划的所有权有关的情报,除非此类情报的获取不造成不适当的困难。OECD 认为这类情报的获取很有可能是非常困难而且不划算的。接下来,第五条叙述了请求方应提供的资料和被请求方主管当局应完成的工作。

第六条是境外税务检查或调查的相关程序,在获得当事人书面同意的前提下,允许请求方主管当局的代表进入被请求方领土,并可以会见当事人、在得到相关人员书面同意的情况下检查相关记录或出现在税务检查现场。该部分对跨境税务调查提供了一个比较合

适的沟通协商机制,有利于缔约国在该协议基础上完成该程序的拟定。

第七条拒绝请求的可能和第八条保密与 OECD 税收协定范本的规定较为一致,除了上文涉及的被请求方法律不能成为拒绝的原因外,本部分还添加了"当请求方未穷尽其领土内除可能导致不适当困难外的获取情报的一切方法时",被请求方可以拒绝协助,这一部分也有效保护了被请求方的利益。

第九条费用,规定税务情报交换的费用应按双方一致同意的方式分摊,根据协定范本的注释,除另有约定外,为提供协助而产生的日常费用由被请求方负担,提供协助的非日常费用应由请求方负担。

第十条执行立法,要求双方制定必要的立法以符合协定,这更多的是针对上文所述的避税地国家的法律限制,但在实际操作中即使对于非避税地国家也很难成立,以中国和开曼群岛的协定为例,这一条规定就被取消了,原因是即使我国在实践中有优先适用国际条约的规定,也很难让国际条约干涉国内的立法工作,尤其是在我国税收协定往往只是由相关部属单位签订的情况下。

第十一条规定了工作语言,双边协定可以不包括该条款,但是在多边协定中则要求使用英语、法语或其他适合协商的语言。

第十二条规定了其他国际协定或安排的情况,主要内容是本协定不约束根据缔约国间其他协定已有的税务合作。

第十三条规定了相互协商程序,与 OECD 税收协定范本规定的相互协商程序相比,这部分内容更为灵活,包括的范围也更多,在执行和解释遇到困难和疑问时都可以进行相互协商。

第十四条规定了存托凭证的有关事项,这部分主要涉及多边协定,在多边税收稽查和提供税收情报的情况下,范本规定可以召开会议讨论凭证存托的重大事项。

第十五条和第十六条则主要是关于生效和终止的程序。

OECD《税收情报交换协定范本》、OECD 税收协定范本和 UN 税收协定范本都坚持了"可预见性相关"的信息应当交换的原则。但是,从具体的条款内容不难看出,除了 OECD《税收情报交换协定范本》第四条包含即使构成违法也应交换的规定外,在其余大部分条款中 OECD《税收情报交换协定范本》比 OECD 税收协定范本和 UN 税收协定范本都更重视保护被请求方的利益,原因在于 OECD 拟定相关条款时,也有避税地国家的代表参加,为了促使更多的避税地国家能参与到国际税收情报交换体系中,OECD 一方面列出了不愿合作的避税地名单,另一方面也考虑了避税地国家的利益,在协议中为各缔约国提供了更大的自由度。

值得注意的是 OECD《税收情报交换协定范本》中只包含专项情报交换程序,该程序需要请求国提出书面申请,过程相对复杂和烦琐。针对国际税收情报交换的新进展,2015年 OECD 发布了《税收情报交换协定范本》的议定书,在第 5 条中增加了自动情报交换和自发情报交换两项备选内容,这将更有助于提高跨境交易税收的透明度。

三、美国的海外金融机构合规法案及其对税收情报交换的影响

2008 年经济危机后,美国政府收入出现大幅缩水,财政赤字骤增。为增加税收收入,打

击美国纳税人利用海外账户偷逃税的行为，加强对海外投资的税收征管，2009 年 10 月美国引入了美国海外账户税收合规法案（Foreign Account Tax Compliance Act，FATCA）[1]。

FATCA 是"恢复就业雇用优惠法案"（Hiring Incentives to Restore Employment Act，HIRE）的一部分，于 2010 年 3 月由当时的美国总统奥巴马正式签署，新增在美国《国内收入法典》A 分部第 4 章（1471～1474 条）。2012 年 7 月，美国与欧洲 5 国（英国、法国、德国、西班牙和意大利）联合发布了《提供税收遵从和实施 FATCA 的政府协议范本》，并通过 OECD 平台进行推广，理论上法案正式进入实际执行层面。但是虽然法案原定于 2013 年 1 月 1 日起实施，却被两次延期，最终于 2014 年 7 月 1 日正式启动，于 2014—2017 年分阶段实施，以此应对纳税人利用外国金融机构隐藏海外金融资产进而对美国税务机关隐瞒信息而达到逃避税结果的行为。

FATCA 法案要求外国金融机构向美国国内收入局提供美国公民和"绿卡"持有人的账户信息，并要求外国非金融机构提供其主要美国所有人的信息，不能按要求提供信息的机构将被判定为不合规，其来源于美国的可预提款项将被征收 30% 的惩罚性预提所得税。其中的可预提款项主要是各类投资收入，如利息、股息、资本利得等，通常在这些外国金融机构所在国与美国签有税收协定的情况下，该类所得的预提税率不超过 10%。

FATCA 法案还要求在美国境外拥有 5 万美元以上海外金融资产的公民个人和 25 万美元以上海外金融资产的机构组织，主动向美国税务部门申报。

为执行 FATCA，美国政府主要采用两种模式，并分别根据相应的协定范本与外国政府与外国金融机构签订协议。

范本一是美国与外国政府签订政府间外国账户纳税遵从协议，在该外国设立的外国金融机构仅向其本国税务机关提供美国账户信息，再由签约国政府与美国进行税收情报交换，美国也不会对支付给外国金融机构的可预提款项征收 30% 的预提税。FATCA 政府间协议有两个版本，范本 IA 采用互惠模式，美国同样需要与协议缔约国分享该国纳税人在美国的账户信息；范本 IB 则是向美国单向提供相关信息的版本。

范本二是外国金融机构的美国境内金融机构与美国政府签约，这些外国金融机构直接向美国政府提供美国账户信息，并对过手非美国账户的可预提款项代扣代缴 30% 的预提所得税[2]。同时，外国金融机构所在国政府和美国政府也可以提供税收情报交换进行补充。范本二也有两个版本，IIA 版本不要求外国金融机构所在国与美国签订《税收情报交换协定》或者《避免双重征税协定》，IIB 则适用于已签订上述协定的国家。

FATCA 推行之初，由于其片面保护美国利益、违背税收协定精神，而且对外国金融机构强加了繁重的信息申报和扣缴义务，所以被认为是体现美国单边主义的"霸王条款"，受到了很多海外金融机构的抵制。

但是，FATCA 的确有助于形成对利用海外金融账户逃避税的强势打击态势，并且各国可以借与美国合作的机会有效打击本国的逃避税，因此，越来越多的国家开始与美国签署政府间协议，目前已有包括中国在内的 100 多个国家与美国签署了政府间协议。

---

[1]　https://www.treasury.gov/resource-center/tax-policy/treaties/Pages/FATCA-Archive.aspx.
[2]　合规的非美国账户可以向美国国内收入局申请退回此前被额外预提的税款。

FATCA 也推动了其他国际税收情报交换的发展,2014 年 2 月,OECD 以减轻金融机构的遵从负担为由,发布了"金融账户信息自动交换标准",又称"GATCA"(Global Account Tax Compliance Act);2014 年 5 月瑞士政府签署《税务事项信息自动交换宣言》,承诺自动向其他国家交出外国人账户的详细资料。但是,OECD 的金融账户信息自动交换标准没有规定美国之外的国家可以对不合规金融机构征收惩罚性预提税,这就使美国获取金融信息的能力大大地超过其他国家,在国际税源竞争中的优势地位得到进一步强化。

第四节　税收协定的滥用与反滥用

一、滥用税收协定

滥用税收协定是指通过各种方式规避税收协定的限制而违背税收协定缔约国的意图获取税收协定优惠的行为。滥用税收协定有两类,一是第三国居民通过特定安排设法享受税收协定优惠的情形,二是其他违背缔约国的意图设法享受税收协定优惠的情形,其中的第一种情形又称择协避税。

(一) 择协避税

根据税收协定,缔约国的居民纳税人往往可以享受各种税收优惠待遇,例如从另一缔约国取得的投资所得可以按较低的税率缴纳预提所得税等。然而,为了规避税负,本来没有资格享受协定待遇的第三国居民也会设法利用税收协定提供的税收优惠,这就是"择协避税"(treaty shopping)。

如图 3-2 所示,甲国的 A 公司欲投资于丙国的 C 公司以获取股息收入,但甲、丙两国未签有税收协定,丙国对 A 公司来源于本国的股息、利息、资本利润、特许权使用费等收入将按较高的税率(30％)征收预提所得税。为了避税,A 公司在与丙国签有税收协定的乙国设立一家子公司 B 公司,由 B 公司向 C 公司投资并收取股息。丙国对支付给 B 公司的股息等所得按较低的税率(5％)课征预提所得税。这样,A 公司有效地规避了丙国的高额预提所得税。不过,为使这笔股息收益最终承担较低的税负,还应具备一些条件:首先,乙国对 B 国取得的股息收益应免税或低税;其次,如果甲国是高税国,B 公司不能将其取

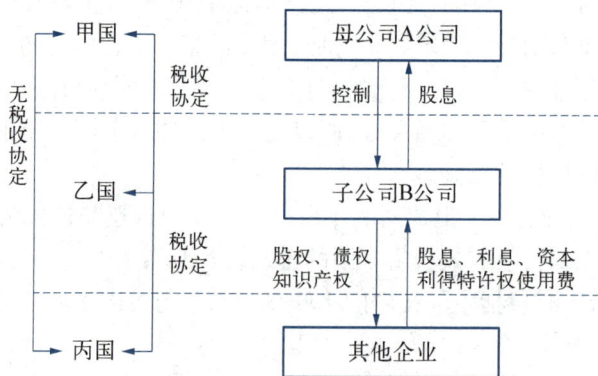

图 3-2　择协避税的典型模式:通过直接导管公司

得的所得以股息的形式汇回 A 公司;第三,如果甲国是低税国,且 A 公司要求这笔股息收益汇回本国,乙国不应对其征收过高的预提所得税,为此甲、乙两国之间也应签有税收协定。

上述模式中的乙国 B 公司又称直接导管公司。而择协避税还有另一种模式,称为"踏石过河"型导管公司。如图 3-3 所示,甲国和丙国之间没有税收协定,但甲国和丁国以及丙国和乙国之间分别签有税收协定。这时甲国的 A 公司可在丁国和乙国分别设立 D 公司和 B 公司,由 B 公司直接投资于 C 公司收取股息,并根据乙国和丙国之间签订的税收协定享受较低的股息预提税,之后 B 公司以向 D 公司支付服务费的方式将款项转移到丁国,再由 D 公司将款项以股息的形式转移给 A 公司。由于 B 公司向国外支付的款项可以作为费用扣除,该公司可避免在乙国缴纳较高的所得税。在丁国的国内所得税率较低时,D 公司不需要向丁国缴纳较高的所得税,同时由于有丁国和甲国之间的税收协定,A 公司收到 D 公司股息时也不需要缴纳较高的预提所得税。

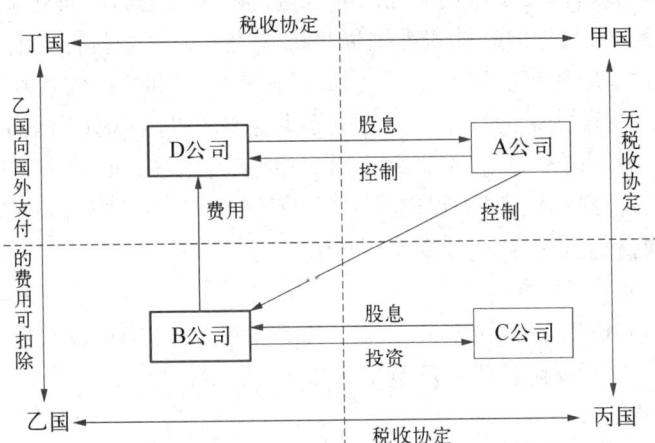

图 3-3　择协避税的典型模式:通过踏石过河型导管公司

(二) 其他滥用税收协定方式

除了第三国居民可能实施择协避税的安排,协定缔约国的居民也可能通过特定安排违背缔约国的意图获取协定的优惠。

(1) 拆分合同

根据 OECD 税收协定范本,建筑工地、建筑或安装工程等持续时间不足 12 个月(联合国范本规定的是 6 个月)时,不会被认定为常设机构。针对这一规定,纳税人可能通过将长期的工程合同拆分为多个短期合同来避免在来源国被认定为设有工程型常设机构,从而根据税收协定获得在来源国免予缴纳所得税的好处。

(2) 收入性质由股息改为资本利得

根据 OECD 税收协定范本,股息往往需要在来源国缴纳预提所得税,而资本利得无须在来源国缴纳预提所得税,因此纳税人可能通过特定安排将所获得收入的性质由股息转为资本利得,借以规避在来源国的预提所得税。例如,子公司可以将利润留存而不进行股息分配,在一段时间以后母公司将股权进行转让,就可以以资本利得的方式获得投资收益。

（3）规避较低的股息限制税率关于持股时间的规定

根据 OECD 税收协定范本，来源国对股息的限制性预提税率有两档，分别是 15% 和 5%，而 5% 的限制税率要求股东持有分配股息公司的股权超过 25%。但是这一规定没有对于股东持股期限的要求。针对这一情况，纳税人可能仅短期持有分配股息公司相当比例的股权，在获得协定优惠后又将股权转让。

（4）规避资本利得免税关于持股时间的规定

有的国家对外谈签的税收协定规定股东持有被投资公司的股权超过一定比例时，股权转让收益无须在来源国缴纳预提所得税。针对这一情况，纳税人同样可能仅短期持有被投资公司相当比例的股权，在获得协定优惠后又将股权转让。

二、反税收协定滥用

税收协定的首要目标在于通过消除国际双重征税来促进国家间商品和劳务的交换以及资本和人员的流动，而防止避税和逃税也是税收协定的一个目标。滥用税收协定的做法显然与各国签订税收协定的宗旨不符，因此各国在签订和执行税收协定的进程中特别注意采取措施应对税收协定的滥用。应对税收协定滥用可以借助于国内税法中的反避税措施或原则（如一般反避税规则、实质重于形式原则、经济实质原则等），也可以借助于税收协定中的特别条款或概念，以下我们将主要介绍在税收协定中引入反滥用条款的方式以及税收协定中的利益限制条款和受益所得人概念。

（一）反择协避税的主要方法

根据 2014 年 OECD 税收协定范本第一条的注释，缔约国可以采取以下不同的方法在税收协定中引入针对择协避税的反滥用条款。

1. 透视法

根据该方法，税收协定中可规定"缔约国一方的居民公司如果被非缔约国居民的人直接或间接拥有或控制，则不应基于此协定享有针对任何收入、所得或利润的税收优惠"，同时缔约国双方对于一个居民公司直接或间接被非居民拥有或控制的判定标准需进一步做出规定。

2. 对方国家征税法

根据该方法，税收协定中可规定"若来自缔约国一方的所得由缔约国另一方的居民公司所获取，且至少一个该缔约国另一方的非居民① 直接或间接地以参股或其他方式持有该公司相当数量的利益（substantial interests），或② 直接或间接地对该公司实施管理或控制，则此协定给予的免税或减税只适用于在该缔约国另一方需依照税法的一般规则纳税的所得"。同样，对于"相当数量的利益"也需要做出进一步规定，比如一定百分比的股权或投票权。

3. 渠道法

该方法的目的是以更直接的方式在协定中引入针对择协避税安排的条款，即规定"若来自缔约国一方的所得由缔约国另一方的居民公司所获取，且至少一个该缔约国另一方的非居民公司① 直接或间接地以参股或其他方式持有该公司相当数量的利益（substantial interests），或② 直接或间接地对该公司实施管理或控制，则此协定给予的免税或减税不适用于该项所得的 50%需以各种方式(包括利息、特许权使用费、广告费、开发费、交通费、资产折旧摊销费等)支付给该缔约国另一方非居民的情况。"一般认为,渠道法是仅有的能有效应对踏石过河型的协定滥用活动的方法。

4. 真实经济活动条款

该条款是针对应用上述方法增加的税收协定条款都可能影响到真实经济活动的情况而对其他条款进行的补充,其目的是确保真实的经济活动可以享受到协定的优惠待遇。具体包括以下内容。

(1)一般真实经济活动条款

该条款规定若能证明该缔约国另一方公司的设立主要是出于良好的商业上的原因,其主要目的不是为了获取税收协定的利益,则前述反滥用条款可以不适用,该公司可以享受协定优惠。

(2)实质商业活动条款

该条款规定若该缔约国另一方公司从事的是实质上的商业运作,且其所主张的税收协定优惠是针对与该商业运作相关的收益时,前述反滥用条款可以不适用。

(3)上市公司条款

该条款规定若该公司为上市公司,或者该公司由本国的一家上市公司全资控股,前述反滥用条款可以不适用。

(4)可选税收优惠条款

若反滥用条款所涉及的缔约国另一方的非居民(如导管公司的母公司)是第三国居民,该第三国与缔约国一方(即该项所得来源国)也签有税收协定,该协定已生效,且所提供的税收减免与本协定相同或更优惠,则前述反滥用条款可以不适用。

(二) 利益限制条款

在税收协定中加入综合性的利益限制(limitation on benefits, LOB)条款是应对择协避税的重要手段之一。利益限制条款通过一系列的客观测试规则,判断纳税人是否应当享有税收协定缔约国的居民身份。美国首先将利益限制条款引入《国内收入法典》,后又引入 1977 年美国税收协定范本中。1989 年美国在与德国签署的税收协定中第一次应用了利益限制条款,此后该条款广泛出现在美国对外签署的税收协定中。OECD 自 2003 年起在税收协定范本注释中引入了利益限制条款,供签署税收协定的国家参考选用。2017年的 OECD 范本和联合国范本还将利益限制条款列入了正文,并为此增加了第二十九条"利益的授予"。

利益限制条款主要包含以下内容。

1. 基本原则

该条款规定只有符合下述第二款规定的"有资格的人"定义的缔约国一方居民,才能获得本协定给予的利益。

2."有资格的人"的定义

"有资格的人"主要有五种类型,包括:

(1)个人

(2)合格的政府机构

（3）公司

要求符合以下条件：① 主要股票在缔约国双方批准的证券交易所上市并经常进行交易，或② 50％以上的投票权或股票价值直接或间接由至多 5 个符合上述 A 款条件的公司所拥有，并且在间接拥有的情况下，每个中间公司都是缔约国一方或另一方的居民。

（4）合格的慈善机构或其他免税实体

（5）其他实体

要求符合以下条件：① 在纳税年度内至少一半的天数中，上述个人、合格的政府机构、合格的慈善机构以及符合 A 项条件的公司直接或间接地持有该实体至少 50％的表决权及股票价值，且② 在纳税年度内，该实体直接或间接支付或计提给第三国居民并在其居民国（为缔约国一方）可就本协定涉及的税种获得税前扣除的款项低于总所得的 50％（不包括按照营业常规为获得服务、有形财产或银行贷款而进行的正常支付）。

3. 积极营业活动测试

本条款允许上述"有资格的人"以外的缔约国一方居民就特定收入获取协定利益，条件是该个人或实体在其居民国从事实质性的积极营业活动，且这些收入与这些实质性积极营业活动相关联。

4. 不成比例收入条款

虽有上述积极营业活动测试的规定，对于下述部分股东获得公司"不成比例的收入"（disproportionate income）的情况，仍不能获得相应的协定待遇：① 一个居民公司或控制该公司的股东可基于某些特殊的条款或安排取得与其资本不成比例的收入；并且② 大于50％的公司投票权或资本由"有资格的人"以外的人持有。

5. 税务当局自由裁量条款

该条款规定"如果缔约国一方的居民在本条上述规定下无资格享受本协定下的所有优惠，缔约国一方税务主管机关可在考量了协定缔结的目的，并认定该居民的设立、收购或维持以及经营行为的主要目的之一并非是取得本协定的优惠的情况下，仍将该居民视为有资格享受这些优惠，或允许其针对特定项目所得或财产享受优惠。如果缔约国一方主管当局接到缔约国另一方居民根据本款提出的请求，应在接受或拒绝之前与缔约国另一方的主管当局进行商议"。

该条款授予了主管当局宽泛的自由裁量权。因为 LOB 条款本身比较复杂，对于纳税人而言合规难度比较大，并且涵盖的内容不全，所以需要这么一个兜底条款给予税务当局一个自由裁量权，用以对特殊情况下的纳税人提供一个享有协定优惠的最后途径。这是 LOB 规则中唯一的一个主观测试，用以辅助其他的客观测试。

（三）受益所有人概念

对于应对择协避税来说，受益所有人是一个十分重要的概念，因为择协避税往往体现在第三国居民通过某些人为的安排来获得税收协定的好处，如能对受益所有人概念给出清晰的界定，规定只有实质上的受益所有人才能享受到税收协定的优惠待遇，那么就有助于从根本上解决择协避税的问题。

受益所有人（beneficial owner）的概念起源于英国的信托法，信托财产有两种所有权,一种是信托财产原本的财产所有权即法律所有权,另一种是信托财产带来的受益财产的所有权,即受益所有权。特定财产的所有权人可同时存在法律上的所有人和受益所有人。1977 年 OECD 税收协定范本在第十条(股息)、第十一条(利息)和第十二条(特许权使用费)中引入受益所有人规则,要求以上三种消极收入的接收方是受益所有人时才能享受税收优惠,排除了代理人、导管公司等中间人获得税收优惠的权利。1980 年的联合国范本同样在股息、利息、特许权使用费条款中引入了受益所有人规则。但以上两个范本都没有对受益所有人的概念及认定标准作出明确定义。随着由受益所有人认定分歧而导致的双边税收协定适用争议案件的增多,OECD 财政事务委员会先后于 2011 年 4 月和 2012 年 10 月公布关于解释协定范本受益所有人含义的征求意见稿。2014 年 7 月 15 日,OECD 理事会批准通过了涉及多项内容的范本更新案,这一更新版范本的注释中包含了关于受益所有人概念的较为详尽的阐述,其要点可概括如下。

第一,"受益所有人"一语应结合税收协定有关条款的语境和税收协定的目的来解释,不应从技术层面或一些国家的国内法做狭义解释。例如,某项信托的受托方(如信托公司)某一年度可能不对信托资产的收益进行分配,按照信托法的相关规定,此信托公司可能并不是该项收益的受益所有人,但就税收协定而言,该公司仍然可以成为该项收益的受益所得人。

第二,当某项收益支付给缔约国一方的居民,而该收款人只是充当代理人(agent)、代名人(nominee),或充当他人获取此项收益的导管(conduit),只是该项收益的受托人(fiduciary)或管理人(administrator)时,该收款人不应被视为受益所有人,因为根据合同或其他的法定义务,该收款人必须将该项收益转交出去。

第三,当收款人对某项收益具有完全的使用权和受益权,而不是受法定义务的约束需要将所得支付给其他人时,该收款人才是真正的受益所有人。

第四,税收协定中的受益所有人概念应区别于反洗钱国际标准等其他制度中的相关概念,不应理解为"对实体或资产实施最终有效控制"的"个人"。

第五,某项收益的收款人被认定为受益所有人并不意味着其自动可以获得协定中规定的优惠待遇,受益人所有人概念并不能应对各种形式的协定滥用,因此其他反避税规则仍然可以适用。

(四) 主要目的测试规则

主要目的测试规则(principal purpose test,PPT)主要针对的是上述利益限制条款可能有所疏漏的情况,指如果在考虑了所有相关事实与情况后,可以合理地认为某项交易或安排的主要目的或主要目的之一是获得某项税收协定的利益,则缔约国可以拒绝该项协定利益的授予。在 2017 年更新的 OECD 和 UN 税收协定范本第二十九条中,也包含了主要目的测试规则。主要目的测试规则不仅可针对择协避税,也可以针对其他形式的税收协定滥用。

(五) 其他反税收协定滥用的方法

除主要目的测试规则外,拆分合同等其他滥用税收协定行为的应对方法主要是在税收协定中加入相应的约束条款,比如,对构成工程型常设机构的时间期限的计算方法进一步明确(规定紧密相关的多个工程合同应视为一个合同),对股息定义进一步明确,对以持股比例为前提的税收协定优惠增加对持股期限的要求,等等。

专栏

电子商务背景下税收协定范本的更新

20世纪90年代以来,电子商务逐渐开始在世界范围内普及,"超国界""虚拟化"特点不但方便了经济要素在世界范围内的流动,也对国际税收提出了新的课题,对原有的居民税收管辖权和来源地税收管辖权都提出了新的挑战。一方面,医生、教师等人员可以通过网络提供劳务,这就使得劳动服务地和收入来源地不匹配;另一方面,企业的跨国营销也不需要在买方拥有真实存在的"常设机构",而是通过租赁一个服务器即可实现。

为了解决因电子商务产生的新问题,OECD税收协定范本于2000、2002和2003年进行了更新,在第五条的注释中加入了电子商务的内容,联合国范本也于2010年进行了相似的更新,当前两个税收协定范本规定较为一致。

在网站问题上,一般认为一个网站不能作为常设机构,原因是网站并不是固定的物理实体或者机构,因此并不能成为一个营业场所。但是,在网站作为一个虚拟办公室(virtual office)时,可以作为常设机构,因为此时的网站和真实的办公室承担的工作极为相似。

在互联网服务提供商(internet service provider,ISP)的问题上,如果企业通过网站从事营业并且该网站所在的ISP是由企业拥有或租赁的,那么这个ISP有可能被视为非独立代理从而构成一个常设机构;但是,当企业只是根据其用量来支付ISP的使用费时,企业无法选择ISP的位置,此时的ISP作为代理不构成常设机构。

在营业所得的确定上,税收协定范本采用列举的方式对与电子商务相关的所得进行了分类,举例来说,网上订购有形产品由于消费者不需要为使用网络信息而付费,货物由配送系统送达消费者,因此属于营业利润;网上实时广播如只观看不复制,则属于营业利润,如果下载或复制,则属于特许权使用费;提供独家或高价值数据,一般来说属于营业利润,如果下载或复制,则属于特许权使用费。除此之外,范本注释对网上订购并下载数字化产品、产品更新和补充、软件维护、广告、网上拍卖等都有较为详细的规定,基本涵盖了电子商务交易的大部分内容。

当然,OECD和UN范本作出的上述更新对各国谈签税收协定时处理关于电子商务的问题提供了参考,但究竟在多大程度上采用这两个税收协定范本的新规定,仍取决于各缔约国自身的选择。

案 例

泛美卫星公司与北京税务机关税收诉讼案①

一、案例背景

泛美卫星国际系统责任有限公司(PanAmSat International Systems,Inc.,简称泛美卫星公司)成立于1984年,是由雷诺·安塞尔莫创办的卫星服务提供商,其总部设在

---

① 参见滕祥志:"泛美卫星公司涉税案再回顾",《财税法论丛》(第9卷),2007年。

美国康涅狄格州格林威治。它经营的一系列通信卫星为娱乐业、新闻机构、互联网服务供应商、政府机构和电信公司提供服务。

1994年4月3日泛美卫星公司与中国中央电视台签订《数字压缩电视全时卫星传送服务协议》。协议规定：泛美卫星公司通过它的 PAS-1R 大西洋地区卫星、PAS-8 太平洋地区卫星、PAS-9 大西洋地区卫星和 PAS-10 印度洋地区卫星为中央电视台提供全时节目广播服务。泛美卫星公司还用它的银河 3C 卫星为中央电视台在美国提供直接入户服务的能力。中央电视台利用泛美卫星公司在加利福尼亚州纳帕和佐治亚州亚特兰大的 teleports 提供卫星下行、标准转换、多路复合和卫星上行广播。同时双方约定，中央电视台除了支付服务费，还需支付为完成上述协议约定的信号传输任务需要增添的部分设备的购置费。协议签订后，中央电视台支付了定金和保证金，并定期支付了季度服务费和设备购置费，总计约 2 200 万美元。

1999年1月18日，北京国税局对外分局稽查局下达了《关于对中央电视台租赁美国泛美卫星公司等外国企业卫星通讯线路所支付的租赁费用代扣代缴预提所得税限期入库的通知》（京国税稽限字 001 号通知，简称 001 号通知），要求中央电视台代扣代缴所得税。泛美卫星公司于 1999 年 3 月 26 日按已收款额的 7% 缴纳了企业所得税 1 546 631 美元，但因对 001 号通知不服于 5 月 22 日申请了行政复议。同年 8 月 23 日，北京国税局对外分局作出复议决定，维持 001 号通知的决定。泛美卫星公司仍然不服，于是以北京国税局对外分局为被告向北京市第二中级人民法院提起行政诉讼。

2000年6月26日，北京国税局对外分局以征税主体不合格为由撤销上述通知，泛美卫星公司撤回诉讼。但 6 月 30 日北京市国税局对外分局第二税务所又做出《关于对中央电视台与泛美卫星公司签署〈数字压缩电视全时卫星传送服务协议〉所支付的费用代扣代缴预提所得税的通知》（简称 319 号通知）。泛美卫星公司不服，再次向北京国税局对外分局提起行政复议，2000 年 11 月 17 日征京国税对外分局作出维持 319 号通知的复议决定。于是，2000 年 11 月 29 日，泛美卫星公司以北京国税局第二税务所为被告、以中央电视台为第三人向北京市第一中级人民法院再次提起行政诉讼。

2001年10月11日北京市第一中级人民法院判决维持北京市国税局对外分局第二税务所的 319 号通知，泛美卫星公司继续向北京市高级人民法院起诉，2002 年 12 月 26 日北京市高级人民法院作出终审判决，驳回上诉，维持原判。

二、案例焦点问题

本案例中泛美卫星公司属于在中国境内未设立常设机构的非居民企业，根据中美税收协定的规定，美国企业在中国未设有常设机构的，其营业利润不需在中国缴纳企业所得税，特许权使用费则需按协定规定的税率 7%（协定税率本来是 10%，但议定书规定应纳税所得额仅计 70%，故有效税率为 7%）缴纳企业所得税。显然，营业利润和特许权使用费收入面临的税收待遇差异较大，因此诉讼双方争议的焦点在于收入的性质，同时还涉及营业利润、租金、特许权使用费三种类型收入的税法适用问题。

三、案例分析

（一）001 号通知的适用文件

国税发〔1998〕201 号（《国家税务总局关于外国企业出租卫星通讯线路所取得的收入征税问题的通知》）：

近期，一些地区询问，外国公司将其所拥有的国际通讯卫星等通讯线路租给我国用户使用，其所取得的收入是否征税，要求总局进一步明确。经研究，现明确如下：外国公司，企业或其他组织将其所拥有的卫星、电缆、光导纤维等通讯线路或其他类似设施，提供给中国境内企业、机构或个人使用所取得的收入，属于《中华人民共和国外商投资企业和外国企业所得税法》实施细则第六条规定的来源于中国境内的租金收入，应依照税法第十九条的规定计算征收企业所得税。

（二）319 号通知的适用文件

国税函〔1999〕566 号（《国家税务总局关于泛美卫星公司从中央电视台取得卫星通讯线路租金征收所得税问题的批复》）：

北京市国家税务局：你局《关于对外国企业出租卫星通讯线路征收预提所得税问题的请示》（京国税外〔1999〕384 号）收悉。美国泛美卫星公司于 1995 年与中国中央电视台签订《数字压缩电视全时卫星传送协议》（以下称协议）。根据协议，中央电视台及其授权的国内单位可在协议规定的期限内通过泛美卫星公司所拥有的固定卫星设施进行电视信号转发；泛美卫星公司则按期从中央电视台收取费用。关于是否对泛美卫星公司取得的上述租金收入征收预提所得税的问题，现批复如下：

泛美卫星公司承诺通过提供其固有的卫星设施进行电视信号转发而从中央电视台取得的全部定期费用（包括服务费和设备费等），属于《中华人民共和国和美利坚合众国政府关于对所得避免双重征税和防止偷漏税的协定》（以下称中美税收协定）第十一条规定的"使用或有权使用工业、商业、科学设备或有关工业、商业、科学经验的情报所支付的作为报酬的各种款项"和《国家税务总局关于外国企业出租卫星通讯线路所取得的收入征税问题的通知》（国税发〔1998〕201 号）规定的"外国公司、企业或其他组织将其所拥有的卫星、电缆、光导纤维等通讯线路或其他类似设施，提供给中国境内企业、机构或个人使用取得的收入"。对其应依照中美税收协定和《中华人民共和国外商投资企业和外国企业所得税法》第十九条的规定计算征收企业所得税。

（三）泛美卫星公司观点

1. 协议性质认定应以《合同法》为依据，应有国内法依据。租赁合同的主要特征是转移租赁物的占有。协议约定由泛美卫星公司操作使用其位于外层空间的卫星及美国的地面设施，为中央电视台提供传输服务，未发生任何设施的占有和使用权的转移，不符合租赁合同的特征，故其收入不属于租金。

2.《中美税收协定》第十一条中"使用或有权使用工业设备"的使用者应是积极的实际使用。整个传输过程中，全部设施完全由泛美卫星公司独立操作使用，中央电视台无权且未实际使用泛美卫星公司所提供的设施，故泛美卫星公司收入性质不是特许权使用费；且中国国内法中"特许权使用费"是指代知识产权、无形资产的特许使用收取的费用,故特许权使用没有国内法的基础。

3.泛美卫星公司常年不断工作,其收入系不断积极工作所取得的"积极收入",因此属于《中美税收协定》第五条和第七条规定的"营业利润"。由于泛美卫星公司在中国未设常设机构,故不应在中国纳税。税务局对《中美税收协定》第十一条作"扩张性解释"不合逻辑。

4.应适用国际惯例。按照国际惯例,营业利润是积极运营收入,特许权使用费乃消极收入。

原告专家证人国际财政协会主席斯劳·欧洛夫·罗丹当庭证言:虽然《中美税收协定》中对于"使用或有权使用工业设备"没有进行定义,但是在 OECD 税收协定范本及联合国税收协定范本的条款、官方评论及相关学者的权威论述中提供了解释的指导性意见——这里的"使用"仅指使用者实际占有有形财产的使用,不包括对无形财产,比如本案中第三人(中央电视台)对原告卫星设备的使用。而且特许权使用费是一种消极的收入,即被动的收入,只有当客户自己直接行使合同中定义的权力时,付款才构成特许权使用费,这不同于营业利润等营业者通过积极活动取得的积极收入。此外联邦德国税收法院曾经有过判例,判决根据卢森堡和德国避免双重征税协定第 15 条关于"工业设备使用"的定义,卫星传输合同不构成租赁,不是一个转发器使用合同,而是节目转输协议,因此,专家认为本案中第三人支付给原告的费用不属于特许权使用费,双方合同是服务合同,原告在中国不负有纳税的义务。

(四)中国税务局观点

1.《中美税收协定》中所指特许权使用费的所谓"使用",既包括有形资产的使用,也包括无形资产的使用。"使用"一词并非仅限于对实物的实际操作,还应该包括对某种信号的使用,即对无形物的操作。"操作"只是使用的一种方式。

2.中央电视台利用卫星公司的卫星设备转发卫星信号,即为有权使用卫星公司的卫星转发器的带宽,其向卫星公司支付的服务费和设备费属于《中美税收协定》中的特许权使用费。

3.泛美卫星公司卫星中专门转发器的全部或部分由中央电视台专有使用,符合我国税法关于将财产租赁给中国境内租用者的规定,也符合租赁中关于转移财产使用权的特征,故泛美卫星公司的收入性质系"租金"。

(五)各方观点分析

从泛美卫星税案的发展进程看,中国税务机关最初主要是以国内税法为依据将泛美卫星公司从中央电视台获取的收入定性为租金课征企业所得税,泛美卫星公司提出诉讼后中国税务机关并没有坚持这一主张,而是撤销了 001 号通知,后来中国税务机关再以《中美税收协定》为依据将泛美卫星公司从中央电视台获取的收入定性为特许权使用费,并在之后的诉讼中坚持这一主张并最终成功胜诉。泛美卫星公司则坚持其获取的收入既非租金,亦非特许权使用费,而是服务费,属于营业利润的范畴。因此,对这一案件的分析涉及四个层次的问题:第一,如何正确适用国内税法和国际税收协定;第二,根据国内税法或国际税收协定,租金、特许权使用费和营业利润应如何定义、税收待遇有何差异;第三,如何理解泛美卫星公司和中国税务机关的不同主张;第四,本案中应税所得的性质应如何认定。

第一，关于税法的适用问题，我国适用国际税收协定的基本原则是，一般情况下国际税收协定优先，而当国内税法规定的税收负担比税收协定更低时，也可适用国内税法。在本案中，由于非居民企业的税收负担在《中美税收协定》中更低，因而国际税收协定应优先于国内税法。这可能是中国税务机关撤销001号通知，没有坚持基于国内税法对泛美卫星公司课税的一个重要原因。

第二，关于三种所得类型的税收待遇的差异。在税收协定优先于国内税法的基本前提下，我们主要需要比较《中美税收协定》对于三种类型所得税收待遇的规定。在上述案例焦点问题部分我们已经说明了特许权使用费和营业利润的区别，因此这里主要需要分析租金的税收待遇，这也是本案中的一个难点问题。事实上，《中美税收协定》中并没有对于租金应如何征税的条款。乍一看来，这就意味着租金将被视为"其他所得"，税收协定中通常规定"其他所得"的征税权属于纳税人的居民国，泛美卫星公司的居民国是美国，于是中国税务机关将不能对泛美卫星公司取得的租金收入征税。但是，《中美税收协定》第十一条规定：本条"特许权使用费"一语是指使用或有权使用文学、艺术或科学著作，包括电影影片、无线电或电视广播使用的胶片、磁带的版权，专利、专有技术、商标、设计、模型、图纸、秘密配方或秘密程序所支付的作为报酬的各种款项，也包括使用或有权使用工业、商业、科学设备或有关工业、商业、科学经验的情报所支付的作为报酬的各种款项。其中使用或有权使用工业、商业、科学设备所支付的作为报酬的各种款项显然包含租金，因此《中美税收协定》相当于把租金纳入了"特许权使用费"的范围。在这种情况下，"租金"的税收待遇也就取决于"特许权使用费"的税收待遇了。

第三，明确了税法适用原则和不同类型所得税收待遇的差异后，就不难理解泛美卫星公司和中国税务机关的不同主张了。如果将泛美卫星公司取得的收入定性为服务费，则该项所得属于营业利润，在泛美卫星公司属于中国的非居民企业的情况下，将不需要向中国税务机关缴纳企业所得税；如果将该项收入定性为特许权使用费，则泛美卫星公司需要向中国税务机关缴纳7％的预提所得税；如果将该项所得定性为租金，由于根据《中美税收协定》，使用或有权使用工业、商业、科学设备所支付的租金也是特许权使用费的一种，则泛美卫星公司也需要向中国税务机关缴纳7％的预提所得税。于是我们看到，泛美卫星公司在诉讼中最核心的主张就是将其取得的收入定性为服务费，而中国税务机关则主张将该项所得定性为租金或直接定性为特许权使用费。

第四，就本案中应税所得的性质而言，泛美卫星公司认为，其雇用人员、运营设备、干预和检测并维修设备，耗费巨资发射卫星，安装并维护地面设施，是向中央电视台提供特定卫星频道服务，其取得的收入属从事积极的运营活动获得的营业利润，不是租金，也不是特许权使用费。中国税务机关则指出，泛美卫星公司拥有卫星设备及其附属设施的所有权，其有权向包括中央电视台在内的不特定客户转让卫星设施中特殊约定的转发器的带宽。同时，从运营的角度，为维护客户对于特定频率的带宽的使用权，卫星公司显然必须聘请技术人员对卫星及地面设施进行连续的干预和检测。但是运营、维护、干预、检测、维修等活动不改变协议的标的；转让特定卫星频道的使用权以供客户发送数字卫星电视信号。

对于应税所得是否属于特许权使用费，还可以从租赁合同的特点来分析。租赁合同具有以下特点：① 转移占有和使用权；② 支付约定的对价；③ 约定维修费用承担；④ 约定期满后原物返还。其中转移占有和使用权是必备要件。本案协议具有租赁合同的典型特征，原因在于：本案协议标的是转让"特定卫星频道"使用权，符合租赁合同转移"占有"和"使用"的特点①。从物质特性看卫星设备系有形财产，特定卫星频道是无形财产。我国法律没有禁止对无形财产的租赁。本案合同双方约定了使用对价，符合租赁合同的特点②。本案合同双方约定卫星公司承担传输风险，维修卫星通讯设施，由卫星公司承担维修费用，使卫星频道始终处于适用、适租状态，符合租赁合同的特点③。合同双方约定一定的使用期限，期满后其特定的卫星频道仍归卫星公司所有并掌控，符合租赁合同的特点④。因此，根据上述分析，也可以证明泛美卫星公司与中央电视台所签协议的标的是"转让特定卫星频道"使用权，不是"提供劳务"。

四、总结与评论

泛美卫星税案是在我国发生的国际税收领域的一个典型案例，受到国际组织和跨国公司的广泛关注。特别是泛美卫星公司在诉讼中邀请了国际财政协会(International Fiscal Association)主席斯劳·欧洛夫·罗丹担任专家证人，并由专家证人引用 OECD 和 UN 税收协定范本及联邦德国税收法院的判例来支持案件中的应税所得不属于特许权使用费的主张，而这些主张没有被我国法院接受，导致案件的判决结果存在一定的争议。

但是，如前文分析，原告提出的自己仅提供了服务而不是向中央电视台转让特定卫星频道的使用权，以及特许权使用费不包括使用有形财产而支付的费用等主张都是站不住脚的，并且税收协定范本和其他国家的判例对我国也无约束力，因此我国法院的判决总体上是合理的。

从本案可以进一步得到的启示是：立法机关和税务当局在制定相关税收法规和对外谈签税收协定时，对收入的定性应当更加清晰明确，从而确保在坚实的法律基础上维护国家的税收利益；对从事跨国经营的纳税人来说，则要关注不同类型应税所得税收待遇的差异，特别是关注税收协定和国内税法中的不同规定，以尽可能规避税收风险，保护本企业的合法权益。

本 章 小 结

双边税收协定是两个国家(或地区)通过谈判的方式签署的确定双方的税收管辖权范围并解决其他相关税收问题的书面条约。就跨境交易的所得而言，对所得和财产避免双重征税和防止偷漏税的协定以及税收情报交换协定是比较重要的两类税收协定。税收协定还有助于消除税收歧视、解决税收争端和为纳税人提供税收方面的确定性。

　　OECD 和 UN 税收协定范本是各国谈签避免双重征税协定参照的两个主要示范文本。其中,OECD 范本更侧重于维护居民国的税收管辖权,而 UN 范本更侧重于维护来源国的税收管辖权。国际税收协定的法律效力通常优先于国内税法。

　　避免双重征税协定的主要内容有协定适用的人的范围、税种的范围和地理范围,协定中"居民""常设机构"等重要用语的定义,以及对营业利润、股息、利息、特许权使用费、不动产所得、财产转让所得等不同类型所得课税的规定。税收协定中还包含无差别待遇条款、情报交换条款、相互协商程序、税收征收协助等特别条款。

　　本来没有资格享受协定待遇的第三国居民可能会设法利用税收协定提供的税收优惠,即择协避税。防止择协避税的主要措施有在税收协定中设定利益限制条款,严格规定协定的受益所有人等。

　　为更有效防止偷漏税,在 OECD 的积极推动下,高税国与低税国或避税地国家签订税收情报交换协定的进程明显加速。同时,基于美国的《海外账户税收合规法案》,已有100 多个国家与美国达成了政府间的涉税金融情报交换协议。

习题与思考题

一、材料分析题

　　[阅读材料] 007 系列电影《明日帝国》中邦德有一句台词:"如果你不相信瑞士银行家,那么世界将会怎样?"瑞士银行业的"保密安全"就如瑞士钟表业的"精确"一样,在世界上享有盛誉。然而,国际社会对银行保密制度可能引发逃税、洗钱、恐怖主义等犯罪行为的担忧,使瑞士的银行保密制度面临着沉重的改革压力。2009 年 8 月 19 日,著名的瑞银集团(简称 UBS)与美国司法部和国内收入局达成协议,同意向美国提供 4 450 名美国客户的账户信息,以了结双方关于 UBS 帮助美国富人逃税的司法诉讼。

　　[问题] 试查阅有关资料,了解瑞士银行税案的进程,并分析当前国际税收情报交换体系对跨国银行的影响。

二、讨论题

　　1. 试比较分析 OECD 税收协定范本和 UN 税收协定范本的联系和区别。

　　2. 针对直接导管公司和"踏石过河"型导管公司,分别应采取哪些有针对性的反税收协定滥用措施?

　　3. 2017 年的 OECD 范本和 UN 范本主要做了哪些更新?为什么?

第四章

多边国际税收协调机制

教 学 目 的 与 要 求

与国内税法相比,双边国际税收协定对于解决国际税收领域的诸多问题是一个巨大的进步,但是现有的双边国际税收协定体系仍然存在不少问题,比如,征税权的划分还不够合理,国际重复征税未能完全避免,防止国际逃避税的措施不够有力等。OECD 和联合国的税收协定范本通过更新不断致力于弥补这些不足,但两个范本主要还是立足于双边措施。随着经济全球化的不断发展,多边国际税收协调机制正在发挥越来越重要的作用。通过本章的学习,要求学生熟悉欧盟、OECD 及其他国际组织或合作平台在多边国际税收协调方面的主要举措,特别是欧盟针对跨境交易所得的主要税收指令,G20 和 OECD 的税基侵蚀和利润转移(BEPS)报告及其行动计划,以及多边税收征管互助公约、金融账户涉税信息自动交换标准等近年来国际税收协调方面的最新进展。

第一节　欧盟针对跨境交易所得的税收指令

欧共体条约第 94 条规定:"理事会根据委员会的建议,应当在一致同意的基础上,在会商欧洲议会以及欧洲经济和社会委员会后,为共同市场的建立和市场功能的需要,颁布协调成员国法律、法规或行政措施的指令。"

根据这一指导思想,为在尊重和保持各成员国税收主权的同时,通过一定的机制,使由各国税制差异所引起的经济扭曲最小化,欧盟理事会通过了一系列的税收指令。其中,为协调针对欧盟内部跨境交易的所得税的征收,欧盟理事会于 1990 年通过了《并购指令》和《母子公司指令》,前者统一适用于成员国公司间合并、分立、资产转让和股份转让行为;后者统一适用于成员国母子公司之间的股息收付。2003 年 6 月 3 日,欧盟理事会又通过了《利息和特许权使用费指令》。

一、《母子公司指令》

欧盟试图在共同体市场内部将位于不同成员国的公司组成集团公司,这些集团公司往往以母子公司的形式组成。为保证共同市场建立和有效运作,并且公司重组时的资本运作不会因成员国国内税收法律的限制、缺陷和扭曲而受阻,欧盟制定了《母子公司指令》。

《母子公司指令》于1990年7月23日出台,但是由于其他制度的变化,该指令经历了几次大幅修改。为了更清晰和易于理解,2011年在对前期修改进行整理的基础上,又进行了进一步的修订(包括第四条第三款第二项和附件等),2011年修订版之后也经历了3次修改。

(一) 适用范围

各成员国需适用《母子公司指令》的情况有以下几种(如图4-1所示):① 本国的公司从其位于另一成员国的子公司收到利润,如图4-1(A)中的乙国;② 本国的公司向其位于另一成员国的母公司分配利润,如图4-1(A)中的甲国;③ 位于本国的常设机构收到位于另一成员国的该常设机构所属公司的子公司分配的利润,如图4-1(B)中的乙国;④ 本国的公司向其位于同一成员国的母公司在另一成员国设立的常设机构分配利润,如图4-1(C)中的甲国。

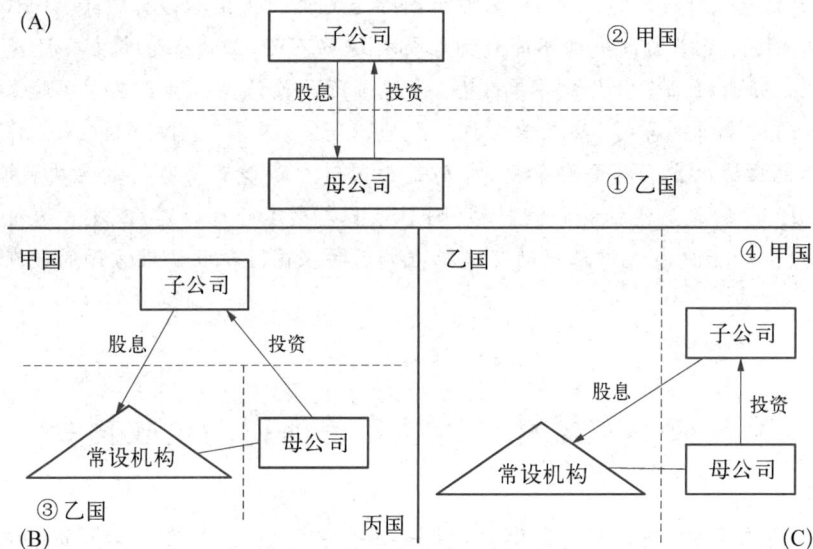

图 4-1 欧盟《母子公司指令》适用的利润分配类型

适用该指令的成员国公司要满足以下条件:① 公司组织形式为指令附件一A部分列示的清单中包含的一种,该清单由各国政府决定;② 必须是成员国国内税法意义上的居民公司,若该公司同时是非成员国的居民,则只能适用税收协定而不是指令;③ 具有指令附件一B部分所列税种之一或任何其他可替代税种的缴税义务,并且它不享有税收选择权和免税的权利。

母公司还需要满足以下条件:① 在满足上述成员国公司要求的基础上至少持有另一成员国公司的资本的10%[①],被全部和部分持股的常设机构必须位于另一成员国的境内;

---

① 2003年修改后,持股比例要求从至少25%变为至少20%,从2007年起,最低持股比例为15%;从2009年起,最低持股比例降为10%。

② 至少在连续两年内不间断保持母公司的持股比例（比利时、德国、意大利和荷兰规定为一年）；③ 在签订双边协议的情况下，可以将持股比例的标准改为持有表决权比例的标准。

但通过架构安排，以逃避税为主要目标或主要目标之一，没有真实商业目的的操作不能适用本指令。

（二）税收制度

《母子公司指令》的核心内容是豁免子公司向其母公司支付股息和进行其他利润分配时涉及的预提税，并消除母公司层面对此类收入的双重征税。

指令第五条规定子公司所在的成员国不得就该子公司向母公司分配的利润征收预提税，第六条规定母公司所在的成员国不得对该母公司从子公司收到的利润征收所得税。

如果一母公司或其常设机构根据该母公司与其子公司之间的关系而收取股息，那么除非该子公司解散，否则母公司所在国及其常设机构所在国均不得对该部分股息征税；或者可以对该部分股息征税，但允许母公司及其常设机构从应缴税款总额中扣除由其子公司及其任何一级子公司所缴纳的与该股息有关的公司所得税额。

该指令取消了子公司所在国对股息征收的预提税，降低了子公司的实际税负，促进了股息的自由汇出。但是事实上，在该指令颁布之前，传统的国际税法中已经存在相似的规则或惯例，比如比利时、丹麦、法国、卢森堡、荷兰和葡萄牙在其国内税法中已经规定对于母公司收到的来自子公司的利润免于征税，德国在与意大利之外的所有欧共体国家签订的税收协定中，都采用了免税法。这些情况一定程度上减弱了该指令的实际影响。

二、《并购指令》

由于各国国内法存在差异，与境内合并相比，跨境合并的税务规定对合并双方更为不利，因此，为在欧共体内创建一个类似国内市场的内部市场，有必要消除成员国国内法对于跨境合并或分立造成的障碍，这正是欧盟《并购指令》的主要目标。该指令于 1990 年 7 月 23 日颁布，并经历了多次修改，最近的一次修改是在 2013 年。

（一）定义和适用范围

《并购指令》涉及的资本运作方式主要有以下五种。

① 合并。合并是指一家或多家公司（被合并公司）在解散而没有清算时，将其所有的资产和负债转移给另一公司（合并公司），合并公司以其持有的股权或股票作为对价支付给被合并公司，如以现金支付则不能超过账面价值的 10%。合并包括吸收合并、新设合并以及控股合并。①

② 分立。分立是指一家公司在解散而没有清算时，将所有的资产和负债转移给两个或多个现存或新设的公司，后者根据比例向前者的股东分配后者公司的股票，如以现金支付则不能超过账面价值的 10%。

③ 部分分立。部分分立是指一个未解散的公司（转出公司）在至少保留一个活动分

---

① 以 A、B、C 代表三家公司，吸收合并可以表示为 A＋B＝B，新设合并可以表示为 A＋B＝C，控股合并可以表示为 A＋B＝A＋B。

支①的情况下将一个或多个活动分支转移给一个或多个现存或新设的公司(转入公司),转入公司按比例向转出公司的股东发行本公司股票作为收到的资产和负债的价值的对价,如以现金支付则不能超过账面价值的10%。

④ 资产转让。资产转让是指一个尚未解散的公司转移全部或一个或多个活动分支给另一公司,以换取后者公司的股权。

⑤ 股份交换。股份交换是指一家公司为获得另一家公司的多数投票权而购买另一家公司的股权,同时向后一家公司的股东发行股票作为交换,并支付不超过所发行股票名义价值或账面价值10%的现金。

该指令适用于2个及以上成员国公司之间进行的上述交易,这些公司需满足的条件与《母子公司指令》中的条件相同②。

(二) 税收制度

根据《并购指令》,在成员国公司之间发生合并、分立、部分分立或资产转移时,转出资产或负债的公司所在的成员国不对所转移的资产和负债产生的资本利得征税,为此有两个前提条件:第一,所转出的资产和负债在合并等交易发生后应与转入公司设在转出公司所在国的常设机构有实际联系并参与该转入公司的收益或损失的产生;第二,转入公司按照合并等交易没有发生情况下转出公司将采取的处理方法对所转移资产和负债计算交易后的折旧、利得和损失,也就是所转移资产和负债的计税基础将在无利无亏的前提下从转出公司转移到转入公司(如图4-2所示),这里的计税基础指出对资本利得征税的目的而采用的用来计算资本利得的资产或负债的成本③。

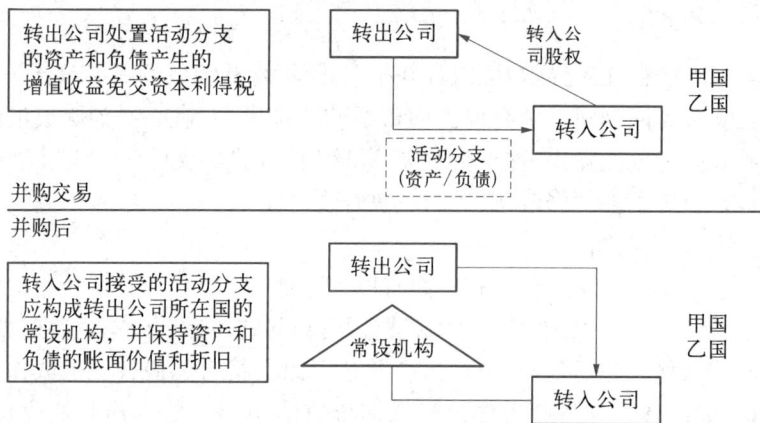

图4-2 欧盟《并购指令》中关于资产转让收益免征资本利得税的规定

① 活动分支是指公司分部的所有资产和负债,从组织角度看,它们是构成一个独立的业务,也就是能够以自己的方式运作的实体。

② 该指令还适用于欧洲公司和欧洲合作社的注册办事处在成员国之间的转移。欧洲公司,拉丁文为 Societas Europaea,简称 SE,是根据欧盟第 2157/2001 号理事会决议创设的开放有限责任公司,是欧盟范围内的一种超国家企业形式。欧洲合作社,拉丁文为 Societas Cooperativa Europaea,简称 SCE,是根据欧盟第 1435/2003 号理事会决议创设的超国家企业形式。

③ 对于一个经营实体来说,计税基础包括内部计税基础和外部计税基础,内部计税基础指该实体本身就实体的资产适用的计税基础,外部计税基础指该实体的投资者或所有人就实体的资产适用的计税基础。

　　根据这一规定,当资产和负债从转入公司设在转出公司所在国的常设机构以现金交易的方式再次转让出去或转让到非成员国公司时,转出公司所在国可以补征在成员国公司之间发生合并等交易时给予豁免的税款,因此并购指令相当于使各成员国对于成员国公司之间发生的合并等交易涉及的资本利得税给予延迟课征。

　　相似的延迟课征待遇也适用于成员国根据本国法律将转出资产的非居民公司视为税收透明体而对该公司的股东就其所应分配的利润征税的情形。

　　除资本利得税延迟课征外,根据《并购指令》的规定,成员国还应确保转出公司已形成的免税的预提或准备等可转移到转入公司设在转出公司所在国的常设机构,并继续享有免税待遇;成员国还应允许转出公司的损失结转到转入公司设在转出公司所在国的常设机构。

　　如果转入公司交易前持有转出公司的股权,则转入公司在交易中放弃该部分股权而产生的收益应免于征税,前提条件是转入公司持有转出公司 10%以上的股权,2009 年 1 月 1 日之前这一比例为 15%。

　　在成员国公司之间进行合并、分立、部分分立或股份交换交易时,转出或被收购公司股东因收到转入公司或收购公司分配的股权而产生的收益免于征税,前提是该股东对于收到的股权的计税基础保持完全与交易发生前一致(如图 4-3 所示)。而当该股东将收到的股权再次转让时,该股东所在的成员国则可以对相应的资本利得征税。

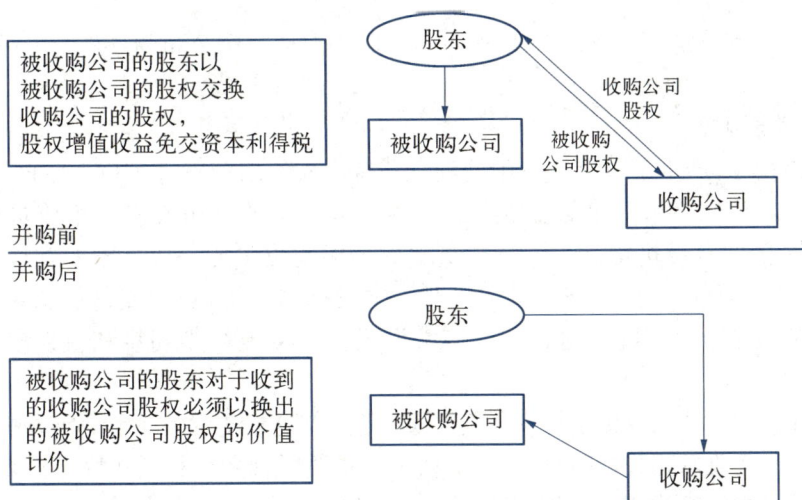

图 4-3　欧盟《并购指令》中关于股东股权转让收益免征资本利得税的规定

　　如果在合并、分立、部分分立或资产转移中所转让的资产包括位于转出公司所在国以外的成员国的转出公司的常设机构,转出公司所在的成员国应放弃对该常设机构征税的任何权利。但是,对于对应于交易前已经在转出公司利润中扣除的该常设机构的亏损的应税所得,转出公司所在国可保留征税权。同时,该常设机构所在的成员国和转入公司所在的成员国在交易后应将该常设机构视同设立在转出公司所在国。

　　但出现以下情况时,成员国政府可以撤销或拒绝适用并购指令中的税收优惠:合并、分立、部分分立、资产转让或股份转让的主要目的或主要目的之一是逃税或避税,而不是重组或优化公司的经营活动等合理商业目的；合并等交易导致一个公司不再满足在公司机构中有必要的雇员代表的条件，无论这个公司是否参与了并购交易。

三、《利息和特许权使用费指令》

为加强共同市场的有效运作、消除税收障碍对共同市场的扭曲、应对成员国之间的税收竞争，1990 年 11 月 28 日，欧共体委员会建议，成员国一公司如拥有其他成员国的另一公司 25％以上的股权，他们之间在收入来源地支付的利息和特许权使用费免征预提税。经过欧盟委员会多次提交并修订议案，欧盟理事会在 2003 年 6 月 3 日出台了《利息和特许权使用费指令》，该指令出台后又经历了 4 次修改，最后一次修改于 2013 年 5 月 28 日发布。

（一）定义和适用范围

利息是指从各种债权中产生的收益，不论是否有抵押，是否有权分享债务人的盈利，包括来自各种债券或债权证的收益以及附加的溢价、奖金等，但是延期支付导致的罚款不应被视作利息。

特许权使用费是指为使用或有权使用文学、艺术或科研作品（包括音像制品、软件等）的版权、专利、商标、设计或模型、方案、保密配方或流程，以及关于工业、商业或科学经验的信息等而支付的对价；使用或有权使用工业、商业或科学设备而支付的款项也应视为特许权使用费。

该指令适用于成员国公司及其常设机构，其中对成员国公司的条件与母子公司指令相同。

（二）税收制度

根据该指令，产生于一个成员国的利息和特许权使用费支付应免于在该国被征税，只要利息和特许权使用费的受益所有人是另一成员国的公司或是一个成员国公司位于另一成员国的常设机构。由一个成员国的公司或位于另一成员国的常设机构所作的支付，应被认为是产生于该成员国。对于常设机构来说，当所支付的利息和特许权使用费可在所在国获得税前扣除时，该常设机构才可被视为利息和特许权使用费的支付者。

一个成员国公司只有出于自身利益收取利息或特许权使用费而不是作为中介机构或代理人代替他人收取相关款项时，才能被认定为受益所有人。利息和特许权使用费的受益所有人若是常设机构，则适用本指令需要满足以下条件：① 产生利息和特许权使用费的债权、权利或信息的使用与常设机构存在有效联系；② 常设机构的利息和特许权使用费所得应向它所在的国家缴纳所得税。

当一个成员国公司的常设机构被视为利息和特许权使用费的支付人或受益所有人，该公司的其他任何部分都不应视为该项利息和特许权使用费的支付人和受益所有人。成员国公司位于第三国的常设机构支付或收到的利息和特许权使用费不适用本指令。

本指令适用的另一前提条件是利息和特许权使用费的受益所有人是支付人的关联公司，即前者在 2 年内不间断持有后者至少 25％的股权，或相反，或第三方公司同时持有前者和后者至少 25％的股权。

为防止成员国公司利用免征预提税将收益从欧洲剥离,该指令包含若干反滥用条款。当利息或特许权使用费超出按照独立交易原则计算的金额时,超出部分不适用本指令。若公司支付利息或特许权使用费的主要动机或主要动机之一是逃税、避税或滥用本指令的,同样不适用本指令。

《利息和特许权使用费指令》采用了 OECD 范本的居民国独占征税权的原则,彻底消除了对利息和特许权使用费的双重征税现象。但是这种资本和技术的输入国完全放弃预提税的征税权的规定,使得原本经济发展水平较低、资本和先进技术拥有量少的欧盟成员国财政收入减少,甚至出现财政赤字,从而扩大了成员国之间的发展差距。因此,2004 年 4 月 29 日颁布的 2004/76/EC 指令修正案对利息和特许权使用费指令进行了修订,并将捷克共和国、拉脱维亚、立陶宛、波兰和斯洛伐克等国加入了指令过渡期条款的适用范围。

第二节 G20 和 OECD 的应对税基 侵蚀和利润转移项目

一、G20 和 OECD 的 BEPS 项目概述

（一）BEPS 项目的背景

税基侵蚀与利润转移(Base Erosion and Profit Shifting, BEPS)是指跨国企业利用国际税收法律的差异和错配,人为造成应税利润减少或将利润从高税负国家(地区)转移至低税负国家(地区),从而达到降低其整体税负的目的。

理论上,由于很多国家同时实行来源地税收管辖权和居民(或公民)税收管辖权,更有部分国家同时实行收入来源地、公民和居民三种税收管辖权,国际重复征税问题便在所难免。为了国际经济的良性发展,从 20 世纪 20 年代或更早起,消除国际重复课税成为 OECD 等国际组织税收方面工作的主要目标。然而,在经济全球化和数字化趋势加快的背景下,由于跨国企业可以在全球范围内配置资源,越来越多的跨国企业不但不会承担双重的税收负担,反而可能实现在居民国和来源国两边都不纳税。近年来受到国际经济金融危机的影响,全球经济复苏缓慢,许多国家面临减收增支的双重压力,跨国企业追求税负最小化与主权国家追求本国税收最大化的矛盾日益凸显。在此背景下,旨在共同打击国际逃避税、建立有利于全球经济增长的国际税收规则体系和行动合作机制的 BEPS 项目应运而生。

（二）BEPS 项目的概况

2012 年 6 月,G20 财长和央行行长会议决定通过国际合作应对 BEPS 问题,并委托 OECD 开展研究;2013 年 2 月,OECD 发布《应对税基侵蚀和利润转移报告》(简称 BEPS 报告),引起了与会各国的强烈共鸣和国际社会的高度关注;同年 6 月,OECD 发布《BEPS 行动计划》;同年 9 月,该计划在 G20 圣彼得堡峰会上得到各国领导人背书;2015 年 11 月,在土耳其安塔利亚举行的 G20 领导人峰会正式批准了 BEPS 行动计划的 15 项成果报告。

BEPS 报告强调传统的国际税收规则不能适应当前国际经济一体化程度加强、知识产权成为价值创造中的重要驱动因素,以及信息和通讯技术持续发展等实际情况,指出了造成税基侵蚀和利润转移的六大关键压力领域,包括:① 各国对经济实体和金融工具的定性不一致,导致混合错配安排和税收套利;② 将税收协定中的概念应用于提供数字货物和服务取得的利润;③ 对关联方债务融资、自保险以及其他集团内部金融交易的税务处理;④ 转移定价问题,特别涉及集团内法人实体之间发生的风险和无形资产的转移、人为的资产所有权分割以及其他在独立企业之间极少发生的交易;⑤ 反避税措施的有效性,特别是一般反避税规则、受控外国公司制度、资本弱化规则和反滥用税收协定规则;⑥ 有害税收优惠制度。

针对这些问题,BEPS 报告提出了 15 项具体行动,旨在通过协调各国税制、修订税收协定和转让定价国际规则,提高税收透明度和确定性,确保跨国企业就利润向经济活动发生地和价值创造地申报纳税。

BEPS 行动计划涉及协定、政策、反避税、征管、合作、统计等多个范畴,将会在国内税法、双边税收协定和多边国际税收规则等多个层面产生重大影响,有助于增强企业所得税制在国际范围内的一致性,重塑国际税收规则体系及利益合理共享机制,提高国际税收透明度,并且增加税收政策的确定性和可预测性。

BEPS 行动计划共有 67 个国家参与,涵盖了 34 个 OECD 国家、非 OECD 的 G20 国家(包括阿根廷、巴西、中国、印度、印度尼西亚、俄罗斯、沙特阿拉伯和南非)和 19 个其他发展中国家。虽然其中的各项成果并不是强制性的,但是它得到 G20 财长的背书和 G20 领导人的集体认可,因此成为影响各国国内税法、双边税收协定和多边国际税收规则的"软规则"。

二、BEPS 项目的 15 个行动计划及其主要内容

(一) 行动计划简介

BEPS 行动计划包括 5 大类 15 项,具体内容见表 4-1。

表 4-1　BEPS 行动计划的主要内容

类　　　　别	行　动　计　划
应对数字经济带来的挑战	行动计划 1:应对数字经济的税收挑战
协调各国企业所得税税制(增强国际税收规则的一致性)	行动计划 2:消除混合错配安排的影响 行动计划 3:强化受控外国公司规则 行动计划 4:限制通过利息扣除和其他金融支付侵蚀税基 行动计划 5:考虑透明度和经济实质,有效打击有害税收实践
重塑税收协定和转让定价国际规则(强调经济实质)	行动计划 6:防止税收协定优惠的不当授予 行动计划 7:防止人为规避构成常设机构 行动计划 8:无形资产转让定价 行动计划 9:风险和资本转让定价 行动计划 10:其他高风险交易转让定价

续　表

类　　别	行　动　计　划
提高税收透明度和确定性	行动计划 11：衡量和监控 BEPS 行动计划 12：强制披露规则 行动计划 13：转让定价文档和国别报告 行动计划 14：使争议解决机制更有效
开发多边工具促进行动计划实施	行动计划 15：制定用于修订双边税收协定的多边工具

BEPS 项目的 15 个行动计划基于三条核心原则：一致性、实质性和透明性。其中一致性原则主要针对不合理或者恶意地利用国际税收法规来谋取税收利益。实质性原则指向利润与职能的不匹配。透明性原则旨在向税务机关提供充足的纳税人税务信息。三项原则与各行动计划的对应关系见表 4-2。

表 4-2　BEPS 行动计划的原则

原　　则	行动计划内容
一致性	行动计划 2：消除混合错配安排的影响 行动计划 3：强化受控外国公司规则 行动计划 4：限制利用利息扣除和其他金融支付侵蚀税基 行动计划 5：考虑透明度和经济实质,有效打击有害税收实践
实质性	行动计划 6：防止税收协定优惠的不当授予 行动计划 7：防止人为规避构成常设机构 行动计划 8—10：实现转让定价结果和价值创造相匹配
透明性	行动计划 11：衡量和监控 BEPS 行动计划 12：强制披露规则 行动计划 13：转让定价文档和国别报告 行动计划 14：使争议解决机制更有效

从提出建议的标准高低看,BEPS 行动计划提出的建议分为三类：一类采用最低标准形式,所有 G20 成员国都一致认可,且强烈建议其实施,并对其实施情况进行监控；第二类是强化标准,强化税收协定和转让定价实践；第三类是最佳实践,是一些相对远大的目标,各国表示会朝着这些目标努力,但是需要较长一段时间。

表 4-3　BEPS 行动计划标准的层次

标准层次	行动计划内容
最低标准	行动计划 5：考虑透明度和经济实质,有效打击有害税收实践 行动计划 13：转让定价文档和国别报告 行动计划 14：使争议解决机制更有效

续 表

标准层次	行动计划内容
强化标准	行动计划 6：防止税收协定优惠的不当授予 行动计划 7：防止人为规避构成常设机构 行动计划 8：无形资产转让定价 行动计划 9：风险和资本转让定价 行动计划 10：其他高风险交易转让定价
最佳实践	行动计划 2：消除混合错配安排的影响 行动计划 3：强化受控外国公司规则 行动计划 4：限制利用利息扣除和其他金融支付侵蚀税基 行动计划 15：制定用于修订双边税收协定的多边工具

（二）行动计划具体内容

1. 应对数字经济的税收挑战

第 1 项行动计划的目标是明确数字经济给现有国际税收规则的应用带来的困难，并提出同时考虑直接税和间接税的全面解决这些困难的具体措施，所涉及的问题包括：一个公司在另一税收管辖区具有显著的数字意义上的存在但按现行国际规则却缺乏足够的经济关联不能被课税；通过使用数字化产品和服务进行与位置相关的可交易的数据的创造带来的价值如何确认，如何对新商业模式下的所得进行定性，如何适用相关的来源地规则，如何确保跨境数字化商品和服务提供中的增值税的有效征收。

报告得出的结论主要有几点：一是由于数字经济在各个产业和经济门类中的广泛渗透性，对其单独制定一套税收政策是极其困难的，但数字经济的不断演变对商业模式创新和跨国企业全球价值链整合具有重要影响，因而动态监控和评估其对税收制度的影响十分必要。二是数字经济领域 BEPS 风险的解决需要强调将征税与产生利润的经济活动及价值创造联系起来，审视在数字经济框架下传统的常设机构概念存在的问题、无形资产的重要性、数据的使用和全球价值链的扩展对转让定价的影响，强化受控外国公司税收规则以适应数字经济的需要，以及解决企业跨境交易过程中通过筹划规避增值税纳税义务的问题。报告认为数字化时代的跨境 B2C 模式①下，增值税应该在商品和劳务的消费地征收。三是对基于功能、资产和风险分析确定经济活动发生地和价值创造地的实践模式提出了质疑，并为此提出了一些可能的解决方案，涉及协定常设机构条款、转让定价规则和国内税收政策等方面，主张通过"实质经济存在测试"检验经济活动的主体是否与另一辖区产生关联。

2. 消除混合错配安排的影响

混合错配是指利用混合金融工具或混合实体等来达到款项支付方将该笔款项做税前扣除同时款项收入方不对该笔款项征税等双重不征税的效果。其具体形式可参见本书第七章第五节和第八章第二节的介绍。

第 2 项行动计划制定的相关方案将有助于通过国内法和税收协定规则来促进不同国

---

① B2C 模式是电子商务的一种模式，企业通过互联网为消费者提供一个新型的购物环境——网上商店，消费者通过网络开展网上购物、网上支付等消费行为。

家间的操作趋于一致,限制使用混合错配安排作为 BEPS 的工具,从而消除混合错配安排。具体的政策建议包括以下方面。

第一,针对混合金融工具、混合实体、反向混合实体所形成的一方扣除、一方不计收入的错配结果,建议以支付方所在国不允许税前扣除作为首要规则,以收款方所在国计入收入作为次要规则。针对混合金融工具还提出了"对来源国已税前扣除的股息不给予免税待遇"和"居民国适当限制预提税减免"的国内法建议,针对反向混合实体还提出了"完善居民国境外投资及抵免制度(如受控外国公司制度)"和"完善境外混合实体性质认定规则"的国内法建议。

第二,针对混合实体支付和双重居民身份引起的双重扣除的错配结果,报告建议以不允许母公司所在国或居民国税前扣除作为首要规则,以支付方所在国不允许扣除为次要规则。

第三,针对输入型混合实体产生的间接一方扣除、一方不计收入的错配结果,报告建议以支付方所在国不允许税前扣除作为首要规则。

3. 强化受控外国公司规则

在经济全球化和国际税收竞争的背景下,各国政府为了提高本国对跨国企业的吸引力,允许居民股东投资于外国企业产生的投资所得递延纳税,但此种措施也使得递延纳税成为避税的重要手段。针对这种情况,美国于 1962 年最早制定了受控外国公司制度,也称 CFC 规则,防止纳税人将利润转移至低税国受控外国公司从而递延或逃避税收。

BEPS 报告指出了由知识产权、服务和数字交易产生的流动性所得对现有 CFC 规则带来的挑战,并允许各国针对上述情况制定适当的政策以应对。BEPS 第 3 项行动计划强调,CFC 规则作为弥补转让定价和其他相关反避税规则缺陷的一道重要防线,在应对 BEPS 问题上将发挥重要作用。

第 3 项行动计划对于强化受控外国公司规则推荐了 6 个方面的最佳实践方法,包括受控外国公司的定义、受控外国公司的豁免和门槛要求、受控外国公司所得的定义、计算受控外国公司所得的规则、归属受控外国公司所得的规则和防止和消除双重征税的规则等。

4. 限制利用利息扣除和其他金融支付侵蚀税基

各国国内法通常将利息支出作为费用进行税前扣除,而股息(或其他权益性回报)支出则一般不允许在税前扣除,因此企业往往通过集团内部融资大幅度提高集团公司债务水平,随后通过向第三方及关联方支付利息实现利润转移。BEPS 第 4 项行动计划旨在引导各国建立一个较为广泛的限制利息扣除的网络,以应对跨国企业集团通过利息支付(及其他金融支付)转移利润的问题。

该行动计划建议的限制利息扣除的规则包括:① "固定比例规则",即允许企业扣除的净利息费用(指扣除了利息收入的利息支出)最高不超过标准净利息占税息折旧及摊销前利润(earnings before interest, taxes depreciation and amortization, EBITDA)的一定比例,如 20%,该规则可适用于企业集团的成员实体,也可适用于独立实体;② 可选择适用的"集团比例规则",在企业的净利息费用占 EBITDA 的比例超过 20% 时,允许企业以所属集团全球范围的净利息占 EBITDA 的比例为限扣除净利息费用,但最高不超过 30%,该规则适用于企业集团的成员实体;③ 应对税基侵蚀风险的特别规则,这些规则一般适用于不属于任何企业集团的独立经营实体。

表 4-4 展示了上述规则对 5 个不同类型的公司的适用情况,其中 A、B、C 公司属于跨国企业集团或国内的企业集团,D、E 公司为独立实体,它们某一纳税年度的息税折旧摊销前利润均为 1 亿美元,但发生的净利息费用各不相同。A 公司的净利息费用最少,低于20%的固定比例标准,因此可全额扣除;B 公司的净利息费用占 EBITDA 的比例高于20%,但它所属的集团公司的净第三方利息费用占 EBITDA 的比例为 25%,因此 B 公司可以按 25%的比例进行利息扣除,实际扣除额为 2 500 万美元;C 公司的净利息费用占EBITDA 的比例也高于 20%,但其所属集团的这一比例达到 35%,超过了 30%的上限,因此该公司只能按 30%的比例进行利息扣除,所以实际扣除额为 3 000 万美元;D 公司是独立实体,只能适用特别规则,由于其利息支出中有 500 万是税基侵蚀性质的支出[①],故实际利息扣除为 2 500 万美元;E 公司也适用特别规则,虽然它的 3 500 美元利息支出中没有税基侵蚀性支出,但是超出了 30%的比例上限,因此按 30%的比例,实际可扣除 3 000万美元。

表 4-4　BEPS 行动计划限制利息扣除的规则举例　　　　　金额单位:美元

公　　司	A公司	B公司	C公司	D公司	E公司
实体类型	跨国集团成员	国内集团成员		非集团成员独立实体	
EBITDA	1亿	1亿	1亿	1亿	1亿
当期净利息费用	1 500 万	2 800 万	3 300 万	3 000 万 (含 BEPS 利息 费用 500 万)	3 500 万
净利息费用/EBITDA	15%	28%	35%	30%	35%
集团净第三方利息 费用/EBITDA	10%	25%	35%	—	—
适用固定比率	20%				
适用集团比率		25%			
适用比率上限			30%		30%
适用特别规则				适用	适用
可扣除费用	1 500 万	2 500 万	3 000 万	2 500 万	3 000 万
不可扣除费用	0	300 万	300 万	500 万	500 万

5. 考虑透明度和经济实质,有效打击有害税收实践

1998 年,OECD 发布了《有害税收竞争:一个正在显现的全球问题》报告(简称"1998年报告"),提出了判定有害优惠税制的关键因素以及抵制有害税收竞争的对策和建议。

为协调并监督 OECD 成员国在抵制有害税收竞争方面的工作,根据 1998 年报告的建议,OECD 专门成立了有害税收实践论坛(Forum of Harmful Tax Practice, FHTP),

---

① 指对外国实体进行支付而发生的支出。

并要求各成员国在论坛的指导下对本国的税收制度进行自查。

在 FHTP 工作的基础上,BEPS 第 5 项行动计划进一步强调从透明度和经济实质两个方面着手更有效地打击有害税收实践,即强调开展税收裁定类优惠的强制自动情报交换,并使税收优惠制度建立在经济实质基础上。FHTP2000 年已经启动对 OECD 成员国税收优惠制度的评估,在 BEPS 第 5 项行动计划的推动下,该项评估的范围进一步扩大到 G20 国家,评估的内容也体现了第 5 项行动计划在透明度和经济实质方面提出的新要求。

税收裁定指税务机关向特定纳税人或纳税人群体提供的有关税收待遇的任何通知、信息或保证。第 5 项行动计划重点关注了以下 5 类因缺乏强制性自发情报交换可产生BEPS 问题的针对特定纳税人的裁定,包括:① 关于优惠税制的税收裁定;② 跨境单边预约定价协议或转让定价税收裁定;③ 调低应税利润的跨境裁定;④ 关于常设机构的税收裁定;⑤ 关于导管公司的税收裁定。

行动计划还主要针对与知识产权(intelletual property,IP)相关的税收优惠提出了定义经济实质的新方法,即关联法,该方法强调 IP 相关的税收优惠应以纳税人自身从事研究开发活动的程度为前提,从而税收优惠应基于研究开发支出,在研究开发的支出和收入可建立关联的前提下,也可基于研究开发带来的收入。因此,关联法相当于将支出作为实质性经济活动的一个代理变量,对于纳税人在 IP 税收优惠制度下可享受低税优惠待遇的收入,具体的计算公式如下:

$$可获得税收优惠的收入=\frac{符合条件的 IP 支出}{IP 支出总额}\times IP 资产产生的净收入总额$$

其中,有获得税收优惠资格的 IP 资产只包括专利以及与专利功能等同、受法律保护,且经过相似审批或注册流程的其他 IP 资产。IP 支出总额包括纳税人自身发生的直接研发支出、外包给非关联第三方的直接研发支出、外包给关联方的直接研发支出和外购 IP开发权利的成本,利息支出、建筑成本、并购成本等不属于直接研发支出;符合条件的 IP支出仅包括纳税人自身的直接研发支出,以及视同纳税人自身直接研发支出的外包给非关联第三方的直接研发支出;行动计划允许各国对纳税人符合条件的 IP 支出加计 30%,但加计后不可超过 IP 支出总额。IP 资产产生的毛收入总额包括特许权使用费、资本利得、转让 IP 资产的其他收入以及销售与 IP 资产有关的产品或应用与 IP 资产有关的流程获得的嵌入性 IP 收入,但对于嵌入性 IP 收入需通过应用转让定价规则等方法将其从不涉及 IP 的收入(如营销或制造环节的回报)中分离出来;从毛收入总额中减去当年发生的IP 总支出则得到 IP 资产产生的净收入总额。

由于关联法强调 IP 支出和收入间的关联,所以要求纳税人跟踪记录其 IP 支出、资产和收入,以确保享受优惠的收入确实来源于符合条件的支出。当 IP 资产与产品并不是一一对应关系而利用 IP 资产生产的产品与收入之间存在关联时,也可将研发 IP 资产的支出按比例分配到所有与 IP 资产有直接联系的产品的收入总额上,但这时仍应确保基于产品对所有符合条件的 IP 支出和 IP 支出总额进行跟踪记录。

6. 防止税收协定优惠的不当授予

税收协定最初目的是避免税收管辖权重叠造成的重复征税,加强各国间经济交流,因而协定往往会限制缔约国双方国内法规定的征税权。但是,跨国企业为了集团整体的利润最大化,常常利用税收协定进行国际税收筹划,不仅降低了税收负担,有时甚至会实现在全球范围内免予纳税的效果。

针对这种情况,BEPS第6项行动计划力图实现以下目标:调整税收协定条款和国内法的相关规则,以防止税收协定优惠的不当授予;澄清导致双重不征税并非税收协定的意图;提出各国与他国谈签税收协定前通常应考虑的税收政策因素。

第6项行动计划报告第一部分主要针对第一个目标,提出了针对不同的滥用税收协定的情形,如何调整税收协定条款和国内法的相关规则,以防止税收协定优惠的不当授予,这部分也是第6项行动计划的重点。

协定滥用的第一种情况是对税收协定本身的相关限制条款的规避,需要在协定本身增加反滥用规则。对于不属于缔约国双方居民的纳税人设法通过设立导管公司等方式获取协定待遇的情况,应对措施主要是在协定中纳入利益限制条款(LOB)和主要目的测试规则(PPT),或者二者选其一。

对于其他形式的协定滥用,如通过合同拆分来避免被认定为工程型常设机构的情况,一个实体同时为缔约国双方居民获得双重免税的情况,利用设在第三国的常设机构滥用税收协定的情况,利用股权转移规避股息预提税优惠的股权门槛和股权转让资本利得税优惠的不动产价值门槛的情况等,报告建议主要通过主要目的测试规则来应对,同时也提出了修改税收协定条款的具体建议。

以图4-4所示情形为例,其中甲国和乙国签有税收协定,乙国居民B公司收到来自甲国的A公司支付的特许权使用费可免于在甲国缴纳所得税,另一方面,由于B公司已将其持有的专利转移到它设在丙国的常设机构,从乙国的角度看,该项所得属于外国来源所得,如果乙国实行免税法消除重复课税,对该笔所得不征税,同时丙国也对特许权使用费实行免税或低税政策,则该项所得可能在三个国家都无须缴纳所得税。针对这种利用设在第三国的常设机构滥用税收协定的情况,BEPS第6项行动计划主张修改税收协定,若上述所得在常设机构所在国(丙国)的税负低于在企业居民国(乙国)本应承担税负的60%,则所得的来源国(甲国)应不给予B公司协定规定的免税或低税待遇,除非相关交易或安排(指B公司在丙国设立常设机构和将专利转移至该常设机构)的主要目的不是为了获取协定的利益。

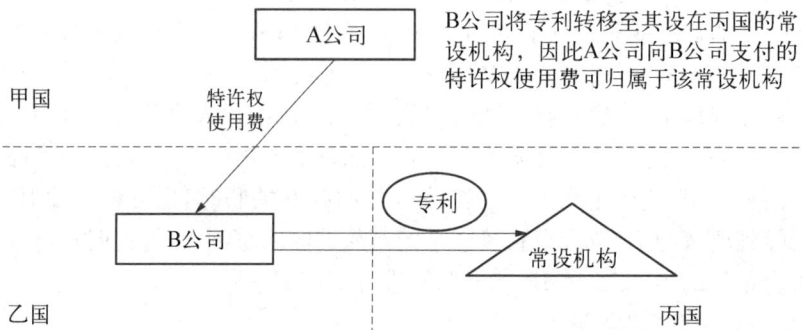

图4-4 利用设在第三国的常设机构滥用税收协定避税

协定滥用的第二种情况是利用协定优惠来规避国内法条款,报告认为可以通过国内法中的各类反避税规则来加以应对,其中的一般反滥用规则、特殊反滥用规则、司法解释等在拒绝授予不正当的税收协定优惠待遇时,大部分情况下并不与税收协定相冲突。

报告第二部分阐明,"澄清导致双重不征税并非税收协定的意图"非常重要,因此建议修改税收协定的标题以及序言,即在其中声明:税收协定缔约双方的共同目标是在不为逃税和避税创造机会的前提下消除双重征税。

报告第三部分阐明了"确定各国与他国谈签税收协定前通常应考虑的税收政策因素"。该部分的政策因素应能帮助各国解释其不与某些低税或无税辖区签订税收协定的原因。

7. 防止人为规避构成常设机构

税收协定一般规定,缔约国一方税务当局对缔约国另一方企业的营业利润拥有征收权的依据是该缔约国另一方企业在缔约国一方设有常设机构。因此,人为规避构成常设机构也成为跨国企业逃避所得来源国税收的一种重要手段。

由于跨境交易商业模式的变化十分迅速,按现行国际税收规则(如 OECD 税收协定范本中对常设机构的定义)已经难以做到对征税权的公平划分,甚至还可能造成跨境交易在来源国和居民国都少缴税或不缴税的情况。

为此 BEPS 第 7 项行动计划报告提出了对于税收协定范本进行修改的一些意见:一是对于佣金代理人,明确若某人在某国开展的活动是为了经常性订立由境外企业履行的合同,则应认定该境外企业在该国构成常设机构,除非该人所开展的活动是其独立经营的一部分;二是对于常设机的例外情况,明确其仅适用于准备性或辅助性活动;三是纳入"主要目的测试"规则以解决合同拆分带来的 BEPS 问题。报告同意将以上对于常设机构定义的修改纳入"多边工具"(参见下文对第 15 项行动计划的介绍)予以落实,但报告同时指出,所提出的修改建议并不影响对现行 OECD 税收协定范本及已签署协定的解释。

8. 实现转让定价结果和价值创造相匹配

BEPS 行动计划的第 8 到 10 项针对转让定价规则的三大关注领域:无形资产、风险和资本、其他高风险交易。这三项行动计划旨在修订和完善现行的国际转让定价规则,防止跨国企业利用规则漏洞,人为将经济活动所创造的利润转移至没有创造价值的低税率地区,从而造成税基侵蚀与利润转移,其最终目的是确保转让定价结果和跨国企业的价值创造相匹配。

OECD 财政事务委员会从上世纪 70 年代起就开始关注转让定价税收问题,先后发布了《转让定价和跨国企业》("1979 年报告"),《转让定价和跨国企业:三个税收问题》(1984年),《跨国公司与税务机关转让定价指南》("1995 年指南"),并以活页的形式定期发布转让定价的各种研究成果。2010 年 OECD 以活页形式更新的转让定价指南继续坚持了独立交易原则的地位,有很多改进,同时也存在一些问题。

第 8 至第 10 项行动计划报告的建议就是对 2010 年版的 OECD 转让定价指南做出修改,对于风险、无形资产、大宗商品、低附加值集团劳务等方面的转让定价提供了新的指引。

风险方面,报告认为,通过合同分配或约定的风险要根据企业实际承担风险的情况进行调整,风险应分配给实际上实施控制和有相应财务能力的企业。另外,企业集团中资本富余的成员企业仅提供资金但几乎不开展经营活动,且不控制与所提供资金相关的财务风险的,不应获得与财务风险相关的利润,仅应获得无风险收益。

无形资产方面,报告认为,关联企业仅拥有无形资产的法律所有权并不能使其享有利用无形资产的收益,相反,关联企业执行与无形资产开发、价值提升、维护、保护和利用相关的重要价值创造功能时应获得恰当的补偿。根据具体情况,5 种 OECD 转让定价方法都可能成为无形资产相关受控交易合理的转让定价方法,但是报告更为推荐的是可比非受控价格法、利润分割法和价值评估方法。

大宗商品方面,报告认为,可比非受控价格法是相对合理的转让定价方法,交易市场报价可作为确定独立交易价格的参考。

对于集团内低附加值劳务,报告建议采用简化程序处理,即按年计算并分类汇总跨国企业集团所有成员企业在提供每一类低附加值集团内部服务时产生的总成本,将总成本分摊给集团内多个受益成员企业,再按 5% 的利润加成率计算出服务的收费。

关于地域优势(如选址节约),报告没有将其定义为无形资产,而是要求首先确定其是否带来收益,如果是,则根据独立企业在相似环境下的分配方式来分配有关收益。

以上成果已纳入 2017 年发布的新的《OECD 转让定价指南》中。

9. 衡量和监控 BEPS

对 BEPS 问题的规模及影响进行量化分析,是一项重要的基础性工作。BEPS 第 11 项行动计划的目标是,通过筛选已有的各项可用数据和研究分析方法,构建分析指标,估算 BEPS 问题的规模,分析 BEPS 对税收及经济的影响;更进一步,建立可持续的跟踪研究机制,根据需要提出税务部门采集涉税数据的建议,在未来更新相关研究成果;同时,还要对其他行动计划所形成的应对措施的实施效果进行跟踪评估。

报告由四个相对独立的章节组成。第一章比较系统全面地梳理和评估了现有的各项数据来源;第二章介绍针对 BEPS 构建的 6 个指标,这些指标在一定程度上可以反映 BEPS 的规模、经济影响程度和变化趋势;第三章介绍关于 BEPS 的规模、BEPS 应对措施效果评估和经济影响的相关研究;第四章对未来的研究工作提出了一些设想和建议。

10. 强制披露规则

缺乏与恶意税收筹划策略有关的及时、全面和相关的信息是全球税务机关面临的主要挑战之一。及早获取该类信息可以使税务机关有机会通过风险评估、税务稽查或修改相关法律等形式快速应对相应的税务风险。

BEPS 第 12 项行动计划设计了一整套强制纳税人披露与恶意税收筹划策略相关的信息的规则,包括披露人、应披露的税收筹划安排、披露时间、应由筹划方或使用者承担的其他义务、披露内容、遵从或不遵从的后果等。报告为没有制定强制性披露规则的国家提供了一个从最佳实践方法中提炼出来的模块化框架指引,力图设计一个满足所有相关国家需求的制度,但该报告的建议不代表最低标准,各国可以自由选择是否采用强制性披露规则。该制度还为已经建立强制披露规则的国家提供了加强本国制度有效性的参考,也为国际税收规则相关规定,以及各国税务机关发展落实更为有效的情报交换和合作政策提出了具体的最佳实践建议。

11. 转让定价文档和国别报告

BEPS 第 13 项行动计划力图实现三个方面的目标：一是确保纳税人在制定关联交易价格和其他交易条款时，考虑合理的转让定价政策，并在纳税申报中予以披露；二是为税务机关进行有效的转让定价风险评估提供必要信息；三是当税务机关对其管辖范围内应税实体的转让定价行为进行全面调查时，能够为税务机关提供有用的启动信息。

为此，行动计划报告提供了一套修订的转让定价同期资料标准，包括一个针对所得、纳税额和特定经济活动举措的国别报告（Country by Country 报告，简称 CbC 报告）模板。这套修订的转让定价同期资料标准包括三个层次：第一层为向所有相关税务机关公开的"主体文档报告"（master file），包括跨国企业全球业务运营情况和转让定价政策的概要性信息。第二层为向每个国家提供的"本地文档报告"（local file），其中包括详细的基于交易的转让定价文档，涉及重大关联方交易、交易涉及的金额以及企业对这些交易作出的转让定价决策的分析。第三层为国别报告，由大型跨国企业每年上报，涉及在各有关国家（或地区）的经营活动所取得的收入、税前利润、应缴及实缴所得税额以及员工人数、资本、留存收益、有形资产等其他经济活动指标。报告中还应包括公司集团在各国（或地区）的经营实体及其从事的业务活动的说明。分国报告应在最终母公司所在地申报，并且通过政府间税收情报自动交换机制在各国（或地区）税收机关之间共享。

总体上，上述三个层次的同期资料标准要求纳税人阐明其一贯的转让定价策略，将为税务机关评估转让定价风险、有效开展税收稽查提供一系列有用的信息。同时各国转让定价同期资料标准的统一以及国别报告在各国税务机关之间的交换，也有助于减轻跨国企业的遵从负担。

BEPS 项目的各参与国陆续启动了转让定价同期资料和国别报告的立法工作，其中 50 多个国家已完成国别报告的立法。

12. 使争议解决机制更有效

各国意识到 BEPS 项目带来的变化可能导致某些不确定性，如不采取行动，将在短期内增加双重征税和相互协商程序（MAP）争议[①]。

BEPS 第 14 项行动计划报告主要针对上述问题，包括三个方面的内容：一是提高相互协商程序效果和效率的主要措施；二是为确保这些措施的落实，各国税务主管当局要接受同行审议（peer review），审议结果将向二十国集团（G20）报告，向国际社会公示；三是同行审议的标准与方法。同行审议在"有害税收实践论坛""税收透明度和情报交换全球论坛"等平台上多次使用，是 OECD 实现其"软规则"向"硬规则"转化的一个有效措施。

报告的核心内容是提高相互协商程序效果和效率的措施。这些措施分为三个层次，依次是最低标准、最佳实践以及强制仲裁。其中，最低标准是各国主管当局必须做到的，同行审议将对各国执行最低标准的情况进行考核与审议；最佳实践是对最低标准的补充，也是各主管当局被期望实现的理想状态，但这些最佳实践建议要么难以量化，要么有些国家现阶段暂不同意实行，因此没有列入最低标准；强制仲裁被认为是解决跨境税收争议的

---

① 相互协商程序（mutual agreement procedure，MAP），指的是税收协定缔约双方税务主管当局根据协定中相互协商程序条款的规定，通过协商共同解决税收协定在解释和适用过程中遇到问题的机制。

终极手段,指的是如果主管当局无法在一定时间内(通常是 2 年)就某个相互协商案件达成一致,该案件将被自动提交仲裁,从而得到最终裁决。

13. 制定用于修订双边税收协定的多边工具

BEPS 第 15 项行动计划探究了通过制定多边工具(multilateral instruments, MLI)来落实 BEPS 中与协定相关的措施和修订双边税收协定的技术可行性。这项行动的结论表明,多边工具是值得制定且可行的,针对多边工具的协商需要尽快展开。

基于上述结论,100 多个国家参与了推进多边工具的工作,并于 2016 年 11 月完成了协商。2017 年 6 月 7 日,《实施税收协定相关措施以防止税基侵蚀和利润转移的多边公约》(简称《BEPS 多边公约》)首次联合签字仪式在法国巴黎的 OECD 总部举行,包括中国在内的 68 个国家和地区的政府代表共同签署了该公约,目前的签字国已达到 83 个。

该公约将于 2019 年 1 月 1 日生效,随后各缔约国在公约中列明的双边税收协定将在两个缔约国都已批准公约的情况下自动按公约中的约定得到更新,这就避免了各缔约国通过旷日持久的正式协商进行双边税收协定的更新。因此,基于 BEPS 第 15 项行动计划推出的多边工具将对全球税收协定网络带来深远的影响。

第三节 其他多边国际税收协调机制

一、《多边税收征管互助公约》

(一) 背景

经济全球化进程中,由于人员、资本、货物和服务跨国流动加速,纳税人跨国经营的无国界性与税收管理有国界性之间的矛盾,造成税收管理的信息不对称,给税收征管带来严峻挑战。在此背景下,OECD 和欧洲委员会于 1988 年 1 月 25 日在法国斯特拉斯堡共同制定了《多边税收征管互助公约》(以下简称《公约》),向两组织成员开放,于 1995 年 4 月 1 日生效。《公约》是世界上第一个多边税收合作条约,为签署国打击跨境逃避税行为提供了更为有力的程序法支持。

进入 21 世纪以来,各国财政支出的快速增长使得财政收入压力加大,对于逃避税不得不加大打击力度。而由于经济全球化的深入,世界各国的税收利益网络也日益扩展,对税收透明度和国家间的征管协助要求越来越高。特别是 2008 年爆发的席卷全球的金融危机更是促使国际社会加速达成税收征管协作的强烈共识。2009 年 4 月,G20 伦敦峰会呼吁采取行动,打击国际逃避税。2010 年 5 月,OECD 与欧洲委员会通过了《〈税收征管互助公约〉修订议定书》(以下简称《议定书》),修订后的《公约》向全球所有国家开放,2011 年 6 月 1 日开始生效。

(二) 主要内容

《公约》共有 6 章 32 条,主要内容包括《公约》的适用对象、所涉税种及相关术语界定、税收征管协助的具体形式、协助过程中各方的权利义务和纳税人权利保护,以及为保证《公约》的顺利执行而设计的其他程序性规定。

关于适用范围,分为对税种和对纳税人两个方面。就税种而言,《公约》适用于成员国中央政府及中央政府下属的政府部门或地方政府开征的除海关关税以外的各种税收和强制性社会保险费;就纳税人而言,《公约》并不局限于成员国的国民或居民,即使某一纳税人不具有《公约》缔约国的国民或居民身份,只要其在某个缔约国境内发生了纳税义务,该国仍然可以依照《公约》有关规定,向任何一个该纳税人在境内拥有财产、银行账户或分支机构甚至是独立委托代理人的缔约国,请求提供相关的税收征管协助。

关于协助方式,《公约》规定成员国之间可以在税收情报交换、税款征收和文书送达三个方面相互提供协助。据此规定,成员国可以通过《公约》规定的情报交换机制取得本国纳税人位于境外的收入和资产状况;可以请求他国依据本国税法的规定代征税款或者采取税收保全措施;也可以请求其他成员国向其境内的纳税人协助送达司法判决或其他与税收相关的文书。

《公约》第三章第一部分的第四条到第十条是关于税收情报交换的条款,也是《公约》的重点内容,如表4-5所示,税收情报交换包括专项情报交换(即回应请求的情报交换)、自动情报交换、自发情报交换、同期税务检查、境外税务检查5种主要方式。

表4-5 《多边税收征管互助公约》中的情报交换条款

条款标题	条款主要内容
第四条:一般条款	在公约涵盖的税种范围内,凡是与缔约方运用或实施相关国内法有可预见相关性的情报,各缔约方均应进行交换
第五条:专项情报交换	应请求国请求,被请求国应向请求国提供符合第四条规定的、涉及任何具体人员或交易的情报。
第六条:自动情报交换	两个或两个以上的缔约方应根据相互协商所确定的程序自动交换涉及不同类别案件且符合第四条规定的情报
第七条:自发情报交换	尽管没有收到事先请求,在下列情况下,缔约一方如知晓相关情报,应向缔约另一方提供:(1)缔约一方有根据认为缔约另一方可能遭受税收损失的;(2)某纳税义务人在缔约一方取得了减税或免税,因此可能会增加其在缔约另一方税收或纳税义务的;(3)缔约一方的纳税义务人与缔约另一方的纳税义务人在一个或多个国家进行商业交易,交易方式可能导致缔约一方或另一方税收减少或双方的税收均减少的;(4)缔约一方有理由怀疑因在企业集团内部人为转移利润而可能造成少缴税款的;(5)缔约一方提供给缔约另一方的情报,可能使缔约另一方获得与评估纳税义务有关的情报
第八条:同期税务检查	应缔约一方请求,两个或两个以上的缔约方应共同协商、确定同期税务检查的案件和程序。其中同期税务检查指由两个或两个以上的缔约方安排,同时在各自境内,对某人或存在某种共同或关联利益的多人进行的纳税事项检查,以交换各自由此所获的相关情报为目的
第九条:境外税务检查	应请求国主管当局请求,被请求国主管当局可在其境内某项税务检查活动中的某一适当环节,允许请求国主管当局代表在场
第十条:内容矛盾的情报	如缔约一方从缔约另一方获取的有关某人的税收情报与其掌握的情报内容相矛盾,应将该情况通知提供情报的缔约另一方

（三）2010 年《议定书》对《公约》的主要修订

《议定书》对《公约》内容修订的主要表现是：采用了国际税收透明度与信息交换标准；逐步排除了多边税收合作的一些障碍，如银行保密制度等；不断深化了对税收信息相关当事人隐私权和参与权的保护；扩大了在税收合作中的开放性和包容性。主要修订内容如下：

① 取消了"双重犯罪标准"。双重犯罪标准是指只有当被调查的行为在情报请求国和被请求国同时构成犯罪时，被请求国才会提供情报交换协助。

② 删除了《公约》第 4 条第 2 款关于在法庭上披露信息的规定，即"一方可以将在公约框架下获取的信息在刑事法庭前作为证据使用，只要得到了提供信息方的事先授权"。

③ 新增条款确保了国内银行保密制度和国内税收利益要求不会阻碍公约框架下的情报交换，并且在这些方面使公约优先于各成员国的国内税法。如第 21 条第 4 款进一步规定被请求国在任何情况下都不得仅因情报由银行、其他金融机构、代名人、代理人或受托人所持有，或涉及某人的所有者权益而拒绝提供情报。

④ 扩大税收情报交换的范围。一方面，扩大了"可预见相关性"标准的范围，规定任何可预见到的与《公约》所涉及税种的相关国内法的管理或执行相关的信息，各国都应该交换。另一方面，《议定书》删除了《公约》要求交换的信息必须作为刑事法庭上的证据的条款。

⑤ 建立情报交换的双向合作机制。《议定书》强调，情报交换方应当尽可能地发挥各自的积极性，建立起良好的沟通机制。对于被请求方，《议定书》提出了更严格的要求：被请求国应尽快告知请求国采取的行动和援助的结果；如果被请求国拒绝，则应按条款要求说明拒绝的理由；且信息应按请求国所希望的方式来提供，应按照公约的要求提供税收行政援助。

二、金融账户涉税信息自动交换共同报告标准

（一）背景

税收情报交换在国际税收合作中占据着重要的地位，从在税收协定范本中设置信息交换条款，到推出双边税收情报交换协定范本，到在税收征管互助公约中设置情况交换条款，OECD 在推动国际税收情报交换方面不断做出努力。

金融账户涉税信息是税收情报交换的重点内容，自美国在 2009 年 10 月引入海外账户税收合规法案，单方面采取强力措施推动金融账户涉税信息的交换以来，G20 和 OECD 也强化了推动金融账户涉税信息交换的工作。

2014 年 2 月，OECD 发布了《金融账户信息自动交换标准》（Standard for Automatic Exchange of Financial Account Information），简称 AEOI 标准。标准要求所得来源国系统、定期、大批量地向纳税人居民国提供纳税人的相关所得或资产信息（包括股息、利息、特许权使用费、薪金、养老金的信息等）。

为实施该标准，OECD 又于 2014 年 7 月发布共同报告标准（Common Reporting Standard，CRS），规定了应交换的金融账户信息，应报告的金融机构，所涉及的账户和纳

税人的类型以及金融机构应遵循的共同尽职调查程序等。共同报告标准包含四部分内容:明确各税收辖区内金融机构所应遵守的尽职审查与报告义务共同标准;为各税收辖区间执行 CRS 提供法律框架的多边主管当局协定范本;有关前两部分内容的注释;执行 CRS 的用户信息技术指南(CRSXML Schema)。

(二) CRS 的基本工作机制

CRS 框架下,国家(地区)之间的金融账户信息交换有三种模式:一是多边模式,OECD 提供平台,根据各国提交的信息,自动匹配,定期交换;二是双边模式,由意向国(地区)相互选择;三是欧盟模式,仅在成员国之间适用,具有更高的效率。事实上,多边模式也需要参与国(地区)相互选择对方,否则在提交的信息匹配时,也无法实现"配对"。

CRS 的基本工作机制如图 4-5 所示,参与 CRS 辖区的金融机构需要利用尽职调查识别出该机构客户中的非本辖区居民账户,进而将账户的相关信息报送至本辖区税务主管机关,最终各辖区的税务主管机关交换收集的相关信息。

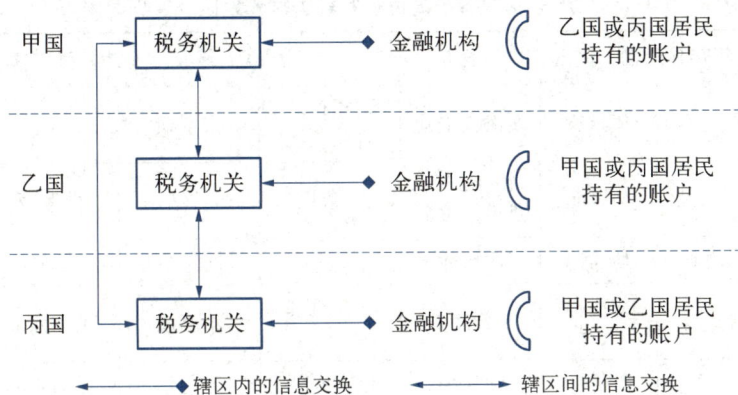

图 4-5 CRS 的基本工作机制

(三) CRS 的主要内容

CRS 从三个维度规定了尽职调查与报告义务,即调查者、被调查者和调查内容。

调查者是应履行尽职调查与报告义务的金融机构(reporting financial institute, RFI),包括托管机构、储蓄机构、投资实体以及特定保险公司。但是一般政府机构、国际组织、中央银行、公益性养老基金、特定范围的集合投资工具、依国内法免除报告义务的金融机构等免除调查与报告义务。

被调查者即账户持有人(reportable person, RP),一般指具有参与执行 CRS 的税收辖区居民身份的自然人(包括留有遗产的死者)和实体;实际管理机构位于该税收辖区内的合伙、有限合伙或其他没有纳税居民身份的类似实体。CRS 还规定了"透视原则",即要求 RP 透过中间公司(导管公司或空壳公司)找到实际控制人。

调查内容通常包括账户持有人的相关信息(如姓名/名称、地址、纳税人识别号、出生地、出生日期等),金融账户的相关信息(如账号、金融机构的名称和识别号等),金融账户的余额及相关收入(如利息收入、股息收入、金融资产处置收入等)。在 CRS 允许的范围内,各辖区可对个别需报送信息的范围进行调整。

（四）CRS 的实施进展

CRS 在 2014 年 7 月正式发布后进展顺利。2014 年 10 月 29 日，51 个辖区派代表在柏林首次现场签署了《金融账户涉税信息自动交换多边主管当局协议》(Multilateral Competent Authority Agreement on Automatic Exchange of Financial Account Information，CRS MCAA)，简称《多边主管当局协议》。目前完成 CRS MCAA 签署的辖区已达到 102 个，包括百慕大、英属维尔京群岛、开曼群岛在内的许多著名避税地也做出了加入 CRS 的承诺。2015 年 12 月 14 日，瑞士批准从 2018 年开始实施银行税务信息自动交换。

截至 2018 年 7 月 5 日，CRS 下金融账户涉税信息自动交换"配对"成功数已达 3 200 多个，有 82 个国家承诺向中国提供金融账户涉税信息。

CRS 在全球的实施时间表分为两批，第一批计划在 2017 年 9 月之前完成首次辖区间信息的交换，第二批为 2018 年 9 月前。基于已经签署的 CRS MCAA，各辖区的实施时间表如表 4-6 所示。

表 4-6 CRS 多边主管当局协议签署国家和地区及实施时间表

2017 年 9 月前计划完成辖区				2018 年 9 月前计划完成辖区			
阿根廷	芬兰	罗马尼亚	斯洛文尼亚	阿拉伯联合酋长国	俄罗斯	瑞士	乌拉圭
爱尔兰	哥伦比亚	马恩岛	特克斯和凯科斯群岛	阿鲁巴	格林纳达	萨摩亚	智利
爱沙尼亚	根西岛	马耳他	西班牙	安道尔	哥斯达黎加	沙特阿拉伯	中国
安圭拉	韩国	蒙特塞拉特	希腊	安提瓜和巴布达	黎巴嫩	圣卢西亚	巴巴多斯
百慕大	荷兰	墨西哥	匈牙利	澳大利亚	卡塔尔	圣马丁岛	库拉索岛
保加利亚	捷克	南非	意大利	奥地利	加拿大	圣文森特和格林纳丁斯	纽埃岛
比利时	开曼群岛	挪威	印度	澳门（中国）	库克群岛	特立尼达和多巴哥	新加坡
冰岛	克罗地亚	葡萄牙	英国	巴哈马群岛	马来西亚	圣基茨和尼维斯	加纳
波兰	拉脱维亚	瑞典	英属维尔京群岛	巴林	马绍尔群岛		阿塞拜疆
丹麦	立陶宛	塞浦路斯	泽西岛	巴拿马	毛里求斯	香港（中国）	巴基斯坦
德国	列支敦士登	塞舌尔	直布罗陀	巴西	摩纳哥	以色列	格陵兰岛
法国	卢森堡	圣马力诺	法罗群岛	伯利兹	瑙鲁	印度尼西亚	土耳其
斯洛伐克				多米尼加	日本	瓦努阿图	科威特
				文莱达鲁萨兰	新西兰		

来源：http://www.oecd.org/tax/automatic-exchange/commitment-and-monitoring-process/AEOI-commitments.pdf；截至 2018 年 6 月。

虽然有 102 个国家和地区签署了《多边主管当局协议》，协议的真正落实还需要通过国内法的批准和强有力的执行。目前各国批准程序进度不一，并且各国对参与的内容和地区也会做出不同的保留事项，比如，我国在批准《多边主管当局协议》时暂未将香港、澳门纳入多边税收征管互助地区范围。美国也并不属于 OECD 发布的已经签署或者承诺签署 CRS 的国家或地区，而仅通过 FATCA 法案实现金融账户涉税信息交换。CRS 在一些避税天堂的实际执行更是还有很长的路要走。

专栏 ·—

OECD 税收征管论坛[①]

税收征管论坛(Forum on Tax Administration, FTA)成立于 2002 年，是 OECD 财政事务委员会下设机构，已有 53 个成员辖区，包括所有 G20 成员、OECD 成员及部分非 OECD 成员。目前，FTA 已发展成为世界主要经济体税务部门在局长层面进行沟通对话和协调合作的高级别平台。

FTA 的目标和作用主要体现在以下方面：一是提供国际化平台，使各成员税务局长分享税收征管方面的最佳实践和经验；二是发挥各成员税务部门的集体力量，确保在重要税收征管问题上达成共识，并行动一致；三是在实现完整、高效、公平的税收征管方面取得成果并建立标准；四是加强与税收领域参与者的对话，并支持国内层面交流合作；五是推动与其他 OECD 论坛、国际和区域性税务组织间的合作。

FTA 下设指导委员会，由 13 个成员的税务局长组成，负责决定并监督 FTA 项目工作，并支持 OECD 和 G20 国际税改议题的落实。现任指导委员会主席是英国税务局局长爱德华·楚普，我国国家税务总局局长王军是指导委员会委员。

FTA 主要在三个方面开展工作：

一是举办 FTA 大会。FTA 大会每 15—18 个月举办一次，与会代表为各成员税务局局长及税收领域重要国际组织的代表。会议就全球税收热点问题进行探讨，在分享税收管理经验的基础上，研究加强税收征管国际合作的最佳方法。

二是研究发布税收专题报告。FTA 成立了工作小组和专家网络，对 G20 国际税改的重要税收专题进行研究，并定期发布研究报告。

三是编印税收征管比较系列丛书。FTA 每两年出版《OECD 和部分 OECD 国家的税收管理：比较信息系列》，提供 56 个发达国家和新兴经济体(包括所有 OECD、欧盟、G20 成员)在税收征管方面的可比信息，以提高各国税收征管透明度，推动各国税务机关见贤思齐，取长补短。

从 FTA 近年来举办大会的主题(见表 4-7)看，贯彻落实 G20/OECD 税改措施已成为 FTA 的中心任务。其中 FTA 于 2016 年和 2017 年推出的"国际联合反避税信息及协作平台"(Joint International Task Force on Shared Intelligence and Collaboration, JITSIC)及国际税收遵从保障项目(International Compliance Assurance Program, ICAP)特别值得

---

① 来源：国家税务总局和 OECD 网站，http://www.chinatax.gov.cn/n810219/n810744/n2128547/index.html；http://www.oecd.org/tax/forum-on-tax-administration/。

关注。通过这些项目,税务机关在反避税方面的信息合作将大大加强,也有望通过对国别报告及其他相关信息的利用,在跨国企业和各参与国的税务机关之间达成多边协议,为税企双方同时提供确定性。

表 4-7 历届税收征管论坛的会议主题

年 份	开会地点	会 议 主 题
2004 年	塞维利亚	税务部门如何在政府内部传递信息,如何把信息传递给纳税人;推动对战略性税收问题进行对话;帮助各国应对提升服务质量和维护税基两个方面的压力
2005 年	都柏林	找到提供纳税服务和进行税收执法之间的平衡点,通过与税收专业人士开展合作改进税法遵从
2006 年	首 尔	制定防止恶意税收筹划指南,指导打击恶意税收筹划;审查税务中介在税收不遵从和税收最小化安排中的作用;加强国际税收领域税务人员的培训,包括互派税务人员进行培训
2008 年	开普敦	全球商业和财富管理新趋势及其对税务部门工作的影响;研究税务中介的作用;帮助非洲国家提高资金筹集能力,满足《千年发展目标计划》的要求。
2009 年	巴 黎	通过国内和国际合作改进税收征管,提升纳税服务,促进税收遵从;加强税收领域的公司治理;支持发展中国家加强税收征管。
2010 年	伊斯坦布尔	继续关注离岸遵从;通过联合审计提升国际税收遵从,降低纳税人遵从和征管成本;与银行合作提升税收遵从;分享高净值个人税收遵从经验;纳税人服务,关注电子纳税服务的最新进展,降低税务部门和企业的负担
2012 年	布宜诺斯艾利斯	通过提高透明度和税收信息交换打击偷逃税,提升离岸遵从;打造税务局和大企业纳税人之间的建设性关系;通过与发展中国家分享最佳实践改进税收征管质量
2013 年	莫斯科	打击离岸逃避税,增加透明度和税收信息交换的全面性,应对国际税收、转让定价和数字经济领域税基侵蚀和利润转移(BEPS)问题,制定大企业合作遵从框架,提升工作效率和服务质量
2014 年	都柏林	大幅推动全球税收合作,快速应对全球税收风险;打造"国际联合反避税信息及协作"(JITSIC)的新型国际平台,执行新的自动信息交换标准,改善相互协商程序(MAP)实际运作,更加迅速和高效地解决双重征税问题
2016 年	北 京	实施 G20/OECD 国际税收改革成果,敦促各成员税务局长协调一致采取行动;建设现代化税务部门,使技术进步紧跟时代步伐,有效应对数字化经济带来的机遇和挑战;加强能力建设,帮助所有国家、特别是发展中国家提高征管水平,合理配置资源,从国际税收改革中受益
2017 年	奥斯陆	支持 G20/OECD 税改,特别是通过落实自动信息交换,执行 BEPS 行动计划,以及采取增强确定性的措施,主要是推行国际税收遵从保障项目(ICAP)
2019 年	圣地亚哥	继续支持 BEPS 项目,特别是采取提供税收确定性的措施;改善税收合作;支持继续开展税收征管数字化;增强发展中国家的征管能力

案例

欧盟委员会如何否定星巴克与荷兰税务机关的预约定价协议

一、案例背景

星巴克集团是著名的咖啡专业制造商和零售商[1]，它的总部位于美国西雅图，在60多个国家开展经营活动。2013年，星巴克集团的全球净收入是148.92亿美元，税后净利润为800万美元。

欧洲、中东和非洲（Europe，Middle-East，Africa，以下简称 EMEA 市场）是星巴克集团的主要经营市场之一，2013年该市场的营收占全球营收的比重约为8%。星巴克集团在该市场拥有设在25个国家的1 869个销售点，其中的53%为授权第三方经营。

荷兰星巴克制造公司（Starbucks Manufacturing BV）注册在阿姆斯特丹，雇用了约80名员工，是星巴克集团在本国本土以外唯一一家从事咖啡烘焙业务的成员企业，其母公司荷兰星巴克公司（Starbucks Coffee BV）也注册在荷兰，是星巴克集团在EMEA 市场的总部。根据荷兰法律，荷兰星巴克与荷兰星巴克制造合并申报企业所得税。

荷兰星巴克制造的生咖啡豆原材料购自星巴克集团在瑞士的一家子公司——星巴克咖啡贸易公司（以下简称"瑞士星巴克公司"），该公司负责整个星巴克集团的生咖啡豆采购，并拥有独立的经营权。2008年4月28日，荷兰税务机关与星巴克制造签订预约定价协议（APA），确定星巴克制造可以使用交易净利润法确定其向瑞士星巴克公司采购原材料的转让定价，以9%—12%的交易净利润率乘以其运营成本来计算税基。但是，2015年10月21日，欧盟委员会经过历时两年的调查后裁定荷兰税务机关和星巴克制造达成的预约定价协议违反了欧盟竞争法中关于国家援助制度的规定，是非法的，因而责令星巴克向荷兰税务机关补缴2 000万—3 000万欧元税款，具体补缴金额将由荷兰税务机关依据欧盟委员会在判决中认可的转让定价方法确定。

二、案例焦点问题

本案例的核心问题在于荷兰税务机关与荷兰星巴克制造公司签订的预约定价协议为何遭到质疑，纳税人与税务机关已经签订的协议为何会被欧盟否定，欧盟的国家援助制度对欧盟国家和纳税人有哪些影响。

三、案例分析

（一）荷兰星巴克制造公司的主要业务活动和股权架构

欧盟委员会的调查主要针对荷兰税务机关与荷兰星巴克制造公司的预约定价协议，荷兰星巴克制造公司在星巴克集团公司中所处的位置及其股权架构如图 4-6 所示。

---

[1] 主要资料来源：欧盟国家援助案例 SA.38374，State aid implemented by the Netherlands to Starbucks，http://ec.europa.eu/competition/elojade/isef/case_details.cfm?proc_code=3_SA_38374。

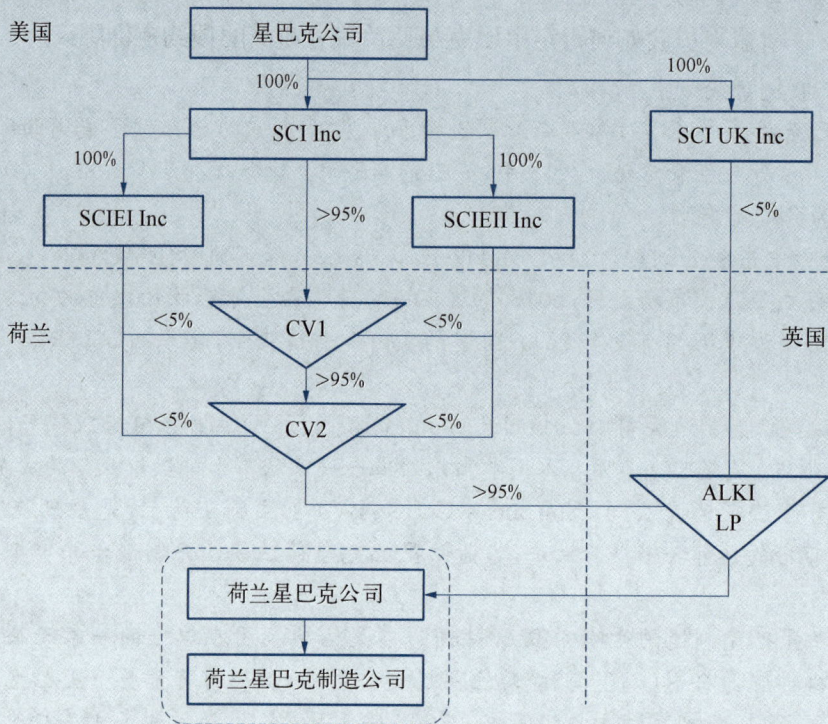

图 4-6 荷兰星巴克制造公司的股权架构

位于美国的星巴克集团公司总部完全控股星巴克国际公司(SCI Inc)和英国星巴克公司(SCI U.K. Inc),这两家子公司均在美国注册成立。SCI Inc 完全控股两家欧洲星巴克公司(SCIEI Inc 和 SCIEII Inc),这两家子公司也均在美国注册。SCI Inc、SCIEI Inc 和 SCIEII Inc 又分别直接和间接持有两家荷兰有限合伙企业①CV1 和 CV2 (其中 SCI Inc 持有 CV1 的 95％以上的权益,SCIEI Inc 和 SCIEII Inc 分别持有 CV1 的 5％以下的权益,CV1 持有 CV2 的 95％以上的权益,SCIEI Inc 和 SCIEII Inc 分别持有 CV2 的 5％以下的权益),CV2 和 SCI UK Inc 又持有一家英国有限合伙企业 ALKI LP(其中 CV2 持有 95％以上的权益,SCI UK Inc 持有 5％以下的权益)。ALKI LP 与星巴克集团公司签订了成本分摊协议,拥有星巴克在 EMEA 地区无形资产的所有权,并将其授权给荷兰星巴克公司(主要是星巴克的商标、店面布置、企业标识等)和荷兰星巴克制造公司(主要是星巴克的烘焙技术),ALKI LP 向荷兰星巴克公司和荷兰星巴克制造公司收取特许权使用费并穿透 CV1 和 CV2 最终支付给美国公司(SCI Inc、SCI UK Inc 等)。

在上述架构中,CV1 和 CV2 是荷兰税法下的未上市有限合伙企业,而 ALKI LP 是英国的有限合伙企业。根据荷兰税法,未上市有限合伙企业被视为透明实体,其取得的收入不承担企业所得税的义务,而仅由持股方就其享有的权益对应的收入纳税。

---

① 根据荷兰法律,CV 为有限合伙企业(limited partnership)。

英国税法也规定有限合伙企业仅在持股方层面课税。因此,ALKI LP取得的特许权使用费收入既不在英国缴纳企业所得税,也不在荷兰缴纳企业所得税,经过三层穿透,最终将在 SCI Inc 层面纳税。

但是,欧盟委员会并没有质疑星巴克集团特许权使用费的税负是否合理,而重点关注了荷兰星巴克制造公司在业务活动中的转让定价问题。

如前所述,荷兰星巴克制造公司的功能是烘焙咖啡豆并向星巴克集团在 EMEA 市场的各个销售点交付咖啡①,但它进行烘焙的原材料是从关联企业瑞士星巴克公司采购的,并且该公司向星巴克各个销售点交付的咖啡是基于其母公司荷兰星巴克公司与这些销售点签订的合同确定的价格,因此税务机关需要对这些关联交易进行转让定价调整。正是在这一背景下,荷兰税务机关分别和荷兰星巴克公司以及荷兰星巴克制造公司签订了预约定价协议,本案例涉及的主要是荷兰税务机关与荷兰星巴克制造公司签订的预约定价协议(下文简称 SMBV APA)。

(二)交易净利润法:预约定价协议中的核心内容

在 SMBV APA 中荷兰税务机关和荷兰星巴克制造公司达成一致意见,采用交易净利润法作为转让定价的调整方法,根据这一方法,应先选取可比公司,然后计算可比公司的可比非关联交易的成本加成率区间,再将这个可比区间应用于计算荷兰星巴克制造公司的净利润。

1. 可比公司的选择

在可比公司选择方面,星巴克税务顾问对欧洲地区与本公司经营相似业务承担相似功能和风险的企业进行了调查,经过电脑筛选和人工核查,最终确定了 Amadeus 数据库②中的 20 家公司作为潜在的可比方。SMBV APA 中可比公司选择这一环节基本未受到欧盟委员会的质疑。

2. 可比成本加成率的计算

正常情况下可比成本加成率的计算公式如下:

$$可比成本加成率 = 可比公司净利润/可比公司总成本$$

然而在 SMBV APA 中,可比成本加成率是根据 20 家可比公司 2001—2005 年的数据采用以下公式计算的:

$$调整的可比成本加成率 = \frac{可比公司净利润-(无风险利率+风险溢价)\times 可比公司原材料成本}{可比公司总成本-可比公司原材料成本}$$

上述公式中的无风险利率使用的是各年度 12 个月期限的欧洲银行同业拆借利率,风险溢价均为 0.5%,具体数据如表 4-8 所示:

---

① 荷兰星巴克制造公司本身不进行任何销售活动,它向星巴克各个销售点交付的咖啡是基于荷兰星巴克公司与这些销售点签订的合同。

② Amadeus 是一个提供欧洲 45 个国家共计 2 400 多万家公司和企业财务信息、经营信息以及各行业发展情况的大型企业分析库,是全球最具权威性的欧洲企业贸易投资信息检索库,由 BvD(Bureau van Dijk)公司运营。

表4-8　2001—2005年12个月期限的欧洲银行同业拆借利率

	2001	2002	2003	2004	2005
利　率	4.09％	3.49％	2.33％	2.27％	2.33％
风险溢价	0.5％	0.5％	0.5％	0.5％	0.5％

可以发现SMBV APA中调整的可比成本加成率公式是在正常可比成本加成率公式基础上经过两次调整得到的：第一次调整是在分子上从可比公司净利润中减去原材料的资金成本,第二次调整是在分母上从可比公司总成本中减去可比公司原材料成本。

对于这两次调整,荷兰税务机关和星巴克税务顾问给出的理由是：因为选取的可比公司中一部分是完全制造商,它们在原材料方面承担更多的功能和风险,相应地需要获得更多的利润,为了计算星巴克制造公司的可比利润,需要将这些公司增加的利润扣除,因此应在净利润中减去原材料的资金成本,另一方面,由于荷兰星巴克制造公司仅仅是"来料加工企业",短期内不承担存货风险,因此为确定星巴克制造公司的可比成本,需要在分母中剔除原材料成本。

根据Amadeus数据库中20家可比公司2001—2005年的数据测算出的未调整可比成本加成率和SMBV APA中调整的可比成本加成率如表4-9所示。

表4-9　20家可比公司2001—2005年成本加成率的测算结果

指　　标	未调整可比成本加成率	调整的可比成本加成率
下四分位数	4.9％	6.6％
中位数	7.8％	9％—12％
上四分位数	13.1％	20.9％

虽然SMBV APA中调整的可比成本加成率与未调整可比成本加成率相比,分子和分母都调减了,甚至表4-9显示调整的可比成本加成率比未调整可比成本加成率要大,但是经过这样的公式转换,核定荷兰星巴克制造公司净利润时的基数将由总成本变为剔除原材料成本后的成本,最终将导致核定净利润的下降。

3. 荷兰星巴克制造公司净利润的计算

正常情况下,可比成本加成率确定后,应根据如下公式计算荷兰星巴克制造公司的净利润：

荷兰星巴克制造公司净利润＝可比成本加成率×荷兰星巴克制造公司总成本

而SMBV APA中对可比成本加成率调整后,将根据如下公式计算荷兰星巴克制造公司的净利润：

$$\text{荷兰星巴克制造公司净利润} = \text{调整的可比成本加成率} \times \left(\text{荷兰星巴克制造公司总成本} - \text{荷兰星巴克制造公司原材料成本} \right)$$

显然,在调整的可比成本加成率与原可比成本加成率相比变化不大的情况下,作为核定净利润基数的总成本的调减可带来净利润的较大幅度的下降。事实上,在 SMBV APA 中,荷兰星巴克制造公司不仅从总成本中扣减了原材料成本,还扣除了其他与咖啡烘焙业务无关的成本,比如荷兰星巴克制造公司作为星巴克纸杯和纸巾的中间分销商的成本等,这就使荷兰星巴克制造公司核定的净利润进一步下降,税负进一步减轻。

(三)星巴克和荷兰税务机关应用交易净利润法存在的问题

交易净利润法是一种实践中比较常用的转让定价调整方法,其优点在于受交易差异、功能差别的影响较小。但荷兰星巴克制造公司和荷兰税务机关达成的预约定价协议应用交易净利润法时对可比成本加成率的计算方法进行了较大调整,且调整的理由不够充分,这是该协议遭到欧盟委员会质疑的主要原因。

具体来说,SMBV APA 中可比成本加成率计算方法调整的主要理由是荷兰星巴克制造公司属于一家来料加工企业,而星巴克税务顾问编制的转让定价报告中从 Amadeus 数据库中选取的 20 家可比公司有一部分是完全制造商。

然而,欧盟委员会调查发现,荷兰星巴克制造公司的最新资产负债表摘要(参见表 4-10)显示,该公司的存货几乎达到总资产的一半。同时,报表附注显示荷兰星巴克制造公司还计提了存货跌价准备,这就否定了 SMBV APA 中对于荷兰星巴克制造公司仅是一家来料加工企业的认定。既然荷兰星巴克制造公司承担了存货的风险,计算净利润时就不应从其总成本中剔除原材料成本。

表 4-10 荷兰星巴克制造公司的资产负债表摘要

(2012 年 9 月 30 日 单位:欧元)

资 产	金 额	负 债	金 额
固定资产		所有者权益和负债	
无形固定资产	5 385 686	所有者权益	69 753 248
有形固定资产	8 110 763	长期负债	28 719
流动资产		短期负债	
存货	61 619 519	应付账款	15 253 234
其中:原材料	35 516 052	其中:应付集团内公司	30 642 511
在产品	222 406	应付关联方	1 907
产成品	25 881 061	其他应付款	286 612
应收账款	10 148 648	其他短期负债	12 018 958
其中:应收集团公司	25 794 362		
应收关联方	2 287 136		
其他应收款	3 997 032		
现金和现金等价物	10 642 040		
合计	127 985 189	合计	127 985 189

（四）欧盟关于非法国家援助的规定

在本案例中，欧盟关于非法国家援助的规定也非常值得关注，因为它可能使得跨国企业与东道国税务机关已经达成的协议失效，由此将极大提高跨国企业的税收筹划风险。

根据《欧盟运行条约》107条第一款规定，由某一成员国提供的或通过无论何种形式的国家资源给予的任何援助，凡通过给予某些企业或某些商品的生产以优惠，从而扭曲或威胁竞争，只要影响到成员国之间的贸易，均与内部市场原则相悖，即构成非法国家援助。

构成非法国家援助需要满足四个条件：（1）援助措施是在国家层面实施的并且由国家的资源来资助；（2）援助行为给被援助方带来优势；（3）这种优势是有选择性的；（4）援助措施扭曲或者威胁扭曲竞争并且潜在影响成员国间的贸易活动。

SMBV APA 中对于净利润的调整方法违背了独立交易原则，不正当地导致荷兰星巴克制造公司在荷兰的税基减少。荷兰税务机关给予了荷兰星巴克制造公司在税收负担方面的选择性优势，形成了欧盟成员国之间有害的税收竞争，符合上述四个条件，因此构成了非法国家援助。

四、总结与评论

本案例一方面展示了星巴克集团在 EMEA 市场的主要组织架构、经营策略以及所采用的转让定价方法，另一方面展示了欧盟委员会关于荷兰星巴克制造公司与荷兰税收机关的预约定价协议是否构成非法国家援助的主要调查过程及结论。

案例的核心在于交易净利润法在实践中应如何应用，包括如何选择适当的可比公司，如何选择适当的利润水平指标，以及如何根据企业实际承担的功能和风险确定利润水平指标的正确计算方法。

本案例揭示了跨国企业在转让定价方法应用中可能面临的风险，特别是随着多边国际税收协调机制在国际税收领域发挥的影响越来越大，跨国企业的税收合规不仅需要考虑符合所在国税务当局的要求，还需要考虑符合国际组织的相关规则的要求。

本 章 小 结

为促进欧盟共同市场的建立，尽可能减少各成员国税制差异引起的经济扭曲，欧盟通过了一系列的税收指令。这些税收指令叠加在各成员国内税法之上，与各成员国的国内税法共同发挥效力，因而成为适用于涉及欧盟国家的跨境交易的国际税收规则的一个组成部分。

欧盟《母子公司指令》规定合格的欧盟成员国公司向另一欧盟成员国公司支付的股息和其他利润分配免于征收预提税，同时对此类收入在母公司层面免于征税；欧盟《并购指令》规定合格的欧盟成员国公司之间发生的合并、分立、部分分立、资产转让和股份转让涉及较少现金收付时免于征收资本利得税；欧盟《利息和特许权使用费指令》规定合格的欧盟成员国公司(包括其设在另一欧盟成员国的常设机构)之间进行的利息和特许权使用费支付免于征税。

在 20 国集团的推动下,OECD 于 2013 年发布了应对税基侵蚀和利润转移(BEPS)报告,旨在确保跨国企业就利润向经济活动发生地和价值创造地申报纳税。BEPS 项目提出的 15 项行动计划进展迅速,其中多项行动计划涉及国际税收规则的重构,如消除混合错配安排的影响、强化受控外国公司规则、防止税收协定优惠的不当授予、对利用利息扣除和其他金融支付实现的税基侵蚀予以限制、防止人为规避常设机构、将转让定价结果和价值创造相匹配,等等。

其他重要的多边国际税收协调机制还有多边税收征管互助公约和金融账户涉税信息自动交换标准等,在税收征管论坛框架下开展的国际税收合作也在不断走向深入。

习题与思考题

一、材料分析题

[阅读材料] 2017 年 12 月 5 日,欧盟成员国财政部长在比利时举行会议后,正式宣布一份非欧盟成员国"避税天堂"的黑名单,17 个国家及地区榜上有名,分别是中国澳门、韩国、巴拿马、突尼斯、阿联酋、巴巴多斯、佛得角、格林纳达、马绍尔群岛、帕劳、圣卢西亚等。[①]

[问题] 欧盟和 OECD 对于"避税天堂"的认定标准有何区别? 为什么开曼群岛、英属维尔京群岛等历史上著名的避税地并未列入上述名单? 列入欧盟的"避税天堂"名单对一个国家或地区将产生怎样的影响? 欧盟的该项举措能否有效抑制跨国企业利用"避税天堂"避税?

二、讨论题

1. 试查阅有关资料,分析 BEPS 行动计划采取了哪些措施力图实现转让定价结果和价值创造相匹配。

2. 试分析我国改革开放以来先后对国家级经济技术开发区、国家级高新技术产业开发区和西部地区实行的区域税收优惠政策是否属于 BEPS 框架下的有害税收实践?

---

①　http://news.sina.com.cn/o/2017-12-05/doc-ifypnqvn0310983.shtml.

第五章

中国的国际税收制度

教学目的与要求

　　本章集中介绍中国的国际税收制度。通过本章的学习,要求学生掌握中国国内税法中对跨境交易征税的规定,包括个人所得税法和企业所得税法中的相关规定,还要求学生熟悉中国签订和执行税收协定的实践及中国参与多边国际税收协调机制的进展。

第一节　中国国内税法中对跨境交易所得征税的规定

一、个人所得税制中对跨境交易所得征税的规定(2019 年 1 月 1 日以前实行)①

(一) 税收管辖权的行使和课税范围

1. 一般规定

中国对个人所得税同时行使居民管辖权和来源地税收管辖权,个人所得税的纳税义务人包括居民纳税人和非居民纳税人。其中居民纳税人应就其来源于中国境内和境外的所得,即全球所得在中国境内缴纳个人所得税,负有无限的纳税义务。非居民纳税人仅就其来源于境内的所得在中国缴纳个人所得税,负有有限的纳税义务。

2. 居民个人和非居民个人的认定

中国对于自然人居民身份的认定采用住所标准和停留时间标准,即满足以下两个条件之一的个人为中国税收居民:① 在中国境内有住所;② 无住所而一个纳税年度内在中国境内居住累计满 1 年。

"在中国境内有住所"是指因户籍、家庭、经济利益关系而在中国境内习惯性居住。所谓习惯性居住,是判定纳税义务人是居民或非居民的一个法律意义上的标准,不是指实际居住或在某一个特定时期内的居住地。如因学习、工作、探亲、旅游等而在中国境外居住的个人,在这些原因消除之后,必须回到中国境内居住,则中国即为该个人的习惯性居住地②。

---

① 我国自 2019 年 1 月 1 日起实行的新个人所得税法对于个人跨境交易所得的课税制度进行了较大调整,具体如下一小节所述,但为便于读者理解此次税制调整带来的变化,本书仍在此保留了对 2019 年 1 月 1 日前实行的规则的介绍。

② 据《国家税务总局关于印发〈征收个人所得税若干问题的规定〉的通知》(国税发〔1994〕89 号)。

上述"在境内居住满 1 年"是指一个纳税年度(公历 1 月 1 日至 12 月 31 日)在中国境内居住 365 日。对于临时离境即在一个纳税年度中一次不超过 30 日或多次累计不超过 90 日的离境,计算是否"在境内居住满 1 年"时不扣减日数。

与居民个人相对应,非居民个人是指在中国境内无住所又不居住或者无住所而一个纳税年度内在中国境内居住累计不满 1 年的个人。

3. 个人所得来源地的认定

下列所得不论支付地点是否在中国境内,均为来源于中国境内的所得:

(1) 因任职、受雇、履约等而在中国境内提供劳务取得的所得[①];

(2) 将财产出租给承租人在中国境内使用而取得的所得;

(3) 转让中国境内的建筑物、土地使用权等财产或者在中国境内转让其他财产取得的所得;

(4) 许可各种特许权在中国境内使用而取得的所得;

(5) 从中国境内的公司、企业以及其他经济组织或者个人取得的利息、股息、红利所得。

(二) 居民个人取得外国来源所得课税的特殊规定

1. 附加减除费用

在中国境内有住所而在中国境外取得工资、薪金的个人,在计算工资薪金所得的应纳税所得额时,除了可以按照一般规定进行费用扣除外,还可以根据其平均收入水平、生活水平以及汇率变化等情况享受一定的附加减除费用。2019 年 1 月 1 日以前实行的附加减除费用标准是每月 1 300 元,因此符合条件的纳税人每月的工资、薪金所得在一般减除费用 3 500 元的基础上,还可以获得附加减除费用 1 300 元,共可以减除费用 4 800 元[②]。

2. 居住时间不超过 5 年时的免税规定

根据中国个人所得税的征税范围,在中国境内有住所以及无住所但在中国居住时间满 1 年的个人都属于中国的税收居民,应就其取得的中国和外国来源所得按照中国个人所得税法的规定缴纳个人所得税[③],但是对于那些无住所但居住时间满 1 年的个人,如其居住时间满 1 年但不超过 5 年,其来源于中国境外的所得,经主管税务机关批准,可以只就由中国境内公司、企业以及其他经济组织或者个人支付的部分缴纳个人所得税[④]。

(三) 非居民个人取得本国来源所得的课税的特殊规定

1. 居住时间小于 90 日时的免税规定

在中国境内无住所而在一个纳税年度中在中国境内连续或累计居住不超过 90 日[⑤]的个人,其来源于中国境内的所得,由境外雇主支付并且不由该雇主在中国境内的机构、场

---

① 国家税务总局进一步明确:属于来源于中国境内的工资薪金所得应为个人实际在中国境内工作期间取得的工资薪金,即个人实际在中国境内工作期间取得的工资薪金,不论是由中国境内还是境外企业或个人雇主支付的,均属来源于中国境内的所得;个人实际在中国境外工作期间取得的工资薪金,不论是由中国境内还是境外企业或个人雇主支付的,均属于来源于中国境外的所得(国税发〔1994〕148 号文)。

② 《中华人民共和国个人所得税法实施条例》(2011 年 7 月 19 日国务院令第 600 号公布)。

③ 纳税人的外国来源所得包括现金、实物和有价证券,其中按照有关规定交付给派出单位的部分,凡能提供有效合同或有关凭证的,经主管税务机关审核后,允许从其境外所得中扣除(国税发〔1998〕126 号)。

④ 据《个人所得税法实施条例》第六条和《国家税务总局关于在中国境内无住所的个人取得工资薪金所得纳税义务问题的通知》(国税发〔1994〕148 号文)。

⑤ 适用税收协定时则为连续或累计居住不超过 183 日。

所负担的部分,免予缴纳个人所得税①。

2.教师和研究人员

我国对外签署的部分避免双重征税协定或安排(以下统称"税收协定")列有教师和研究人员条款。根据该条款,缔约国一方的教师和研究人员在缔约国另一方的大学、学院、学校或其他政府承认的教育机构或科研机构从事教学、讲学或科研活动取得的所得,符合税收协定规定条件的,可在缔约国另一方享受税收协定规定期限的免税待遇②,因此属于与我国缔结税收协定国家居民的教师和研究人员,可以就其从事教学、讲学或科研活动取得的所得,享受相应的税收协定优惠待遇。

(四) 在中国境内无住所个人计算缴纳个人所得税的方法

1.居住时间与工资薪金所得纳税义务

根据前文所述,虽然在境内居住是否满1年是认定一个自然人是否构成我国税收居民的一个时间标准,但是,对于那些无住所的个人来说,在中国缴纳个人所得税的义务还取决于其在中国的居住时间是否满90天(有税收协定适用时则为183天)以及是否满5年,具体如表5-1所示。

表5-1 无住所个人在中国的居住时间与其个人所得税纳税义务(2019年1月1日以前实行)

居 住 时 间	纳税人性质	境内所得		境外所得	
		境内支付	境外支付	境内支付	境外支付
<90 日	非居民	√	免税	×*	×
90 日~1 年	非居民	√	√	×*	×
1~5 年	居 民	√	√	√	依申请免税
>5 年	居 民	√	√	√	√

注:√表示需要缴纳个人所得税,×表示不需要缴纳个人所得税;*代表外籍高层管理人员需要缴税的特殊情况,关于高管人员更详细的介绍参见第137页;其中90日的时间界限对于来自与中国签有税收协定国家的个人将改为183日。

2.无住所个人在境内境外兼任职务及一个月内包含在境内境外工作天数时个人所得税应纳税额的计算

表5-1表明,无住所个人在中国缴纳个人所得税的情况取决于其在中国境内的居住时间、所得是否来源于中国境内(即是否在中国工作期间取得)以及所得是否由中国境内雇主支付等因素,这些规定具体主要应用于工资薪金所得,并且在实践中,还存在无住所个人在境内企业和境外企业同时兼任职务以及一个月内既有在境内工作时间又有在境外工作时间等复杂情况,为此国家税务总局先后下发了多个文件对相关问题加以明确,包括国税发〔1994〕148号文、国税函〔1995〕125号文和国税发〔2004〕97号文③等。根据这些文

① 据《个人所得税法实施条例》第七条。
② 参见《关于进一步完善税收协定中教师和研究人员条款执行有关规定的公告》(国家税务总局公告2016年第91号)。
③ 《国家税务总局关于在中国境内无住所的个人取得工资薪金所得纳税义务问题的通知》国税发〔1994〕148号文、《国家税务总局关于在中国境内无住所的个人计算缴纳个人所得税若干具体问题的通知》国税函〔1995〕125号、《国家税务总局关于在中国境内无住所的个人执行税收协定和个人所得税法若干问题的通知》国税发〔2004〕97号文。

件的规定,在中国境内居住时间不同的无住所个人应纳税所得额的计算方法分别介绍如下。

(1) 居住时间不超过 90 日

这部分纳税人应就境内支付的境内所得在中国缴纳个人所得税[1]。因此若某月纳税人既有在境内工作的天数,又有在境外工作的天数,工资薪金既有境内雇主支付的部分,又有境外雇主支付的部分,则应首先计算其境内外工资薪金所得的应纳税额(下式括号中的部分),然后根据当月境内工作天数与当月天数的比值以及当月境内支付工资与当月境内外支付工资总额的比值计算全部应纳税额中应归属于境内支付的境内所得的部分。

$$应纳税额 = (当月境内外工资薪金应纳税所得额 \times 适用税率 - 速算扣除数)$$
$$\times \frac{当月境内支付工资}{当月境内外支付工资总额} \times \frac{当月境内工作天数}{当月天数}$$

【例 5-1】约翰为美籍人士,在中国境内无住所,他受雇于一家美国公司并于 2017 年 3 月到 4 月被派往上海分公司工作(非高管)。2017 年 3 月,上海分公司支付给约翰 20 000 元人民币,另美国总部每月支付给他相当于 30 000 元人民币的工资。假设约翰 2017 年 3 月在中国的工作天数是 16 天,则当月他在中国应缴纳多少个人所得税?

解:应纳税额 = [(20 000 + 30 000 - 4 800) × 30% - 2 755] × 16/31 × 20 000/(20 000 + 30 000)
= 2 231(元)

(2) 居住时间超过 90 日但不满 1 年

这部分纳税人应就其全部境内所得在中国缴纳个人所得税,因此若某月纳税人既有在境内工作的天数,又有在境外工作的天数,则应首先计算其境内外工资薪金所得的应纳税额(下式括号中的部分),然后根据当月境内工作天数与当月天数的比值计算全部应纳税额中应归属于境内所得的部分。

$$应纳税额 = (当月境内外工资薪金应纳税所得额 \times 适用税率 - 速算扣除数)$$
$$\times \frac{当月境内工作天数}{当月天数}$$

【例 5-2】承上例,约翰被派往上海分公司工作的时间改为 2017 年 3 月到 10 月,其他条件不变,则约翰 2017 年 3 月在中国应缴纳多少个人所得税?

解:应纳税额 = [(20 000 + 30 000 - 4800) × 30% - 2 755] × 16/31 = 5 577(元)

(3) 居住时间超过 1 年但不满 5 年

这部分纳税人由境外雇主支付的境外工资薪金所得可以申请免税,其余所得需要缴纳个人所得税。

---

[1] 其中入境、离境、往返或多次往返境内外的当日,均按半天计算在华实际工作天数(据《国家税务总局关于在中国境内无住所的个人执行税收协定和个人所得税法若干问题的通知》国税发〔2004〕97 号文)。

$$应纳税额＝（当月境内外工资薪金应纳税所得额×适用税率－速算扣除数）$$

$$×\left(1-\frac{当月境外支付工资}{当月境内外支付工资总额}×\frac{当月境外工作天数}{当月天数}\right)$$

【例5-3】 约翰为美籍人士,在中国境内无住所,他受雇于一家美国公司并于2015年5月到2017年12月被派往上海分公司工作(非高管)。2017年5月,由于业务需要,约翰到中国香港地区出差16天,当月上海分公司支付给约翰20 000元人民币,另美国总部每月支付给他相当于30 000元人民币的工资,则约翰2017年5月在中国应缴纳多少个人所得税?

解：应纳税额＝[(20 000＋30 000－4 800)×30％－2 755]×[1－16/31×20 000/

(20 000＋30 000)]

＝8 574(元)

(4) 居住时间超过5年

这部分纳税人的境内所得和境外所得都要在中国缴纳个人所得税,应纳税额不需要按居住天数进行划分,计算公式如下：

应纳税额＝当月境内外的工资薪金应纳税所得额×适用税率－速算扣除数

3. 各项奖金的特别规定

我国个人所得税制对工资薪金所得实行按月累进计税,为避免纳税人一年内不同月份的税负出现不合理的波动,需要对全年一次性奖金及其他各种名目的奖金实行特别的税收待遇,此类待遇对无住所个人的规定也与其他纳税人有所不同。

(1) 全年一次性奖金

无住所个人一次性取得的数月奖金或年终加薪、劳动分红等按照《国家税务总局关于在中国境内无住所的个人取得奖金征税问题的通知》(国税发〔1996〕183号)的规定,单独作为一个月的工资、薪金所得计算纳税,不再减除费用,全额作为应纳税所得额直接按适用税率计算应纳税款,并且不按居住天数进行划分计算①。即计算公式为：

应纳税额＝取得的一次性奖金×适用税率－速算扣除数

但是,对于在担任境外企业职务的同时兼任该企业在华机构职务的人员,其一次性取得的数月奖金中属于全月未在华的月份的部分,可不作为来源于中国境内的所得纳税。

(2) 其他奖金

无住所个人取得的除全年一次性奖金以外的其他各种名目奖金,如半年奖、季度奖、加班奖、先进奖,考勤奖等,一律与当月工资、薪金收入合并,按税法规定缴纳个人所得税。

如果该个人当月在我国境内没有纳税义务,或者该个人由于出入境原因导致当月在我国工作时间不满1个月,其取得的除全年一次性奖金以外的各种名目奖金应单独作为1个月的工资薪金所得计税,不再扣除费用,全额作为应税所得额计税(即按照《国税发

---

① 若外籍人员为居民纳税人,则其取得的全年一次性奖金适用《国家税务总局关于调整个人取得全年一次性奖金等计算征收个人所得税方法问题的通知》(国税发〔2005〕9号)的规定,单独作为一个月工资、薪金所得计算纳税,并采取以下计税方法：将当月取得的全年一次性奖金除以12个月,按其商数确定适用税率和速算扣除数。

〔1996〕183 号)的规定处理)。

　　4. 董事或高层管理人员的特殊规定

　　对于在中国境内担任董事或高层管理职务的无住所个人的纳税义务,我国还做出了与其他无住所个人不同的规定,其中的"高层管理职务",是指公司正、副(总)经理、各职能总师、总监及其他类似公司管理层的职务[1]。

　　根据国税函〔2007〕946 号文[2]的规定,担任董事或高层管理人员的无住所个人在中国缴纳个人所得税的义务有三种情形。

　　(1) 居住时间不超过 90 天

　　无税收协定适用的企业高管人员,在一个纳税年度中在中国境内连续或累计居住不超过 90 天,或者按税收协定应认定为对方税收居民,并满足税收协定董事费条款要求的企业高管,在税收协定规定的期间在中国境内连续或累计居住不超过 183 天,无论其在中国境内或境外的工作期间长短,按下列公式计算其取得的工资薪金所得应纳的个人所得税:

$$应纳税额 = (当月境内外工资薪金应纳税所得额 \times 适用税率 - 速算扣除数)$$
$$\times \frac{当月境内支付工资}{当月境内外工资总额}$$

　　(2) 居住时间超过 90 天但不超过 5 年

　　无税收协定适用,或按税收协定规定应认定为我方税收居民的企业高管人员,在一个纳税年度在中国境内连续或累计居住超过 90 天,但连续居住不满 5 年的,或者按税收协定规定应认定为对方税收居民,并满足税收协定董事费条款要求的企业高管,在税收协定规定的期间在中国境内连续或累计居住超过 183 天,按下列公式计算其取得的工资薪金所得应纳的个人所得税:

$$应纳税额 = [当月境内外工资薪金应纳税所得额 \times 适用税率 - 速算扣除数]$$
$$\times \left(1 - \frac{当月境内支付工资}{当月境内外支付工资总额} \times \frac{当月境外工作天数}{当月天数}\right)$$

　　(3) 居住时间超过 5 年

　　无税收协定适用,或按税收协定应认定为我方税收居民的企业高管人员,在中国境内连续居住满 5 年后的纳税年度中,仍在中国境内居住满 1 年的,应按下列公式计算其取得的工资薪金所得应纳的个人所得税:

$$应纳税额 = 当月境内外的工资薪金应纳税所得额 \times 适用税率 - 速算扣除数$$

　　(五) 对外籍个人征收个人所得税的特别规定

　　1. 附加减除费用

　　在中国境内的外商投资企业和外国企业中工作的外籍人员和应聘在中国境内的企

---

　　[1]　据国税函〔1995〕125 号文。

　　[2]　即《国家税务总局关于在中国境内担任董事或高层管理职务无住所个人计算个人所得税适用公式的批复》(国税函〔2007〕946 号文)。

业、事业单位、社会团体、国家机关中工作的外籍专家获得的工资、薪金所得也可适用附加减税费用1 300元的待遇,每月共可减除费用4 800元。

2.外籍个人生活费用的免税规定

外籍个人支出的以下费用免予征收个人所得税:

(1)外籍个人以非现金形式或实报实销形式取得的住房补贴、伙食补贴、搬迁费、洗衣费。

(2)外籍个人按合理标准取得的境内、外出差补贴。

(3)外籍个人取得的探亲费、语言训练费、子女教育费等,经当地税务机关审核批准为合理的部分。

3.外籍专家的免税规定

符合条件的外籍专家取得的工资、薪金所得可免征个人所得税。

4.外籍个人股息红利收入和股票转让收入的免税规定

(1)外籍个人从外商投资企业取得的股息、红利所得暂免征收个人所得税①。

(2)外籍个人转让所持有的中国境内企业发行的B股和海外股所取得的净收益暂免征收个人所得税②。

(3)持有B股或中国境内企业海外股的外籍个人,从发行该B股或海外股的中国境内企业所取得的股息(红利)所得,暂免征收个人所得税③。

(六)针对居民境外所得的外国税收抵免

我国的个人所得税制中包含了采用抵免法消除国际重复课税的规定,其基本内容可概括如表5-2。

表5-2　我国在个人所得税中实行的消除国际重复课税的抵免法

项　目	内　容
抵免方法	限额抵免
抵免限额计算方法	分国不分项
征税方法	境内已纳个人所得税低于抵免限额,应在中国补缴差额部分的税款
超限额的处理	向前结转5年

居民纳税人从境外取得的已在所得支付地国家缴纳了个人所得税的所得,仍需要按规定计算缴纳个人所得税,准予其在应纳税额中抵免已在境外缴纳的个人所得税税额。但抵免额不得超过该居民纳税人境外所得依照规定计算的应纳税额。

这里所说的应纳税额,是指居民纳税人从中国境外取得的所得,区别不同国家或者地区和不同的应税项目,依照税法规定的费用扣除标准和适用税率计算的应纳税额。同一国家或者地区内不同应税项目的应纳税额之和,为该国家或者地区的抵免限额。

居民纳税人在中国境外一个国家或者地区实际已经缴纳的个人所得税税额,低于依

①　据《财政部、国家税务总局关于个人所得税若干政策问题的通知》(财税字〔1994〕20号)。

②　据《国家税务总局关于外商投资企业、外国企业和外籍个人取得股票(股权)转让收益和股息所得税收问题的通知》(国税发〔1993〕45号)。

③　同上。

照规定计算出的该国家或者地区抵免限额的,应当在中国缴纳差额部分的税款。超过该国家或者地区抵免限额的,其超过部分不得在本纳税年度的应纳税额中扣除,但是可以在以后纳税年度的该国家或者地区抵免限额的余额中补扣,但补扣年限最长不得超过5年。

二、2018年个人所得税制改革关于跨境交易所得征税的主要调整

2018年8月31日,十三届全国人大常委会第五次会议表决通过了关于修改个人所得税法的决定,当日公布,自2019年1月1日起施行。2018年12月18日,国务院发布了修改后的《中华人民共和国个人所得税法实施条例》。

新的个人所得税法提高了"起征点",设立了专项附加扣除,还将工资薪金、劳务报酬、稿酬和特许权使用费4项所得纳入综合征税范围,实现了我国个人所得税从分类税制向综合与分类相结合税制的里程碑式的重大转变。同时,在对跨境交易所得征税方面,新的个人所得税法、实施条例及随后发布的规范性文件也做出了多项重大调整。

(一)居民个人和非居民个人的认定

根据修订后的个人所得税法,在中国境内有住所的个人,以及在中国境内没有住所、一个纳税年度以内在中国境内居住累计满183天的个人,为居民个人。在中国境内没有住所又不居住的个人,以及在中国境内没有住所、一个纳税年度以内在中国境内居住累计不满183天的个人,为非居民个人。

其中在中国境内停留的当天满24小时的,计入中国境内居住天数,在中国境内停留的当天不足24小时的,不计入中国境内居住天数。

(二)对个人所得来源地的规定

2018年颁布的新个人所得税法关于个人所得来源地的规定与原税法基本相同,即除国务院财政、税务主管部门另有规定外,下列所得,不论支付地点是否在中国境内,均为来源于中国境内的所得:① 因任职、受雇、履约等在中国境内提供劳务取得的所得;② 将财产出租给承租人在中国境内使用而取得的所得;③ 许可各种特许权在中国境内使用而取得的所得;④ 转让中国境内的不动产等财产或者在中国境内转让其他财产取得的所得;⑤ 从中国境内企业、事业单位、其他组织以及居民个人取得的利息、股息、红利所得。

(三)对居民个人境内外所得征税的规定

1. 抵免前应纳税额的确定

按照2018年颁布的新个人所得税法,我国实行综合与分类相结合的个人所得税制,其中应税所得分为9个项目,工资、薪金所得,劳务报酬所得,稿酬所得,特许权使用费所得,经营所得,利息、股息和红利所得,财产租赁所得,财产转让所得和偶然所得,各项应税所得分别实行综合计税和分类计税,适用超额累进税率或比例税率。

(1)综合所得

居民个人取得的工资薪金、劳务报酬、稿酬和特许权使用费4项所得为综合所得,需按照纳税年度合并计算缴纳个人所得税[①]。具体计税方法是以纳税人本纳税年度的收入

---

①　其中,劳务报酬所得、稿酬所得和特许权使用费所得以每次收入减除20%的费用以后的余额为计税收入,稿酬所得的计税收入减按70%计算。

减除费用6万元、专项扣除(包括纳税人按照规定的范围和标准缴纳的基本养老保险费、基本医疗保险费、失业保险费等社会保险费和住房公积金等项目)、专项附加扣除(包括子女教育支出、继续教育支出、大病医疗支出、住房贷款利息、住房租金、赡养老人支出等项目)、法定的其他扣除以后的余额为应纳税所得额,按照表5-3所示的7级超额累进税率计算应纳税额。

表5-3 中国现行个人所得税税率表(Ⅰ)

级数	本纳税年度应纳税所得额	税率(%)	速算扣除数(元)
1	不超过36 000元的	3	0
2	超过36 000元至144 000元的部分	10	2 520
3	超过144 000元至300 000元的部分	20	16 920
4	超过300 000元至420 000元的部分	25	31 920
5	超过420 000元至660 000元的部分	30	52 920
6	超过660 000元至960 000元的部分	35	85 920
7	超过960 000元的部分	45	181 920

(2)经营所得

经营所得主要是个体工商户和个人独资企业、合伙企业投资者取得的所得,该项所得以纳税人本纳税年度的经营收入减除与其相关的成本、费用、税金和损失以后的余额为应纳税所得额,按照表5-4所示的5级超额累进税率计算应纳税额。纳税人本纳税年度发生的亏损可以用以后纳税年度的所得弥补,但是结转年限最长不得超过5年。

表5-4 中国现行个人所得税税率表(Ⅱ)

级数	全年应纳税所得额	税 率	速算扣除数
1	不超过30 000元的	5%	0
2	超过30 000元至90 000元的部分	10%	1 500
3	超过90 000元至300 000元的部分	20%	10 500
4	超过300 000元至500 000元的部分	30%	40 500
5	超过500 000元的部分	35%	65 500

(3)财产租赁所得

财产租赁所得,每次收入不超过4 000元的,减除费用800元;超过4 000元的,减除20%的费用,还可以减除某些规定的税金和费用,以其余额为应纳税所得额,税率为20%。

(4)财产转让所得

财产转让所得,以纳税人转让财产取得的收入减除被转让财产的原值和出售财产的时候支付的有关税费以后的余额为应纳税所得额,税率为20%。

（5）利息、股息和红利所得，偶然所得

利息、股息和红利所得，偶然所得，以纳税人每次取得的收入为应纳税所得额，税率为20%。

在上述规定中，2018年个人所得税法做了重大调整的主要是纳入综合所得计税的4个应税项目的计税方法、扣除标准、扣除项目、适用税率等，经营所得做了相应调整，其他所得基本保持不变。

2. 外国税收抵免

2018年税制改革总体上未改变适用于居民个人的外国税收抵免的基本原则，继续实行"分国不分项"的限额抵免办法，并允许当年未抵免完毕的境外已纳税款，在以后5个年度内延续抵免。但是，鉴于个人所得税由分类税制改为综合与分类相结合税制，外国税收抵免中涉及的全球所得的应纳税额以及抵免限额的计算方法相应有所变化，具体表现为以下两点。

（1）在计算全球所得的应纳税额时，需将个人来源于境内和境外的综合所得、经营所得，分别合并后计算应纳税额。个人同时有境内、外综合所得时，合并后减去一个6万元和与本人相关的专项附加扣除，而不再实行改革前境内、外所得分别计税，分别减除相关费用的计算方法。

（2）在计算抵免限额时，以来源于中国境外一个国家（地区）的综合所得抵免限额、经营所得抵免限额以及其他所得抵免限额之和，为来源于该国家（地区）所得的抵免限额。

3. 无住所居民个人所得课税的"6年规则"

新个人所得税法将认定个人居民身份的时间标准由1年调整为183天，与美、英、德、加拿大、澳大利亚等主要发达国家的做法一致（参见表2-1），符合国际惯例。但是，为吸引境外人才，实施条例关于无住所居民个人取得由境外支付的外国来源所得仍然给予优惠规定：在中国境内无住所的个人，在中国境内居住累计满183天的年度连续不满6年的，经向主管税务机关备案，其来源于中国境外且由境外单位或者个人支付的所得，免予缴纳个人所得税；在中国境内居住累计满183天的任一年度中有一次离境超过30天的，其在中国境内居住累计满183天的年度的连续年限重新起算。

也就是说，无住所居民个人取得外国来源所得需要在境内申报缴纳个人所得税的年限，由原来的在境内"居住满5年"延长为在境内"居住满6年"；在计算上述"居住满6年"时，新增了单次离境30天规则，即对于中国境内居住累计满183天的任一年度中有一次离境超过30天的，重新起算上述"居住满6年"的连续年限；同时，无住所居民个人获得上述优惠不再需要履行审批手续，备案即可。上述连续居住年限一律自2019年（含）以后年度开始计算，2018年（含）之前已经居住的年度"清零"，不计算在内。

为了进一步明确境内居住不满6年的无住所居民个人的税收待遇，财政部、国家税务总局在2019年3月14日发布的《关于非居民个人和无住所居民个人有关个人所得税政策的公告》（财政部税务总局公告2019年第35号，以下简称35号公告）中进一步规定了在境内居住不满6年的无住所居民个人计算当月工资薪金收入的公式，即：

$$\text{当月工资薪金收入额} = \text{当月境内外工资薪金总额} \times \left[1 - \frac{\text{当月境外支付工资薪金数额}}{\text{当月境内外工资薪金总额}} \times \frac{\text{当月工资薪金所属工作期间境外工作天数}}{\text{当月工资薪金所属工作期间公历天数}}\right]$$

在境内居住不满 6 年的无住所居民个人的各月工资薪金收入按上述公司计算之后,应并入当年综合所得,再减除各项扣除后,按表 5-3 所示的税率表计算应缴纳的个人所得税。

(四) 对非居民个人境内所得征税的规定

1. "90 天规则"与当月工资薪金收入额的计算

2018 年颁布的新个人所得税法对于非居民个人取得来源于中国境内的 9 项应税所得仍然实行分类计税,并保留了原税法中的"90 天规则",即在中国境内无住所的个人,在一个纳税年度内在中国境内居住累计不超过 90 天的,其来源于中国境内的所得,由境外雇主支付并且不由该雇主在中国境内的机构、场所负担的部分,免予缴纳个人所得税。

相应地,35 公告规定了非居民个人在中国境内居住累计不超过 90 天和超过 90 天两种情况下的当月工资薪金收入额的计算公式。

在非居民个人境内居住时间累计不超过 90 天的情况下:

$$\text{当月工资薪金收入额} = \text{当月境内外工资薪金总额} \times \frac{\text{当月境内支付工资薪金数额}}{\text{当月境内外工资薪金总额}} \times \frac{\text{当月工资薪金所属工作期间境内工作天数}}{\text{当月工资薪金所属工作期间公历天数}}$$

在非居民个人境内居住时间累计超过 90 天不满 183 天的情况下:

$$\text{当月工资薪金收入额} = \text{当月境内外工资薪金总额} \times \frac{\text{当月工资薪金所属工作期间境内工作天数}}{\text{当月工资薪金所属工作期间公历天数}}$$

2. 非居民个人应纳税额的一般计算方法

对于非居民个人而言,对于新税法列入综合所得的 4 个应税项目,其计税方法与税制改革之前相比也做了调整。具体而言,非居民个人取得工资、薪金所得,以每月收入额减除费用 5 000 元以后的余额为应纳税所得额;取得劳务报酬所得、稿酬所得和特许权使用费所得,以每次收入减除 20% 的费用以后的余额为应纳税所得额,其中稿酬所得的应纳税所得额减按 70% 计算,这 4 项所得,根据表 5-5 所示的月度 7 级超额累进税率按次计算应纳税额,属于一次性收入的,以取得该项收入为一次;属于同一项目连续性收入的,以一个月以内取得的收入为一次。

表 5-5　中国现行个人所得税税率表(Ⅲ)

级数	月度应纳税所得额	税率(%)	速算扣除数
1	不超过 3 000 元的	3	0
2	超过 3 000 元至 12 000 元的部分	10	210
3	超过 12 000 元至 25 000 元的部分	20	1 410
4	超过 25 000 元至 35 000 元的部分	25	2 660
5	超过 35 000 元至 55 000 元的部分	30	4 410
6	超过 55 000 元至 80 000 元的部分	35	7 160
7	超过 80 000 元的部分	45	15 160

对于非居民个人取得利息、股息和红利所得，偶然所得，仍以纳税人每次取得的收入为应纳税所得额，税率为 20％。

（五）针对奖金和股权激励所得的特殊规定

1. 居民个人

居民个人取得全年一次性奖金，在 2021 年 12 月 31 日前，不并入当年综合所得，以全年一次性奖金收入除以 12 个月得到的数额，按照表 5-5 所示的月度税率表确定适用税率和速算扣除数，单独计算纳税。计算公式为：

$$应纳税额＝全年一次性奖金收入×适用税率－速算扣除数$$

居民个人取得全年一次性奖金，也可以选择并入当年综合所得计算纳税。自 2022 年 1 月 1 日起，居民个人取得全年一次性奖金，应并入当年综合所得计算缴纳个人所得税。

居民个人取得股票期权、股票增值权、限制性股票、股权奖励等股权激励所得，在 2021 年 12 月 31 日前，不并入当年综合所得，全额单独适用综合所得税率表，计算纳税。计算公式为：

$$应纳税额＝股权激励收入×适用税率－速算扣除数$$

居民个人一个纳税年度内取得两次以上（含两次）股权激励的，应合并按上述规定计算纳税。2022 年 1 月 1 日之后的股权激励政策另行明确。

2. 非居民个人

非居民个人一个月内取得数月奖金，作为工资薪金收入单独计算，不与当月其他工资薪金合并，按 6 个月分摊计税，不减除费用，适用表 5-5 所示的月度税率表计算应纳税额，但该计税办法在一个公历年度内只允许使用一次。具体计算公式如下：

$$当月数月奖金应纳税额＝［（数月奖金收入额÷6）×适用税率－速算扣除数］×6$$

非居民个人一个月内取得股权激励所得（包括股票期权、股权期权、限制性股票、股票增值权、股权奖励所得以及其他因认购股票等有价证券而从雇主取得的折扣或者补贴），作为工资薪金收入单独计算，不与当月其他工资薪金合并，按 6 个月分摊计税，不减除费用，适用表 5-5 所示的月度税率表计算应纳税额，但一个公历年度内的股权激励所得应合并计算。具体计算公式如下：

$$当月股权激励所得应纳税额＝［（本公历年度内股权激励所得合计额÷6）×适用税率－速算扣除数］×6－本公历年度内股权激励所得已纳税额$$

（六）针对高管人员的特殊规定

1. 高管人员为无住所居民个人的情形

对于担任中国境内居民企业董事、监事及高层管理职务的人员（以下统称高管人员），其中无住所居民个人的工资薪金收入额计算方法与非高管人员相同。

2. 高管人员为非居民个人的情形

高管人员为非居民个人且一个纳税年度内在中国境内累计居住不超过 90 天时，当月

工资薪金收入额为当月境内支付或者负担的工资薪金收入额,相当于采用如下公式进行计算:

$$当月工资薪金收入额 = 当月境内外工资薪金总额 \times \frac{当月境内支付工资薪金数额}{当月境内外工资薪金总额}$$

高管人员为非居民个人且一个纳税年度内在境内居住累计超过 90 天但不满 183 天时,当月工资薪金收入额的计算方法比照在境内居住不满 6 年的无住所居民个人,计算公式如下:

$$\begin{aligned}当月工资 \\ 薪金收入额\end{aligned} = \begin{aligned}当月境内外 \\ 工资薪金总额\end{aligned} \times \left[1 - \frac{\begin{aligned}当月境外支付 \\ 工资薪金数额\end{aligned}}{\begin{aligned}当月境内外 \\ 工资薪金总额\end{aligned}} \times \frac{\begin{aligned}当月工资薪金所属工作 \\ 期间境外工作天数\end{aligned}}{\begin{aligned}当月工资薪金所属工作 \\ 期间公历天数\end{aligned}}\right]$$

(七)外籍个人生活费用免税规定的过渡性措施

税制改革前,用人单位为外籍个人实报实销或以非现金方式支付的住房补贴、伙食补贴、洗衣费、搬迁费、出差补贴、探亲费,以及外籍个人发生的语言训练费、子女教育费等津补贴免予征收个人所得税。税制改革新增子女教育、住房租金、住房贷款利息等专项附加扣除后,为公平税负、规范税制、统一内外人员待遇,对上述外籍个人的 8 项补贴设置了 3 年过渡期。即 2019 年 1 月 1 日至 2021 年 12 月 31 日期间,外籍个人符合居民个人条件的,可以选择享受个人所得税专项附加扣除,也可以选择享受原住房补贴、语言训练费、子女教育费等津补贴免税优惠政策,但上述两类政策不得同时享受。在一个纳税年度内一经选择,不得变更。自 2022 年 1 月 1 日起,外籍个人不再享受住房补贴、语言训练费、子女教育费等 3 项津补贴免税政策。

(八)反避税规则的调整

新修订的个人所得税法增加了第八条:"有下列情形之一的,税务机关有权按照合理方法进行纳税调整:第一,个人与其关联方之间的业务往来不符合独立交易原则而减少本人或者其关联方应纳税额,且无正当理由;第二,居民个人控制的,或者居民个人和居民企业共同控制的设立在实际税负明显偏低的国家(地区)的企业,无合理经营需要,对应当归属于居民个人的利润不作分配或者减少分配;第三,个人实施其他不具有合理商业目的的安排而获取不当税收利益。"

这一规定使我国在个人所得税法中引入了转让定价规则、受控外国公司规则和一般反避税规则,由于我国已经参与《金融账户涉税信息自动交换多边主管当局协议》(即 CRS 多边主管当局协议),目前已有 80 多个国家和地区确认将向中国交换金融账户信息,我国对取得跨境所得的个人的税收征管将会更加严格有力。

三、企业所得税制中对跨境交易所得征税的规定

(一)税收管辖权的行使和课税范围

1. 一般规定

中国对企业所得税也同时行使居民管辖权和来源地税收管辖权,企业所得税的纳税

义务人包括居民企业和非居民企业。

其中居民企业应当就其来源于中国境内、境外的所得缴纳企业所得税。非居民企业在中国境内设立机构、场所的，应当就其所设机构、场所取得的来源于中国境内的所得，以及发生在中国境外但与其所设机构、场所有实际联系的所得，缴纳企业所得税。

非居民企业在中国境内未设立机构、场所的，或者虽设立机构、场所但取得的所得与其所设机构、场所没有实际联系的，应当就其来源于中国境内的所得缴纳企业所得税。

上述"机构、场所"是指在中国境内从事生产经营活动的机构、场所，包括：① 管理机构、营业机构、办事机构；② 工厂、农场、开采自然资源的场所；③ 提供劳务的场所；④ 从事建筑、安装、装配、修理、勘探等工程作业的场所；⑤ 其他从事生产经营活动的机构、场所。

非居民企业委托营业代理人在中国境内从事生产经营活动的，包括委托单位或者个人经常代其签订合同，或者储存、交付货物等，该营业代理人视为非居民企业在中国境内设立的机构、场所。

我国企业所得税实行 25％ 的基本税率，但是，非居民企业在中国境内未设立机构、场所的，或者虽设立机构、场所但取得的所得与其所设机构、场所没有实际联系的，就其来源于中国境内的所得缴纳企业所得税时，适用税率为 10％，并且采取由支付人进行源泉扣缴的征收方法，因此也称预提所得税。

与居民企业相比，非居民企业所得税在征税范围和适用税率方面的规定较为复杂，可概括如表 5-6 所示。

表 5-6　中国企业所得税对非居民企业的征税范围

非居民企业类型		应税所得范围	适用税率	征税方式
设立机构、场所	取得的所得与机构、场所有实际联系	境内所得及与机构、场所有实际联系的境外所得	25％	直接征收
	取得的所得与机构、场所无实际联系	境内所得	10％	预提税
未设立机构、场所		境内所得	10％	预提税

自 2017 年 1 月 1 日起，对境外投资者从中国境内居民企业分配的利润，直接投资于鼓励类投资项目，凡符合规定条件的，实行递延纳税政策，暂不征收预提所得税。

2. 居民企业和非居民企业的认定

根据《中华人民共和国企业所得税法》，我国对于居民企业的认定采用了注册地和实际管理机构标准，即在中国境内成立，或者依照外国（地区）法律成立但实际管理机构在中国境内的企业为中国居民企业。

上述"实际管理机构"，是指对企业的生产经营、人员、账务、财产等实施实质性全面管理和控制的机构。

为了进一步明确"实际管理机构"的认定标准，国家税务总局于 2009 年 4 月发布了《关于境外注册中资控股企业依据实际管理机构标准认定为居民企业有关问题的通知》

(国税发〔2009〕82号文),根据该文件,境外中资企业同时符合以下条件的,应判定其为实际管理机构在中国境内的居民企业:

① 企业负责实施日常生产经营管理运作的高层管理人员及其高层管理部门履行职责的场所主要位于中国境内;

② 企业的财务决策(如借款、放款、融资、财务风险管理等)和人事决策(如任命、解聘和薪酬等)由位于中国境内的机构或人员决定,或需要得到位于中国境内的机构或人员批准;

③ 企业的主要财产、会计账簿、公司印章、董事会和股东会议纪要档案等位于或存放于中国境内;

④ 企业1/2(含1/2)以上有投票权的董事或高层管理人员经常居住于中国境内。

与居民企业相对应,非居民企业是指依照外国(地区)法律成立且实际管理机构不在中国境内,但在中国境内设立机构、场所的,或者在中国境内未设立机构、场所,但有来源于中国境内所得的企业。

3. 企业所得来源地的认定

我国企业所得税并没有对所得实行分类计征,但是对于不同性质的所得,其来源地的认定也需要依据不同的标准,为此《中华人民共和国企业所得税法实施条例》区分6类所得8种情况做出了规定,具体如表5-7所示。

表5-7 企业所得来源地的判定依据

序号	所得类型	所得来源地的判定依据	
1	销售货物所得	按照交易活动发生地确定	
2	提供劳务所得	按照劳务发生地确定	
3	转让财产所得	不动产转让所得	按照不动产所在地确定
4		动产转让所得	按照转让动产的企业或者机构、场所所在地确定
5		权益性投资资产转让所得	按照被投资企业所在地确定
6	股息、红利等权益性投资所得	按照分配所得的企业所在地确定	
7	利息所得、租金所得、特许权使用费所得	按照负担、支付所得的企业或者机构、场所所在地确定,或者按照负担、支付所得的个人的住所地确定	
8	其他所得	由国务院财政、税务主管部门确定	

我国对于非居民企业发生在中国境外但与其所设机构、场所有实际联系的所得也征收企业所得税,其中与机构、场所有"实际联系",是指非居民企业在中国境内设立的机构、场所拥有据以取得所得的股权、债权,以及拥有、管理、控制据以取得所得的财产等。

如图5-1所示,B公司、C公司分别注册在乙国和丙国,并且实际管理机构不在中国,因此分别是乙国和丙国的税收居民,其中B公司为一家金融机构。若B公司从其在中国设立的分公司借出资金给丙国的C公司,则C公司支付给B公司的利息,按照表5-7所示的来源地认定标准属于来源于中国境外的所得,但应视为与 B 公司设在中国的机构、场所有实际联系。

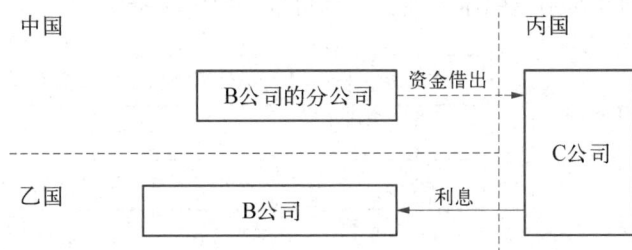

图 5-1 与中国境内的机构、场所有实际联系的境外所得

(二) 消除国际重复课税的抵免法

1. 适用范围

我国在企业所得税制中也实行抵免法消除重复课税,其中居民企业来源于中国境外的应税所得在境外直接缴纳和间接负担的境外企业所得税性质的税额,可以从其当期应纳所得税额中限额抵免。

非居民企业在中国境内设立的机构、场所来源于境外但与其有实际联系的所得,已在境外直接缴纳的企业所得税性质的税额,可以从其当期应纳税额中限额抵免。

2. 直接抵免和间接抵免

中国企业所得税制中实行的境外税收抵免包括直接抵免和间接抵免。

其中直接抵免是企业直接作为纳税人就其境外所得在境外缴纳的企业所得税性质的税额在我国应纳税额中抵免。直接抵免主要适用于企业就来源于境外的营业利润所得在境外所缴纳的企业所得税,以及就来源于或发生于境外的股息、红利等权益性投资所得,以及利息、租金、特许权使用费、财产转让所得等在境外被源泉扣缴的预提所得税。

中国居民企业从其直接或者间接控制的外国企业分得的来源于中国境外的股息、红利等权益性投资收益,外国企业在境外实际缴纳的所得税税额中属于中国居民企业分得的股息、红利负担的部分,可以在中国居民企业的应纳所得税额中限额抵免,这就是间接抵免[①]。其中直接控制是指中国居民企业直接持有外国企业 20% 以上股份,间接控制是指中国居民企业以间接持股方式持有外国企业 20% 以上股份。

由居民企业直接或者间接持有 20% 以上股份的外国企业,限于符合以下持股方式的 5 层外国企业。

第一层:单一居民企业直接持有 20% 以上股份的外国企业;

第二层至第五层:单一上一层外国企业直接持有 20% 以上股份,且由该企业直接持有或通过一个或多个符合本规定持股方式的外国企业间接持有总和达到 20% 以上股份

[①] 为缓解由于国家间对所得来源地判定标准的重叠而产生的国际重复征税,我国税法对非居民企业在中国境内分支机构取得的发生于境外的所得所缴纳的境外税额,也给予了与居民企业类似的税额抵免待遇,但对此类非居民给予的境外税额抵免仅涉及直接抵免。

的外国企业。

如图 5-2 所示,如果中国居民企业 A 公司通过以下架构持有多家境外公司,则其中 B、C、D、E 各家公司在东道国缴纳的所得税都可以获得间接抵免。

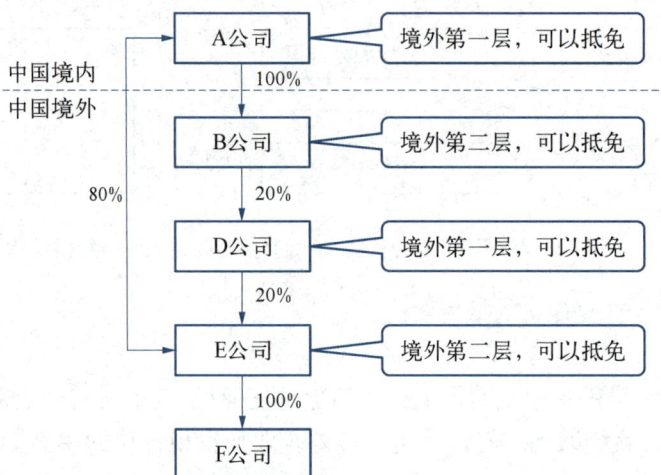

图 5-2 居民企业间接控制境外公司与间接抵免

3. 境外所得税可抵免额的一般计算方法

企业需要按以下步骤计算境外所得税可抵免额:① 确定境外应纳税所得额;② 确定可抵免境外所得税税额;③ 确定境外所得税的抵免限额;④ 确定境外所得税可抵免额。

2017 年 1 月 1 日以前,我国在企业所得税中实行分国不分项的外国税收抵免,自 2017 年 1 月 1 日起,企业可以选择采用不分国不分项或分国不分项的外国税收抵免。企业选择分国不分项的税收抵免时,上述四个步骤需要区分不同的国家(地区)分别计算,并将各国(地区)的境外所得税可抵免额加总作为总的境外所得税可抵免额,企业选择不分国不分项的税收抵免时,则需要对上述四个步骤不区分国家(地区)汇总计算。

(1)境外应纳税所得额

① 境外税收的还原。

适用境外税额直接抵免的应纳税所得额,应为将该项境外所得直接缴纳的境外所得税额还原计算后的境外税前所得;上述直接缴纳税额还原后的所得中属于股息、红利所得的,在计算适用境外税额间接抵免的境外所得时,应再将该项境外所得间接负担的税额还原计算,即该境外股息、红利所得应为境外股息、红利税后净所得与就该项所得直接缴纳和间接负担的税额之和。对上述还原后得到的境外税前所得,应再就计算企业应纳税所得总额时已按税法规定扣除的有关成本费用中与境外所得有关的部分进行对应调整扣除后,计算为境外应纳税所得额。

② 境外设立分支机构所得的确认。

居民企业在境外设立不具有独立纳税地位的分支机构取得的各项境外所得,无论是否汇回中国境内,均应计入该企业所属纳税年度的境外应纳税所得额。

居民企业在境外投资设立不具有独立纳税地位的分支机构,其来源于境外的所得,以境外收入总额扣除与取得境外收入有关的各项合理支出后的余额为应纳税所得额,各项收入、支出按企业所得税法及实施条例的有关规定确定。境外分支机构合理支出范围通常包括境外分支机构发生的人员工资、资产折旧、利息、相关税费和应分摊的总机构用于管理分支机构的管理费用等。

③ 来源于境外的股息、红利、利息、租金、特许权使用费、财产转让所得等消极所得[①]。

居民企业应就其来源于境外的股息、红利等权益性投资收益,以及利息、租金、特许权使用费、财产转让所得等收入,扣除按照企业所得税法及实施条例等规定计算的与取得该项收入有关的下列各项合理支出后的余额为应纳税所得额:股息、红利,应对应调整扣除与境外投资业务有关的项目研究、融资成本和管理费用;利息,应对应调整扣除为取得该项利息而发生的相应的融资成本和相关费用;租金,属于融资租赁业务的,应对应调整扣除其融资成本,属于经营租赁业务的,应对应调整扣除租赁物相应的折旧或折耗;特许权使用费,应对应调整扣除提供特许使用的资产的研发、摊销等费用;财产转让所得,应对应调整扣除被转让财产的成本净值和相关费用。

来源于境外的股息、红利等权益性投资收益,应按被投资方作出利润分配决定的日期确认收入实现;来源于境外的利息、租金、特许权使用费、财产转让所得等收入,应按有关合同约定应付交易对价款的日期确认收入实现。

居民企业以非货币性资产对外投资确认的非货币性资产转让所得,可在不超过5年期限内,分期均匀计入相应年度的应纳税所得额,按规定计算缴纳企业所得税。

④ 境内外共同支出的分摊。

企业为取得境内、外所得而在境内、境外发生的共同支出(通常包括未直接计入境外所得的营业费用、管理费用和财务费用等支出),与取得境外应税所得有关的、合理的部分,应在境内、境外(分国(地区)别)应税所得之间,按照合理比例进行分摊后扣除。具体可选择下列一种比例或几种比例的综合比例,确定后应报送主管税务机关备案,无合理原因不得改变:资产比例;收入比例;员工工资支出比例;其他合理比例。

⑤ 境外设立分支机构亏损的处理。

在汇总计算境外应纳税所得额时,企业在境外同一国家(地区)设立不具有独立纳税地位的分支机构,按照企业所得税法及实施条例的有关规定计算的亏损,不得抵减其境内或他国(地区)的应纳税所得额,但可以用同一国家(地区)其他项目或以后年度的所得按规定弥补。

企业在同一纳税年度的境内外所得加总为正数的,其境外分支机构发生的亏损,由于上述结转弥补的限制而发生的未予弥补的部分(以下称为非实际亏损额),今后在该分支机构的结转弥补期限不受5年期限制:如果企业当期境内外所得盈利额与亏损额加总后和为零或正数,则其当年度境外分支机构的非实际亏损额可无限期向后结转弥补;如果企业当期境内外所得盈利额与亏损额加总后和为负数,则以境外分支机构的亏损额超过企业盈利额部分的实际亏损额,在5年内进行亏损弥补,未超过企业盈利额部分的非实际亏损额仍可无限期向后结转弥补。

---

① 包括非居民企业在中国境内设立机构、场所取得的与该机构、场所有实际联系的境外所得。

（2）可抵免境外所得税额

① 直接缴纳的境外所得税额。

可抵免的直接缴纳的境外所得税税额，是指企业来源于中国境外的所得依照中国境外税收法律以及相关规定应当缴纳并已实际缴纳的企业所得税性质的税款。但不包括以下项目：按照境外所得税法律及相关规定属于错缴或错征的境外所得税税款；按照税收协定规定不应征收的境外所得税税款；因少缴或迟缴境外所得税而追加的利息、滞纳金或罚款；境外所得税纳税人或者其利害关系人从境外征税主体得到实际返还或补偿的境外所得税税款；按照我国企业所得税法及其实施条例规定，已经免征我国企业所得税的境外所得负担的境外所得税税款；按照国务院财政、税务主管部门有关规定已经从企业境外应纳税所得额中扣除的境外所得税税款。

② 间接负担的境外所得税额。

居民企业可抵免的境外投资收益实际间接负担的境外所得税额，需从最低一层外国企业起逐层计算，其计算公式如下：

本层企业所纳税额属于由一家上一层企业负担的税额
＝（本层企业就利润和投资收益所实际缴纳的税额＋由本层企业间接负担的税额）
×本层企业向一家上一层企业分配的股息（红利）÷本层企业所得税后利润额

公式中本层企业是指实际分配股息（红利）的境外被投资企业；本层企业就利润和投资收益所实际缴纳的税额是指本层企业按所在国税法就利润缴纳的企业所得税和在被投资方所在国就分得的股息等权益性投资收益被源泉扣缴的预提所得税；由本层企业间接负担的税额是指该层企业由于从下一层企业分回股息（红利）而间接负担的由下一层企业就其利润缴纳的企业所得税税额；本层企业向一家上一层企业分配的股息（红利）是指该层企业向上一层企业实际分配的扣缴预提所得税前的股息（红利）数额；本层企业所得税后利润额是指该层企业实现的利润总额减去就其利润实际缴纳的企业所得税后的余额。

每一层企业从其持股的下一层企业在一个年度中分得的股息（红利），若是由该下一层企业不同年度的税后未分配利润组成，则应按该股息（红利）对应的每一年度未分配利润，分别计算就该项分配利润所间接负担的税额；按各年度计算的间接负担税额之和，即为取得股息（红利）的企业该年度中分得的股息（红利）所得所间接负担的所得税额。

境外第二层及以下层级企业归属不同国家的，在计算居民企业负担境外税额时，均以境外第一层企业所在国（地区）为国别划分进行归集计算，而不论该第一层企业的下层企业归属何国（地区）。

（3）境外所得税抵免限额

企业采用分国（地区）不分项外税收抵免时，分国（地区）抵免限额的计算公式是[①]：

$$\frac{某国（地区）的}{所得税抵免限额}=\frac{来源于某国（地区）的}{应纳税所得额（境外税前所得额）}×税率（25\%）$$

---

① 自2010年1月1日起，对以境内外全部生产经营活动有关的研发费总额、总收入、销售收入总额、高新技术产品（服务）收入等指标申请并经认定的高新技术企业，境外所得可以按照15%的优惠税率计算缴纳企业所得税，在计算境外所得抵免限额时，可以按照15%的税率计算境内外所得应纳税总额（财税〔2011〕47号文）。

企业采用不分国(地区)不分项外国税收抵免时,综合抵免限额的计算公式是:

$$综合抵免限额 = \frac{来源于境外所有国家(地区)的}{应纳税所得额(境外税前所得额)} \times 税率(25\%)$$

企业当期境内、境外应纳税所得总额小于零的,应以零计算当期境内、境外应纳税所得总额,其当期境外所得税的抵免限额也为零。

(4) 境外所得税可抵免额

企业在某一国(地区)的可抵免境外所得税额低于该国(地区)抵免限额的,应以该项税额作为境外所得税抵免额从企业应纳税总额中据实抵免;超过抵免限额的,当年应以抵免限额作为境外所得税抵免额进行抵免,超过抵免限额的余额允许从次年起在连续五个纳税年度内,用每年度抵免限额抵免当年应抵税额后的余额进行抵补。

4. 境外所得税可抵免额的简易计算方法

企业从境外取得营业利润所得以及符合境外税额间接抵免条件的股息所得,虽有所得来源国(地区)政府机关核发的具有纳税性质的凭证或证明,但因客观原因无法真实、准确地确认应当缴纳并已经实际缴纳的境外所得税税额的,除就该所得直接缴纳及间接负担的税额在所得来源国(地区)的实际有效税率低于12.5%的以外,可直接按境外应纳税所得额的12.5%作为抵免限额。

企业从境外取得营业利润所得以及符合境外税额间接抵免条件的股息所得,凡就该所得缴纳及间接负担的税额在所得来源国(地区)的法定税率且其实际有效税率明显高于中国的,可直接以境外应纳税所得额和25%的税率计算的抵免限额作为境外所得税可抵免额。目前,财政部、国家税务总局已列举的法定税率明显高于中国的国家包括美国、阿根廷、布隆迪、喀麦隆、古巴、法国、日本、摩洛哥、巴基斯坦、赞比亚、科威特、孟加拉国、叙利亚、约旦和老挝。

(三) 反国际避税规则

我国在2007年颁布的《中华人民共和国企业所得税法》中对反避税制度进行了较为详尽的规定,具体提出了4项反避税规则:一般反避税规则、资本弱化规则、转让定价规则和受控外国公司规则。其中一般反避税规则适用于资本弱化等其他反避税规则不适用的场合。

1. 一般反避税规则

我国2008年起实施的企业所得税法及其实施条例规定,税务机关对存在以下避税安排的企业可启动一般反避税调查,即滥用税收优惠、滥用税收协定、滥用公司组织形式、利用避税港避税以及其他不具有合理商业目的的安排。避税安排具有两个基本特征:一是以获取税收利益为唯一目的或者主要目的;二是以形式符合税法规定但与其经济实质不符的方式获取税收利益。税收利益是指减少、免除或者推迟缴纳企业所得税应纳税额。

税务机关应按照实质重于形式的原则审核企业是否存在避税安排,并综合考虑安排的以下内容:① 安排的形式和实质;② 安排订立的时间和执行期间;③ 安排实现的方式;④ 安排各个步骤或组成部分之间的联系;⑤ 安排涉及各方财务状况的变化;⑥ 安排的税收结果。

税务机关应当以具有合理商业目的和经济实质的类似安排为基准,按照实质重于形式的原则实施特别纳税调整。调整方法包括:对安排的全部或者部分交易重新定性;在税收上否定交易方的存在,或者将该交易方与其他交易方视为同一实体;对相关所得、扣除、税收优惠、境外税收抵免等重新定性或者在交易各方间重新分配;其他合理方法。

2. 资本弱化规则

我国 2008 年起实施的企业所得税法及其实施条例规定,企业从其关联方[①]接受的债权性投资与权益性投资的比例超过规定标准而发生的利息支出,不得在计算应纳税所得额时扣除。

其中,权益性投资是指企业接受的不需要偿还本金和支付利息,投资人对企业净资产拥有所有权的投资;债权性投资是指企业直接或者间接从关联方获得的,需要偿还本金和支付利息或者需要以其他具有支付利息性质的方式予以补偿的融资。企业间接从关联方获得的债权性投资,包括关联方通过无关联第三方提供的债权性投资、无关联第三方提供的由关联方担保且负有连带责任的债权性投资以及其他间接从关联方获得的具有负债实质的债权性投资。利息支出包括直接或间接关联债权投资实际支付的利息、担保费、抵押费和其他具有利息性质的费用。

不得在计算应纳税所得额时扣除的利息支出应按以下公式计算:

$$\text{不得扣除利息支出} = \frac{\text{年度实际支付的}}{\text{全部关联方利息}} \times (1 - \text{标准比例}/\text{关联债资比例})$$

上述标准比例对于金融企业为 5 : 1,对于其他企业为 2 : 1。企业如果能够证明相关交易活动符合独立交易原则的,或者该企业的实际税负不高于境内关联方的,其实际支付给境内关联方的利息支出,在计算应纳税所得额时准予扣除。

上述关联债资比例是指企业从其全部关联方接受的债权性投资(简称关联债权投资)占企业接受的权益性投资(简称权益投资)的比例,关联债权投资包括关联方以各种形式提供担保的债权性投资。

关联债资比例的具体计算方法如下:

关联债资比例 = 年度各月平均关联债权投资之和/年度各月平均权益投资之和

其中:

各月平均关联债权投资 = (关联债权投资月初账面余额 + 月末账面余额)/2

各月平均权益投资 = (权益投资月初账面余额 + 月末账面余额)/2

权益投资为企业资产负债表所列示的所有者权益金额。如果所有者权益小于实收资本(股本)与资本公积之和,则权益投资为实收资本(股本)与资本公积之和;如果实收资本(股本)与资本公积之和小于实收资本(股本)金额,则权益投资为实收资本(股本)金额。

不得在计算应纳税所得额时扣除的利息支出,不得结转到以后纳税年度;应按照实际支付给各关联方利息占关联方利息总额的比例,在各关联方之间进行分配,其中,分配给

---

① 关联方的界定见下一小节"转让定价规则"。

实际税负高于企业的境内关联方的利息准予扣除;直接或间接实际支付给境外关联方的利息应视同分配的股息,按照股息和利息分别适用的所得税税率差补征企业所得税,如已扣缴的所得税税款多于按股息计算应征所得税税款,多出的部分不予退税。

3. 转让定价规则

我国 2008 年起实施的企业所得税法及其实施条例规定,企业与其关联方之间的业务往来,不符合独立交易原则而减少企业或者其关联方应纳税收入或者所得额的,税务机关有权按照合理方法调整。但企业可以向税务机关提出与其关联方之间业务往来的定价原则和计算方法,税务机关与企业协商、确认后,达成预约定价安排。

其中关联方包括以下情形:

① 一方直接或间接持有另一方的股份总和达到 25% 以上,或者双方直接或间接同为第三方所持有的股份达到 25% 以上。若一方通过中间方对另一方间接持有股份,只要一方对中间方持股比例达到 25% 以上,则一方对另一方的持股比例按照中间方对另一方的持股比例计算。

② 一方与另一方(独立金融机构除外)之间借贷资金占一方实收资本 50% 以上,或者一方借贷资金总额的 10% 以上是由另一方(独立金融机构除外)担保。

③ 一方半数以上的高级管理人员(包括董事会成员和经理)或至少一名可以控制董事会的董事会高级成员是由另一方委派,或者双方半数以上的高级管理人员(包括董事会成员和经理)或至少一名可以控制董事会的董事会高级成员同为第三方委派。

④ 一方半数以上的高级管理人员(包括董事会成员和经理)同时担任另一方的高级管理人员(包括董事会成员和经理),或者一方至少一名可以控制董事会的董事会高级成员同时担任另一方的董事会高级成员。

⑤ 一方的生产经营活动必须由另一方提供工业产权、专有技术等特许权才能正常进行。

⑥ 一方的购买或销售活动主要由另一方控制。

⑦ 一方接受或提供劳务主要由另一方控制。

⑧ 一方对另一方的生产经营、交易具有实质控制,或者双方在利益上具有相关联的其他关系,包括虽未达到上述持股比例标准,但一方与另一方的主要持股方享受基本相同的经济利益,以及家族、亲属关系等。

关联交易主要包括以下类型:

① 有形资产的购销、转让和使用,包括房屋建筑物、交通工具、机器设备、工具、商品、产品等有形资产的购销、转让和租赁业务;

② 无形资产的转让和使用,包括土地使用权、版权(著作权)、专利、商标、客户名单、营销渠道、牌号、商业秘密和专有技术等特许权,以及工业品外观设计或实用新型等工业产权的所有权转让和使用权的提供业务;

③ 融通资金,包括各类长短期资金拆借和担保以及各类计息预付款和延期付款等业务;

④ 提供劳务,包括市场调查、行销、管理、行政事务、技术服务、维修、设计、咨询、代理、科研、法律、会计事务等服务的提供。

企业发生关联交易以及税务机关审核、评估关联交易均应遵循独立交易原则,选用合理的转让定价方法。根据企业所得税法实施条例的规定,合理的转让定价方法包括可比非受控价格法、再销售价格法、成本加成法、交易净利润法、利润分割法和其他符合独立交易原则的方法。选用合理的转让定价方法应进行可比性分析。可比性分析因素主要包括5个方面:

① 交易资产或者劳务特性,包括有形资产的物理特性、质量、数量等,无形资产的类型、交易形式、保护程度、期限、预期收益等,劳务的性质和内容,金融资产的特性、内容、风险管理等。

② 交易各方执行的功能、承担的风险和使用的资产,功能包括研发、设计、采购、加工、装配、制造、维修、分销、营销、广告、存货管理、物流、仓储、融资、管理、财务、会计、法律及人力资源管理等,风险包括投资风险、研发风险、采购风险、生产风险、市场风险、管理风险及财务风险等,资产包括有形资产、无形资产、金融资产等。

③ 合同条款,包括交易标的、交易数量、交易价格、收付款方式和条件、交货条件、售后服务范围和条件、提供附加劳务的约定、变更或者修改合同内容的权利、合同有效期、终止或者续签合同的权利等。合同条款分析应当关注企业执行合同的能力与行为,以及关联方之间签署合同条款的可信度等。

④ 经济环境,包括行业概况、地理区域、市场规模、市场层级、市场占有率、市场竞争程度、消费者购买力、商品或者劳务可替代性、生产要素价格、运输成本、政府管制,以及成本节约、市场溢价等地域特殊因素。

⑤ 经营策略,包括创新和开发、多元化经营、协同效应、风险规避及市场占有策略等。

税务机关分析评估被调查企业关联交易是否符合独立交易原则时,可以根据实际情况选择算术平均法、加权平均法或者四分位法等统计方法,逐年分别或者多年度平均计算可比企业利润或者价格的平均值或者四分位区间。税务机关应当按照可比利润水平或者可比价格对被调查企业各年度关联交易进行逐年测试调整。税务机关采用四分位法分析评估企业利润水平时,企业实际利润水平低于可比企业利润率区间中位值的,原则上应当按照不低于中位值进行调整。

企业应根据企业所得税法实施条例的规定,按纳税年度准备、保存、并按税务机关要求提供其关联交易的同期资料。同期资料包括的内容有以下5个方面:企业组织结构、企业生产经营情况、关联交易情况、可比性分析及转让定价方法的选择和使用。

关联交易一方被实施转让定价调查调整的,应允许另一方做相应调整,以消除双重征税。相应调整涉及税收协定国家(地区)关联方的,经企业申请,国家税务总局与税收协定缔约对方税务主管当局根据税收协定有关相互协商程序的规定开展磋商谈判。

4. 受控外国公司规则

我国2008年起实施的企业所得税法及其实施条例规定,由居民企业,或者由居民企业和中国居民控制的设立在实际税负明显低于25%的国家(地区)的企业,并非由于合理的经营需要而对利润不作分配或者减少分配的,上述利润中应归属于该居民企业的部分,应当计入该居民企业的当期收入。

其中,"控制"是指居民企业或者中国居民直接或者间接单一持有外国企业10%以上有表决权股份,且由其共同持有该外国企业50%以上股份,或者虽未达到上述标准,但在股份、资金、经营、购销等方面对该外国企业构成实质控制。

计入中国居民企业股东当期的视同受控外国企业股息分配的所得,应按以下公式计算:

$$\text{中国居民企业股东当期所得} = \text{视同股息分配额} \times \text{实际持股天数} \div \text{受控外国公司企业纳税年度天数} \times \text{股东持股比例}$$

中国居民股东多层间接持有股份的,股东持股比例按各层持股比例相乘计算。

但如果中国居民企业股东能够提供资料证明其控制的外国企业满足以下条件之一的,可免于将外国企业不作分配或减少分配的利润视同股息分配额,计入中国居民企业股东的当期所得[1]:① 设立在国家税务总局指定的非低税率国家(地区)[2];② 主要取得积极经营活动所得;③ 年度利润总额低于 500 万元人民币。

(四)居民企业取得外国来源所得课税的特别规定

根据我国企业所得税的规定,居民企业应当就其来源于中国境内、境外的所得缴纳企业所得税,其中外国来源所得与本国来源所得相比,其特别的税收待遇主要体现在前文所述的外国税收抵免上,因此,这里不再赘述。

(五)非居民企业缴纳企业所得税的特别规定

1. 应纳税所得额的计算

① 经营所得和劳务所得,以净所得为应纳税所得额。非居民企业在中国境内设立的机构、场所,就其中国境外总机构发生的与该机构、场所生产经营有关的费用,能够提供总机构出具的费用汇集范围、定额、分配依据和方法等证明文件,并合理分摊的,准予扣除。

② 股息、红利等权益性投资收益和利息、租金、特许权使用费所得,以收入全额为应纳税所得额。

③ 转让财产所得,以收入全额减除财产净值后的余额为应纳税所得额。其中财产净值是指财产的计税基础减除已经按照规定扣除的折旧、折耗、摊销、准备金等后的余额。

2. 免税所得

非居民企业取得的以下收入为免税收入:

① 在中国境内设立机构、场所的非居民企业从未上市的居民企业取得与该机构、场所有实际联系的股息、红利等权益性投资收益;

② 在中国境内设立机构、场所的非居民企业从上市的居民企业取得与该机构、场所有实际联系并超过 12 个月上市流通股票的投资收益;

③ 对持有 B 股或海外股的外国企业,从发行该 B 股或海外股的中国境内企业所取得的股息(红利)所得,暂免征收企业所得税[3]。

3. 对非居民企业所得税的核定征收

非居民企业因会计账簿不健全,资料残缺难以查账,或者其他原因不能准确计算并据实申报其应纳税所得额的,税务机关有权采取以下方法核定其应纳税所得额[4]。

---

① 《国家税务总局关于印发〈特别纳税调整实施办法(试行)〉的通知》(国税发〔2009〕2 号)。
② 指美国、英国、法国、日本、意大利、加拿大、澳大利亚、印度、南非、新西兰和挪威。
③ 《国家税务总局关于外商投资企业、外国企业和外籍个人取得股票(股权)转让收益和股息所得税收问题的通知》(国税发〔1993〕045 号)。
④ 据《非居民企业所得税核定征收管理办法》(国税发〔2010〕19 号文)。

（1）按收入总额核定应纳税所得额，适用于能够正确核算收入或通过合理方法推定收入总额，但不能正确核算成本费用的非居民企业。计算公式如下：

$$应纳税所得额＝收入总额×经税务机关核定的利润率[①]$$

（2）按成本费用核定应纳税所得额，适用于能够正确核算成本费用，但不能正确核算收入总额的非居民企业。计算公式如下：

$$应纳税所得额＝成本费用总额/（1－经税务机关核定的利润率）×经税务机关核定的利润率$$

（3）按经费支出换算收入核定应纳税所得额，适用于能够正确核算经费支出总额，但不能正确核算收入总额和成本费用的非居民企业。计算公式如下：

$$应纳税所得额＝本期经费支出额/（1－核定利润率）×核定利润率[②]$$

4. 对非居民企业间接转让股权等财产所得课税的特别规定

非居民企业通过实施不具有合理商业目的的安排，间接转让中国居民企业股权等财产，规避企业所得税纳税义务的，应重新定性该间接转让交易，确认为直接转让中国居民企业股权等财产。

非居民企业间接转让股权的一个典型模式如图 5-3 所示：一个设立在英属维尔京群岛的 C 公司，把其持有的设在中国香港地区的 B 公司（为中国居民企业 A 公司的母公司）的股权转让给设在美国的 D 公司。但 B 公司只是一个空壳公司，主要业务收入都来自境内的 A 公司，所以 C 公司转让 B 公司的股权其实质是转让了 A 公司。我国企业所得税法规定权益性投资资产转让所得的来源地按照被投资企业所在地确定，从经济实质看，该项所得属于中国境内所得，C 公司应该就股权转让产生的收益向中国缴纳企业所得税。但是，由于形式上 C 公司转让的是设在香港的 B 公司，属于中国境外所得，在缺乏具体文件规定的情况下，我国税务当局对该项所得课税一度十分困难。

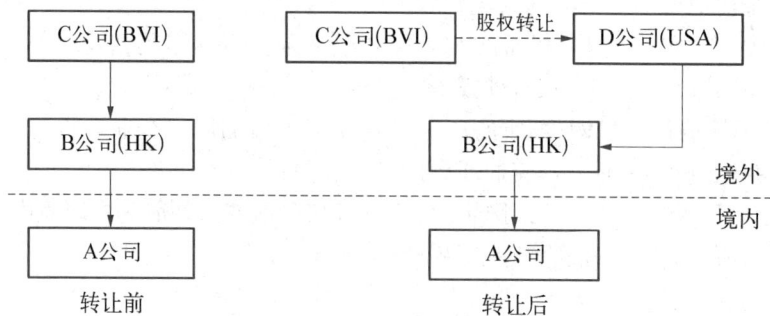

图 5-3　非居民企业间接转让中国境内企业股权的典型模式

---

① 国税发〔2010〕19 号文第五条对"经税务机关核定的利润率"的规定为：从事承包工程作业、设计和咨询劳务的，利润率为 15%—30%；从事管理服务的，利润率为 30%—50%；从事其他劳务或劳务以外经营活动的，利润率不低于 15%。税务机关有根据认为非居民企业的实际利润率明显高于上述标准的，可以按照比上述标准更高的利润率核定其应纳税所得额。

② 国家税务总局公告 2016 年第 28 号《国家税务总局关于修改按经费支出换算收入方式核定非居民企业应纳税所得额计算公式的公告》对国税发〔2010〕19 号中此公式进行了修改。

针对这种情况,国家税务总局 2009 年发布了《关于加强非居民企业股权转让所得企业所得税管理的通知》(国税函〔2009〕698 号,下称 698 号文),这是我国税务机关第一个针对非居民企业股权转让所得征收企业所得税的管理性文件。

698 号文规定:非居民企业转让直接或间接持有中国居民企业股权的境外中间持股企业,如果被中国税务机关认定为不具有合理商业目的,则该交易会被重新定性为直接转让中国居民企业股权,从而在中国产生企业所得税纳税义务。

但是 698 号文仍然有规定不够清晰、操作难度大的问题,为此国家税务总局于 2015 年 2 月公布了《关于非居民企业间接转让财产企业所得税若干问题的公告》(国家税务总局公告 2015 年第 7 号,简称"7 号公告"),废止了 698 号文以及 24 号公告①的部分条款内容,并对非居民企业间接转让中国居民企业股权等财产的若干所得税处理事项作了更完善的规定。

① 提出了"中国应税财产"的概念,将"中国居民企业股权等财产"分为中国境内机构、场所财产,中国境内不动产,中国居民企业的权益性投资资产。

② 列示了判断"合理商业目的"时需要考虑的相关因素,包括:境外企业股权主要价值是否直接或间接来自中国应税财产;境外企业资产是否主要由直接或间接在中国境内的投资构成,或其取得的收入是否主要直接或间接来源于中国境内;境外企业及直接或间接持有中国应税财产的下属企业实际履行的功能和承担的风险是否能够证实企业架构具有经济实质;境外企业股东、业务模式及相关组织架构的存续时间;间接转让中国应税财产交易在境外应缴纳所得税情况;股权转让方间接投资、间接转让中国应税财产交易与直接投资、直接转让中国应税财产交易的可替代性;间接转让中国应税财产所得在中国可适用的税收协定或安排情况等。

③ 对于部分特定情形直接认定为"不具有合理商业目的",即同时符合下列 4 个条件:境外企业股权 75% 以上(含 75%)价值直接或间接来自于中国应税财产;间接转让中国应税财产交易发生前 1 年内任一时点,境外企业资产总额(不含现金)的 90% 以上(含 90%)直接或间接由中国境内的投资构成,或间接转让中国应税财产交易发生前 1 年内,境外企业取得收入的 90% 以上(含 90%)直接或间接来源于中国境内;境外企业及直接或间接持有中国应税财产的下属企业虽在所在国家(地区)登记注册,以满足法律所要求的组织形式,但实际履行的功能及承担的风险有限,不足以证实其具有经济实质;间接转让中国应税财产交易在境外应缴所得税税负低于直接转让中国应税财产交易在中国的可能税负。

④ 引入了集团内部重组所适用的安全港规则,即间接转让交易同时符合文件中所列的 3 项条件的,应认定为具有合理商业目的而无须在中国缴纳企业所得税。

交易双方的股权关系具有下列情形之一:股权转让方直接或间接拥有股权受让方 80% 以上的股权,股权受让方直接或间接拥有股权转让方 80% 以上的股权,股权转让方和股权受让方被同一方直接或间接拥有 80% 以上的股权。境外企业股权 50% 以上(不含

---

① 指《关于非居民企业所得税管理若干问题的公告》(国家税务总局公告 2011 年第 24 号),24 号公告对 698 号文的部分条款作了更详细的解释。

50%)价值直接或间接来自于中国境内不动产的,此处的持股比例应为100%。

本次间接转让交易后可能再次发生的间接转让交易相比在未发生本次间接转让交易情况下的相同或类似间接转让交易,其中国所得税负担不会减少。

股权受让方全部以本企业或与其具有控股关系的企业的股权(不含上市企业股权)支付股权交易对价。

7号公告的发布为间接转让中国应税财产的税务处理提供了较为明晰的指导原则和操作规范,对于提高相关的税收征管实践和税务处理确定性有着积极的意义。

但是7号公告仍不明确之处,比如,合理的商业目的标准仍没有完全解决,非居民多层间接股权转让是否适用本公告没有明确,间接股权转让成本如何确定,股权转让所得如何计算,转让方境外已纳税额在我国确认间接转让征税时能否抵免等。

第二节　中国签定和执行双边国际税收协定的实践

一、避免双重征税和防止偷漏税协定

(一) 发展进程

自1983年9月6日中国与日本签署第一个全面性的避免双重征税和防止偷漏税协定开始,截至2019年1月,中国已对外签署了107个避免双重征税协定[①],其中100个已正式生效,此外中国内地和香港、澳门两个特别行政区签署的两个避免双重征税安排也已生效。中国内地与台湾地区也签署了避免双重征税协议,但尚未生效[②]。从2009年开始,中国与巴哈马、英属维尔京、百慕大、开曼等10个国家或地区签署了税收情报交换协定。

中国对外谈签税收协定的进程可以分为四个阶段。

第一阶段(20世纪60年代至20世纪80年代初):在改革开放前,中国并未同外国签署正式税收协定。在这一阶段,中国主要通过协议和换文在海运和空运方面避免双重征税,同巴基斯坦、原南斯拉夫、日本等国签署了互免海运或空运所得税收的协议。

第二阶段(20世纪80年代初至90年代初):在这一阶段,以中国和日本签署《中华人民共和国政府和日本国政府关于对所得避免双重征税和防止偷漏税的协定》为标志,中国开始与其他国家签署正式的双边国际税收协定。这一阶段的谈签对象主要是日本、美国和欧洲国家,其目的主要是适应改革开放的需要,吸引外资、改善投资环境、建立经济互信并维护国家的税收权益。截至1990年,中国同27个国家签署了双边税收协定。

第三阶段(20世纪90年代初至21世纪初):在这一阶段,随着改革开放的不断深化和中国企业"走出去"的步伐逐渐加快,中国开始加快与发展中国家签署双边税收协定的步伐。在这一阶段,中国与40个国家或地区签署了双边税收协定(或安排),包括蒙古、孟

---

① 不包括议定书、重新签署的协定和换文等。
② 中国签订避免双重征税协定、避免双重征税安排和避免双重征税协议的情况参见国家税务总局网站,http://www.chinatax.gov.cn/n810341/n810770/index.html。

加拉国、印度尼西亚等亚洲国家和毛里求斯等非洲国家,还与香港特别行政区签署了避免双重征税安排,进一步完善了中国的税收协定体系。

第四阶段(20世纪初至今):这一阶段,由于世界经济形势的改变、中国经济的发展和各国税收制度的调整,原有的一些双边税收协定已经不再适用于当前经济交往的需求,因此中国在这一阶段开始对原有的双边税收协定进行修订,并有选择地谈签新的双边税收协定。在这一阶段,中国与英国、比利时、德国、丹麦、新加坡、荷兰、瑞士等国签署了新的双边税收协定,并与智利、塔吉克斯坦、埃塞俄比亚、我国澳门和台湾地区等40个国家或地区签署了双边税收协定(或安排、协议),同时在这一时期还开展了签署多边税收征管互助公约和税收情报交换协定的工作。

(二)中国对外签订避免双重征税协定的基本原则

在对外谈签税收协定的实践过程中,中国确定了三项具体原则,即坚持所得来源国与居民国共享征税权的原则、坚持税收待遇对等的原则和灵活对待税收饶让的原则。

在改革开放初期,我国更多的作为资本输入国和来源国,在与欧美发达国家签署双边税收条约时,为了保护作为所得来源地的税收管辖权,尽可能多地采纳了UN范本的规定。

后来,随着中国"走出去"战略的实施和对外交往的扩大,中国开始更多地采用OECD范本的有关条款,更多地采取维护居民国税收权益的政策或立场,如在税收饶让方面,我国在早期的原则是"重视税收饶让"。随着我国对外开放局面的改变,当前我国对税收饶让的原则已经改为"灵活对待税收饶让"。

当前,随着经济全球化的不断深化,各国在经济上的联系更为密切和复杂,实践中纳税人利用税收协定避税的案例屡见不鲜,这些使得税收协定谈签的难度显著加大。为此,中国在税收协定谈签的实践中,越来越灵活地将OECD范本和UN范本结合起来,更加注重尊重和接受国际规范和国际惯例,更加注重加强国与国的情报交换和协作以及打击滥用税收协定,力求在维护国家税收权益和经济利益的同时,为中国对外经济交往提供更多的税收上的确定性和便利。

(三)中国对外签订避免双重征税协定主要条款的特点

2010年7月,国家税务总局印发了《〈中华人民共和国政府和新加坡共和国政府关于对所得避免双重征税和防止偷漏税的协定〉及议定书条文解释》(国税发〔2010〕75号文),并明确我国对外所签协定有关条款规定与《中华人民共和国政府和新加坡共和国政府关于对所得避免双重征税和停止偷漏税的协定》(以下简称中新协定)条款规定内容一致的,中新协定条文解释规定同样适用于其他协定相同条款的解释及执行。因此,以下主要以中新协定为例,介绍中国对外签订避免双重征税协定主要条款的特点。为避免与前文的重复,本小节将忽略我国对外签订税收协定中与两个税收协定范本基本一致的内容,而着重讨论OECD范本和UN范本不一致时我国税收协定中的规定,以及我国作出的新的修改或补充解释。

1. 一般用语定义

根据国税发〔2010〕75号文的解释,我国对外谈签的税收协定中"缔约国一方企业"和"缔约国另一方企业"分别指缔约国双方各自的居民企业。"国民"一般是指拥有本国国籍或公民身份的个人以及按本国法律取得合法地位的法人或团体。

2. 居民

对于按协定第四条第一款的规定同时为缔约国双方居民的个人,应依次考虑其永久性住所、重要利益中心、习惯性居处以及国籍来确定其最终居民身份。

根据国税发〔2010〕75号文的解释,永久性住所包括任何形式的住所,如由个人租用的住宅或公寓、租用的房间等,但该住所必须具有永久性,即个人已安排长期居住,而不是为了某些原因(如旅游、商务考察等)临时逗留。

重要利益中心要参考个人家庭和社会关系、职业、政治、文化和其他活动、营业地点、管理财产所在地等因素综合评判。其中特别注重的是个人的行为,即个人一直居住、工作并且拥有家庭和财产的国家通常为其重要利益中心之所在。

当个人在缔约国双方均有永久性住所时,对于习惯性居处的判定要注意其在双方永久性住所的停留时间,还应考虑其在同一个国家不同地点停留的时间;当个人的永久性住所不在缔约国任何一方时,对习惯性居处的判定要将此人在一个国家所有的停留时间加总考虑,而不问其停留的原因。

缔约国一方居民到第三国从事经营活动时,应根据实际情况确定是否可适用税收协定。以中新协定为例,具体有以下4种情形。

(1)新加坡个人到第三国从事劳务活动,凡依照第三国税收法律以及第三国与新加坡之间的税收协定已构成第三国居民的,其在第三国从事劳务活动时与中国发生业务往来并从中国取得的所得则不再适用本协定规定,应适用该第三国与中国的税收协定的规定。如果该第三国与中国没有税收协定,则适用中国国内法规定。

(2)新加坡居民企业设在第三国的常设机构是该居民企业的组成部分,与该居民企业属同一法律实体,不属于第三国居民,其从中国取得的所得适用中新协定的规定。

(3)中国居民企业设在第三国的常设机构是该居民企业的组成部分,不属于第三国居民,其从新加坡取得的所得适用中新协定的规定。

(4)中国居民企业设在新加坡的常设机构是该居民企业的组成部分,其从第三国取得的所得,涉及交纳第三国税款时适用中国与该第三国的协定。上述中国居民企业设在新加坡的常设机构取得来源于中国境内的所得,在按我国国国内法相关规定纳税时,该常设机构不能以新加坡居民身份对上述来源于中国境内的所得,向中国税务机关要求享受中新协定待遇。

3. 常设机构

常设机构的概念主要用于确定缔约国一方对缔约国另一方企业利润的征税权。以中新协定为例,根据协定第七条规定,中国不得对新加坡企业的利润征税,除非该企业通过其设在中国的常设机构进行营业。

处理本条款与其他相关条款的关系时,通常应遵循常设机构条款优先的原则。例如,若据以支付股息(第十条)、利息(第十一条)或特许权使用费(第十二条)的股权、债权、权利或财产等与常设机构有实际联系的,有关所得应该归属于常设机构的利润征税。

(1)常设机构的一般定义

中新协定第五条第一款规定,常设机构是指"企业进行全部或部分营业的固定营业场所"。通常情况下,常设机构具备以下特点。

第一,该营业场所是实质存在的。但这类场所没有规模或范围上的限制,如机器、仓库、摊位等;且不论是企业自有的,还是租用的;也不管房屋、场地、设施或设备是否有一部分被用于其他活动。一个场所可能仅占用市场一角,或是长期租用仓库的一部分(用于存放应税商品),或设在另一企业内部,等等;只要有一定可支配的空间,即可视为具有营业场所。

第二,该营业场所是相对固定的,并且在时间上具有一定的持久性。该特征应从以下几个方面理解:① 固定的营业场所包括缔约国一方企业在缔约国另一方从事经营活动经登记注册设立的办事处、分支机构等固定场所,也包括为缔约国一方企业提供服务而使用的办公室或其他类似的设施,如在某酒店长期租用的房间。② 对某些经常在相邻的地点之间移动的营业活动,虽然营业场所看似不固定,但如果这种在一定区域内的移动是该营业活动的固有性质,一般可认定为存在单一固定场所。例如,某办事处根据需要在一个宾馆内租用不同的房间或租用不同的楼层,该宾馆可被视为一个营业场所;又如,某商人在同一个商场或集市内的不同地点设立摊位,该商场或集市也可构成该商人的营业场所。③ 该营业场所应在时间上具有一定程度的持久性,而不是临时的;同时,营业活动暂时的间断或者停顿并不影响场所时间上的持久性。④ 如果某一营业场所是基于短期使用目的而设立,但实际存在时间却超出了临时性的范围,则可构成固定场所并可追溯性地构成常设机构。反之,一个以持久性为目的的营业场所如果发生特殊情况,例如,投资失败提前清算,即使实际只存在了一段很短的时间,同样可以判定自其设立起就构成常设机构。

第三,全部或部分的营业活动是通过该营业场所进行的。即一方企业通过在另一方设立常设机构进行营业活动,将其全部或部分活动延伸到另一方,不包括其在常设机构之外的地方直接从事的活动。如果一方企业通过在另一方的常设机构在另一方不同地点进行营业活动,则应判定其只有单一常设机构存在,且应将不同地点的营业活动产生的利润归属于该常设机构。如果一方企业在另一方不同地点直接从事营业活动,则该一方企业有可能在另一方不同地点构成多个常设机构。

"营业"一语的实际含义不仅仅包括生产经营活动,还包括非营利机构从事的业务活动,为该机构进行的准备性或辅助性的活动除外。但此等非营利机构在中国的常设机构是否获得营业利润,则需要根据协定第七条营业利润的规定再做判断。

"通过"该营业场所进行活动应作广义理解,包括企业在其可支配的地点从事活动的任何情形。例如,某道路修筑企业应被认为"通过"修筑行为发生地从事营业活动。当新加坡企业与中国不同城市的客户直接订立合同,如果合同是由新方企业设在中方的营业场所履行的,应认为该新方企业"通过"该场所从事营业活动。另外,如果该场所为新方企业与中方企业形成客户关系做出实质贡献,即使合同是两个企业间直接订立的,也应认为该新方企业"通过"该场所从事营业活动。

(2)通常情况下构成常设机构的场所

中新协定第五条第二款列举了通常情况下构成常设机构的场所,包括管理场所、分支机构、办事处、工厂、作业场所以及矿场、油井或气井、采石场或者其他开采自然资源的场所。

其中第一项"管理场所"是指代表企业负有部分管理职责的办事处或事务所等场所,不同于总机构,也不同于作为判定居民公司标准的"实际管理机构"。最后一项"矿场、油井或气井、采石场或者其他开采自然资源的场所"是指经过投资,拥有开采经营权或与之相关的合同权益,并从事生产经营的场所。至于为勘探或开发上述矿藏资源的承包工程作业,则应按照协定第五条第三款第一项中的规定,根据作业持续的时间是否超过 6 个月来判断其是否构成常设机构。

但这些列举并非是穷尽的,并不影响对其他场所按照第一款概括性的定义进行常设机构判定。

(3)工程型常设机构的判定标准

中新协定第五条第三款第一项规定了工程型常设机构的判定标准,即缔约国一方企业在缔约国对方的建筑工地,建筑、装配或安装工程,或者与其有关的监督管理活动,仅在此类工地、工程或活动持续时间为 6 个月以上时构成常设机构,未达到该规定时间的则不构成常设机构。

确定上述活动的起止日期,可以按其所签订的合同从实施合同(包括一切准备活动)开始之日起,至作业(包括试运行作业)全部结束交付使用之日止进行计算。凡上述活动时间持续 6 个月以上的(不含 6 个月,跨年度的应连续计算),应视为该企业在活动所在国构成常设机构。

"与其有关的监督管理活动"是指伴随建筑工地,建筑、装配或安装工程发生的监督管理活动,既包括在项目分包时由分承包商进行作业,总承包商负责指挥监督的活动;也包括独立监理企业从事的监督管理活动。对由总承包商负责的监督管理活动,其时间的计算与整个工地、工程的持续时间一致;对由独立监理企业承包的监督管理活动,应视其为独立项目,并根据其负责监理的工地、工程或项目的持续时间进行活动时间的判定。

如果新加坡企业在中国一个工地或同一工程连续承包两个及两个以上作业项目,应从第一个项目作业开始至最后完成的作业项目止计算其在中国进行工程作业的连续日期,不以每个工程作业项目分别计算。所谓为一个工地或同一工程连续承包两个及两个以上作业项目,是指在商务关系和地理上是同一整体的几个合同项目,不包括该企业承包的或者是以前承包的与本工地或工程没有关联的其他作业项目。例如,一个建筑工地从商务关系和地理位置上形成不可分割的整体时,即使分别签订几个合同,该建筑工地仍为单一的整体。再如,一些修建公路、挖掘运河、安装水管、铺设管道等活动,其工程作业地点是随工程进展不断改变或迁移的,虽然在某一特定地点工作时间连续未达到规定时间,但要视整体工程看是否达到构成常设机构的时间。一般来说,同一企业在同一工地上承包的项目可认为是商务关系相关联的项目。

对工地、工程或者与其有关的监督管理活动开始计算其连续日期以后,因故(如设备、材料未运到或季节气候等原因)中途停顿作业,但工程作业项目并未终止或结束,人员和设备物资等也未全部撤出,应持续计算其连续日期,不得扣除中间停顿作业的日期。

如果企业将承包工程作业的一部分转包给其他企业,分包商在建筑工地施工的时间应算作总包商在建筑工程上的施工时间。如果分包商实施合同的日期在前,可自分包商开始实施合同之日起计算该企业承包工程作业的连续日期。同时,不影响分包商就其所承担的工程作业单独判定其是否构成常设机构。

（4）劳务型常设机构的判定标准

中新协定第五条第三款第二项以及第二议定书第一条规定了劳务型常设机构的判定标准，即缔约国一方企业派其雇员或其雇佣的其他人员到缔约对方提供劳务，任何 12 个月内这些人员为从事劳务活动在对方停留连续或累计超过 183 天的，构成常设机构。

本项规定中的"雇员或雇佣的其他人员"是指本企业的员工，或者该企业聘用的在其控制下按照其指示向缔约对方提供劳务的个人。

本款所称的劳务活动，指从事工程、技术、管理、设计、培训、咨询等专业服务活动。例如：① 对工程作业项目的实施提供技术指导、协助、咨询等服务（不负责具体的施工和作业）；② 对生产技术的使用和改革、经营管理的改进、项目可行性分析以及设计方案的选择等提供的服务；③ 在企业经营、管理等方面提供的专业服务。

同一企业从事的有商业相关性或连贯性的若干个项目应视为"同一项目或相关联的项目"。在判断若干个项目是否为关联项目时，应考虑下列因素：① 这些项目是否被包含在同一个总合同里；② 如果这些项目分属不同的合同，这些合同是否与同一人或相关联的人所签订，前一项目的实施是否是后一项目实施的必要条件；③ 这些项目的性质是否相同；④ 这些项目是否由相同的人员实施；等等。

对于劳务活动在任何 12 个月中是否连续或累计超过 183 天（不含），应从以下方面判断：① 若某新加坡企业为中国境内某项目提供劳务（包括咨询劳务），以该企业派其雇员为实施服务项目第一次抵达中国之日期起至完成并交付服务项目的日期止作为计算期间，计算相关人员在中国境内的停留天数。② 具体计算时，应按所有雇员为同一个项目提供劳务活动不同时期在中国境内连续或累计停留的时间来掌握，对同一时间段内的同一批人员的工作不分别计算。例如，新加坡企业派遣 10 名员工为某项目在中国境内工作 3 天，这些员工在中国境内的工作时间为 3 天，而不是按每人 3 天共 30 天来计算。③ 如果同一个项目历经数年，新加坡企业只在某一个"12 个月"期间派雇员来中国境内提供劳务超过 183 天，而在其他期间内派人到中国境内提供劳务未超过 183 天，仍应判定该企业在中国构成常设机构。常设机构是针对该企业在中国境内为整个项目提供的所有劳务而言，而不是针对某一个"12 个月"期间提供的劳务。所以，在整个项目进行中，如果新加坡企业于其中一个"12 个月"期间在中国境内提供劳务超过 183 天，则应认为该企业在中国构成常设机构。

如果新加坡企业在向中国客户转让专有技术使用权的同时，也委派人员到中国境内为该项技术的使用提供有关支持、指导等服务并收取服务费，无论其服务费是单独收取还是包括在技术价款中，该服务费均应视为特许权使用费，适用协定第十二条特许权使用费条款的规定。但如果上述人员提供的服务是通过该新加坡企业设在中国的某固定场所或其他场所进行，服务时间达到构成常设机构的时间标准的，则按本款规定构成常设机构，对归属于常设机构部分的服务所得应执行协定第七条的规定。

（5）常设机构定义范围的例外规定

税收协定第五条第四款是对第一款常设机构的定义范围作出的例外规定，即缔约国一方企业在缔约国另一方仅由于仓储、展览、采购及信息收集等活动的目的设立的具有准备性或辅助性的固定场所,不应被认定为常设机构。

国税发〔2010〕75号文进一步明确,从事"准备性或辅助性"活动的场所通常具备以下特点:一是该场所不独立从事经营活动,并且其活动也不构成企业整体活动基本的或重要的组成部分;二是该场所进行第四款列举的活动时,仅为本企业服务,不为其他企业服务;三是其职责限于事务性服务,且不起直接营利作用。

有些情况下,一些机构场所形式上符合上述规定,但从其业务实质看仍应认定为常设机构。以下为3个例子。

① 某新加坡企业的主营业务是为客户提供采购服务并收取服务费,该企业在中国设立办事处,为其在中国进行采购活动。这种情况下,该中国办事处的采购活动看似属于本款第4项所说的"专为本企业采购货物或商品"的范围,但由于该办事处业务性质与新加坡企业总部的业务性质完全相同,所以该办事处的活动不是准备性或辅助性的。

② 某新加坡企业在中国境内设立固定场所,维修、保养该企业销售给中国客户的机器设备,或专为中国客户提供零配件。这种情况下,因其从事的活动是企业总部为客户服务的基本及重要组成部分,所以该固定场所的活动不是准备性或辅助性的。

③ 某新加坡企业在中国设立从事宣传活动的办事处,该办事处不仅为本企业进行业务宣传,同时也为其他企业进行业务宣传。这种情况下,该办事处的活动不是准备性或辅助性的。

此外,如果某固定场所既从事本款规定的不构成常设机构的活动,也从事构成常设机构的活动,则应视其构成常设机构,并对这两项营业活动的所得合并征税。例如,企业用于交付货物的仓库兼营商品销售,应判定为常设机构并征税。

(6) 代理型常设机构的判定标准

协定第五条第五款规定,缔约国一方企业通过代理人(独立代理人除外)在另一方进行活动,如果代理人有权并经常行使这种权力以该企业的名义签订合同,则该企业在缔约国另一方构成常设机构。

其活动使一方企业在另一方构成常设机构的代理人,通常称为"非独立代理人"。非独立代理人可以是个人,也可以是办事处、公司或其他任何形式的组织,不一定被企业正式授予代表权,也不一定是企业的雇员或部门。此外,非独立代理人不一定是代理活动所在国家的居民,也不一定在该国拥有营业场所。

对"以该企业的名义签订合同"应做广义理解,包括不是以企业名义签订合同,但其所签合同仍对企业具有约束力的情形。"签订"不仅指合同的签署行为本身,也包括代理人有权代表被代理企业参与合同谈判,商定合同条文等。

本款所称"合同"是指与被代理企业经营活动本身相关的业务合同。如果代理人有权签订的是仅涉及企业内部事务的合同,例如,以企业名义聘用员工以协助代理人为企业工作等,则不能仅凭此认定其构成企业的常设机构。

对于"经常"一语并无精确统一的标准,要结合合同性质、企业的业务性质以及代理人相关活动的频率等综合判断。在某些情况下,企业的业务性质决定了其交易数量不大,但合同签订的相关工作却要花费大量时间,如飞机、巨型轮船或其他高价值商品的销售。如果代理人为这类企业在一国境内寻找买方、参与销售谈判等,即使该人仅代表企业签订了一单销售合同,也应认为该代理人满足"经常"标准,构成企业的非独立代理人。

所谓"行使"权力,应以实质重于形式的原则来理解。如果代理人在该缔约国另一方进行合同细节谈判等各项与合同签订相关的活动,且对企业有约束力,即使该合同最终由其他人在企业所在国或其他国家签订,也应认为该代理人在该缔约国另一方行使合同签署权力。

如果代理人在缔约国另一方的活动仅限于本条第四款的准备性或辅助性范围,则不构成企业的非独立代理人(或常设机构)。

判断一方企业是否通过非独立代理人在另一方构成常设机构时,不受本条第三款关于工程型常设机构的时间要求的限制。

(7)代理型常设机构的例外情况

并不是所有代理人都构成代理企业的常设机构,第六款规定的独立代理人即为例外。独立代理人指专门从事代理业务的代理人,其不仅为某一个企业代理业务,也为其他企业提供代理服务。经纪人、中间商等一般佣金代理人等属于独立代理人。

但是,为防止独立代理人条款被滥用,协定执行中要对代理人身份或代理人地位是否独立进行判定。代理人的活动同时符合下列两个条件的,才属于本款规定的独立代理人。

第一,该代理人在法律上和经济上独立于被代理企业,具体可从以下几个方面考察。

① 代理人商务活动的自由度。如果代理人在被代理企业的具体指导和全面控制下为企业进行商务活动,而不是自行决定工作方式,那么该代理人 般不具有独立地位。

② 代理人商务活动的风险由谁承担。如果由被代理企业承担而非由代理人承担,则该代理人一般不能被认为具有独立地位。

③ 代理人代表的企业的数量。如果在相当长一段经营期或时间内,代理人全部或几乎全部仅为一家企业进行活动,该代理人很可能不是独立代理人。

④ 被代理企业对代理人专业知识的依赖程度。一般来说,独立代理人具备独立从事商务活动的专门知识或技术,不需要依赖企业的帮助。相反,被代理企业通常借助代理人的专门知识或技术扩展自己的业务或推销自己的产品,等等。

第二,独立代理人在代表企业进行活动时,一般按照常规进行自身业务活动,不从事其他经济上归属于被代理企业的活动。例如,某销售代理人以自己的名义出售某企业的货物或商品,这一行为是销售代理人的常规经营业务。如果该销售代理人在从事上述活动的同时,还经常作为企业的有权签约的代理人进行活动,那么因为这些活动已在自身贸易或营业常规之外,代理人将被视为被代理企业的非独立代理人而构成企业的常设机构。

(8)子公司是否构成常设机构的判定标准

根据第五条第七款的规定,母公司通过投资设立子公司、拥有子公司的股权等形成的控制或被控制关系,不会使子公司构成母公司的常设机构。从税收角度看,子公司本身是一个独立的法人实体,即使它在业务上受母公司管理,也不应仅凭此而被视为母公司的常设机构。

但是,由于母子公司之间的特殊关系,现实经济活动中,母子公司之间常存在较为复杂的跨境人员及业务往来。这种情况下,母公司在子公司的活动是否导致母公司在子公司所在国构成常设机构,根据国税发〔2010〕75号文的规定,应考虑以下3个方面。

第一，应子公司要求，由母公司派人员到子公司为子公司工作，这些人员受雇于子公司，子公司对其工作有指挥权，工作责任及风险与母公司无关，由子公司承担，那么，这些人员的活动不导致母公司在子公司所在国构成常设机构。此种情况下，子公司向此类人员支付的费用，不论是直接支付还是通过母公司转支付，都应视为子公司内部人员收入分配，对支付的人员费用予以列支，其所支付的人员费用应为个人所得，按子公司所在国有关个人所得税法相关规定，以及协定第十五条的有关规定征收个人所得税。

第二，母公司派人员到子公司为母公司工作时，应按本条第一款或第三款的规定判断母公司是否在子公司所在国构成常设机构。符合下列标准之一时，可判断这些人员为母公司工作。

① 母公司对上述人员的工作拥有指挥权，并承担风险和责任；

② 被派往子公司工作的人员的数量和标准由母公司决定；

③ 上述人员的工资由母公司负担；

④ 母公司因派人员到子公司从事活动而从子公司获取利润。

此种情况下，母公司向子公司收取有关服务费时，应按独立企业公平交易原则，确认母子公司上述费用的合理性后，再对子公司上述费用予以列支。如果上述活动使母公司在子公司所在国构成常设机构，则该子公司所在国可按本协定第七条的规定，对母公司向子公司收取的费用征收企业所得税。

第三，子公司有权并经常以母公司名义签订合同，符合上述第五款关于"非独立代理人"有关条件的，子公司构成母公司的常设机构。

4. 营业利润

税收协定第七条是对缔约国一方企业在缔约国另一方的营业活动产生的利润划分征税权的规定。中新协定明确缔约国一方企业在缔约国另一方的营业活动只有在构成常设机构的前提下，缔约国另一方才能征税，并且只能就归属于常设机构的利润征税。这里所称的"归属于该常设机构的利润"不仅包括该常设机构取得的来源于中国境内的利润，还包括其在中国境内外取得的与该常设机构有实际联系的各类所得，如股息、利息、租金和特许权使用费等所得。这里所说实际联系一般是指对股份、债权、工业产权、设备及相关活动等，具有直接拥有关系或实际经营管理等关系。

5. 资本利得

协定第十三条第四款与第五款均是对股份转让征税问题的规定，国税发〔2010〕75 号文对于新加坡居民转让其在中国居民公司的股份取得的收益中国税务机关有权征税的两个条件做了进一步的解释说明。

首先，按第十三条第四款规定，如缔约国一方居民持有某公司的股份，不论该公司是缔约一方的公司还是缔约对方的公司，只要该公司的股份价值的 50％ 以上（不含 50％）直接或者间接由位于缔约对方的不动产所构成，则缔约国一方居民转让该公司股份取得的收益，无论其持股比例是多少，不动产所在国对股份转让收益都有权征税。例如，新加坡居民拥有中国公司的股份（或购买在新加坡上市的中国公司的股份），如该中国公司股份价值的 50％ 以上直接或间接由位于中国的不动产所组成，那么不论该新加坡居民持有中国公司股份比例如何，中国对该新加坡居民转让该公司股份取得的收益都可以征税；再如,如果新加坡居民拥有某中国境外公司的股份,如果该公司股份价值的50%以上直接或间接由位于中国的不动产所构成,则上述新加坡居民转让该中国境外公司股份(股票)取得的收益,中国作为不动产所在国根据本款规定拥有征税权。其中公司股份价值50%以上直接或间接由位于中国的不动产所组成,是指公司股份被转让之前的一段时间(一般为三年)内任一时间,被转让股份的公司直接或间接持有位于中国的不动产价值占公司全部财产价值的比率在50%以上。

在被转让股份的公司参股其他公司股份的情况下,如果被参股公司的财产价值主要由在中国的不动产组成,在计算被转让股份公司的财产价值时,应将被参股公司的不动产价值按参股比例计算的归属部分一并考虑,决定该被转让股份的中国居民公司的财产价值的不动产比例是否达到50%。例如,新加坡居民 A 公司拥有中国居民 B 公司20%的股份,B 公司的财产价值为100(单位略),其中不动产价值为40。如果 B 公司又持有中国居民 C 公司80%的股份,如 C 公司的财产价值为100,其中不动产价值为90,则在计算 B 公司的财产价值时,应将 C 公司财产价值的80%计算在内,即 B 公司直接或间接拥有的财产价值为100+100×80%=180,其中不动产价值为40+90×80%=112,不动产价值比例为62%。

其次,按照第十三条第五款的规定,新加坡居民转让其在中国居民公司或其他法人资本中的股份、参股、或其他权利取得的收益,如果收益人在转让行为前的12个月内曾经直接或间接参与被转让公司25%的资本,则中国有权对该收益征税。

新加坡居民转让中国居民公司或其他法人资本中的股份、参股、或其他权利,在一般情况下(除滥用情形外)是指直接转让情形。如果被转让的股份不属于中国居民公司或其他法人资本中的股份、参股、或其他权利,无论被转让股份的公司是否拥有中国居民公司或其他法人资本中的股份、参股、或其他权利,均不适用第五款规定,即不能按照第五款规定确定中国拥有征税权,应视具体情形适用本条其他款项规定。但是,对滥用企业组织形式,不是出于真正商业意图,而是以逃避税款或获取优惠的税收待遇为目的,间接转让中国公司股份的情况,中国有权根据本协定第二十六条的规定启动反避税调查程序,以防止我国税收权益的流失。

新加坡居民直接或间接参与一个中国居民公司的资本包括以下几种情况:① 该新加坡居民在该中国居民公司直接拥有资本。② 该新加坡居民通过任何其持股的公司(或持股链公司)间接拥有该中国居民公司的资本。间接拥有的资本或股份按照每一持股链中各公司的持股比例乘积计算。例如,新加坡居民甲持有第三方居民公司乙50%股份,乙持有中国居民公司丙50%股份,则甲通过乙间接持有中国居民公司丙的股份达到25%(50%×50%),在这一情况下,如果甲同时直接持有丙5%的股份,那么当其转让该5%的股份时,就应该考虑其间接持有的25%的股份,从而达到本款规定的征税条件。但如果甲没有直接持有中国居民公司丙的股份,只是通过乙间接持有丙,此款所说的间接持有股份的规定并不针对甲转让乙的股份收益问题(除滥用情形外)。③ 与该新加坡居民具有显著利益关系的关联集团内其他成员在该中国居民公司直接拥有的资本。这里所称"与新加坡居民有显著利益关系的关联集团成员"包括与个人居民具有完全相同持股利益的人(如直系亲属、存在代理关系的人等)、直接拥有非个人居民100%股权的公司或个人、以及由上述个人或公司直接或间接拥有 100％股权的公司。例如，新加坡居民公司乙直接持有中国居民公司丙 10％资本，新加坡居民公司乙的母公司甲（100％控股）直接持有中国居民公司丙 10％资本，母公司甲的另一个 100％控股的子公司丁直接持有中国居民公司丙 10％资本。在此种情形下，该关联集团持有中国居民公司丙的股份应为 30％。因此，如果新加坡公司乙转让其在公司丙的股份取得收益，中国则因其在公司丙的参股比例达到 25％而拥有征税权。

6. 投资所得

（1）股息、利息和特许权使用费征税权的划分

协定第十条、第十一条和第十二条分别关于股息、利息和特许权使用费征税权的划分做出了规定。我国对外谈签的税收协定基本采纳了 UN 范本的有关规定，坚持缔约国双方国家都不谋求独占税收收益，而是按照平等互利原则进行适当的税收分享。具体做法是承认来源地国家拥有优先征税权，并由来源国按降低的限制税率征税。但我国同每一个国家签订的税收协定确定限制税率的情况不同，在大多数税收协定中规定限制税率应分别不超过股息、利息、特许权使用费总额的 10％，也有的税收协定对股息、利息和特许权使用费规定不同的限制税率（参见附录七、八、九）。

其中对股息的限制税率可能与股息受益人的持股比例有关，如中新协定规定，在股息受益所有人是公司，并直接拥有支付股息公司至少 25％资本的情况下，限制税率为 5％；其他情况下，限制税率为 10％。

判定受益所有人拥有公司资本的比例通常可视其在公司的出资份额情况。一般情况下，出资份额体现为在注册资本中所占份额。此外，当向公司以提供贷款或其他形式的出资产生的所得，已按规定（如防止资本弱化的规则）当作股息处理时，这种贷款或出资也将被视为"资本"。

享受 5％税率的股息限于直接拥有资本比例达到 25％以上的情形，即符合此低税率的股息应属于符合条件的受益所有人拥有资本比例达到 25％以上的期间的利润所形成的股息，具体要求非居民直接拥有中国居民公司资本比例在取得股息前连续 12 个月以内任何时候均至少达到 25％。这里"取得股息"的日期是指按照国内法规定该项股息在中国发生纳税义务或扣缴义务的日期。

对于利息，中新协定规定，受益所有人为银行或金融机构情况下，利息的征税税率为7％；其他情况下利息的征税税率为 10％。

在特许权使用费课税方面，我国在应用限制税率基础上，对税基又打了折扣，比如对使用或有权使用工业、商业、科学设备而支付的特许权使用费，在同有关国家签订的税收协定中分别规定按支付总额的 60％和 70％课征预提税，这些调整通常在协定的议定书中明确。

（2）股息、利息和特许权使用费的含义

根据国税发〔2010〕75 号文，"股息"简单来说即为公司所作的利润分配。股息支付不仅包括每年股东会议所决定的利润分配，也包括其他货币或具有货币价值的收益分配，如红股、红利、清算收入以及变相利润分配。股息和利息在某些特定情况下较难判定，通常应遵循实质重于形式的原则。一般情况下，各类债券所得不应视为股息。然而，如果贷款

人确实承担债务人公司风险,其利息可被视为股息,具体包括以下情形:① 该贷款大大超过企业资本中的其他投资形式,并与公司可变现资产严重不符;② 债权人将分享公司的任何利润;③ 该贷款的偿还次于其他贷款人的债权或股息的支付;④ 利息的支付水平取决于公司的利润;⑤ 所签订的贷款合同没有对具体的偿还日期做出明确的规定。存在上述情况时,借款人所在国可根据资本弱化的国内法规定将利息作为股息处理。

"利息"一语的含义,具体可从以下两个方面理解:① 利息一般是指从各种债权取得的所得。"各种债权"应包括现金、货币形态的有价证券,以及政府公债、债券或者信用债券。② 对于与利息相关的其他所得是否应属于"利息"的范畴,应根据其性质区别对待。附属债券取得的所得,如发行债券的溢价和奖金构成利息,但债券持有者出售债券发生的盈亏不属于利息范围;与贷款业务相关的并附属于债权的所得可认定为利息,但独立发生于债权以外的,如单独收取的担保费等,原则上不应认定为利息。

"特许权使用费"一语的定义比较复杂,包括以下主要方面。

第一,特许权使用费应与使用或有权使用以下权利有关:构成权利和财产的各种形式的文学和艺术,有关工业、商业和科学实验的文字和信息中确定的知识产权,不论这些权利是否已经或必须在规定的部门注册登记。同时,这一定义既包括了在有许可的情况下支付的款项,也包括因侵权支付的赔偿款。

第二,特许权使用费也包括使用或有权使用工业、商业、科学设备取得的所得,即设备租金;但不包括设备所有权最终转移给用户的有关融资租赁协议涉及的支付款项中被认定为利息的部分;也不包括使用不动产取得的所得,使用不动产取得的所得适用协定第六条的规定。

第三,特许权使用费还包括使用或有权使用有关工业、商业、科学经验的情报取得的所得。对该项所得应理解为专有技术,一般是指进行某项产品的生产或工序复制所必需的、未曾公开的、具有专有技术性质的信息或资料。与专有技术有关的特许权使用费一般涉及技术许可方同意将其未公开的技术许可给另一方,使另一方能自由使用,技术许可方通常不亲自参与技术受让方对被许可技术的具体应用,并且不保证实施的结果。被许可的技术通常已经存在,但也包括应技术受让方的需求而研发后许可使用,并在合同中列有保密等使用限制的技术。

第四,在服务合同中,如果服务提供方在提供服务过程中使用了某些专门知识和技术,但并不许可这些技术使用权,则此类服务不属于特许权使用费范围。如果服务提供方提供服务形成的成果属于特许权使用费定义范围,并且服务提供方仍保有该项成果的所有权,服务接受方对此成果仅有使用权,则此类服务产生的所得属于特许权使用费。

第五,在转让或许可专有技术使用权过程中,如果技术许可方派人员为该项技术的应用提供有关支持、指导等服务,并收取服务费,无论是单独收取还是包括在技术价款中,均应视为特许权使用费,适用本条的规定。但如上述人员的服务已构成常设机构,对归属于常设机构部分的服务所得应执行协定第七条营业利润条款的规定,对提供服务的人员执行协定第十五条非独立个人劳务条款的规定;对未构成常设机构或未归属于常设机构的服务收入仍按特许权使用费规定处理。

第六,单纯货物贸易项下作为售后服务的报酬,产品保证期内卖方为买方提供服务所取得的报酬,专门从事工程、管理、咨询等专业服务的机构或个人提供的相关服务所取得的所得不是特许权使用费,应作为劳务活动所得适用协定第七条营业利润条款的规定。

7. 劳务所得

(1) 独立个人劳务

协定第十四条第一款规定个人以独立身份从事劳务活动取得所得的征税原则,即一般情况下仅在该个人为其居民的国家征税,但符合下列条件之一的,来源国有征税权:① 该缔约国居民个人以从事独立个人劳务为目的在缔约国另一方设立了经常使用的固定基地(固定基地的判断标准与常设机构类似)。② 该居民个人在任何 12 个月中在缔约国另一方停留连续或累计达到或超过 183 天。但是,在中国作为收入来源国对新加坡居民个人在中国提供独立个人劳务取得的所得有征税权的情况下,中国应仅就属于上述固定基地的所得征税或仅对新加坡居民个人在华提供独立个人劳务期间取得的所得征税。

第十四条第二款通过一些具有典型意义的例子对"专业性劳务"一语的含义加以阐述。所列举的实例并非穷尽性列举,对一些特殊情况可能产生的解释上的困难,可以通过中新双方主管当局协商解决。

个人要求执行税收协定独立个人劳务条款规定的,应根据下列条件判断其是否具有独立身份:① 职业证明,包括登记注册证件和能证明其身份的证件,或者由其为居民的缔约国税务当局在出具的居民身份证明中就其现时从事职业的说明;② 与有关公司签订的劳务合同表明其与该公司的关系是劳务服务关系,不是雇主与雇员关系,具体包括:医疗保险、社会保险、假期工资、海外津贴等方面不享受公司雇员待遇;其从事劳务服务所取得的报酬,是按相对的小时、周、月或一次性计算支付;其劳务服务的范围是固定的或有限的,并对其完成的工作负有质量责任;其为提供合同规定的劳务所相应发生的各项费用,由其个人负担。

(2) 非独立个人劳务

协定第十五条第一款规定对个人以受雇身份(雇员)从事劳务活动取得所得的征税原则,即一般情况下缔约国一方居民因雇佣关系取得的工资薪金报酬应在居民国征税。也就是说,新加坡居民在新加坡受雇取得的报酬应仅在新加坡纳税,但在中国从事受雇活动取得的报酬,中国可以征税。

新加坡居民以雇员的身份在中国从事活动,只要有下列情况之一的,其获得的报酬就可以在中国征税。

第一,在任何 12 个月中在中国停留连续或累计超过 183 天。在计算天数时,该人员中途离境包括在签证有效期内离境又入境,应准予扣除离境的天数。计算实际停留天数应包括在中国境内的所有天数,包括抵、离日当日等不足一天的任何天数及周末、节假日,以及从事该项受雇活动之前、期间及以后在中国渡过的假期等。如果计算达到 183 天的这 12 个月跨两个年度,则中国可就该人员在这两个年度中在中国的实际停留日的所得征税。

第二,该项报酬由中国雇主支付或代表中国雇主支付。"雇主"应理解为对雇员的工作结果拥有权利并承担相关责任和风险的人。

凡中国企业采用"国际劳务雇用"方式,通过境外中介机构聘用人员来华为其从事有关劳务活动,虽然形式上这些聘用人员可能是中介机构的雇员,但如果聘用其工作的中国企业承担上述受聘人员工作所产生的责任和风险,应认为中国企业为上述受聘人员的实际雇主,该人员在中国从事受雇活动取得的报酬应在中国纳税。关于对真实雇主的判定可参考下列因素:中国企业对上述人员的工作拥有指挥权;上述人员在中国的工作地点由中国企业控制或负责;中国企业支付给中介机构的报酬以上述人员工作时间计算,或者支付的该项报酬与上述人员的工资存在一定联系,如按人员工资总额的一定比例确定支付给中介机构的报酬;上述人员工作使用的工具和材料主要由中国企业提供;中国企业所需聘用人员的数量和标准并非由中介机构确定,而由中国企业确定。

新加坡企业派其员工到中国居民企业工作应考虑上述因素,以实质重于形式的原则判定其真实雇主身份。如果上述员工名义上为中国企业职员,实质上履行其派出企业职责,则同样参考上述有关标准,在判定新加坡企业为其真实雇主身份前提下,按协定第五条的规定判断上述新加坡企业是否在中国构成常设机构。如果上述员工在中国工作期间确实受雇于中国居民企业,但同时也为其派出企业工作,应就此类员工为其派出企业工作的实际情况按照本协定第五条的规定判断上述新加坡企业是否在华构成常设机构。

第三,该项报酬由雇主设在中国的常设机构或固定基地所负担。如果新加坡个人被派驻到新加坡企业设在中国的常设机构工作,或新加坡企业派其雇员及其雇用的其他人员在中国已构成常设机构的承包工程或服务项目中工作,这些人员不论其在中国工作时间长短,也不论其工资薪金在何处支付,都应认为其在中国的常设机构工作期间的所得是由常设机构负担。但本规定不应适用于被总部临时派往常设机构视察、检查或临时提供协助的人员及活动。

8. 其他所得

协定第二十一条是对以上条款未涉及的所得征税权的一般原则,中新协定规定来源国对其他所得有优先征税权。如新加坡居民企业或个人取得发生或来源于中国的其他所得,中国有优先征税权。

9. 税收饶让抵免

在中国谈签税收饶让抵免条款的实践中,1983年中国同日本签订的税收协定中就包含了税收饶让抵免的有关内容。在中国同发达国家谈签的税收协定中,除美国、冰岛等少数国家之外,大多数发达国家与中国签订的税收协定中都包含了税收饶让抵免条款。在我国与发展中国家签订的税收条约中,除了一些收入较高的发展中国家,如科威特等,我国要求对方承担税收饶让抵免的义务外,对其他发展中国家,我国一般与对方相互给予税收饶让抵免。

(四) 反税收协定滥用

为了防止税收协定滥用,税收协定的第十条(股息)、第十一条(利息),第十二条(特许权使用费)都规定了反滥用条款,即以获取优惠的税收地位为主要目的的交易或安排,不应适用税收协定相应条款优惠规定。纳税人因该交易或安排而不当享受税收协定待遇的,主管税务机关有权进行调整。

中新协定的第十二条第六款对特许权使用费支付的关联交易中协定优惠条款的适用加以限定。当支付人与受益所有人之间或他们与其他人之间由于某种特殊关系而造成超额支付特许权使用费时,支付额中超过按市场公允价格计算所应支付数额的部分不享受协定的优惠。

同时,我国与美国、墨西哥、厄瓜多尔、俄罗斯以及智利5个国家签署的税收协定中包含有独立的利益限制条款:中、美两国于1985年签订的《中华人民共和国政府和美利坚合众国政府关于对所得避免双重征税和防止偷漏税的协定的议定书》第七款为利益限制条款,"双方同意,如果第三国的公司主要为享受本协定优惠的目的而成为缔约国一方居民,缔约国双方主管当局可经协商,不给予本协定第九条、第十条和第十一条的优惠"[①],在《中华人民共和国政府和美利坚合众国政府对1984年4月30日签订的关于对所得避免双重征税和防止偷漏税的协定的议定书第七款解释的议定书》中,对利益限制条款进行了具体的解释。该议定书虽然只有4条,但包括了简单的所有权测试、税基侵蚀测试、上市公司测试、主要目的测试和酌情宽免条款,是一个较为完整的利益限制条款。中墨税收协定的利益限制条款与中美税收协定基本相同,但是适用于整个税收协定,而非仅仅是股息、利息、和特许权使用费。中厄2013年税收协定和中俄2014年税收协定中,第23条"利益限制"完全采用了2010年OECD范本的利益限制条款;中智于2015年签署的税收协定最能反映BEPS项目的成果,其第26条的"享受协定的优惠资格判定"就采用了BEPS认为最佳的反避税方法——利益限制条款与主观目的测试相结合的方法。但是该协定没有完全遵照《BEPS第6项行动计划》所给出的文本和规则,而是在第2款确定"有资格的人"的范围时,对个人和缔约国政府以外的所有纳税人进行所有权和税基侵蚀测试,不区分慈善机构、养老基金或其他组织。同时,在该条款中还采用了税务当局自由裁量条款和主观目的测试,但没有采用积极营业活动测试。此外,中智税收协定的第26条第6款还包含了BEPS第6项行动计划中针对位于第三国的常设机构的反滥用规则。

(五)中国税收协定执行中的"受益所有人"规则

第一,2009年10月《国家税务总局关于如何理解和认定税收协定中"受益所有人"的通知》(国税函〔2009〕601号)第一次对受益所有人作出了规定:"受益所有人"是指对所得或所得据以产生的权利或财产具有所有权和支配权的人。"受益所有人"一般从事实质性的经营活动,可以是个人、公司或其他任何团体。代理人、导管公司等不属于"受益所有人"。在判定"受益所有人"身份时,不能仅从技术层面或国内法的角度理解,还应该从税收协定的目的(即避免双重征税和防止偷漏税)出发,按照"实质重于形式"的原则结合具体案例的实际情况进行分析和判定。该文件第2条提出了不利于对申请人"受益所有人"身份的认定的7项因素:① 申请人有义务在规定时间(比如在收到所得的12个月)内将所得的全部或绝大部分(比如60%以上)支付或派发给第三国(地区)居民;② 除持有所得据以产生的财产或权利外,申请人没有或几乎没有其他经营活动;③ 在申请人是公司等实体的情况下,申请人的资产、规模和人员配置较小(或少),与所得数额难以匹配;④ 对于所得或所得据以产生的财产或权利,申请人没有或几乎没有控制权或处置权,也不承担或很少承担风险;⑤ 缔约对方国家(地区)对有关所得不征税或免税,或征税但实际税率极低;⑥ 在利息据以产生和支付的贷款合同之外,存在债权人与第三人之间在数

---

① 第九、十、十一条分别为股息、利息、特许权使用费条款。

额、利率和签订时间等方面相近的其他贷款或存款合同;⑦在特许权使用费据以产生和支付的版权、专利、技术等使用权转让合同之外,存在申请人与第三人之间在有关版权、专利、技术等的使用权或所有权方面的转让合同。

第二,2012年《国家税务总局关于认定税收协定中"受益所有人"的公告》(国家税务总局公告2012年第30号)第一条指出在判定缔约对方居民的受益所有人身份时,应按照国税函〔2009〕601号文件第二条规定的各项因素进行综合分析和判断,不应仅因某项不利因素的存在,或者第一条所述"逃避或减少税收、转移或累积利润等目的"的不存在,而做出否定或肯定的认定。该文同时规定了关于受益所有人的"安全港规则":申请享受协定待遇的缔约对方居民(以下简称申请人)从中国取得的所得为股息的,如果其为在缔约对方上市的公司,或者其被同样为缔约对方居民且在缔约对方上市的公司100%直接或间接拥有(不含通过不属于中国居民或缔约对方居民的第三方国家或地区居民企业间接持有股份的情形),且该股息是来自上市公司所持有的股份的所得,可直接认定申请人的受益所有人身份。

第三,2014年4月《国家税务总局关于委托投资情况下认定受益所有人问题的公告》(国家税务总局公告〔2014〕第24号)对委托投资非居民受益所有人的身份判定进行细化:如果投资收益的所得类型为股息或利息,该所得在逐级返回至该非居民的过程中所得性质未发生改变,且有凭据证明该所得实际返回至该非居民,则可以认定该非居民为该笔所得的受益所有人。

第四,2015年国家税务总局关于发布《非居民纳税人享受税收协定待遇管理办法》的公告(国家税务总局公告2015年第60号)取消了非居民纳税人享受税收协定待遇的行政审批,"非居民纳税人符合享受协定待遇条件的,可在纳税申报时,或通过扣缴义务人在扣缴申报时,自行享受协定待遇,并接受税务机关的后续管理。"

二、税收情报交换协定

自2009年以来,我国与巴哈马、英属维尔京群岛、百慕大群岛、开曼群岛等10个国家和地区签订了税收情报交换协定(Tax Information Exchange Arrangement, TIEA),其中详细规定了缔约国双方关于税收情报交换的义务和权力,明确规定了缔约方有权利获取的情报范围、请求方提供可预见相关性税收情报的义务以及处理请求的时限,这些情报交换协定为我国提供了了解本国跨国企业税务信息的有效途径。表5-8总结了我国对外签订的税收情报协定的主要情况。

表5-8　我国对外签订税收情报交换协定情况

序号	国 家 或 地 区	签署日期	生效日期	执行日期
1	巴哈马	2009-12-01	2010-08-28	2011-01-01
2	英属维尔京	2009-12-07	2010-12-30	2011-01-01
3	马恩岛	2010-10-26	2011-08-14	2012-01-01
4	根　西	2010-10-27	2011-08-17	2012-01-01

续　表

序号	国 家 或 地 区	签署日期	生效日期	执行日期
5	泽 西	2010-10-29	2011-11-10	2012-01-01
6	百慕大	2010-12-02	2011-12-31	2012-01-01
7	阿根廷	2010-12-13	2011-09-16	2012-01-01
8	开 曼	2011-09-26	2012-11-15	2013-01-01
9	圣马力诺	2012-07-09	2013-04-30	2014-01-01
10	列支敦士登	2014-01-27	2014-08-02	2015-01-01

第三节　中国参与和推动多边国际税收协调机制的实践

一、中国参与《多边税收征管互助公约》

根据《国家税务总局关于〈多边税收征管互助公约〉生效执行的公告》（国家税务总局2016年第4号公告），经国务院批准，中国于2013年8月27日签署了《多边税收征管互助公约》（以下简称《公约》），并于2015年7月1日由第十二届全国人民代表大会常务委员会第十五次会议批准，成为《公约》第56个缔约国。2015年10月16日，我国向经济合作与发展组织交存了《公约》批准书。根据《公约》第二十八条的规定，《公约》将于2016年2月1日对我国生效，自2017年1月1日起开始执行。

《公约》在我国适用于除关税、船舶吨税外的所有税种。对于我国未开征的税种，我国不对外提供任何形式的征管协助。截至《公约》生效日，我国已签署104个避免双重征税协定（安排/协议），均包含有关国际税收征管协助的条款。在两国都是《公约》缔约方且已签署双边税收条约的情况下，《公约》允许两国可以选择最有效、最适当的条约执行。未来，在对外开展国际税收征管协助时，我国将结合《公约》以及其他税收条约的规定，选择最有利于我国的处理方式，最大限度地维护我国税收权益。

需要注意的是，我国在《公约》批准书中声明保留的内容包括："对《公约》第一条规定税种以外的税种，不提供任何形式的协助""不协助其他缔约方追缴税款，不协助提供保全措施""不提供文书送达方面的协助""不允许通过邮寄方式送达文书"等。

二、中国参与《BEPS多边公约》

中国作为G20成员和最大的发展中国家，积极推进落实BEPS各项行动计划。2014年11月16日，习近平主席在G20领导人第九次峰会上指出：要"加强全球税收合作，打击国际逃避税，帮助发展中国家和低收入国家提高税收征管能力"。这是中国最高领导人首次在国际重大政治场合就加强全球税收合作、打击国际逃避税问题发表重要意见。

2015年3月，中国国家税务总局在总结归纳前期成果，并借鉴BEPS研究成果的基础上，发布了《关于企业向境外关联方支付费用有关企业所得税问题的公告》(2015年第16号公告)。进一步明确企业向境外关联方支付费用的基本原则和管理要求，首次在立法层面提出支付关联劳务费用的受益性原则，以及支付有关无形资产的关联特许权使用费时，应当考虑关联各方对无形资产的贡献程度和各自应享有的经济利益，为税务机关开展向境外关联方支付费用的反避税调查提供了法律依据。

2016年5月13日，在北京举行的第十届经济合作与发展组织(OECD)税收征管论坛(FTA)大会上，中国对以色列和俄罗斯签署《金融账户涉税信息自动交换多边主管当局间协议》；确定接受和使用国别报告(CbC)和自动信息交换(AEOI)数据的行动计划，并签署了《国别报告多边主管当局间协议》(CbC MCAA)。

2017年3月，国家税务总局根据BEPS项目第13项行动计划，发布了《特别纳税调查调整及相互协商程序管理办法》(国家税务总局2017年第6号公告)，对国税发〔2009〕2号文的部分内容进行更新。主要内容包括明确特别纳税调整及调查程序，加强转让定价分析与调查，增加股权转让、无形资产、关联劳务等特殊交易的转让定价管理等方面。

2017年6月7日，《BEPS多边公约》首次联合签字仪式在法国巴黎的OECD总部举行，67个国家和地区的政府代表共同签署了该《公约》。国家税务总局局长王军代表中国政府签署了《公约》。

三、中国参与《金融账户涉税信息自动交换多边主管当局间协议》

2014年9月，我国在G20层面承诺将实施OECD制定的《金融账户涉税信息自动交换标准》。2015年12月17日，经国务院批准，国家税务总局签署了《金融账户涉税信息自动交换多边主管当局间协议》，为我国与其他国家(地区)间相互交换金融账户涉税信息提供了操作层面的多边法律工具。我国推进CRS的时间表是：2017年1月1日开始，对新开立的个人和机构账户开展尽职调查；2017年12月31日前，完成对存量个人高净值账户(截至2016年12月31日金融账户加总余额超过600万元)的尽职调查；2018年12月31日前，完成对存量个人低净值账户和全部存量机构账户的尽职调查；2018年9月，首次对外交换信息。

2017年5月9日，国家税务总局、财政部、中国人民银行、银监会、证监会、保监会联合发布了《非居民金融账户涉税信息尽职调查管理办法》，就金融机构对非居民金融账户涉税信息的尽职调查行为进行规范。

四、中国推进"一带一路"税收征管合作机制

2018年5月14日至16日，在"一带一路"倡议提出5周年之际，中国国家税务总局与哈萨克斯坦财政部国家收入委员会、经济合作与发展组织(OECD)有关机构在哈萨克斯坦首都阿斯塔纳(现已更名为努尔苏丹)联合举办"一带一路"税收合作会议，来自全球50多个国家(地区)税务部门、国际组织和学术机构的200多名代表出席会议，会议发布了《阿斯塔纳"一带一路"税收合作倡议》，这是首次以"一带一路"税收合作为主题的国际会议，为后续推进"一带一路"税收合作奠定了坚实基础。

2019年4月18日至20日，以"共建一带一路：加强税收合作，改善营商环境"为主题

的首届"一带一路"税收征管合作论坛在浙江乌镇召开。论坛期间,34个国家(地区)税务部门共同签署《"一带一路"税收征管合作机制谅解备忘录》,正式建立"一带一路"税收征管合作机制。机制旨在通过加强税收征管合作,鼓励税务部门分享最佳经验,以推动构建增长友好型税收环境,并将坚持依法治税、提高税收确定性、加快税收争议解决、简化税收遵从和税收征管数字化以及提升税收征管能力做为重要的努力方向。机制支持并加强经济合作与发展组织及联合国税收协定范本和转让定价规则、税基侵蚀与利润转移包容性框架以及税收透明度和情报交换全球论坛等现行国际税收标准。

经过严格审议和选举程序,理事会任命中国国家税务总局局长王军为理事会主席,同时选举了理事会副主席,任命了秘书处负责人和联盟主席。

经理事会审议通过,分别在哈萨克斯坦、中国澳门以及北京、扬州利用和强化现有设施设立"一带一路"税务学院,作为区域培训与研究中心,将为机制成员国(地区)和观察员国(地区)税务部门提供培训,促进税收征管能力和纳税服务水平的提升。

论坛之后还发布了《乌镇行动计划(2019—2021)》,以确保合作机制参与方共同采取行动,实现阶段性目标。

国家税务总局局长王军在论坛之后的新闻发布会上表示:"一带一路"税收征管合作机制是共商、共建、共享原则的重要体现,是基于"开放、平等、包容、可持续"的理念建立的合作平台,支持并遵循普遍接受的国际税收规则,是现代多边税收合作机制和国际税收治理体系的有益补充和完善,有助于推动"一带一路"沿线国家和地区税收营商环境的持续改善和优化,为促进区域经济协调发展和经济全球化包容性增长作出积极贡献。

专栏

山东税务机关首次对香港公司应用 CFC 条款①

A公司是一家于1999年在山东省某工业园注册成立的中国居民企业,主营业务为化工产品(不含危险品)销售。B公司为A公司在中国香港地区设立的全资子公司,主要从事国际贸易、信息咨询、投资业务;B公司的董事会成员均为A公司委派。B公司在中国香港地区设立了全资子公司C公司,主要从事股权投资。C公司拥有中国境内三家外商投资企业D公司、E公司、F公司各90%的股份。2011年,B公司与荷兰某公司签订了股权转让协议,将其持有的C公司100%的股权转让给该荷兰公司。扣除相关股权成本,B公司取得约3亿元的转让收入。

为享受《企业所得税法》第二十六条有关"符合条件的居民企业之间的股息、红利等权益性投资收益"免征所得税的待遇,B公司于2012年向主管税务机关提出非境内注册居民企业身份申请,但上报国家税务总局后未被批准。同时,B公司一直未对A公司做任何利润分配。

B公司的居民身份申请使得税务机关对该公司集团的股权结构等涉税信息有了初步的掌握。在此基础上,税务机关对B公司是否及时向母公司A分配利润问题进行了深入

---

① 案件来源:北京国税局,http://www.bjsat.gov.cn/bjsat/qxfj/zsefj/zcq/jdal/201505/t20150505_224848.html。

的调查。最终,税务机关认定B公司符合受控外国企业特别纳税调整事项的条件,因此对归属A公司的3亿元利润进行了特别纳税调整。

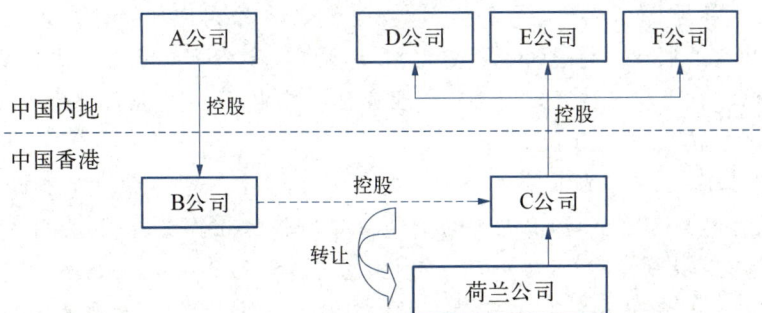

图5-4 山东税务机关对香港公司应用CFC条款案例

税务机关将B公司认定为受控外国企业是基于B公司的以下事实:一是由居民企业和中国居民控制,二是设立在实际税负低于企业所得税法第四条第一款规定税率的50%(即12.5%)的国家或地区,三是所得为消极所得;四是非处于合理经营需要不对利润进行分配。综合上述事实,B公司满足受控外国公司规则的适用条件。

其中特别值得关注的是,中国香港地区的法定利得税率为16.5%,高于12.5%,但B公司仍然被认定为设立在实际税负低于12.5%的地区,表明这里的实际税负并非基于东道国的法定税率,而是根据企业在东道国的实际税收负担。香港的法定利得税率虽然是16.5%,但由于其对资本利得不征税,B公司获得的股权转让收入不需要在香港纳税,因而其实际税负显然低于12.5%。

本案是中国首例应用受控外国公司条款进行特别纳税调整,对于受控外国公司条款的应用具有里程碑的意义。

案 例

新疆税务机关成功阻止税收协定滥用

一、案例背景①

2003年3月,新疆维吾尔自治区某公司(以下简称B公司)与乌鲁木齐市某公司(以下简称C公司)共同出资成立液化天然气生产和销售的公司(以下简称A公司)。注册资金8亿元人民币,其中B公司为主要投资方,出资7.8亿元,占注册资金的97.5%,C公司出资2 000万元,占注册资金的2.5%。

2006年7月,A公司出资方B公司和C公司与某巴巴多斯的公司(以下简称D公司)签署了合资协议,巴巴多斯D公司通过向B公司购买其在A公司所占股份方式参股A公司。巴巴多斯D公司支付给B公司3 380万美元,占有了A公司33.32%的股

① 资料来源:《国家税务总局关于印发新疆维吾尔自治区国家税务局正确处理滥用税收协定案例的通知》(国税函〔2008〕1076号)。

份。此次股权转让后,A公司的投资比例变更为:B公司占64.18%,C公司占2.5%,巴巴多斯D公司占33.32%。

合资协议签署27天后,投资三方签署增资协议,B公司增加投资2.66亿元人民币(即B公司出售其股权所得3 380万美元)。增资后,A公司的注册资本变更为10.66亿元人民币,各公司相应持股比例再次发生变化。其中,B公司占73.13%,巴巴多斯D公司占24.99%,C公司占1.88%。

2007年6月,巴巴多斯D公司决定将其所持有的A公司24.99%的股权以4 596.8万美元的价格转让给B公司,并与B公司签署了股权转让协议,由B公司支付巴巴多斯D公司股权转让款4 596.8万美元。至此,巴巴多斯D公司从2006年6月与中方签订3 380万美元的投资协议到2007年6月转让股权撤出投资(均向中方同一家公司买卖股份),仅一年的时间取得收益1 216.8万美元。

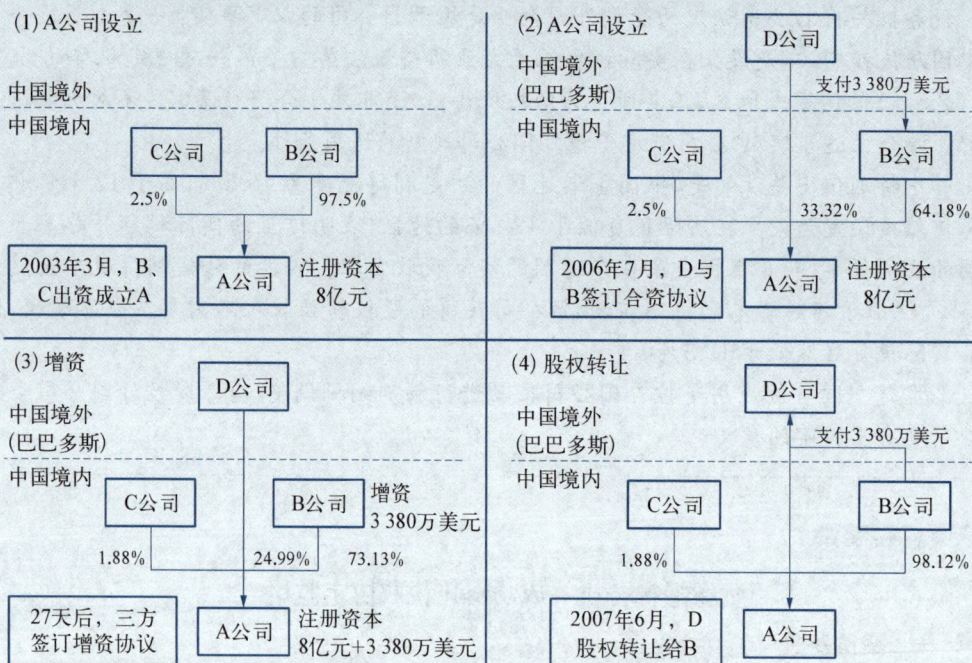

图5-5 新疆税收协定滥用事件进程

在为转让股权所得款项汇出境外开具售付汇证明时,付款单位代收款方D公司向主管税务机关提出要求开具不征税证明。理由是:根据中国和巴巴多斯税收协定"第十三条财产收益"的规定,该笔股权转让款4 596.8万美元应仅在巴巴多斯征税。但新疆税务机关认为此案例有三个疑点:

疑点一:巴巴多斯D公司是美国NB投资集团于2006年5月在巴巴多斯注册成立的企业。在其注册一个月后即与中方签订投资合资协议,而投入的资金又是从开曼群岛开户的银行汇入中国的。该公司投资仅一年就将股份转让,并且转让收益高达1 216.8万美元,折合人民币9 272万元,收益率为36%,而这并不是企业实际经营成果,而是按事前的合同约定的。

疑点二：D公司提供了由我驻巴巴多斯大使馆为其提供的相关证明，称其为巴巴多斯居民。但该证明文件只提到D公司是按巴巴多斯法律注册的，证明该法律的签署人是真实的；同时该公司还出具了巴巴多斯某律师证明文件，证明D公司是依照"巴巴多斯法律"注册成立的企业，成立日期为2006年5月10日（同年7月即与我国公司签署合资协议），公司地址位于巴巴多斯XX大街XX花园。但公司登记的三位董事都是美国籍，家庭住址均为美国XX州XX镇XX街XX号。

疑点三：巴巴多斯D公司作为合资企业的外方，并未按共同投资、共同经营、风险共担、利益共享的原则进行投资，而是只完成了组建我国中外合资企业的有关法律程序，便获取了一笔巨额收益。从形式上看是投资，而实际上却很难判断是投资、借款或是融资，还是仅仅帮助国内企业完成变更手续，或者还有更深层次的其他经济问题。

根据上述问题，新疆税务机关启动了双边税收情报交换程序，最终确认D公司不属于巴巴多斯的税收居民，不能享受中巴税收协定的有关规定，对其在华投资活动中的所得应按国内法规定处理。2008年7月该项业务9 163 728元税款的入库工作完成。

二、案例焦点问题

本案例的焦点问题是，根据中国的国内税法，D公司转让A公司股权取得的收益应如何征税？根据中巴税收协定，D公司的此项收益应如何征税？D公司究竟为何不能享受税收协定的待遇？

三、案例分析

（一）中国国内税法关于非居民股权转让所得征税的规定

《中华人民共和国企业所得税法》第三条规定：

非居民企业在中国境内未设立机构、场所的，或者虽设立机构、场所但取得的所得与其所设机构、场所没有实际联系的，应当就其来源于中国境内的所得缴纳企业所得税。

《中华人民共和国企业所得税法实施条例》第七条规定：

企业所得税法第三条所称来源于中国境内、境外的所得，按照以下原则确定：

……

来源于中国境内、境外的权益性投资资产转让所得按照被投资企业所在地确定。

根据以上规定，在中国境内未设立机构、场所的非居民企业转让中国企业股权取得的所得，应作为来源于中国境内的所得在中国缴纳企业所得税。因此，本案例中D公司转让A公司的股权，依照中国国内税法应在中国缴纳企业所得税。

（二）中巴税收协定对于股权转让收益征税的具体规定

中国与巴巴多斯政府于2000年10月签订了《关于对所得避免双重征税和防止偷漏税的协定》，该税收协定于2001年1月1日起开始实施。

该协定第十三条财产收益的具体规定如下：

一、缔约国一方居民转让第六条所述位于缔约国另一方的不动产取得的收益，可以在该缔约国另一方征税。

二、转让缔约国一方企业在缔约国另一方的常设机构营业财产部分的动产,或者缔约国一方居民在缔约国另一方从事独立个人劳务的固定基地的动产取得的收益,包括转让常设机构(单独或者随同整个企业)或者固定基地取得的收益,可以在该缔约国另一方征税。

三、缔约国一方企业转让从事国际运输的船舶或飞机,或者转让属于经营上述船舶、飞机的动产取得的收益,应仅在该缔约国征税。

四、转让第一款、第二款和第三款所述财产以外的其他财产取得的收益,应仅在转让者为其居民的缔约国征税。

可见在本案例中,D公司若被认定为巴巴多斯居民,则其转让股权的所得应适用第四条,仅在巴巴多斯征税。于是,D公司的居民身份就成为确定其在中国是否应当纳税的重要依据。

(三)D公司是否为可享受协定待遇的巴巴多斯税收居民

在本案中,D公司提供了由我国驻巴巴多斯大使馆为其提供的相关证明,称其是按巴巴多斯法律注册的,同时该公司还出具了巴巴多斯某律师证明文件,也证明D公司是依照"巴巴多斯法律"注册成立的企业。但在这种情况下,D公司为何最终在中巴双方税收情报交换后被巴方否定了"巴巴多斯居民"身份呢?

究其原因,在巴巴多斯注册成立的公司可以分为两类:一类是在巴巴多斯本地进行实际经营的本国公司;而另一类是虽然注册在巴巴多斯,但不在巴巴多斯当地进行经营的离岸公司。巴巴多斯对本国公司征收的所得税高达35%,但对离岸公司则通常不征收税收。此外,巴巴多斯没有资本利得税,对离岸公司也不实行外汇管制。

通过双边税收情报交换,巴方认为D公司实际为注册成立于巴巴多斯的离岸公司,根据巴巴多斯的离岸法律及体制,D公司在巴巴多斯不负有纳税义务。

中巴税收协定第四条第一款规定:"在本协定中,'缔约国一方居民'一语是指按照该缔约国法律,由于住所、居所、总机构所在地、管理机构所在地,或者其他类似的标准,在该缔约国负有纳税义务的人。"在这里,"在该国负有纳税义务"是属于"缔约国一方居民"的"人"的重要限定词。由于D公司实际上在巴巴多斯并不负有纳税义务,因此不能认定为中巴税收协定项下的"巴巴多斯居民",不能享受中巴税收协定的优惠待遇。

(四)D公司的安排为何为滥用税收协定

本案例中,D公司形式上为依照巴巴多斯法律注册的企业,但由美国NB投资集团注册设立,且公司登记的三位董事都是美国籍,家庭住址均在美国,表明该公司实际上的控制人是美国居民。

中美协定中第十三条财产收益的具体规定如下:

一、缔约国一方居民转让第六条所述位于缔约国另一方的不动产取得的收益,可以在该缔约国另一方征税。

二、转让缔约国一方企业在缔约国另一方的常设机构营业财产部分的动产,或者缔约国一方居民在缔约国另一方从事独立个人劳务的固定基地的动产取得的收益,包括转让该常设机构(单独或者随同整个企业)或者该固定基地取得的收益,可以在该缔约国另一方征税。

三、缔约国一方居民转让从事国际运输的船舶或飞机,或者转让属于经营上述船舶、飞机的动产取得的收益,应仅在该缔约国一方征税。

四、转让一个公司股本的股票取得的收益,该公司的财产又主要直接或者间接由位于缔约国一方的不动产所组成,可以在该缔约国征税。

五、转让第四款所述以外的其他股票取得的收益,该项股票又相当于参与缔约国一方居民公司的股权的25%,可以在该缔约国征税。

六、缔约国一方居民转让第一款至第五款所述财产以外的其他财产取得的收益,发生于缔约国另一方的,可以在该缔约国另一方征税。

可见,根据中美协定第十三条第四款,如果由实际控制D公司的NB投资集团直接入股A公司并转让股权,由于股权转让于2007年6月,而D公司2006年7月签订投资协议时拥有A公司的股权达到33.32%,超过了25%,NB转让股权时应向中国缴纳企业所得税。而由D公司投资入股并转让股权,则根据中巴协议,D公司无须向中国缴纳企业所得税。D公司的设立并无其他合理商业目的,故这一安排属于典型的滥用税收协定;即本来不能享受中国和巴巴多斯税收协定待遇的第三国企业美国的NB公司通过在巴巴多斯设立D公司享受了中巴协定规定的税收待遇,如图5-6所示。

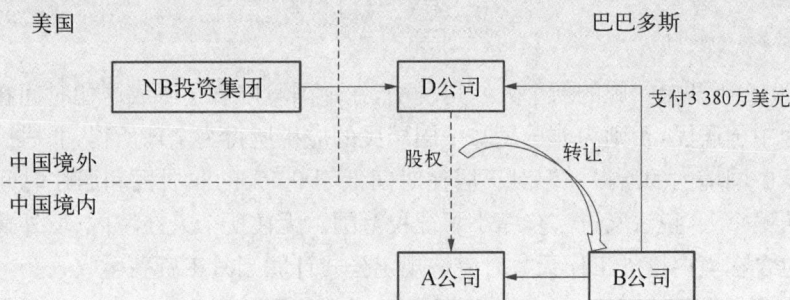

图5-6　D公司的滥用税收协定安排

(五)事件后续进展

新疆税务机关虽然成功阻止了巴巴多斯的D公司享受税收协定待遇,此案还是暴露出中巴税收协定可能给纳税人带来滥用税收协定的机会。事实上,在中国对外谈签的大部分税收协定中,并没有对于转让股份的收益仅由纳税人的居民国征税的规定。

为此,我国于2010年2月10日与巴巴多斯政府签订了《中华人民共和国政府和巴巴多斯政府关于对所得避免双重征税和防止偷漏税的协定议定书》,议定书第五条规定:

一、协定第十三条第四款删除。

二、在协定第十三条中增加下列规定作为第四款、第五款和第六款:

"四、缔约国一方居民转让股份取得的收益,如果该股份价值的50%(不含)以上直接或间接来自位于缔约国另一方的不动产,可以在该缔约国另一方征税。

五、缔约国一方居民转让其在缔约国另一方居民公司资本中的股份、参股或其他权利取得的收益,如果取得该收益的人在转让行为前12个月的任何时间内,曾经直接或间接参与拥有该公司至少25%的资本,可以在该缔约国另一方征税。

六、转让以上各款所述财产以外的其他财产取得的收益,应仅在转让者为其居民的缔约国征税。"

根据中巴协定的议定书,D公司的类似安排将无法达成滥用税收协定的目的。

四、总结与评论

本案例展示了中国国内税法和税收协定对于非居民企业转让居民企业股权取得的所得相关征税规定的差异,也展示了中国与不同国家签订的税收协定就此项所得征税规定的差异。可以看出,税收协定缩小了中国作为来源国对此项所得的征税范围,并且在中巴协定中,中国完全放弃了对此项所得的征税权,这就使得跨国企业存在利用税收协定来降低税负的空间。本案例中,美国企业通过在巴巴多斯设立的中间公司来持有和转让中国企业的股权,是比较典型的滥用税收协定安排。

从中国税务机关处理此案的过程看,仔细研读税收协定的相关条款,立足于税收协定本身的规定,是应对滥用税收协定问题的比较有效的方法。同时,本案例也凸显了国际税收合作和国家间的税收情报交换的重要性。

本 章 小 结

根据2019年开始实施的新个人所得税法,在中国境内有住所或居住时间在183天以上的个人为中国居民,否则为非居民。中国居民的应税所得为全球所得,非居民的应税所得为来源于中国境内的所得。但对于居住时间低于90天的非居民和居住时间低于6年的无住所居民个人,税法又进一步缩小了征税范围。无住所个人在境内、境外兼任职务及一个月内包含在境内境外工作天数时应按规定公式计算当月工资薪金收入。

中国企业所得税法规定,在中国境内成立,或者依照外国(地区)法律成立但实际管理机构在中国境内的企业为中国居民企业,否则为非居民企业。居民企业应当就其来源于中国境内、境外的所得缴纳企业所得税。非居民企业在中国境内设立机构、场所的,应当就其所设机构、场所取得的来源于中国境内的所得,以及发生在中国境外但与其所设机构、场所有实际联系的所得,缴纳企业所得税。

中国采用限额抵免法消除重复课税,抵免限额实行分国不分项,超出抵免限额的外国税收允许向前结转五年,对于企业直接或间接持有外国企业20%以上股份获得的境外投资收益实际间接负担的境外所得税额,也允许抵免,但间接控制外国企业的层级不能超过五层。

中国的企业所得税法中规定的反国际避税规则有一般反避税规则、反资本弱化规则、转让定价规则和受益外国公司规则等。

中国迄今已对外谈签了110个双边税收协定、安排或协议,10个双边税收情报交换协定,并积极参与和推动多边国际税收协调机制,签署了《多边税收征管互助公约》《BEPS多边公约》《金融账户涉税信息自动交换多边主管当局协议》,发起建立了"一带一路"税收征管合作机制。

习题与思考题

一、材料分析题

[阅读材料]中国某税务分局在日常管理中发现,某居民企业 W 公司与某日本企业(外国企业)于 2017 年签订长期技术转让协议,约定该日本企业向 W 公司提供技术,同时派遣技术人员来华提供技术咨询劳务,有效期为 10 年。日籍专家 F 于 2019 年 1 月 1 日被派遣至中国提供技术咨询劳务,5 月 31 日回国,在华期间其工资由日本企业在日本境内发放。

[问题]试查阅有关资料分析,日籍专家 F 取得的工资是否应当在中国缴纳个人所得税,相关政策依据是什么。

二、计算分析题

1. 某外籍个人 C 先生在中国境内无住所,他于 2018 年 5 月到 2019 年 12 月被派往一家本国企业在上海的分公司工作(非高管)。经调查,上海分公司每月支付给 C 先生 2 万元人民币的工资,另本国企业总部每月支付给他相当于 1 万元人民币的工资,C 先生 2019 年 6 月获得半年奖 3 万元,2019 年 12 月获得全年奖金 10 万元,C 先生 2019 年 6 月和 12 月分别有 10 天和 20 天在中国境外履行职务,当年其他时间均在中国境内履行职务。试计算 C 先生 2019 年在中国应该缴纳的个人所得税额。

2. 中国居民企业 H 公司拥有设立在甲国的 G 公司 60% 的有表决权的股份,G 公司同时拥有在乙国设立的 I 公司 70% 的有表决权的股份。G 公司属于 H 公司控制的一层外国企业(直接控制),I 公司属于 H 公司间接控制的二层外国企业。2019 年,H 公司本部取得应纳税所得额 1 000 万元,收到 G 公司分回股息 90 万元,H 公司适用的企业所得税率为 25%,G 公司本部实现应纳税所得额 500 万元,收到 I 公司分回的股息 85 万元,G 公司在甲国适用 20% 的比例税率,甲国对股息的预提所得税率为 10%。I 公司实现的应纳税所得额为 500 万元,I 公司在乙国适用 30% 的比例税率,乙国对股息的预提所得税率为 15%。假定甲国亦适用与中国税法类似的限额间接抵免的方式处理境外所得,G 公司和 I 公司均按适用税率在当地已经实际缴纳了企业所得税,且 H 公司当年也无减免税和投资抵免,则 H 公司 2019 年在中国缴纳多少企业所得税?

三、讨论题

1. 若外国公司向我国企业提供咨询服务并收取咨询服务费,我国税务机关在何种情况下可以对该外国公司征收企业所得税?对于可以准确核算成本费用以及无法准确核算成本费用的外国公司,税收待遇有何区别?

2. 试查阅有关资料,比较我国对外签订的国际税收协定,在公司居民身份确定上的条款有何区别?

第六章

国际税收筹划概述

教学目的与要求

通信和交通方面的高速发展使得世界经济的联结越来越紧密,愈来愈多的企业将交易的版图从本土、本国扩展到更大的区域乃至世界舞台,跨国企业的运营经由分布在各国的各个供应链环节共同完成,国际税收筹划也成为其中的一个重要组成部分。国际税收筹划要兼顾考虑各个国家的税收法律法规、双边国际税收协定、各相关国际组织发布的规则和税收指导文件以及企业的组织架构和业务模式,才能帮助企业优化税收安排,合理降低税负。通过本章的学习,要求学生熟悉税收筹划的概念及其与逃税、避税的区别,了解跨国企业的主要税收筹划策略以及 OECD 的税基侵蚀和利润转移项目对跨国企业税收筹划的影响。

第一节　逃税、避税和税收筹划

一、税收筹划及其与逃税、避税的区别

税收筹划的概念源于 1935 年英国的"税务局长诉温斯特大公"案(Duke of Westminster vs. Commissioners of Inland Revenue)①。当时参与此案的英国上议院议员汤姆林爵士对税收筹划做了这样的表述:"任何一个人都有权安排自己的事业。如果依据法律所做的某些安排可以少缴税,那就不能强迫他缴纳更多的税收。"这一观点得到了税收法律界的认同。经过半个多世纪的发展,税收筹划的规范化定义逐步形成,即在法律规定许可的范围内,通过对经营、投资、理财活动的事先筹划和安排,尽可能取得节税(tax savings)的经济利益。

税收筹划以遵守税法为前提,又多以选择最优业务方案的方式来实现税后利益最大化,因此具有合法性和合理性。

税收筹划和逃税、避税都可达成降低税收负担的效果,但成功的税收筹划不应被视为避税,更不能被视为逃税,因此明确税收筹划和逃税、避税的区别十分必要。

---

① 详见黄凤羽:"税务局长诉温斯特大公案溯源及思考",《财会学》,2015 年第 1 期。

逃税是在纳税人的纳税义务已经发生且能够确定的情况下,采取不正当或不合法的手段以逃脱其纳税义务的行为。

比较广义的逃税定义为:纳税人通过特定行为,对于已经产生的特定纳税义务规避了税款支付。税款没有支付,但纳税义务已经产生且未被消除。因此,显而易见,逃税行为违反了税收法律法规。

逃税可能受到税收行政法规的处罚,有时甚至可能构成犯罪行为而遭受惩处,因此它和税收筹划有明显的差异。

与逃税相比,避税更难定义,也更难与税收筹划区分。通常意义上,避税是指纳税人在熟知相关税收法律法规的基础上,在不直接违反税法的前提下,利用税法等有关法律法规的模糊或者疏漏之处,通过对筹资活动、经营活动、投资活动等涉税事项的安排,达到规避或者减轻税负的行为。避税行为的界定在很大程度上基于相关国家的税收法律法规。同一项涉税安排,很有可能在一国被视为避税而在另一国被视为正常的税收筹划。

避税行为在各国的税收实践中是争议很大的。一方面,根据自由合约精神,纳税人有权自主决定其经济行为来避免或降低税负。在相关的判例中,我们也常常可以看见法庭对纳税人降低税负的行为做出支持。例如,在 1924 年澳大利亚的 James v. Federal Commissioner of Taxation 案例[①]中,法官曾写道:"公司或者股东在可行的情况下进行的可以避免或降低税负的交易,没有任何过错。"又如在美国 1935 年的 Gregory v. Helvering 案例[②]中,高院法官曾表示:"任何人都有权安排自己的经济行为来实现税负最小化。纳税人没有义务选择对国税局最有利的缴税方式,增加自身的税负甚至不能称为爱国义务。"同时,在法律确定性原则下,纳税人也应有权确认,他们的合法行为会受到税务主管机关以及法庭的尊重。

而另一方面,在尊重经济效益和法律确定性的前提下,纳税人又不应滥用自己的权利来降低税负。OECD 在 1987 年发布的《国际逃税和避税》报告中提及:"避税行为有违财务公平性原则,对财政预算有重大影响,而且对国际竞争和资本流动有扭曲性影响,所以成为政府的顾虑。"

报告中还阐述道:"通过合理的税收筹划(在税收减免和优惠政策中选择与业务模式匹配的最有利方案)来避免或降低税负是可行的。显而易见,这也不是政府意图打击的对象。将避税与税收筹划相混淆,是语义的扭曲,且误解了政府针对不可接受的税收规避行为而采取的策略。"

由此可见,税收筹划对政府来说是可以接受的,而避税则是完全不可接受的。

当然,在现行的法律体系下,界定"使用"(use)和"滥用"(abuse)是十分困难的。在 OECD 的这份报告中没有对"避税"做出精确定义,而是列出了"避税"通常具备的三要素:① 整个交易安排有较重的人工痕迹,业务和经济目标不是其首要目标;② 避税安排可能比较隐蔽;③ 避税行为经常利用法律漏洞。

报告还提及,成功地降低了税负并不能成为构成避税行为的充分或者必要条件。以降低税负为目的的避税行为在实务当中未必能够成功,相反,实际降低了税负的安排也可

---

① James v. Federal Commissioner of Taxation,(1924) 34 CLR 404.
② Gregory v. Helvering, 293 U.S. 469(1935).

能并不是避税行为。

总体上说,准确区分逃税、避税和税收筹划有着重要的意义,但又难以做到泾渭分明。其中划分避税和税收筹划尤为困难。判断一项经济行为是属于避税行为还是税收筹划会受很多条件和事实的影响,而且答案往往是不确定的,在不同国家甚至同一国家内也可能得出不同答案。一方面要考虑自由合约精神和法律的确定性原则,另一方面又要考量"滥用"和实质重于形式原则。两方面的平衡很难掌握,对相关法律法规的理解和对案例具体要素的分析都要综合衡量。

鉴于对避税行为缺乏清晰统一的定义,本书中提及的税收筹划只是一个中性的概念,即不考虑特定的交易、安排和事项是否会被当地政府接受,而主要是对降低税负的各种基本策略进行介绍。至于在实践中,某项涉税安排在当地会被视为避税还是税收筹划,是否可接受,要留待个案化的逐一详细分析。

二、避免双重征税和导致双重不征税的国际税收筹划

国际税收筹划指各类跨境交易中的税收筹划。随着全球化进程的推进,信息、技术和知识交换的发展,产业链的重新分布,商品市场的多样化,对资本效率和生产成本降低的需求越来越强,跨国企业对国际税收筹划的需求也日益增长。

国际税收筹划涉及的方法和策略多种多样,可能因具体的地域和公司而不同,也会随着当地税务主管机关对筹划方案的可接受程度而发生变化。但无论形式如何变化,根据筹划的目标,国际税收筹划都可以分成两大类:一是避免或者降低双重征税,二是避免或者降低绝对税负。

避免或者降低双重征税的国际税收筹划一般毫无争议地被视为合法合理,而且符合OECD的目标。例如,纳税人可以通过安排享受税收抵免政策,即在经济活动发生地已经缴纳的税款,在一定限额内从母国的应纳税额中抵免,以避免双重纳税。

避免或者降低绝对税负的国际税收筹划又被称为双重不征税。例如,某跨国企业在A国发生的利息费用得到了税前扣除,而收到该利息收入的B国关联方企业在当地无须就此缴纳企业所得税,从而该项交易避免了在任何一个国家缴纳所得税。这类筹划很容易被视作避税,不符合OECD的指导性原则。

三、交易型和模式型的国际税收筹划

按照和经济行为的匹配情况,国际税收筹划可以分为交易型和模式型的税收筹划。交易型税收筹划往往和企业的特定交易密切相关,经常产生的影响是一次性短期的,但是可能金额较大。而模式型税收筹划往往基于对企业产品特性和业务模式特点的考量,对企业运作和经营会产生长期的影响。

在全球化的经济浪潮中,跨国企业集团经常会进行很多合并、收购、分立和重组的集团交易,涉税金额巨大。这些交易往往需要有合理的国际税收筹划,筹划是否合理、有效,可能极大地影响交易后相关企业的财务流动性,有时甚至会影响大宗并购是否能够成交。例如,在并购案中,买卖双方在商务谈判基础上谈妥收购价格后,还需要考虑交易的相关税负和税负的承担,巨额税款可能会改变收购或者出售方的财务预测,进而影响交易能否成功进行。

一个典型的交易型国际税收筹划是并购方式的选择,例如,当一家企业准备并购一个外国企业时,是采取资产收购还是股权收购的方式?资产收购和股权收购往往有不同的税收处理和税负结果,需要收购方对目标企业的具体情况、历史税务事项、主管税务局的纳税认定等各种因素进行综合评估来决定哪种收购方式更合适。

并购时除了要进行并购方式的税收筹划以外,针对并购后的业务和公司整合模式也需要合理地进行税收筹划。新控股结构的设计和供应链的整合方式常常产生巨大的税负影响,合适的国际税收筹划往往能为企业建立一个经济上有效的组织架构,为将来的企业发展搭建一个更加健康和灵活的平台。例如,一家欧洲公司和一家美国公司合并,将来的公司总部确定在哪里,成为哪个国家的税收居民,全球的子公司如何重组和确定控股结构,都有很多税收因素要考虑,也由此产生了很多国际税收筹划的空间。

与一次性的交易型税收筹划相比,模式型的国际税收筹划更看重企业业务的模式、供应链的分布和产品的特性。在建立和完善业务模式时,充分考虑税收因素,在业务为先和合规的前提下,设计合理的运营模式及企业组织架构,以实现财务和税收上的最优化,对于企业的健康发展十分重要。例如,有的企业虽是生产型企业,但产品的个性化服务十分重要,相应的投入和支出金额也很大。税收筹划就要根据企业这一业务模式的特性,寻找最佳的税收优惠和政策来支持企业为客户提供服务。又如,有的企业研发力量非常强大,研发团队遍及各洲,受益企业众多。在这种业务模式下,研发公司的设立地、知识产权的法律和经济所有权持有、研发相关费用的分摊和特许权使用费的支付,都会产生很多税收考量点。国际税收筹划就要结合业务部门的运营计划,在追求商务战略最优化的同时,实现税收和财务上的最优化。

四、暂时性和永久性的国际税收筹划

国际税收筹划按照节税的时效可以分为暂时性税收筹划(又称延迟纳税)和永久性税收筹划。暂时性税收筹划只是延迟了纳税义务产生的时间,并不真正改变税负;而永久性税收筹划则从根本上避免了纳税义务的产生。

在延迟纳税的情况下,往往会计上收入已经确认,但由于会计和税法对同一事项的处理不同,纳税义务并未形成。母公司向处于同一国家的子公司出售资产就是一个例子。从会计角度,这类资产销售通常应该基于市场价值,卖方需就市场价值超出资产账面价值的部分确认收入。但是,如果该国允许母子公司作为一个集团在当地合并纳税,且在资产未转让给第三方时不征税,卖方暂时不用就该笔交易产生的资本利得纳税,从而整个集团实现了纳税的延迟。

表6-1通过例子展示了上述延迟纳税效应。可以看出,如果母公司将资产转让给处在同一国家的子公司,转让时母公司就转让资产的资本利得缴纳了企业所得税,子公司就可以按照市场价值确认所购资产的计税基础。如果以后子公司向第三方出售资产,便可基于较高的计税基础计算转让资产的资本利得。如果母公司向子公司转让资产时没有纳税,子公司将只能按资产在母公司的账面价值(资产的购进价格减折旧)确认资产的计税基础,若以后资产转让给第三方,子公司将支付更高的资本利得税。因此,在该资产最终将出售给第三方的前提下,母子公司间资产转让时不纳税对于总体税负并没有实际影响,只是产生了延迟纳税效应。

表 6-1 处于同一国家的母子公司间资产转让的延迟纳税效应

当期纳税的情形			延迟纳税的情形		
母公司将资产转让给子公司阶段	资产市值	$100	母公司将资产转让给子公司阶段	资产市值	$100
	资产计税基础（购进价值－折旧）	$75		资产计税基础（购进价值－折旧）	$75
	资本利得	$25		资本利得	0
	资本利得税	$5		资本利得税	0
子公司将资产转让给第三方阶段	资产市值	$200	子公司将资产转让给第三方阶段	资产市值	$200
	资产计税基础	$100		资产计税基础	$75
	资本利得	$100		资本利得	$125
	资本利得税	$20		资本利得税	$25
2 阶段资本利得税合计		$25	2 阶段资本利得税合计		$25

根据欧盟并购法令,对于欧盟成员国企业之间并购活动中产生的资产转让,也可以实现类似的延迟纳税,这就给跨境交易中的相关税收筹划带来了空间。

在国际税收领域,延迟纳税还有很多其他种类。

例如,在爱尔兰、日本、英国、美国等实行抵免法消除重复课税的国家,总部在这些国家的企业,无须就其在海外子公司的经营活动所得缴纳税款,直到该经营所得以股利或者其他方式汇回母公司。这时将本可在母公司实现的利润转为在子公司实现的税收筹划往往收到的是延迟纳税的效果。

再如,某跨国公司在中国的活动构成常设机构,归属于该常设机构的所得要在中国缴纳企业所得税,该企业所得税在母国一般可以进行税收抵免。如果该公司在中国的活动不构成常设机构,归属于该常设机构的所得无须在中国缴纳企业所得税,但在母国通常要并入母公司的其他收入一同纳税,所以避免被认定为在中国有常设机构的税收筹划也只是起到了延迟纳税的作用。

与延迟纳税不同,永久性的税收筹划则将避免纳税义务的产生,无论在当时还是以后都是如此。例如,某跨国公司在中国的企业向 A 国的关联方支付特许权使用费,A 国的关联方需要向中国缴纳预提所得税,由于 A 国当地的特许权使用费税率高于中国的预提所得税税率,所以原则上该笔收入在 A 国需要补税。如果该企业向 B 国的关联方支付特许权使用费,B 国对于符合条件的海外特许权使用费收入免税,那么该笔收入无须在 B 国补缴任何税款。因此,该企业向 B 国关联方支付特许权使用费导致实际总税负降低的效应,就是永久性的。

不难理解,纳税延迟的时间越久,对纳税人的益处就越大,暂时性的延迟纳税和永久性税收减免的差异就越小。在当今的国际税收环境中,暂时性和永久性税收筹划的差距正日益缩小,甚至渐渐消失。无限期的延迟纳税实质上就是永久性节税。

总体而言,当前跨国企业的国际税收筹划方式千变万化。但纵使税收筹划具有高度的复杂性和动态发展趋势,还是可以按照一定的维度进行分类梳理。

按照结果,我们可以将国际税收筹划分为避免双重征税和导致双重不征税的税收筹划;根据和企业经济行为的匹配情况,我们可以将国际税收筹划分为交易型和模式型两类;根据节税效应时间上的差异,我们可以将国际税收筹划分为暂时性和永久性两类。上述所有的分类可以交叉重叠。因此,建立一个国际税收筹划的框架并将各种税收筹划方式归类是切实可行的。

使用上述框架归纳梳理国际税收筹划方式的意义不仅是理论上的。经过梳理,可以反映出在各个区域或国家,何种税收筹划方式最常用,避税天堂如何被选择和使用,税收协定如何被应用或者滥用。这些信息对纳税人和税务顾问都非常有价值,因为纳税人可以由此得知过去哪些税收筹划方式经常被使用、哪些税收筹划方式不太被应用。这一框架对税务机关也非常有价值,因为通过对常用税收筹划工具的了解,税务机关可以发现现行税收法律法规的漏洞并采取应对措施。

第二节 跨国企业的税收筹划策略

经济全球化进程正将世界的各个角落都联结起来,越来越多的企业正寻求突破本地市场,走向世界舞台,实现市场的扩大化。资本自由流动,贸易壁垒降低,生产企业从高成本区移向低成本区,这些经济趋势总体上都非常明显。随着品牌全球化,知识产权的研发保护受到越来越多的重视,这些趋势也对跨国企业的架构和运营管理产生了巨大的影响。

经济全球化为跨国企业优化生产成本带来了更大的便利,跨国企业都在努力用更经济、快速的方法将其产品和服务送达客户端,从而增加利润和收益。同时,全球性的竞争、生产和运营成本的上升趋势和研发成本的增加都造成了利润和收益下滑的压力。

为提高盈利能力,各大企业都在复核其组织架构和业务模式,试图通过将某些职能和风险在区域或全球范围内集中来优化企业运营;同时修改业务版图,使其经营模式和企业的核心竞争力以及对增长点的展望相匹配。

在这样的经济环境中,税务筹划、战略以及合规性管理已经显现出前所未有的复杂性。企业高管和税务管理人员需要充分了解企业的业务模式和运营模式,并及时了解企业动态,包括新地区的业务扩张、成本节约计划、产品/服务/供应链变化以及现金流和利润分配方式的变动。

这些业务方面的变动既创造了税收筹划的机遇,又带来了相应的风险。分析企业的业务模式,设计与企业运营相匹配的税收筹划策略可以提高财务效率和降低长期税负。如果处理不当,则可能错失机会或者带来不必要和潜在的重大税务风险。

简言之,全球化促进了业务模式的演变,使得税收筹划更加复杂,并需要税收筹划和公司的战略及运营高度一致。因此,负责企业总体税收战略的高管必须既了解税务知识又懂得业务。另一方面,在当今复杂的商务环境中,企业高层需要能够预判及处理全球的业务问题,这也包括制定一个和企业战略及企业运营高度一致、高度匹配的税收战略,并实现降低有效税率的目标。

一、以提高股东价值为目标的税收筹划

每股收益率是反映股东价值的一个重要财务指标,而税收是影响每股收益的一个要素。如果一个企业的有效税率是35%或40%,那便意味着企业通过有机增长、并购或者其他经济活动获得的收益会自动被稀释35%或40%。因此,跨国企业财务报表上显示的有效税率会对企业的每股收益率乃至股东价值产生重大的影响,通过税收筹划提高股东价值的重要性不言而喻,同时,其可持续性也值得关注。

如同本章第一节所介绍的,交易型的税收筹划往往能在降低税收负担以外,实现和企业战略及业务模式的高度一致,对企业的业务也将产生助力。合理的交易型税收筹划可能使企业避免大笔税收,并且其风险得到有效管控,经得起反避税条款的考验和税务机关的复核。相反,如果不能在变革的商务环境中设计并执行一个与企业业务高度一体化的税收策略,税收筹划与企业业务模式不匹配,则不能获得可持续的效果。

由此可见,企业的税收策略及筹划需要与公司的战略及发展计划高度匹配,而且偏重实质(即强调经济实质和实际运行)而非形式。明智的跨国企业通常通过综合性的和高度一体化的税收筹划策略来逐步实现降低全球有效税率的目标。仅局限于一次性或者缺乏全局观的省税方案会使得税收筹划沦为单纯的技巧,而不是支持企业运作并持续性地推高每股收益的战略。

二、本地经营和利润迁移中的税收筹划策略

跨国企业的税收筹划策略主要包括两个方面:一是在本地经营中的税收筹划,二是利润迁移中的税收筹划。

本地经营中的税收筹划通常着眼于所在国的税收法律法规,具体往往关注所在国是否有集团企业合并纳税规定、是否对研发费用有加计扣除或抵免的规定、对税务亏损抵销利润有何具体规定、对无形资产价值的再评估有何具体规定、收益资本化的规则如何、是否有特定区域的税收优惠政策等。

无论母公司注册在何处,使用何种特定的税收筹划策略和方法,企业管理层应当在经营中充分考虑税收因素,而税收考量也会对企业的架构和经营活动产生巨大的影响。

利润迁移是跨国企业经常使用的税收筹划策略。在该策略下,企业谋求将其利润从高税率所在国迁移到低税率所在国。具体地说,就是企业在风险可控的前提下,使用合法的方法将企业的部分利润从高税率辖区转到低税率辖区,从而实现永久性的税负降低。利润迁移的税收筹划有多种方式。

首先,利润迁移可以通过资本配置和借款安排等财务管理来实现。例如,在企业集团内部进行资产和股权转让时,通过关联方借款的安排,在高税率国实现利息费用的扣除等。

其次,利润迁移还可以通过转让资产(包括无形资产)、职能和风险来实现。例如,将一个现有的生产工厂从高税率国迁移到低税率国或者提供税收优惠的国家。在经济全球化进程中,很多跨国企业已经将生产企业从美国或其他高成本国转到中国等低成本国,以降低生产成本并在当地市场上抢占先机。中国改革开放之初还为生产性外商投资企业提

供税收优惠,进一步吸引了跨国生产企业的流入。与此相似,近年来有的跨国企业将研究开发和服务迁移到印度等国,也是为了获得更低的劳动力和运营成本以及税收优惠。这些都是管理层决策影响税收、税收又影响管理决策的例子。

最后,运营集中化是实现利润迁移的另一种趋势。这一策略通常着眼于将一定区域内甚至全球范围内的某些职能集中在一个地方。例如,将会计、法律、保险等共享服务集中于区域或者全球的总部,来提高经营和业务活动的效率。该安排可以通过迁移特定的职能和风险(包括管理职能和风险、知识产权开发职能和风险、共享服务职能和风险等),将相应的利润迁移到低税率国家。

利润的迁移往往会涉及转让定价和税基侵蚀,实际操作中需与人员、工厂、设备、无形资产和风险的转移同时进行方能实现税收优化,因此对于企业利润转移的灵活度和可操作性有很高的要求,并且视企业具体情况的不同,可能成功,也可能不成功。但是,如果企业确实具有一定转移利润的灵活度,在遵循独立交易原则的基础上,利润迁移对于降低企业有效税率是切实有效的。

三、税收筹划与公司经营策略的融合

制定并执行综合性强且与企业经营策略一致的税收筹划方案需要考量各种要素,并加以整合。这类国际税收筹划往往包括很多步骤,如研究企业全球利润水平和税收敏感点、设立筹划目标、制定筹划策略和选择具体筹划方法、权衡和比较备选方案,方案执行,以及阶段性复核执行结果。

值得注意的是,单纯技巧性和随机性的一次性筹划并不是可持续性的国际税收筹划,效果并不长久。要能执行有长期效果的国际税收筹划方案需要一个精细、全面并能考虑税收以外其他经济因素的综合策略。该策略既要能够支持企业的长期发展目标,又要能与公司的战略和组织架构完美结合,此外还要和企业的其他经营目标(如资金政策和目标)相一致。

通常而言,评估企业的有效税率并与可比公司比较,评估驱动公司利润和税负成本的主要因素,是进行国际税收筹划的第一步。换言之,理解跨国企业的利润和税负敏感点,并了解本企业与其他企业相比的优势和劣势是至关重要的。

比较公司的税收效率一般是判断企业是否应该或者能够进一步降低税负的最佳方法。选择恰当的分析指标及可比公司非常重要。通常公司的有效税率是比较合适的分析指标。值得注意的是,复核有效税率时要剔除一些非常规性的和异常的项目来提高分析的准确性。此外,合适的可比公司可能是企业的竞争者或和该企业在同一行业内,但也可能不是。谨慎挑选可比公司非常关键。在实务当中,可比公司的筛选未必尽善尽美,但可以为跨国企业提供非常有价值的信息,以判断企业在税收筹划方面的方向是否正确。

进行有效税率的分析需基于对企业利润驱动点以及税负敏感点的了解和排序。税负敏感点通常是指对企业有效税率影响较大的主要财务和运营活动。利润驱动点可以分为两类:财务利润驱动点和职能利润驱动点。

财务利润驱动点通常与财务风险相关联。财务利润反映了外部内部业务风险和资本投入的回报率。其驱动点具体包括存货风险、应收账款风险、外汇风险、内部资本和无形资产使用的回报率。

职能利润驱动点和企业的关键业务活动以及该职能的行使地息息相关。企业的生产、分销、市场、销售、服务和研发职能都有匹配的利润。这些职能在哪里行使以及所承担的风险水平,对利润的产生以及企业的有效税率有着巨大的影响。在高税率地区建立核心职能部门和承担相关风险对税收优化是非常不利的。在低税率地区建立核心职能部门或者将核心职能部门迁移至低税地则有利于降低税负。将与核心职能相关的风险转移至低税率地区也可以达到同样的目的。如果利润迁移是建立在符合独立交易原则的转让定价政策基础上的,其降低有效税率的效果则是永久性的。

在对企业的有效税率进行评估的基础上,国际税收筹划主要关注以下三个领域:利润管理、税收属性管理以及资金管理。

利润管理主要是指将利润迁移至低税负的税收辖区。利润迁移需要基于对企业转让定价政策的认真研究,确保根据独立交易原则,利润在企业集团的不同成员和不同税收辖区间合理地分配,并准确地记录在财务报表上。

税收属性管理是指利用本地税收筹划的机会,建立或者使用有利的税收特性,如税收抵免、税务亏损的利用,内部计税基础和外部计税基础的沿用等。在很多情况下,税收特性往往意味着递延税务资产。例如,可使用的税务亏损就是企业一项重要的税收属性。如果企业的累积净亏损可以被充分使用,现金税务成本甚至有效税率都会降低。因此,一个与企业经营密切相关的税收筹划方案应当善用本地的税收优惠和筹划空间,以降低税收成本。

资金管理的关注点是资金效率。具体可包括有效的境外现金管理、现金池、外汇风险管理、境外资金的合理配置等。资金管理对于长期降低有效税率非常重要。例如,跨国企业的业务遍及全球,不同国家适用的税率和融资成本都有所不同,对于一些跨国项目,在有实质交易做支持的前提下,对外融资和利息列支在高税率所在国进行可能更有利于降低企业整体税负。

最后要提及的是,企业的组织架构对于能否有效实现税收筹划的目标至关重要。企业的组织架构包括一个公司的运营结构和模式、资本结构、税务和法律架构。每一项都对企业是否能成功执行税收筹划有很大影响,也是利润管理、税收属性管理和资金管理的核心因素。

四、国际税收筹划的风险

由前文所述,税收筹划不仅是企业利润最大化的重要途径,也是促进企业经营管理水平提高的一种方式,更是企业决策的重要内容。由于税收筹划是在经营中寻求企业行为与政府政策意图的最佳结合点,成功的税收筹划往往既能使经营者承担的税收负担最轻,又可以使政府体现在税收法规中的政策意图得以实现。因此,即使站在政府宏观调控(比如产业政策等)的角度看,税收筹划活动也是应该鼓励,至少是不可禁止的。

然而,在当今的国际税收环境下,税收筹划又面临着各种风险和挑战。要进行合理的税收筹划,跨国企业应该充分了解税收筹划的风险,从而制定全面的预防和风险控制的措施,保证税收筹划目标的顺利实现。

国际税收筹划面临的风险主要包括政策风险、执行风险以及集团信誉风险。

政策风险是指因各国的税收政策发生变化而使跨国企业的税收筹划方案失败的风险。这方面比较典型的例子是 OECD 的"税基侵蚀和利润转移"行动计划的发布和 2017 年的美国税制改革,两者可能造成大部分跨国企业原有的税收架构和筹划方案不再有效,或者有效税率大幅上升,因此企业管理层需要重新考虑和研究,及时制订应对方案。

执行风险是指在税收筹划方案的执行过程中,由于各种内部和外部的原因,导致方案难以施行或者难以达到预期目标。执行风险的内部原因首先是公司架构和经营业务变化。例如,地区总部的架构往往要在销售和管理职能可以实现核心化的前提下进行,如果跨国企业业务增长的区域分布发生了较大的变化,使得核心管理的可能性和可集中的利润下降,税收筹划方案就可能无法进行。另一个内部执行风险与配套文本准备有关。任何税务筹划都需要建立在商务实质的基础上,要具有合理商业目的。而证明商业目的的合理性需要跨国企业提供商业、法务、财务、物流等一系列资料和文件记录来支持。如果企业缺乏完整的配套文件记录机制,即使税收筹划方案本身非常合理,符合企业经营策略,并遵守相关法律法规,仍然会遭到税务机关的质疑。外部执行风险主要是税务行政风险,与执法机构对税法的解释以及税收稽查有关。国际税收筹划方案最终能否顺利施行,取决于相关国家税务机关的认可。各个国家在制定税收制度时,都为税收执法人员留有一定的自由裁量权,即税收执法人员在具体执法过程中有一定程度的决策权。特别是有些税收法律法规,只提供了方向性和指导性的意见,导致在特定领域的解读及应用具有一定的不确定性。在这种情况下,税收执法人员的经验和对法律法规的理解,都有可能对税收筹划方案的成败产生影响,有些国际税收筹划方案甚至可能被认定为偷税漏税行为而遭到处罚。

集团信誉风险则是另一个国际税务筹划要面对的风险。当今媒体高度发达,任何国际新闻都可能被渲染及快速传递。政府、公众和媒体对于税务新闻的关注与日俱增,很多负责的税收筹划和安排可能被媒体过于简单和不准确地概括,并在跨国企业有机会解释和说明具体情况之前已经被广泛传播。跨国企业应当缴纳适当税负(fair share of tax)是个非常复杂的议题:交多少税才是"适当",并无现成的答案。而公众看法的力量是巨大的,即使有时没有建立在完全准确的信息基础上。谷歌、星巴克、苹果的税收新闻满天飞,企业高管常常需要接受主流媒体的采访,对公众的质疑进行回应和解释。因此,对跨国企业来说,有明确的税收筹划策略,充分了解可能面对的集团信誉风险,税务团队事先和公司管理层及时沟通并达成一致,对于进行国际税收筹划都是尤其重要的。

第三节 BEPS 项目对国际税收筹划的影响

税基侵蚀和利润转移是国际税收筹划的重要结果,即跨国企业利用不同税收辖区间税法的差异和错配,人为造成应税利润减少或将利润从高税负国家(地区)转移至低税负国家(地区)。

针对这一问题,2013 年 2 月,OECD 专门为 20 国集团(G20)财长会议提供了一份《应对税基侵蚀和利润转移》报告并提出了 15 个行动计划,这 15 个行动计划的进展十分迅速,各国国内法、国际税收协定及多边国际税收协调机制都相应地已经或即将进行重大调整,这必然对跨国企业的国际税收筹划带来深远的影响。

一、BEPS 项目对跨国企业的影响

BEPS 项目对于跨国企业的影响主要体现在对合规性成本的影响、对税收风险管控的影响和对国内税收立法的影响三个方面。

（一）对合规成本的影响

受到 BEPS 行动计划的影响,跨国企业会面临更高的税收合规性要求和披露成本。例如,BEPS 第 13 项行动计划要求跨国企业准备三类转让定价文档:主体文档、本地文档和国别报告。其中主体文档和国别报告都是 BEPS 项目的新要求,本地文档覆盖的内容和需要披露的信息也与以前各国的要求不一致。因此,纳税人需要调配更多的资源,并梳理企业在全球范围内的经营和财务状况,以准备相关转让定价文本资料。在未来的国际税务环境下,纳税人的申报义务增加了很多,各国税务机关之间信息交换的渠道会更畅通,信息透明度会更强,文档准备是一项不小的挑战。

BEPS 项目引发的变革不仅可能让一个跨国企业集团在全球的整体税负增加,也可能造成税负的地域转移。如果不同的税务当局对征税权进行竞争,那么可能会出现对同一利润进行双重征税的情况,这需要企业的密切关注。此外,如果企业没有及时识别并履行那些新的合规义务,也会增加罚款以及声誉损害的风险。

此外还存在对于转让定价文本内的储存信息可能被泄露或者非法入侵的顾虑。这种顾虑在税务相关网络遭受攻击的事件中表现得尤为突出。2015 年 5 月,美国国税局经历了数据泄露事件,据报道,该次攻击导致了约 10 万份的纳税申报表信息泄露[①]。资源相对充裕的美国国税局尚且如此,国别报告如发放给许多较小国家的税务主管当局,其中蕴含的风险更令人担心。

转让定价文本需要的大部分信息保存在跨国企业的财务和人事系统中,税务团队需要和这些部门合作共同生成披露信息。因此,跨国企业需要制定一个清晰的路线图,明确个人和部门职责,还需要确保公司信息系统能够及时可靠地提供数据,支持转让定价文本的准备工作。企业不应该仅仅把转让定价文本看作是合规事项,还需要检查披露信息的合理性,尤其需要关注申报表中纳税金额与员工人数、收益等的匹配情况,并初步评估是否存在可能引起税务当局关注甚至税务稽查的异常事项。

（二）对税收风险管控的影响

随着 BEPS 项目中各项行动方案的公布以及各国国内法律法规的落地,反避税风潮日益高涨,税收稽查活动也会随之增加。BEPS 项目通过提高企业报告的要求以及加强税务机关之间的信息交流来提高企业经营活动的透明度,也可能导致更加严格的审查。

---

① http://www.freebuf.com/articles/92077.html.

虽然 BEPS 行动计划在各国实施的具体结果还不清楚,但许多普遍性原则大体上已经脉络清晰,因此跨国企业的税收风险管控需要相应加强。

企业应当考虑利润是否与产生经济价值的实质性经营活动相匹配,解除包含混合错配的融资架构,还应通过建模对利息抵扣限制可能造成的影响进行分析。

企业需要审视集团架构,识别那些没有足够商业实质却享受税收协定待遇的公司,并及时进行架构调整。

日趋严厉的常设机构监管措施意味着很多企业在某些国家以前没有纳税义务,未来可能需要报税并缴纳税款。例如,到某国的人员活动不断增加,跨境商务出差频繁或者设有仓库,都有被认定为常设机构的风险。

企业还应审视现有的转让定价策略,确保已经制定正确的流程,已经复核国别报告的规定,需要密切关注 BEPS 项目在有经营活动的各个国家的实施情况,根据新的进展尽早发现问题并予以应对。

(三) 对国内税收立法的影响

尽管 BEPS 行动计划已经发布,要在各国实际生效,还需要通过国内税收立法实现。而有些国家,出于应对 BEPS 的目的,基于对本国税收问题的理解,纷纷出台相关的税收法律法规,对跨国企业的并购等重大经营行为已经产生重要影响。

例如,美国旧有的税制安排和规模巨大的资本输出,使其深受税基侵蚀和利润转移问题的困扰。美国乐施会的一项研究表明[1],2008—2014 年,美国排名前 50 的跨国公司在全球获得 4 万亿美元的利润,而滞留在“避税天堂”的利润高达 1.4 亿美元。这 50 家跨国公司的企业所得税平均实际有效税率仅为 26.5%,远低于 35% 的联邦法定税率,且只有 5 家公司全额缴纳 35% 的企业所得税。

税收倒置(tax inversion)是美国公司采用的一种典型的避税手段,是指美国本土企业通过并购海外公司改变注册国,由高税率国家迁往低税率国家,以达到规避美国国内高额所得税的目的。用美国前财政部长雅各布·卢的话说:“这些交易可能是合法的,但是错误的。”[2]

美国国会曾于 2004 年推出国内收入法典 7 874 条,针对是否给予倒置交易相应的税收利益规定所有权门槛:如果美国公司的股东在并购的外国公司中持股低于 60%,则承认该倒置交易,不对外国公司征收所得税;如果美国公司股东在并购的外国公司中持股超过 80%,则不予承认该倒置交易,外国公司需被视为美国公司全额缴纳美国的联邦所得税;美国公司股东在并购的外国公司中持股比例在 60% 到 80% 之间时,外国公司视持股情况适当缴纳美国的联邦所得税。但是,一些美国公司还是设法调整税收倒置的安排来规避 7 874 条的所有权门槛,税收倒置引起的税基侵蚀问题仍然存在。针对这种情况,在各国加强应对税基侵蚀和利润转移的背景下,美国财政部推出了更有效遏制税收倒置的新政策:一是对外国公司三年以内收购美国资产不予认可,以防止外国公司通过收购美资,来规避上述所有权门槛;二是推出收益剥离规则(earnings stripping rule),限制外国

---

① http://www.cfen.com.cn/dzb/dzb/page_6/201709/t20170912_2696772.html.

② https://www.treasury.gov/press-center/press-releases/Pages/jl0345.aspx..

企业设在美国的子公司通过向海外母公司支付高额的利息来转移利润避税。[1]

这些新政使得美国制药业巨头辉瑞公司在 2016 年放弃以 1 600 亿美元收购总部位于爱尔兰都柏林的艾尔建公司[2]。根据财政部的新政策,外国公司在过去三年并购交易中收购的美国资产价值将被忽略,意味着艾尔建公司最近的几笔交易(包括 660 亿美元的艾尔建 PLC 公司和阿特维斯 PLC 公司的合并、250 亿美元的对森林实验室的收购和 50 亿美元的对华纳奇考特公司的收购)在计算艾尔建公司的总资本时都不会被考虑在内,从而并购后辉瑞公司股东在新公司中的持股比例很可能超过 80% 的"所有权门槛"。辉瑞即使在并购后将注册地变换至爱尔兰,也无法实现税收倒置的利益,因此辉瑞最终放弃以 1 600 亿美元收购艾尔建公司。

后来美国在 2017 年企业税制改革中又将联邦公司所得税率降至 21%,进一步削弱了美国企业税收倒置的动机。

由此可见,在 BEPS 行动计划发布后,各国政府纷纷完善国内税收立法以打击税基侵蚀和利润转移。在这种情况下,跨国企业的税务筹划要充分考虑相关法规带来的风险,税收筹划要符合行业逻辑,具有充分的商业实质,并尽可能事先准备税收筹划方案的退出策略。

二、BEPS 项目对国际税收筹划的影响

受到 BEPS 项目的影响,传统的国际税收筹划方式也面临新的调整,跨国企业需要重新筹划交易模式、对税收优惠政策进行重新考量,以及对企业的价值链进行重新分析等。

(一)重新筹划交易模式

企业集团内部交易,包括商品销售、借贷、特许经营等在跨国企业的经营中占有非常重要的位置。BEPS 项目非常关注关联交易的性质,修正了利益分配的规则,并重新明确了哪些类型的交易是有经济实质和可以接受的,这些措施使得跨国企业需要对交易模式进行重新筹划。例如,很多公司都有混合错配交易的安排,即同一经营实体或者业务安排在不同的税收辖区具有不同税收属性,在一个国家或地区会被视为应税实体,而在另一个国家或地区不被视为应税实体。这些混合错配安排将来可能受到更加严厉的监管或受到税务机关的纳税调整,从而可能导致双重征税或者某些交易模式下利润的变化。

(二)重新考量税收优惠政策

为了鼓励投资和促进经济发展,很多国家和地区都对跨国企业对本国的投资提供特定的税收优惠,但 BEPS 项目已经提议限制一个国家以损害其他国家税源的方式为在本国经营的企业提供税收优惠,这就要求跨国企业对基于税收优惠政策的国际税收筹划进行重新考量。

一个典型的例子是关于主体公司的安排。一些国家和地区,如瑞士、卢森堡、荷兰、新加坡等对在本国建立主体公司提供优惠税收政策,因此跨国企业往往在这些国家建立主

---

① 根据该规则,如果子公司的利息支出超过调整应税所得(指基于现金流计算的不考虑净利息支出的应税所得)的 50% 且负债和股权的比率超过 1.5∶1,则该子公司向海外母公司支付的超过调整应税所得的 50% 的利息支出将予以扣除。该规定已由美国 2017 年税改中推出的税基侵蚀税所取代。

② https://www.bu.edu/rbfl/files/2017/03/DA-2.pdf.

体公司,通过内部交易中的转移定价方法将高税率国家的利润转移到主体公司,从而实现跨国企业集团整体税负的降低。

以新加坡为例,在图 6-1 所示的模式中,新加坡的主体公司向供应商购买原材料,然后提供给亚洲其他国家的关联企业进行生产,生产完成后由新加坡主体公司收回,卖给亚洲各个国家的关联销售公司,再由销售公司将产品卖给最终客户。新加坡的主体公司承担主要的职能和风险,包括生产管理、质量监控、供应链管理和研发等,并集中大部分的利润。而集团内的生产企业、分销企业由于都只承担了非常有限的职能和风险,获得的利润也非常有限。在符合相关要求和规定的条件下,主体公司在新加坡可以被认定为地区总部,享受特定的低税率,从而可降低集团的总体税负。随着 BEPS 行动计划的发布,各传统的主体公司所在地都可能修改相应制度,以符合 BEPS 第 5 项行动计划关于有害税收实践的相关要求[①]。原来使用主体公司架构运营的企业,就要复核现有业务模式和当地税收立法的变化,进行相应的调整和应对。

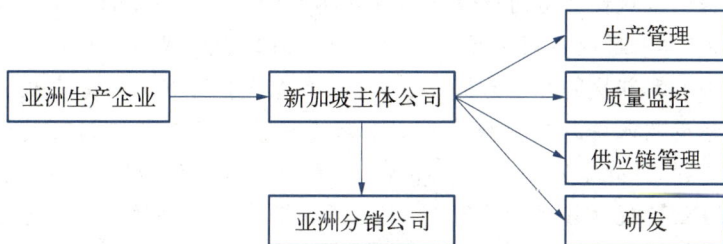

图 6-1　新加坡主体公司模式

(三) 重新分析企业价值链和全球利润分布

大部分跨国企业都有大量的集团内部关联交易,通过内部交易转移定价策略的制定将形成特定的企业价值链。为实现跨国企业集团整体税负的降低,常见的方法是将高税率国家的利润转移到低税率国家。但是,尽管数字经济蓬勃发展,BEPS 行动计划还是强调了将利润分配和商业实质(主要体现为有形资产和业务经营者)相匹配。例如,一个单纯形式上拥有知识产权却没有员工进行知识产权管理的公司,可能不会被税务机关认同创造了知识产权并获得相关收益。因此,跨国企业需要重新考量企业利润在不同关联方之间和不同区域的分布,这对企业的总体税负和全球利润都将产生重要的影响。

综上所述,BEPS 项目要求跨国企业对传统的国际税收筹划方式进行必要的调整。虽然新的国际税收体系需要时间才能变得清晰,但是跨国企业的董事会应当基于 BEPS 项目的要求重新考虑企业核心职能的地点布局、企业组织架构、融资方式以及治理方式等,及时开始进行必要的评估和计划,确保全球架构具备商业实质,确保业务和税收安排妥善记录存档。

---

① https://www.ey.com/Publication/vwLUAssets/ey-china-regulations-express－25－apr－2018/$FILE/ey-china-regulations-express-25-apr-2018.pdf.

专栏 +++

卢森堡泄密事件

2014 年 11 月 5 日,国际调查记者联盟(International Consortium of Investigative journalists, ICIJ)曝光,包括百事公司、美国国际集团(AIG)、德意志银行等在内的逾 300 家公司通过和卢森堡税务机关签署秘密协议,大幅避税①。

ICIJ 获取了近 2.8 万页的一份泄密文件,经过对泄密文件的调查,ICIJ 称,这些公司通过卢森堡的渠道转移数百亿美元利润,避税数十亿美元。一些公司甚至享受着流入卢森堡利润的低于 1% 的实际税率。

泄密文件还包括数百份卢森堡提供的让企业获得税收优惠待遇的意向书。文件显示,除了前述公司外,牵涉到的公司还包括埃森哲、雅培、亚马逊、亨氏食品、宜家等共近 340 家公司。

同时,根据泄密文件,在 2002—2010 年,普华永道会计事务所帮助一些跨国公司在卢森堡完成至少 548 起税务裁定。这些秘密协议构建了旨在大幅减税的复杂金融结构。裁定提供书面担保保证这些公司的节税计划将得到卢森堡税务机关的首肯。

记录显示,普华永道税务顾问帮助那些符合资质的企业提出减税财务战略。以总部位于美国孟菲斯的联邦快递公司为例,该公司在卢森堡建立了两家分支机构,将墨西哥、法国和巴西的运营收入转移到卢森堡。从墨西哥转移到卢森堡的利润大部分是免税股息。根据税务安排,卢森堡同意只对 0.25% 的非股息收入征税,剩余的 99.75% 均免税。

这一事件在国际税收领域震动很大,被称为卢森堡泄密事件。卢森堡官员否认了在其税务体系中有任何"私下交易"。卢森堡金融推广署首席执行官马可宁(Nicolas Mackel)说,"卢森堡税务体系是有竞争力的","但不存在不公平或者不道德"。但是,在泄密事件的压力下,欧盟委员会于 2016 年 1 月 28 日正式推出了反避税指令②(Anti Tax Avoidance Directive,ATAD),力求全面加强对跨国企业避税行为的打击。

+++

案 例

高盛间接转让双汇发展股权及其税收影响

一、案例背景③

河南双汇投资发展股份有限公司(股票代码:000895)成立于 1998 年 10 月 15 日,是由河南省漯河市双汇实业集团有限责任公司(以下简称"双汇集团")独家发起,以社会募集方式设立的股份有限公司,于 1998 年 12 月 10 日在深圳证券交易所上市。2003 年 6 月 13 日,漯河市海宇投资有限公司与双汇集团签署股权转让协议,受让了双汇发展 25% 的股权,成为双汇发展的第二大股东。

2006 年 2 月,高盛策略投资(亚洲)有限责任公司(Goldman Sachs Strategic

---

① 参见 http://www.yicai.com/news/4037259.html。

② http://ec.europa.eu/taxation_customs/business/company-tax/anti-tax-avoidance-package/anti-tax-avoidance-directive_en。

③ 资料来源:相关上市公司公告。

Investments（Asia）LLC）[1]与鼎晖 Shine 有限公司（CDH Shine Limited）[2]在香港注册成立罗特克斯公司（Rotary Vortex Limited），双方分别占 51％和 49％的股份。2006 年 5 月 12 日，漯河市国资委与罗特克斯签署股权转让合同，前者同意将其持有的双汇集团 100％的国有股权整体转让给后者；2006 年 5 月 6 日，海宇投资与罗特克斯签署股权转让合同，前者同意将其持有的本公司 25％的股份转让给后者。由此，高盛和鼎晖通过香港罗特克斯公司间接持有了双汇发展超过 60％的股权，其中高盛的持股比例为 30.97％。

此后，在 2006—2009 年，高盛通过一系列复杂的控股公司运作，成功地大幅减持双汇发展股份，到 2009 年底，高盛仅间接持有双汇发展 3.27％的股份。

2010 年，高盛减持双汇发展的事件引起税务机关和媒体关注，据报道河南漯河市国家税务局有意让高盛集团补交 4 亿元企业所得税[3]。此后这一事件却不了了之，高盛最终并未补交巨额税款。

二、案例焦点问题

本案例的焦点问题是高盛减持双汇发展股权究竟是否应在中国缴纳企业所得税，最终该公司并未补交税款的原因是什么？

三、案例分析

（一）高盛从入股到减持双汇发展股权的进程

1. 高盛入股双汇发展：直接持有双汇发展直接上层股东的股权

这一步骤在案例背景部分已有介绍，如图 6-2 所示，入股双汇发展时高盛的持股比例为 30.97％。

高盛集团对双汇发展的持股比例：$51\% \times (35.72\% + 25\%) = 30.97\%$

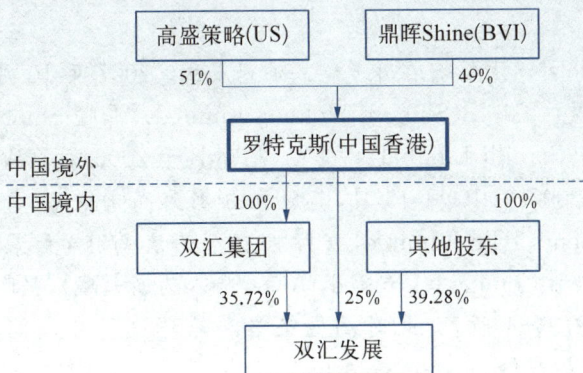

图 6-2 高盛入股双汇发展后双汇发展的股权架构

---

① 2005 年 12 月 8 日在美国特拉华州注册成立，高盛集团有限公司拥有其 100％的股权。
② 这是 2006 年 2 月 27 日在英属维尔京群岛注册成立的商业公司，鼎晖中国成长基金 II 拥有其 100％的股权。
③ 参见经济观察网，http://www.eeo.com.cn/2010/0818/178462. shtml。

2. 高盛第一次减持：转让双汇发展直接上层股东的股权

2007年6月28日，双汇发展实施资本公积金转增股本，罗特克斯持有的双汇发展股份由原来的60.72%降至51.45%。2007年10月6日，高盛策略和鼎晖Shine签署股份转让协议，高盛策略将其在罗特克斯中持有的5%的股份转让给鼎晖Shine。于是高盛策略和鼎晖投资分别间接持有双汇发展23.67%和27.78%的股份，如图6-3所示。

高盛集团对双汇发展的持股比例：46%×（30.27%＋21.18%）＝23.67%

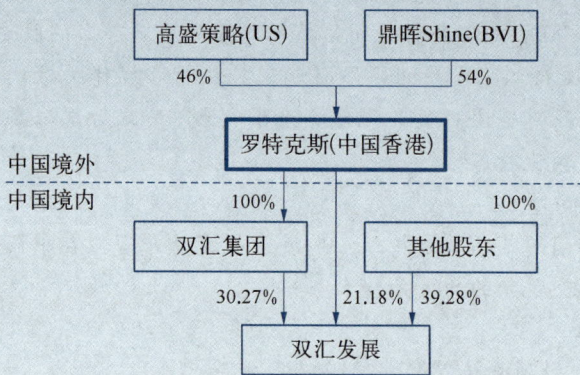

图6-3 高盛第一次减持后双汇发展的股权架构

3. 高盛第二次减持：双汇发展直接上层股东股权境外变更

2007年10月15日，鼎晖Shine及高盛策略将全部股份转让给格罗林克公司（Glorious Link International Corporation），格罗林克由星晖C（Shine C Holding Limited）100%持有。该股权转让完成后，星晖C通过格罗林克成为间接全资持有罗特克斯的母公司。

星晖C于2006年3月2日在开曼群岛注册成立。2007年10月15日，星晖C的股东有三个，分别是：星晖B（Shine B Holding Limited）、鼎晖Shine II（CDH Shine II Limited）和加得利（Cardilli Limited）。其中，星晖B于2006年3月20日在英属维尔京群岛注册成立，2007年10月15日，其股东分别为高盛策略、鼎晖Shine、杜尼安（Dunearn Investments PTE Limited，实际控制人为淡马锡）和聚其士投资（Focus Chevalier Investment Company Limited，实际控制人为新天域），星晖C和星晖B各股东的持续比例如图6-4所示，此时高盛策略和鼎晖投资分别间接持有双汇发展12.35%和26.91%的股份。

4. 高盛继续减持：双汇发展间接上层股东股权境外变更

在上述两轮减持后，双汇发展的间接上层股东星晖C和星晖B的股权结构在境外继续进行了多次变更。其中，星晖C于2007年12月31日更名为双汇国际控股有限公司（Shuanghui International Holdings Limited）。截至2009年12月31日，双汇发展的组织架构如图6-5所示，高盛策略和鼎晖投资分别间接持有双汇发展3.27%和20.87%的股份。

高盛集团对双汇发展的持股比例：30％×80％×(30.27％＋21.18％)＝12.35％

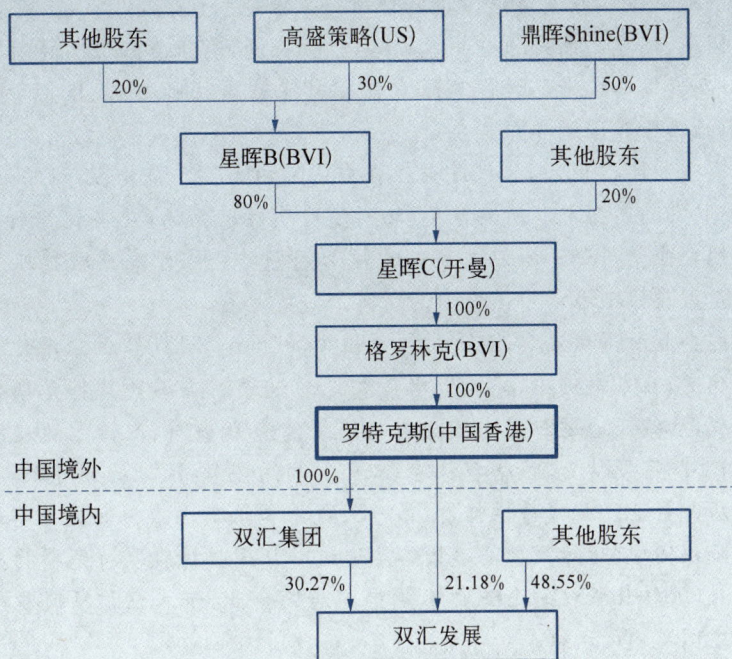

```
  其他股东        高盛策略(US)      鼎晖Shine(BVI)
    20%              30%               50%

         星晖B(BVI)                    其他股东
           80%                           20%

                   星晖C(开曼)
                     100%

                  格罗林克(BVI)
                     100%

                罗特克斯(中国香港)
  中国境外              100%
  ──────────────────────────────────────
  中国境内

        双汇集团                    其他股东

      30.27%          21.18%   48.55%

                  双汇发展
```

图 6-4 高盛第二次减持后双汇发展的股权架构

高盛集团对双汇发展的持股比例：15％×(36.36％＋6％)×(30.27％＋21.18％)＝3.27％

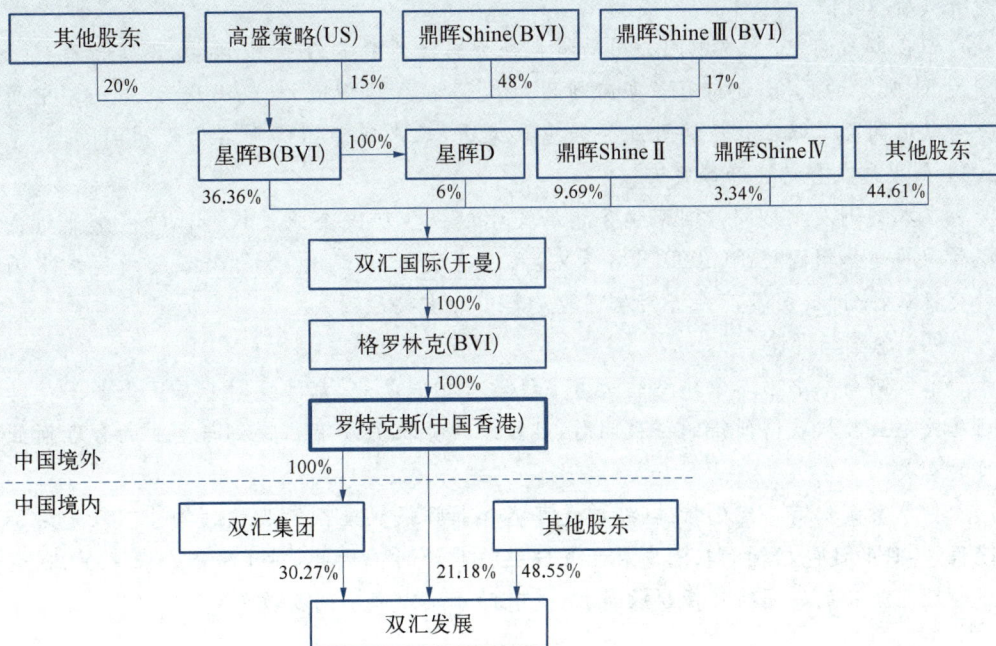

```
  其他股东    高盛策略(US)   鼎晖Shine(BVI)   鼎晖ShineⅢ(BVI)
    20%          15%            48%              17%

  星晖B(BVI) 100% 星晖D    鼎晖ShineⅡ   鼎晖ShineⅣ   其他股东
  36.36%          6%        9.69%         3.34%       44.61%

                双汇国际(开曼)
                     100%

                  格罗林克(BVI)
                     100%

                罗特克斯(中国香港)
  中国境外              100%
  ──────────────────────────────────────
  中国境内

        双汇集团                    其他股东

      30.27%          21.18%   48.55%

                  双汇发展
```

图 6-5 高盛多轮减持后双汇发展的股权架构

（二）高盛未补交税款的原因分析

1. 非居民企业的纳税义务和股权转让所得来源地的认定

在本案例中，高盛集团是通过高盛策略投资（亚洲）有限责任公司持有及减持双汇发展的股权，高盛策略投资（亚洲）有限责任公司在美国注册成立，且实际管理机构未设在我国，因此属于我国的非居民企业。

根据我国企业所得税法，非居民企业在中国境内未设立机构、场所的，或者虽设立机构、场所但取得的所得与其所设机构、场所没有实际联系的，应当就其来源于中国境内的所得缴纳企业所得税。所以本案例的核心问题首先在于高盛减持双汇发展股权获得的收益是否属于来源于中国境内的所得。

根据我国企业所得税法实施条例，权益性投资资产转让所得的来源地按照被投资企业所在地确定，在本案例中，高盛策略最初是通过设在香港的罗特克斯公司持有双汇发展的股权，后续又通过三层中间公司持有罗特克斯公司，以至于从双汇发展到高盛策略，中间共隔了罗特克斯、格罗林克、双汇国际和星晖B四层公司，这些中间公司都不是中国居民企业。就减持操作看，第一次减持和第二次减持高盛策略是通过转让罗特克斯的股权实现，后续减持高盛策略是通过转让间接持股罗特克斯的星晖B的股权实现。因此，被转让股权的企业都不是中国居民企业，形式上该项股权转让所得不属于来源于中国境内的所得。

2. 中间公司的商业目的和经济实质

基于上述分析，如果中国税务机关认为高盛应该补交税款，只能根据事实重于形式原则，从高盛通过中间公司持有双汇发展股权不具有合理商业目的，中间公司没有经济实质入手。

但在本案例中，主要中间公司罗特克斯公司注册资本为15亿港币，不仅持有双汇发展51.45%的股份，还持有多家肉制品加工厂，投资规模庞大、范围广泛；另一家中间公司双汇国际是双汇拓展海外业务的重要渠道，后来双汇国际更名为万洲国际，并于2014年4月在香港公开募股。

在本案例发生期间，《国家税务总局关于加强非居民企业股权转让所得企业所得税管理的通知》（国税函〔2009〕698号文）还没有发布。但高盛和鼎晖最终没有向中国补交税款，中间公司具有经济实质可能是其中的重要原因。

四、总结与评论

本案例与本书第二章介绍的沃达丰税案有相似之处，都涉及对非居民企业间接转让居民企业股权获得所得的征税问题，且最终税务机关没有征税都与企业的合理商业目的有关。

但本案例仍有一定的特殊性，就是高盛和鼎晖设置复杂的股权结构并不只是为了避税，其目的还包括辅助双汇发展的管理层收购计划[①]，因此，对于跨国企业来说，在达成合理商业目的的同时降低税收负担，更有助于实现成功的税收筹划。

---

① 关于双汇管理层收购的情况详见王欢、汤谷良："'借道'MBO：路径创新还是制度缺失？——基于双汇MBO的探索性案例研究"，《管理世界》，2012年第4期。

本案例也表明跨国企业的组织架构日益复杂，实际控制人可能通过层层的股权控制关系来持有一家企业，因而可以通过中间控股公司来方便地进行企业重组和股权交易，因此税务机关需要加强与商务部和证监会等相关部门的沟通，以便及时获知境内企业的实际控制人与股权变动情况，避免税基被侵蚀。

本 章 小 结

税收筹划一般是指纳税人在纳税行为发生前，通过选择会计核算方法、选取机构组织形式、利用优惠政策等方法来达到减轻税负的目的。税收筹划以遵守税法为前提，但判断一项经济行为是属于避税行为还是税收筹划会受很多条件和事实的影响，在不同国家甚至同一国家内也可能得出不同答案。

根据筹划的结果，国际税收筹划可以分为避免或者降低双重征税的筹划和避免或者降低绝对税负的筹划；按照和经济行为的匹配程度，国际税收筹划可以分为交易型和模式型的税收筹划，前者基于特定交易，其影响经常是一次性短期的，后者基于产品特性和业务模式，对企业运作和经营会产生长期影响；按照节税的时效，国际税收筹划又可分为暂时性税收筹划（又称延迟纳税）和永久性税收筹划。

提高股东价值是税收筹划的重要目标，充分利用所在国的税收法律法规以及在风险可控的前提下进行利润迁移是两个基本的税收筹划策略。制定并执行综合性强且与企业经营策略一致的税收筹划方案需要考量各种要素并加以整合，具体步骤有：研究企业全球利润水平和税收敏感点、设立筹划目标、制定策略和选择具体方法、权衡和比较备选方案、计划执行以及阶段性复核执行结果等。跨国企业还应全面地预防和控制税收筹划的风险，包括政策风险、执行风险以及集团信誉风险等。

G20 和 OECD 的 BEPS 项目及其行动方案导致跨国企业面临着更高的税收合规性要求和披露成本，为此跨国企业需要对企业核心职能的地点布局、企业组织架构、融资及治理方式等进行必要的重新评估和规划，确保全球架构具备商业实质、业务和税收安排妥善记录存档。

习题与思考题

一、材料分析题

自 1993 年以来的近 10 年间，广州宝洁公司一直是全国轻工行业向国家上缴税收最多的企业。但是在 2003 年上半年，它被查出通过转让定价漏报了应纳税所得额共 5.96 亿元，并补缴企业所得税 8 149 万元。

试查阅有关资料分析，广州宝洁是如何实施转让定价避税的，为什么税务机关最后成功补征了税款？

二、计算分析题

甲国居民公司 A 公司在乙国、丙国分别设有分公司 B 公司、C 公司,甲、乙、丙三国公司所得税税率分别为 40%、30%、50%,甲国采用抵免法消除重复课税。A 公司为 B 公司提供一批零部件,B 公司加工后将成品转售给 C 公司,再由 C 公司在当地销售。A 公司向 B 公司销售的零部件和 B 公司向 C 公司销售的产品的正常交易价格分别为 100 万元和 140 万元,A 公司的成本为 80 万元,C 公司的市场销售价格为 190 万元。为了避税,A 公司将这批零部件以 90 万元的价格销售给 B 公司。试分析 A 公司调整价格后达到了什么避税效果,这种避税手段可能面临什么风险?

第七章

企业组织形式选择中的
国际税收筹划

教学目的与要求

任何企业的经营都需要基于一定的组织形式,对于准备将业务活动拓展到国外的企业来说,其在境外开展经营活动的方式十分多样,而国家间对企业组织形式的法律规定又存在着显著的差异,这都使得跨国企业组织形式的选择十分复杂。同时,由于企业组织形式的转换往往要付出较高的成本,跨国企业就更加需要对企业组织形式的选择进行前瞻性的筹划。通过本章的学习,要求学生熟悉跨国企业面临常设机构与非常设机构、分支机构和独立实体以及不同独立实体的选择时可采取的策略,跨国企业利用控股公司和混合实体等复杂架构进行国际税收筹划的主要模式以及 BEPS 行动计划对这些筹划方案的影响。

第一节　常设机构与非常设机构的选择

一、基本原理

在企业从事跨境经营的初期阶段,通常不会在东道国设立独立实体,这时就面临着一个是否在东道国设立常设机构的选择。如前文所述,常设机构存在与否,往往决定着东道国是否会对企业来源于本国的所得征税,这既可能是由于企业的居民国和东道国签有税收协定,也可能是由于东道国的国内税法中有相似的规定。

因此,当东道国税率高于居民国税率时,企业往往需要设法避免被认定为在东道国设有常设机构,为此需要尽量选择不会被认定为常设机构的经营方式或设法避免被认定为常设机构。

二、避免被认定为常设机构的方式

尽管各国对常设机构的认定是严格的,但仍有大量的经营形式不会落在常设机构的范围之内,利用这些例外情况则是避免被认定为常设机构的主要方式。

首先,货物的储存、陈列、交付和采购、广告宣传、搜集情报及其他准备性或辅助性活动等一般作为例外情况不会被认定为常设机构,跨国企业则可以利用这些免税活动来避免被认定为设有常设机构。例如通过在境外设立用于储存、交付货物的仓库,跨境电商可以显著提升其竞争力,扩大其市场份额,增加其营业收入。该储存、交付货物的活动,在数字经济环境下已经成为企业整体业务的核心部分,但在传统商业模式中仍然被认为具有准备性和辅助性特征,因此相应的场所不会构成常设机构。又如,跨国企业可以利用在来源国境内关联企业的营业场所,将其在该国境内开展的整体营业活动拆分成若干部分,使得这些活动在单独考察时具备准备性或辅助性特征,从而免于被认定为设有常设机构。OECD范本注释中已经对非居民企业利用本企业在一国境内的多个营业场所进行活动拆分的情形进行了限制,但尚未涉及利用关联方企业的营业场所进行活动拆分的情况。

其次,根据OECD税收协定范围,独立代理人通常不会被认定为常设机构。为此,某些跨国企业会设法将非独立代理人"伪装"成独立代理人,以避免构成常设机构。例如,跨国企业可以通过将子公司变成佣金代理人,即以自身的名义在某国代表一家外国企业销售该外国企业拥有的产品的人,达到规避来源国税收管辖权的目的。佣金代理人不通过再销售获得利润,而只是通过代理活动获得佣金。一方面,该外国企业可以在来源国销售其产品,而不构成常设机构,从而销售利润不会被归属于常设机构在该国纳税。另一方面,代理人因为不拥有产品,来源国也不会对其销售行为产生的利润而征税,而仅仅是对其提供的代理服务取得的报酬(即佣金commission)征税。

同时,常设机构是指设在非居民国的固定营业场所,这里的"固定"一词表明作为常设机构的经营场所存在的时间不能太短,根据国际惯例,一般应超过183天。随着通信技术的发展和施工方式的改进,不少跨国企业集中力量在一国境内进行短期的、利润甚高的经营活动,这种短期经营取得的所得来源国往往无法对其课税。

第二节　分支机构和独立实体的选择

一、分支机构和独立实体税负的比较

随着跨国企业在东道国经常性地开展经营活动,在东道国设立常设机构往往不可避免。在税法上常设机构一般被认为是企业的一个组成部分,相当于是企业的一个分支机构。但当分支机构在东道国持续经营时,就面临着是否需要将其转换成一个独立实体的问题。

从税收角度考虑,分支机构和独立实体各有利弊。

分支机构的有利条件通常包括以下方面:

① 可以不缴纳资本注册税和印花税;

② 可以避免对支付利息和特许权使用费征收的预提所得税;

③ 分支机构的经营亏损可以冲抵总机构的利润;

④ 有可能利用本国免除国际重复课税的免税法。

但分支机构也可能带来如下一些不利影响:

① 分支机构在另一股份公司或合伙企业取得的股息收入不能享受间接抵免待遇；

② 由于分支机构不是独立法人，一般不能享受所在国提供的免税期等税收优惠待遇；

③ 分支机构一经取得利润，总机构在同一纳税年度内，必须就这些所得在居民国纳税，无从获得延期纳税的好处；

④ 分支机构与总机构之间支付的利息、特许权使用费等一般不能作为费用扣除，应用转让定价手段受到一定的限制。

选择子公司的有利条件与不利条件正好与分支机构相反。

当然，两种经营形式的利弊是与居民国与非居民国的税负差异等情况相关的。例如，只有当居民国采用抵免法消除国际重复课税且居民国税率高于非居民国税率时，设立子公司的延期纳税的好处才比较突出；若居民国采用免税法消除国际重复课税，则在同样的情况下，设立分支机构反而比设立子公司更为有利，因为母公司不必把利润留在境外，就可以承担较低的税负。若居民国税率低于非居民国税率，设立子公司来获取延期纳税的好处也是没有意义的。

二、分支机构和独立实体选择的策略

针对以上情况，跨国企业往往综合考虑各方面因素，作出对其最有利的选择。一般比较常见的做法是：在境外经营初期采取分支机构的形式，以便用分支机构的亏损冲抵总机构的利润；当分支机构盈利后，再将其转变为子公司，以享受延期纳税等税收优惠。

第三节　不同类型独立实体的选择

上文所述的分支机构和独立实体的利弊主要是基于分公司和子公司的对比，这是因为，公司是最为普遍的企业组织形式。但是跨国企业也可能选择在东道国设立不同于公司的独立实体，如合伙企业。并且基于各国不同的法律体系，还可能有区别于典型的公司与合伙企业的新的独立企业组织形式。这些都是跨国企业进行税收筹划时需要特别关注的。

一、公司和合伙企业

（一）公司

公司一般是指依法设立的、有独立的法人财产、以营利为目的的企业法人，其主要形式有有限责任公司和股份有限公司等。公司都是企业所得税的纳税人，有的国家企业所得税只对公司课征，因此称为公司所得税。

（二）合伙企业

合伙企业一般指由各合伙人订立合伙协议，共同出资，共同经营，共享收益，共担风险，并对企业债务承担无限连带责任的营利性组织[①]。合伙企业通常无法人资格，不缴纳

---

① 如《中华人民共和国合伙企业法》第2条规定："本法所称合伙企业，是指依照本法在中国境内设立的由各合伙人订立合伙协议，共同出资、合伙经营、共享收益、共担风险，并对合伙企业债务承担无限连带责任的营利性组织。"

企业所得税,合伙企业的所得按出资比例或合同约定分配给合伙企业的投资人,由投资人缴纳所得税。

在合伙企业的发展过程中,除上述典型的普通合伙企业外,也出现了其他的合伙形式。首先是有限合伙,就是由一人以上对外负无限责任的合伙人,与一人以上以出资额为限对外负有限责任的合伙人,共同出资组成的组织。其次是法人合伙,即合伙人中包括法人的合伙企业。在我国目前的法律规定中,合伙企业的合伙人仅限于自然人,而不包括法人。日本、瑞士等国家也禁止法人成为合伙人。但是,也有美国等不少国家允许法人充当合伙人,美国《统一合伙法》第 6 条规定:"两人或两人以上作为共有人,以营利为目的而从事经营的组合为合伙。"而在该法的第 2 条对"人"的解释中明确"'人'包括个人、合伙、公司或其他组合"。德国也允许有限责任公司、股份有限公司成为合伙人。

同时,虽然包括我国在内大多数国家规定合伙企业没有法人资格,也有国家赋予合伙企业法人资格,如法国、日本等。

从投资人的角度看,公司和合伙企业的待遇存在显著差异。总的来说,由于需要在公司和股东两个层面都缴税,公司的总税负大于合伙企业,但是当公司保留利润不向投资人分配时,投资人不需要在取得利润的当年缴纳所得税,因此,设立公司可以实现所得税的推迟缴纳。能够实现税收递延可能是企业选择公司形式在税收上最重要的原因。

二、其他企业组织形式

(一) 信托

信托是财产法定权利的所有者(信托人)基于信任,将财产所有权转移给受托人,由受托人以自己的名义为受益人的利益对财产进行管理或者处分的行为。

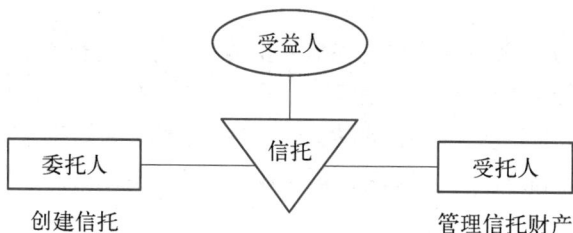

图 7-1 信托的基本架构

个人纳税人(委托人)通过建立信托,可以将自己拥有的财产转给处于低税国的受托人进行保管和经营。这部分信托财产的所有权与委托人分离,委托人无须就这部分财产价值及其产生的所得缴纳财产税及所得税。

信托起源于罗马,而发达于英国和美国。信托的主要特点首先表现为受托者取得信托财产的所有权,这一点有别于代理。但是信托机构虽然在法律上拥有信托财产的所有权,却不能将信托财产作为自有资本,信托财产和自有资本不得相混。受托人要依照委托人的意愿为受益人利益运用或经营信托财产,不能为自己的利益运用或经营信托财产,既不享受信托财产的利益,也不承担风险,仅收取手续费作为报酬,这一特点区别于投资银行或证券公司、投资基金(共同基金)等财产经营行业。

信托制度在英美法系国家①比较流行,而在大陆法系国家不流行,在大陆法系国家甚至没有系统完整的信托法律。1987 年起实施的《关于信托适用法律的海牙信托公约》(简称《海牙信托公约》)建立了国际法律规范,要求加入该公约的国家承认信托的合法性。目前加入该公约的大陆法系国家有荷兰、比利时、卢森堡、意大利等。在没有加入该公约的大陆法系国家,信托仍然不被承认。因此利用信托进行国际避税活动一般发生在英美法系国家或地区。在避税港设立信托公司的用途在于将避税港外的财产虚构为信托公司的信托财产,纳税人可以把实际经营这些信托财产的所得挂在信托公司名下,并逐步转移到避税港,而减轻甚至免除税收负担。

(二) 美国的有限责任公司

在美国,企业的组织形式除典型的公司和合伙企业外,还有一种介于合伙企业与一般公司之间的有限责任公司(limited liability company, LLC)。在投资者承担有限责任方面,LLC 与一般公司(corporation)相同,然而,美国 LLC 根据国内收入法典可选择按合伙企业的方式缴纳联邦所得税②。这意味着美国 LLC 可不单独征税,相反,一般公司(corporation)的利润和损失直接分配给公司的投资人,由投资人缴纳个人所得税。

由于 LLC 在税收待遇上和合伙企业接近,却又可避免投资者承担无限责任,这就给经营者提供了一种新的企业组织形式选择。对于准备到美国开展经营活动的非居民企业而言,了解 LLC 这种特殊的公司组织形式对于正确选择适当的企业组织形式十分重要。

第四节　利用控股公司

一、控股公司的概念及架构

控股公司(holding company),也称持股公司,是指为了控制而不是经营的目的,而拥有一个或多个公司大部分股票的公司。控股公司的收入,主要是从子公司取得的股息和资本利得,也包括利息、特许权使用费等其他消极所得。控股公司的功能往往是管理母公司对其他子公司的投资和融资。

控股公司的模式多样,典型的有单一控股公司模式、控股公司与金融公司结合模式和双层控股公司模式等。

(一) 单一控股公司模式

单一控股公司模式是最简单的控股公司模式,在这种模式下首先由母公司选择适当的地点设立一个控股公司,随后由这家控股公司再持有其他直接从事经营活动的子公司的股份。例如,在图 7-2 所示的架构中,甲国的母公司 Mco 在丙国设立了一个子公司 Sco 作为经营实体,但甲国和丙国之间没有签订税收协定,由子公司直接向甲国汇回股息可能要扣缴较重的预提税,这时,如果乙国和甲、丙国两国都签有税收协定,通过在乙国设立一

---

① 如英国、美国、加拿大、印度、巴基斯坦、孟加拉国、马来西亚、新加坡、澳大利亚、新西兰、中国香港等。
② 参阅本章专栏"美国确认纳税实体性质的打勾规则"。

个控股公司 Hco,由该公司来控股 Sco,则股息从 Sco 先汇回 Hco,再汇回 Mco 只需缴纳较轻的预提税。当然,资金也可以留在 Hco 不汇回,而是再进行其他的投资。

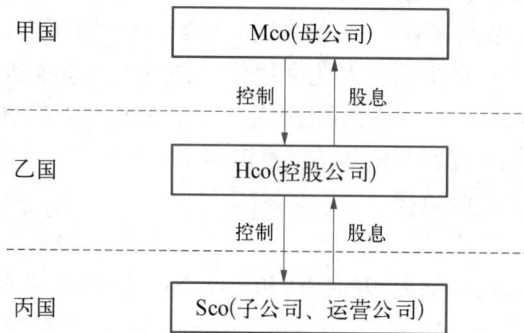

图 7-2 单一控股公司模式

（二）与金融公司相结合的控股公司模式

与金融公司结合的控股公司模式下,母公司选择适当地点设立一个控股公司,随后由这家公司持有其他直接从事经营活动的子公司的股份以及同一公司集团内部的金融公司或持权公司(指持有知识产权的公司)的股份。如图 7-3 所示,乙国的 Hco 除控股 Sco 外,还控股另一家金融公司 Fco,这家金融公司负责向银行借入资金,再贷给运营实体 Sco。当然,根据需要,借入外部资金再转贷给本集团内运营实体的职能也可由 Hco 本身来承担。

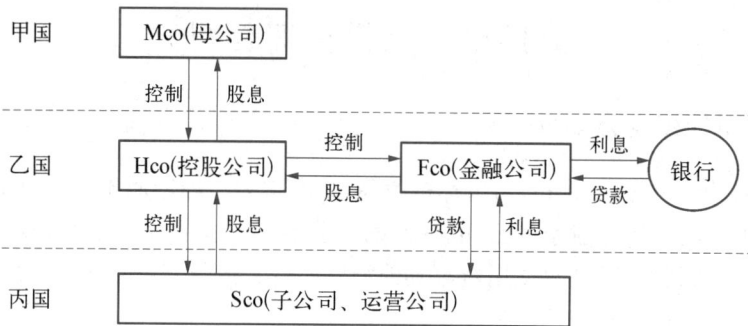

图 7-3 与金融公司结合的控股公司模式

（三）双层控股公司模式

在双层控股公司模式(如图 7-4)下,母公司先在避税地(一般需有良好的税收协定网络)设立一个控股公司,再由这家公司控制另一个设在高税国的控股公司,这家设在高税国的控股公司再持有公司集团内其他直接从事经营活动的子公司的股份。

二、设立控股公司的理想地点

为了有效利用控股公司降低公司集团的总税负,建立控股公司的理想地点首先是对股息、利息、资本利得等所得免税或课以轻税的国家。除避税地外,高税国对收到股息和资本利得课以轻税的典型做法是实行参股豁免制度。

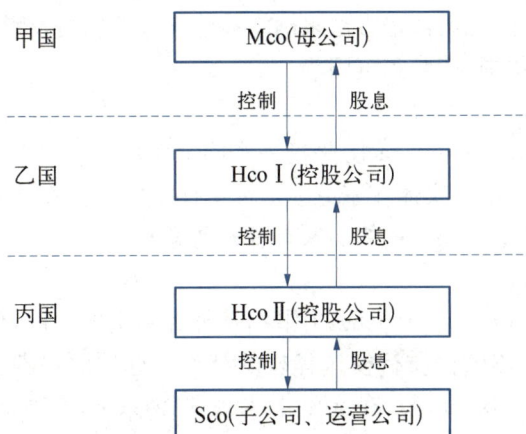

图7-4 双层控股公司模式

其次,由于股息的来源国可以行使地域管辖权对这类收入征收预提所得税,控股公司所在国最好与其他国家签有税收协定,使得公司收到股息收入时在来源国能按较低的税率缴纳预提所得税。如果控股公司设在欧盟,根据欧盟《母子公司指令》,若母公司、控股公司和子公司都设在欧盟,则子公司和控股公司向上分配的股息是免征预提税的。

此外,控股公司所在国实行较低的印花税、资本注册税费也是对设立控股公司比较有吸引力的税收安排。

当然,在一些情况下,跨国企业会以支付特许权使用费、管理费等方式替代股息支付,这些方式也有助于降低与分配股息相关的税收。

第五节 利用混合实体

混合实体(hybrid entity),是指一个经营实体在某个国家被视为一个税收透明体,而在另一个国家被视为一个非透明体。从税收的角度看,一个实体是否透明,主要体现在该实体是否被视为一个与其他关联方独立的个体,比如,税收透明体(如合伙企业)的利润或亏损会被归集给它的投资方或所有人来征税或抵扣应纳税所得,而税收非透明体或税收实体(如一般的公司)则本身就是所得税的纳税人。

混合实体产生于不同国家对同一个实体的性质认定冲突,而性质认定冲突一方面是因为不同国家对经营实体的性质认定方式存在区别,另一方面是由于许多国家在对某个境外经营实体的性质进行认定时并不会考虑该实体的实际所在国对该经营实体性质及税收待遇的认定。

一、各国对境外经营实体性质认定的不同规则

(一)类比法

类比法(analogy approach)是指一个国家在对境外经营实体的性质及税收待遇进行认定时,先在国内法中现存的一些经营实体类型中选取与被认定实体最为接近的类型,并

根据该类型实体税务上的性质认定方法来确定境外实体的性质及税收待遇。目前采用类比法的国家有很多,如德国、荷兰和英国等。

（二）全公司法

全公司法(all corporate approach)是指一个国家对所有境外经营实体统一认定为公司来进行税务处理,即不论该实体在东道国是否具有独立的法人资格,都会被视为一个独立的纳税个体。目前采用全公司法的国家有意大利等。

（三）选项法

在采用选项法(optional approach)的国家,境外经营实体的税收待遇取决于处在该国的投资方对境外经营实体的性质行使选择权的结果。选项法最典型的实践就是美国的"打勾规则"(check-the-box rule)。在这套"打勾规则"体系下,美国企业可选择将境外某些类型的子公司在税收上视为实体或透明体,这使美国的企业集团可以广泛利用混合实体来获取税收上的利益;而在大多数其他国家,企业很难通过相似的安排来获得税收利益。

二、利用混合实体避税的典型模式

（一）混合实体的种类

一般而言,混合实体可以分成两类,典型混合实体和反向混合实体。

1. 典型混合实体

典型混合实体(classic hybrid)是指在自身所在国被视为非透明体,而在投资者所在国被视为透明体来进行税务处理的实体。

2. 反向混合实体

反向混合实体(reverse hybrid)与典型混合实体相反,是指在自身所在国被视为透明体,而在投资者所在国被视为非透明体来进行税务处理的实体。

（二）利用混合实体避税的典型模式

从结果看,利用混合实体进行国际税收筹划可以分成三种基本模式:一是一方扣除、另一方不计收入,二是双重扣除,三是间接的一方扣除、另一方不计收入。

1. 一方扣除、另一方不计收入

一方扣除、另一方不计收入,是指同一款项在支付方所在国获得税前扣除,而按照收款方所在国的规则又不会被确认为应税收入,因此支付方和收款方都避免了被征收所得税。

图7-5显示了利用混合实体的一种模式。其中甲国的母公司从银行借入款项,并通过债权方式将资金注入乙国的混合实体,混合实体进一步持股乙国的子公司,根据乙国法律,混合实体和子公司可以合并纳税。这里的混合实体为典型混合实体,即在甲国,该混合实体被视为一个合伙企业,税收上作为透明体处理,而在乙国该实体又被视为公司,在税收上被视为非透明体处理。

由此产生的影响是,在甲国,母公司从银行贷款的利息支出可以税前扣除,由于混合实体被视为合伙企业,母公司被视为合伙企业的合伙人,其向混合实体收取的贷款利息费用被视为企业内部的收支而不确认为应税收入;而在乙国,混合实体被视为公司,其向母公司支付的利息费用可以在税前扣除。从而混合实体向母公司支付的利息实现了一方扣除、另一方不计收入。如果子公司是一个持续产生利润的经营实体,由于混合实体和子公

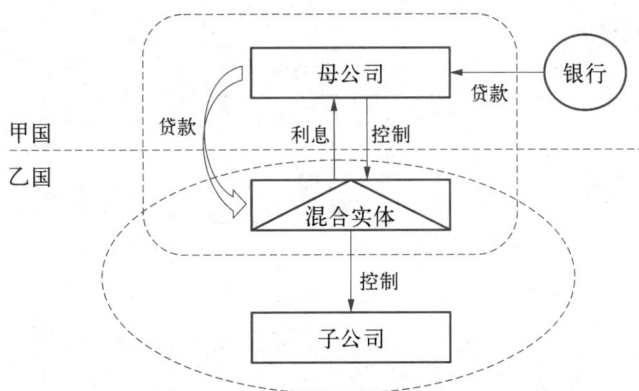

图 7-5 一方扣除、另一方不计收入的混合实体基本模式

司合并纳税,混合实体发生的利息费用还可抵消子公司在乙国的应税所得。

图 7-5 所示的模式利用债务利息可以税前扣除的特点,成功降低了混合实体和子公司在乙国的总体税负,但如果母公司所在的甲国是高税国,且采用抵免法消除重复课税,则当子公司向混合实体分配股息时将被甲国补征税款,从而这样的安排仅能产生递延纳税的效果。

图 7-6 所示的模式有助于克服图 7-5 所示模式的局限,其中在混合实体与子公司之间设有一个财务公司,公司集团向子公司的出资将经由这家财务公司以贷款的形式进行。因此,子公司的利润可先以支付利息的方式转移到财务公司,只要财务公司不再把利润分配出去,就不会被甲国补征税款。

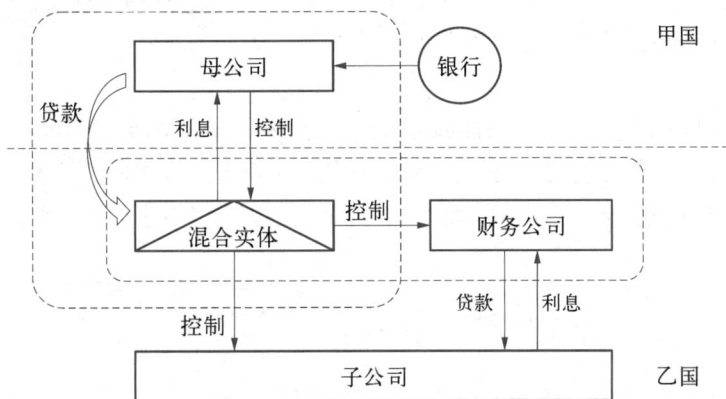

图 7-6 一方扣除、另一方不计收入的混合实体改进模式

2. 双重扣除

双重扣除是指同一笔支付产生了两次税前扣除。

图 7-7 所示的模式从结构上看与图 7-5 所示的模式类似,区别在于这里是由乙国的混合实体向银行借入款项并注入子公司。同样作为典型混合实体,即在甲国,该混合实体被视为一个合伙企业,税收上作为透明体处理,而在乙国该实体又被视为公司,在税收上被视为非透明体处理。

该模式产生的影响是:在甲国,母公司和混合实体被作为一个纳税共同体,即母公司

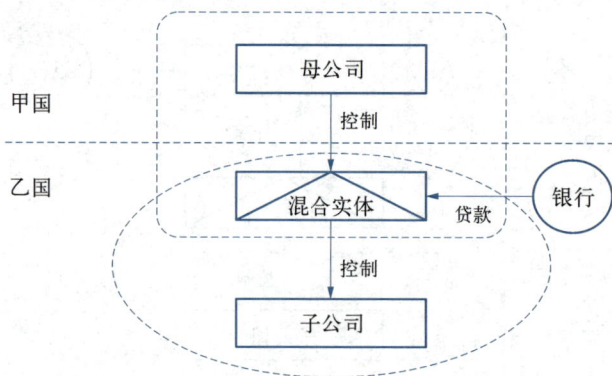

图 7-7　双重扣除的混合实体模式

作为合伙企业的合伙人,由于合伙企业发生的收入和支出都会按出资比例(或合伙协议规定的其他分配比例)计入合伙人名下,合伙企业向银行支付的贷款利息将在合伙人的应税所得中扣除;在乙国,混合实体被视为公司,因此从银行借入贷款支付的利息也可在混合实体的应税所得中扣除。于是,混合实体向银行支付的利息实现了两次的税前扣除。

当然在混合实体与子公司合并纳税的情况下,混合实体的利息费用税前扣除同样可抵销子公司营业利润的税收负担。

3. 间接一方扣除、另一方不计收入

间接实现一方扣除、另一方不计收入,是指在两个国家无法直接达成一方扣除、另一方不计收入效果的情况下,借助第三方国家来实现一方扣除另一方不计收入,即一笔款项在支付方国家获得税前扣除,而收款方借助设在第三方国家的中间公司来避免这笔款项被计入应税收入。

在图 7-8 中,甲国和乙国之间难以做出合适的混合实体安排,处在甲国的母公司就在第三国丙国设立了中间控股公司,母公司向银行贷款并把资金注入中间控股公司,中间控股公司再以贷款的方式把资金转入乙国的混合实体,设在乙国的经营子公司由混合实体控制。

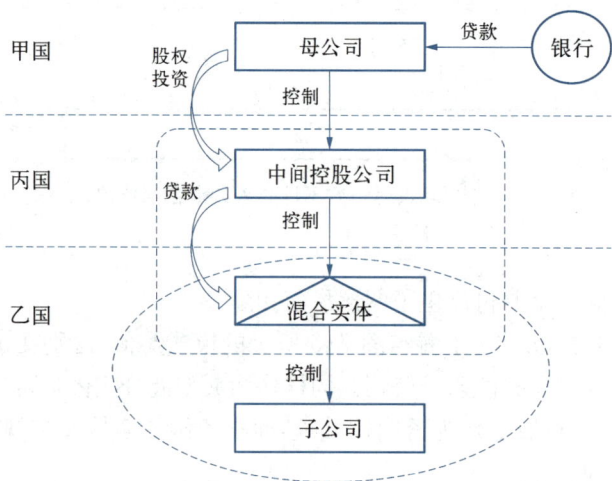

图 7-8　间接实现一方扣除、另一方不计收入的混合实体模式

由此实现的结果是：在甲国，母公司支付的银行贷款利息可以获得税前扣除；在乙国，混合实体向中间控股公司支付的贷款利息也可以获得税前扣除。在丙国，中间控股公司与混合实体被视为一个纳税共同体，从而中间控股公司向混合实体贷款获得的利息不被计入应税收入。因此，混合实体向中间控股公司支付的利息实现了一方扣除、另一方不计收入，但中间控股公司是由母公司控制的，因此，对于母公司来说，就相当于间接的一方扣除、另一方不计收入。

第六节　BEPS 项目对企业组织形式选择中的国际税收筹划的影响

前文概要介绍了企业组织形式选择中税收筹划的常见做法，但是受到 G20 和 OECD 的 BEPS 项目的影响，相关的国际税收规则可能发生变化，因此对于跨国企业来说，针对所在国家或地区的实际情况对已有的筹划方案进行重新评估显得十分必要。就组织形式的选择而言，第 2、6、7 项行动计划的影响最为直接。

一、BEPS 第 2 项行动计划的影响

BEPS 第 2 项行动计划为消除混合错配安排的影响，该计划力图通过对国内法和税收协定规则的调整来促进不同国家间的操作趋于一致，限制跨国企业使用混合错配安排作为税基侵蚀和利润转移的工具。

目前该项行动计划被列入"最佳实践"，也就是说各国虽会朝着计划提出的目标努力，计划的真正实现还需要较长的时间。因此，各国税制中潜在导致混合错配安排的因素完全消除还需假以时日。

但是，欧盟已于 2016 年 7 月 19 日发布了《反避税指令》(Anti Tax Avoidance Directive[①])，其中第 9 条为消除混合错配措施，要求：对于导致双重扣除的混合错配安排，由支付的来源国给予扣除，对于导致一方扣除、另一方不计收入的混合错配安排，支付方所在的成员国应拒绝给予扣除。

2017 年 6 月 7 日，欧盟委员会又发布了新指令，就涉及第三国的混合错配安排对《反避税指令》进行修订[②]。新指令将适用的纳税人从欧盟成员国公司扩展到包括居民国在第三国的经营实体在欧盟设立的常设机构，还将适用的混合错配安排的类型扩展到与常设机构有关的错配安排、输入型错配、双重税收居民错配等。

根据上述指令，欧盟国家消除混合错配的措施最晚将于 2022 年 1 月开始实施，因此，对于在欧盟国家从事经营活动的跨国企业来说，特别需要对原有的利用混合实体的税收筹划模式尽早重新考量。对于即将到欧盟国家从事经营活动的跨国企业，则需要根据各国最新的实体认定及征税规则来进行企业组织架构的设计。

---

① Directive 2016/1164/EU.
② Directive 2017/952/EU.

二、BEPS 第 6 项行动计划的影响

BEPS 第 6 项行动计划为防止税收协定优惠的不当授予,该计划力图通过在税收协定中加入利益限制条款和主要目的测试规则来防止税收协定滥用。受到这项行动计划的影响,原有的利用控股公司避税的模式可能需要重新考量。如果控股公司的架构设计中包含了对税收协定的利用,则跨国企业需要密切关注相关国家税收协定更新及执行中的新变化,特别是其中的反滥用条款,同时需要避免本企业设立的控股公司没有经济实质和合理商业目的而仅仅成为一个导管公司。

三、BEPS 第 7 项行动计划的影响

BEPS 第 7 项行动计划为防止人为规避构成常设机构,受到该计划的影响,缺乏经济实质和合理商业目的的避免常设机构的安排可能会失去原有的效果,特别是通过佣金代理人及其他类似安排避免常设机构以及利用准备性或辅助性活动避免常设机构可能面临更严格的反避税调查。如果本企业在东道国开展的活动是为了经常性订立由本企业履行的合同,即便合同不是在该东道国签署,也不是以本企业的名义签署,也有可能被认定为本企业在该东道国设有常设机构。

因此,企业需要密切关注相关国家税收协定更新及执行中的新变化,并重新评估本企业在东道国的业务活动模式,防止按照新的规则被认定为在东道国设有常设机构而增加税收负担。

专栏

美国确认纳税实体性质的打勾规则

美国国内收入法典(internal revenue code)中的打勾规则是 1997 年 1 月开始实施的一项纳税实体性质的确认规则。无论是美国还是外国的经营实体,都需要根据这一规则确认在美国应按公司(corporation)、合伙企业(partnership)还是非独立实体(disregarded entity)身份缴纳联邦所得税。其中公司应在公司和所有者层面分别缴纳所得税;合伙企业仅在所有者层面缴纳所得税,所有的收入、利得、损失、扣除和抵免都将归属于其合伙人或所有者;非独立实体在税收上则不作为一个独立的实体,其收入和损失视同由其所有者直接实现。

如图 7-9 所示,打勾规则首先给出了应被视为公司的美国和外国经营实体清单,随后规定凡不在这一清单上的合格经营实体(eligible entities),都可自愿选择为公司、合伙企业或非独立实体。对于未做选择的经营实体,则将根据情况被确定不同的默认纳税人身份。纳税人通过填报 8832 税表,并在表格中相应的地方打勾就可以完成目标实体类型的选择。打勾选择的生效日也由纳税人在表格中填写,但不可在申报日的 75 天之前或 12个月之后,如纳税人未填写生效日,则生效日为申报该税表的当天。

根据打勾规则,应视为公司的经营实体包括以下类型:(1)依美国联邦或州法律成立且该相关法律将这一实体称为公司(corporation 或 corporate body)的;(2)该实体在打勾规则下自愿选择为协会或社团(association)的;(3)依美国州法律成立且该相关法律将这一实体称为股份公司(joint-stock company 或 joint-stock association)的;(4)保险公司;(5)从事银行业务的州特许经营实体且其存款基于联邦存款保险法或类似法令获得保险的;(6)该实

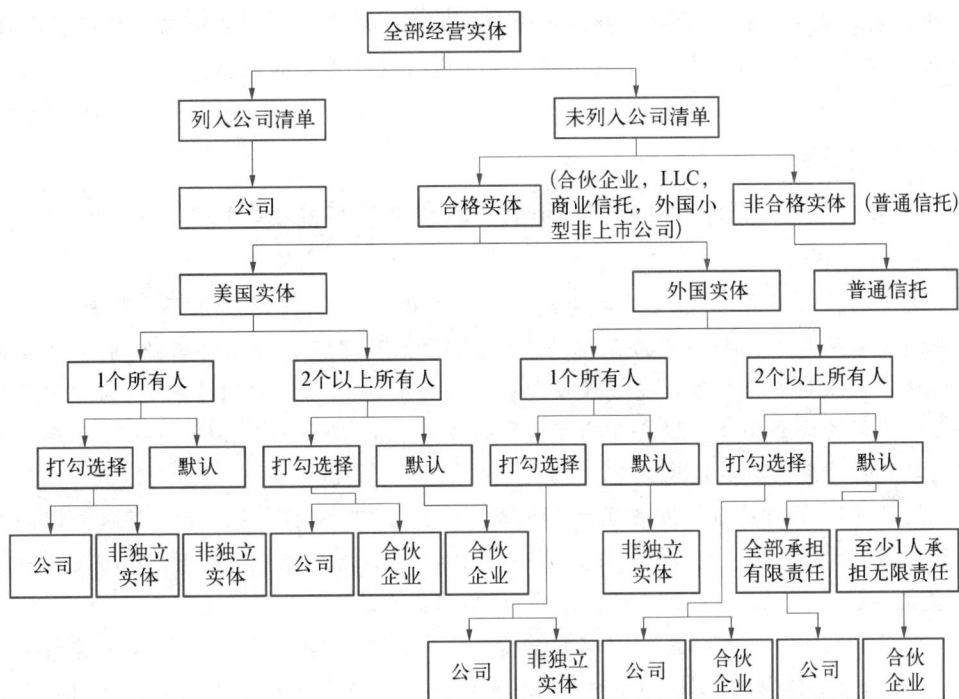

图7 9　美国的打勾规则

体由某个美国的州或其分支机构全资拥有的;(7)根据国内收入法典的其他条款被作为公司征税的,如上市合伙企业;(8)在清单中列明的外国实体,但在1996年5月8日以前已经设立且当时在税收上视为合伙企业的外国实体可仍被视为合伙企业。

可进行打勾选择的合格经营实体主要是合伙企业、美国的有限责任公司(LLC)、商业信托以及清单以外的外国公司(主要是小型公司或未上市公司)。其中商业信托指从事积极的贸易或经营活动的信托,区别于仅托管资产并将收益分配给受益人的普通信托。对于普通信托,美国规定其未分配的净收益在信托层面缴纳所得税,而分配给受益人的净收益则由受益人缴纳所得税,如果该普通信托被认定为委托人信托,则全部净收益均由委托人缴纳个人所得税。

如果一个合格经营实体有2个或2个以上的所有人,则它可选择按合伙企业或公司缴纳联邦所得税;如果一个合格经营实体只有一个所有人,则它可选择按公司纳税或被视为非独立实体。

对于未进行打勾选择的合格经营实体,其纳税人身份将按以下默认规则确定:

若该实体为美国实体,则当它有两个或两个以上的所有人时,默认按合伙企业纳税;当它只有一个所有人时,默认为非独立实体。

若该实体为外国实体,则当它有两个或两个以上的所有人且至少一个所有人承担无限责任时,默认为合伙企业;当它有两个或两个以上的所有人且所有所有人都只承担有限责任时,默认为公司;当它只有一个所有人且该所有人承担无限责任时,默认为非独立实体。

当美国公司在海外设立的子公司被视为非独立实体时,其在缴纳美国联邦所得税时将被视同美国公司的一个分支机构,将和美国母公司汇总缴纳所得税。

根据打勾规则确认的纳税人身份可能与根据企业所在的外国法律确认的纳税人身份不一致。这就给跨国企业提供了利用混合实体进行税收筹划的机会。

案 例

奇虎360赴美上市的VIE架构及其税收影响

一、案例背景①

奇虎科技有限公司(后更名为奇虎360科技有限公司,简称"奇虎360")是2005年创立的互联网和手机安全产品服务供应商,属于互联网服务和软件行业,成立之初以免费提供互联网安全服务以及高效便捷的服务方式迅速占领中国市场,成为中国领先的互联网网络安全企业。该企业研发的360杀毒、360安全卫士、360手机卫士、360浏览器等软件受到大众的普遍欢迎。

2011年4月奇虎360在美国纽约证券交易所上市,成功发行1210万股美国的存托凭证,融资1.75亿美元,并在IPO中获得了40倍的超额认购,上市首日收盘报价为34美元,较发行价上涨了134.5%,被称为"华尔街奇迹"。

奇虎360上市当年搭建的组织架构如图7-10所示,其中的奇虎科技等境内实体为"可变利益实体"(variable interest entities,VIE),由境外实体通过其在中国的全资子公司(奇智软件)以协议方式控制。

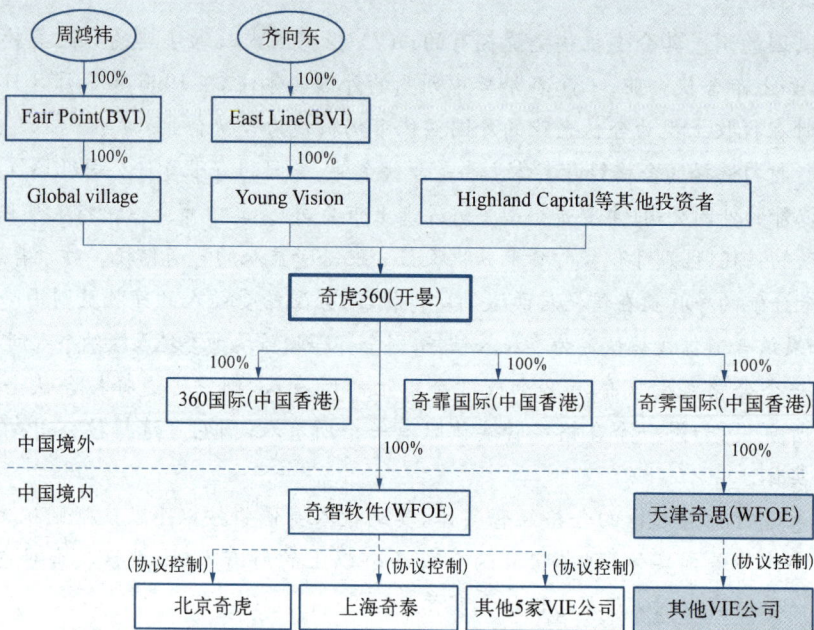

(其中天津奇思于2011年9月由奇霁国际出资设立)

图7-10 奇虎360上市当年的公司架构

---

① 主要资料来源:《江南嘉捷电梯股份有限公司重大资产出售、置换及发行股份购买资产暨关联交易报告书(修订稿)》,http://www.sse.com.cn/disclosure/listedinfo/announcement/c/2018-01-30/601313_20180130_2.pdf;《Qihoo360纽交所上市招股说明书》,https://www.sec.gov/Archives/edgar/data/1508913/000104746911002236/a2202773zf-1a.htm。

二、案例焦点问题

VIE架构是中国企业海外上市应用较为普遍的一种新型企业组织形式,本案例的核心问题是该架构设计的背景是什么,有哪些关键环节,有何主要的税收利益?

三、案例分析

(一) VIE架构概述

VIE(variable interest entities),即可变利益实体,又称为协议控制,通常指境外公司通过其在中国的全资子公司以协议控制的方式控制一家内资公司的架构模式。一般认为VIE模式于2000年新浪赴美上市时首次创立,该模式得到了美国通用会计准则(generally accepted accounting principles, GAAP)的认可,并为此专门创立了"VIE会计准则",之后这一模式便被赴境外上市的中国公司广泛借鉴。在纽约证券交易所和纳斯达克上市的200多家中国企业中,有近百家使用VIE架构,新浪、阿里巴巴、百度、新东方等知名公司均通过这种模式向国外投资者募集资金。

建立VIE架构的主要步骤包括:第一,公司的创始人在英属维尔京群岛(BVI)设立控股公司;第二,该控股公司与风险投资、私募基金等其他股东再共同成立一个公司(通常在开曼群岛注册),作为上市的主体;第三,上市主体在中国香港设立中间控股公司;第四,香港公司在境内设立对VIE实体实施协议控制的外商独资企业(wholly foreign-owned enterprise, WFOE);第五,WFOE公司与境内运营业务的实体企业签订一系列协议来实现对境内实际营运企业的经营决策、管理及利润等各方面的实质控制,如图7-11所示。

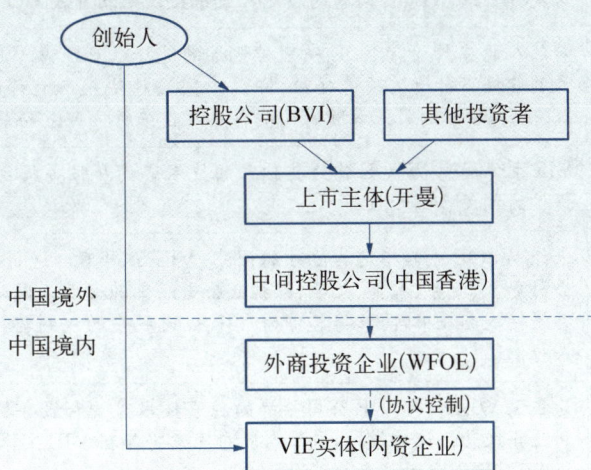

图 7-11　VIE 的基本架构

在上述架构中,之所以由WFOE公司对境内经营实体实施协议控制而非传统的股权控制,主要有两个原因:一是为了规避中国法律对外资进入科技媒体通信(technology media telecom, TMT)行业的限制;二是为了规避境内企业赴境外上市的相关监管规定,主要是商务部等六部委2006年8月发布的《关于外国投资者并购境内企业的规定》中对于境外公司以股权作为支付手段购买境内公司股东的股权或者境内公司增发股份的规定①。

（二）奇虎360采用的VIE架构

奇虎360也采用了上述"BVI-开曼-香港"的多层结构。在图7-10中，境外上市主体奇虎科技有限公司于2005年6月9日在开曼群岛注册成立，2010年12月22日，更名为奇虎360科技有限公司，简称奇虎360。

2005年12月，奇虎360在中国境内返程投资设立了奇智软件，奇虎360将这家全资子公司作为在国内的外资子公司（WFOE），用于协议控制实际营运主体。

2010年11月，奇虎360在中国香港成立了3家全资子公司，分别为奇霏国际发展有限公司、360国际发展有限公司和奇霁国际发展有限公司，奇虎360准备将这三家公司作为国内外资子公司的中间控股公司。

同时期，奇虎360的董事和员工在境内注册成立北京奇虎科技有限公司等，作为在中国开展业务的实际营运主体，也称VIE实体。

奇虎360通过其在中国境内设立的外商独资企业（即WFOE）与中国境内设立的VIE公司及其中国自然人股东签订了一系列的控制协议（股权质押协议、委托投票协议、独家技术咨询和服务协议、独家购买协议等），以实现WFOE对VIE公司的实际控制。

WFOE与VIE公司及其自然人股东签署的控制协议的核心内容如表7-1所示。

表7-1 奇虎360的VIE架构中的控制协议

协议名称	核 心 内 容
借款合同	奇虎360或WFOE同意向自然人股东提供无息贷款
股权处置协议	自然人股东授予WFOE一项排他性的选择权且同意WFOE在中国法律允许的前提下行使该项选择权，即以中国法律法规所允许的最低价格由奇虎360或其指定的第三方随时购买自然人股东所持VIE公司的股权
独家技术咨询和服务协议	VIE主体同意WFOE作为其独家的技术咨询和服务提供者，并接受WFOE提供的相关咨询和服务
业务经营协议	未经WFOE或其指定其他方的同意，VIE公司不会进行任何实质影响VIE公司资产、业务、人员、义务、权利或公司经营的交易。同时，自然人股东分别签署授权委托书，同意将其作为VIE公司股东的权利委托给WFOE指定的人行使
股权质押协议	为担保WFOE与VIE公司签署的独家技术咨询和服务协议、股权处置协议和业务经营协议的履行，自然人股东同意将其在VIE主体中的全部股权质押给WFOE

2011年4月奇虎360在纽约证券交易所上市时，尚未实现由设在开曼群岛的上市主体公司通过设在香港的中间控股公司控制境内的外资子公司WFOE，而是由该上市主体公司直接控制了境内WFOE奇智软件，但是在当年9月，香港的中间控股公司奇

---

① 在业内，此规定由于是2006年第10号令公布而被通俗地称为"10号文"。

霄国际就出资设立了天津奇思,并由天津奇思协议控制多家境内的 VIE 实体。后来奇智软件也转由设在香港的中间控股公司 360 国际 100%持股。

（三）VIE 架构的税收利益

尽可能减轻税负是 VIE 架构搭建时的一个重要考量,对此可针对架构中的不同实体分别加以分析。

（1）VIE 实体经营公司的税收利益

实体经营企业(如奇虎科技)可通过向 WFOE 公司(如奇智软件)支付特许权使用费、顾问费、技术转让费等方式将利润转移至 WFOE 公司,进而可在 WFOE 公司享受相应所得税优惠,降低集团的整体所得税税负。

（2）WFOE 公司的税收收益

在 2008 年新企业所得税法实施前,WFOE 公司作为外商投资企业,比一般企业更容易享受税收优惠,例如,经济技术开发区、高新技术产业开发区等特定区域内符合条件的外商投资企业可享受 24%或 15%的低税率,以及两免三减半等进一步的税收优惠。2008 年新企业所得税法实施后,专门针对外商投资企业的税收优惠逐步取消,但 WFOE 仍然可能作为高新技术企业享受 15%的优惠税率,或者作为技术先进型服务企业享受所得税和货物劳务税等方面的优惠政策。

（3）在香港设立中间控股公司的税收利益

境内 WFOE 公司向香港控股公司分配股息红利时,依据我国《企业所得税法》第 3 条及其实施条例第 91 条的规定:外国企业在中国境内未设立机构、场所或者虽设有机构、场所,但与该机构、场所没有实际联系,而有取得的来源于中国境内的利润(股息、红利)、利息、租金、财产转让所得、特许权使用费和其他所得,均应就其收入全额(除有关文件和税收协定另有规定外)征收预提得税。

VIE 模式下,由于中国与开曼群岛未签订税收协定,仅签订税收情报交换协定,WFOE 公司若直接向开曼公司分红,需按规定扣缴 10%的预提所得税。而在中国香港设立中间控股公司,则可基于内地和香港地区之间签订的税收安排[①]享受更优惠的税收待遇,即香港公司来源于中国境内的符合规定的股息所得可以按 5%的税率缴纳预提所得税。同时,鉴于香港地区采用来源地原则征收所得税,只有源自香港地区的收入才须在特定情况下在香港地区纳税,境内经营实体向香港地区中间控股公司分配股息并不需要在香港纳税。

（4）境外上市主体和公司创始投资者的税收利益

公司的创始人在 BVI 创立公司可以规避创始股东的个人所得税,由 BVI 公司出让上市主体的股权取得资本利得以及从上市主体获得股息分红无须在 BVI 缴纳企业所得税;同时,只要 BVI 公司不分配股息,则股东也不需要在中国缴纳个人所得税[②]。

---

① 《内地和香港特别行政区关于对所得避免双重征税和防止偷漏税的安排》第 10 条第 2 款规定。
② 根据 2019 年实施的新个人所得税法,这种情况可能受到一般反避税条款的制约。

上市主体选择在开曼群岛注册成立有许多原因。首先,开曼群岛当地法律对公司治理有合理且严谨的要求,对公众股东的保护和信息披露符合上市所在地监管机构的要求;第二,开曼群岛中立、稳定的政治制度和严密的法律制度深受国际投资人的青睐;第三,开曼群岛不征所得税,"过路性资本"无须承担额外的税收负担。

四、总结与评论

本案例介绍了 VIE 这种新型的企业组织架构,该架构的创新并非体现在单个的经营实体,而是体现在上层公司对下层公司控制的方式。

VIE 架构的出现主要并不是为了避税,而是为了规避我国对外商投资企业进入行业的限制以及对企业海外上市的限制等,但在架构的搭建中也加入了税收上的考量。税收筹划和企业总体经营战略的紧密联系在本案例中得以充分体现,因此,对于其他企业来说,不仅这一架构本身值得参考,这一架构背后体现的原则更值得借鉴。

从税务机关角度来说,VIE 架构的出现也非常值得关注。上层企业对下层企业控制关系的认定在转让定价、资本弱化、受控外国公司规则等许多反避税措施中都是不可或缺的组成部分,如何针对 VIE 架构做出有针对性的规定,是目前需要加以研究和考虑的。

本 章 小 结

在企业从事跨境经营的初期阶段,通常不会在东道国设立独立实体。当东道国税率高于居民国税率时,企业需要尽量选择不会被认定为常设机构的经营方式,设法避免被认定为在东道国设有常设机构。

当跨国企业在东道国设立的分支机构需要持续经营时,就面临着是否需要将其转换成一个独立实体的问题。通常企业在境外经营的初期会采取分支机构的形式,以便用分支机构的亏损冲抵总机构的利润;当分支机构盈利后,再将其转变为子公司,以享受延期纳税等税收优惠。

公司和合伙企业是企业进行跨国经营可选择的两种主要独立经营实体。合伙企业的总税负大于公司,而公司可实现所得税的推迟缴纳,因此,两者在税收负担上各有优缺点。其他值得关注的经营组织形式有信托和美国的 LLC 公司等。

附属成员企业众多的跨国企业往往设立控股公司来持有或控制公司集团内的其他公司。对股息、利息、资本利得等所得免税或轻税且与其他国家签有税收协定的国家或地区是建立控股公司的理想地点。

混合实体是指在一个税收辖区被视为税收透明体,而在另一个税收辖区被视为非透明体的经营实体。利用混合实体是跨国企业税收筹划的常见手段,从其达成的效果看,主要是实现一方扣除、一方不计收入或双重税收扣除。

习题与思考题

一、材料分析题

我国 2008 年 1 月 1 日起正式实施的《企业所得税法》第五十条规定："居民企业在中国境内设立不具有法人资格营业机构的,应当汇总计算并缴纳企业所得税;不具有法人资格的企业分支机构应当和总机构汇总缴纳企业所得税。"

试查找有关材料并分析:

1. 新企业所得税法实行之前我国对总分支机构的纳税规定如何?

2. 如果企业设立具有法人资格的子公司,则母子公司是否适用这种汇总纳税规定?如果不适用,对企业经营有何影响?

3. 有些国家允许母子公司实行合并纳税,这种合并纳税制度有何利弊?

二、讨论题

根据美国实行的打勾规则,美国公司可以将其在海外设立的子公司选择在美国按合伙企业纳税,而这些子公司在东道国一般是作为公司纳税的,由此形成的混合实体可带来怎样的税收利益?

第八章

金融活动中的国际税收筹划

教学目的与要求

　　金融活动是跨国企业运营中的重要环节,并且由于资本有较高的流动性,企业融资方式多样,新型的金融工具层出不穷,金融活动中的税收筹划成为跨国企业国际税收筹划的一个重点领域。通过本章的学习,要求学生掌握不同融资方式选择中的税收筹划模式,利用混合金融工具、融资租赁、衍生金融工具和集团内金融公司进行税收筹划的基本模式,以及 BEPS 行动计划对这些筹划方案的影响。

第一节　融资方式选择中的国际税收筹划

一、海外子公司债权融资和股权融资的选择

(一) 东道国融资成本扣除政策的影响

　　跨国企业海外子公司在进行融资时一般有两种方式可供选择:债权融资和股权融资。债权融资是指使用不属于本企业的资源,即通过从企业外部举债的方式进行融资,各国税法一般允许债权融资发生的利息支出在税前扣除。股权融资使用的是属于本企业的资源,通过原股东增资或引进新股东的方式获取资金,总股本同时增加。股息支出一般不予税前扣除。但也存在例外,比如比利时对于居民企业以及非居民企业的常设机构分配的股息允许按照所有者权益的一定比例计算出"名义利息"(notional interest)进行扣除。

　　当母子公司位于两个不同税收辖区时,子公司向母公司进行债权融资和股权融资的比例将会影响课税利润在两个税收辖区的分配。

　　假设母、子公司分别位于甲、乙两国,母公司和子公司全部经营利润之和为300,子公司全部以股权融资的方式从母公司获取资金时,甲国的课税利润为200,乙国的课税利润为100。则若子公司采取股权与债权融资相结合的方式从母公司获取资金,子公司将存在利息支出80,母公司相应获得利息收入80,甲国的课税利润变为280,乙国的课税利润变为20。不考虑预提税,在乙国所得税率较高的情况下,由于债权融资的利息支出可降低应纳税所得额以及税收负担,这种混合融资方式显然优于单一的股权融资方式。

(二)东道国预提所得税的影响

在预提所得税方面,各国对债权融资与股权融资往往也区别对待。巴西、印度、英国不对股息征收预提所得税,而对利息征收预提税。有些国家虽然不征收股息预提税,但是在公司支付股息时会征收附加税,对于支付利息并没有类似的附加税,如印度和南非。

存在预提税的情况下,债权融资利息支出的抵税效应一般会被削弱。现假设甲、乙两国所得税税率均为20%,同时乙国对支付给国外母公司的利息支出征收20%的预提所得税,甲国对母公司在子公司所在国缴纳的预提所得税给予全额抵免。如表8-1所示,预提税的存在使得两国在子公司两种不同融资方式下所获得的税收收入是一样的。

表 8-1　债权融资和股权融资税负的对比(征收预提税的情形)

100%股权融资		20%股权融资+80%债权融资	
甲国(母公司)		甲国(母公司)	
经营利润	200	经营利润	200
		利息收入	80
课税利润	200	课税利润	280
所得税(20%)	40	所得税(20%)	56
		外国税收抵免	16
净税收负担	40	净税收负担	40
乙国(子公司)		乙国(子公司)	
经营利润	100	经营利润	100
		利息支出	80
		课税利润	20
所得税(20%)	20	所得税(20%)	4
		预提税	16
净税收负担	20	净税收负担	20

(三)东道国外汇管制政策的影响

外汇管制的存在也会影响企业融资方式的选择。外汇管制是指一国政府为平衡国际收支和维持本国货币汇率而对外汇流入和流出实行的限制性措施,包括对外汇资金收入与运用的管制,货币兑换管理,对黄金、现钞输出输入的管制等。外汇管制可能带来的是投资资金的冻结、股利汇出受到限制、内部关联企业之间的外币业务往来受阻等。同时,如果东道国政府规定了官方汇率并限制买卖外汇,可能造成汇率偏离市场均衡,从而产生外汇风险。因此在存在外汇管制的情况下,若母公司对子公司采用股权投资可能会面临投资无法收回的情况,这使得债权投资更具优势。

(四)东道国资本弱化规则的影响

税收制度中的资本弱化规则也会影响企业的融资活动。很多国家通过建立资本弱化条款,以限制负债对资本比率的方式,防止跨国企业利用高财务杠杆来避税。因此,若企业从其关联方(如母公司)获得的债权性投资与权益性投资的比例超过规定标准,则相应的利息支出可能无法在税前扣除。

（五）东道国利息费用资本化规则的影响

为评估两种融资方式的综合税负,跨国企业还需要考虑东道国在亏损弥补年限、利息费用资本化等方面的具体规定。比如,海外子公司在初创期往往处于亏损状态,在子公司所在国对亏损弥补年限有限制的条件下,若采用较大比例的债权融资,则可能面临利息费用无法在规定年限内全部得到税前扣除的风险。但若子公司所在国允许筹建阶段的利息费用资本化,那么利息费用可以在以后年度进行摊销,这就降低了利息费用不能全部得到扣除的风险。

（六）综合母子公司两方面的考虑

对于海外子公司融资方式的选择往往要从集团整体的角度出发,也就是要综合考虑母子公司的相关情况,这使得问题变得更为复杂。

第一,需要考虑母公司从子公司获得的利息或股息收入是否会被征税。比如,中国香港和马来西亚对于外国来源所得免税,实行参股豁免的国家对本国企业收到的海外子公司分配的股息免税,借助混合实体等筹划方式,母公司收到的利息收入可能不会被征税等。事实上,债权融资和股权融资的界限并不总是泾渭分明的,为了最大限度降低集团整体的税收负担,跨国企业还可以利用混合金融工具来获得债权融资和股权融资的双重利益。

第二,需要考虑母公司层面的利息扣除情况。在母公司从外部借款向子公司提供资金的情况下,若母公司仅是一个单纯的控股公司,不进行任何实质性的经营活动,没有任何经营利润,则子公司进行债权融资时在母公司的借款利息支出可以扣除的情况下,母公司的实际税负要低于子公司进行股权融资的情况。这是因为,在子公司股权融资方式下,母公司经营利润为0,发生的利息支出无法用来冲抵经营利润,同时子公司还要为本身实现的全部经营利润缴纳税款;而在子公司债权融资方式下,母公司经营利润为0,但母公司发生的利息支出与利息收入正好相抵,同时子公司发生的利息支出可以税前扣除,冲抵经营利润。

当然,这时的问题是母公司发生的利息支出是否可以获得扣除,一些国家对于母公司借款向子公司投资而发生的利息支出是不允许税前扣除的。

第三,需要考虑母公司层面的外国税收抵免问题。在子公司采取债权融资方式时,子公司的利息支出将减少其营业利润。但在母公司所在国以抵免法消除重复课税且母公司对子公司的持股比例达到间接抵免的条件时,子公司营业利润的减少将导致母公司的外国来源所得和外国税收抵免的限额降低,母公司的税负可能增加。

二、增加境外子公司的债权融资的方法

若一个母公司此前已经主要以股权投资的方式向子公司提供资金,或者子公司已偿还了之前的债务,母公司可以通过两种方式来对境外子公司加杠杆,即增加债权融资的比重。

第一种方式是由子公司向母公司借款支付股息或者赎回股份,但这种方式发生的借

款由于不是主要用于经营活动,其利息支出有可能不能在税前扣除。

第二种方式也称债务下压(debt pushdown),即母公司在子公司所在国设立一个新的中间控股公司,向中间控股公司贷款,并将子公司转让给该中间控股公司,如图 8-1 所示。

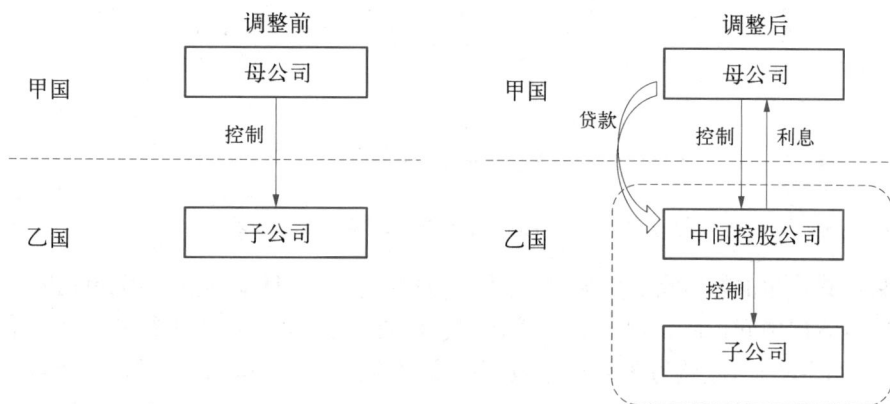

调整前　　　　　　　　　　　　调整后

图 8-1　通过债务下压对海外子公司加杠杆

债务下压有三个前提条件需满足:第一,子公司所在国允许中间控股公司利息支出进行税前扣除;第二,子公司所在国允许合并纳税或免税兼并,即控股公司和子公司可以实现合并纳税,从而控股公司发生的利息支出可以在子公司实现的营业利润中扣除;第三,母公司将子公司转让给控股公司不会产生显著的税负成本,即应避免母公司因转让子公司被征收资本利得税。

三、兼并和收购中的融资方式筹划

(一)兼并收购中利息费用的税收扣除问题

在企业的兼并与收购交易中,税务方面的一个突出问题是如何充分利用融资费用带来的税收扣除。目前在一些跨国并购交易中,存在着融资费用不能或无法完全税前扣除的现象,其原因包括但不限于:由于现存的一些利息及其他费用,融资企业没有足够的收入来冲抵融资费用;融资企业所在国对跨国并购存在限制,不允许企业将用于跨国并购的融资费用进行税前扣除;在实行抵免法消除重复课税的国家,融资费用可能会影响将来从被收购企业收到分红时获得的境外税收抵免。

为了解决这些问题,企业在并购交易中可以把融资费用进行转移,即通过安排,使利息费用由被收购方或在被收购方所在国进行扣除。

(二)如何在被收购方所在国实现利息费用扣除

如图 8-2 所示,如果相对于收购方所在的甲国,把并购中发生的融资费用放在被收购方所在的乙国进行税收扣除更为有利(其原因可能是收购方没有足够的盈利,或者被收购方所在国的所得税率较高),则收购方可在乙国设置一家中间控股公司,由收购方在甲国向银行借入款项后贷款给乙国的中间持股公司,再由中间控股公司完成对被收购方的出资。

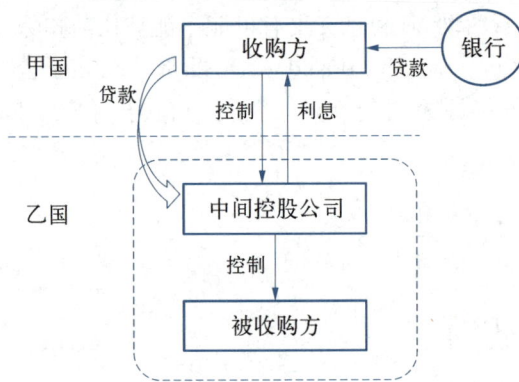

图 8-2   在被收购方所在国实现利息费用扣除

该种模式产生的影响是：在甲国,若甲国对用于转贷的贷款利息费用扣除没有限制,则虽然收购方向中间控股公司收取的贷款利息需要缴税,其支付给银行的贷款利息可以税前扣除,两者相抵,收购方不会产生较高的税收负担。在乙国,若乙国对用于收购其他企业的融资费用税前扣除没有限制,并且被收购方有充足的利润来利用融资费用扣除,又通过其他的一些安排(如中间控股公司与被收购方合并纳税),则中间控股公司所支付的贷款利息就可以在乙国得到税前扣除。

但是,这样的安排也存在局限性：第一,有的国家对用于转贷的贷款利息费用扣除或用于收购的融资费用扣除有限制;第二,被收购方可能本身的利润较少,也不足以充分利用融资费用带来的税前扣除。

四、提高独立交易原则下的利率水平的方法

在债权融资方式下,为实现利息支出的税前扣除,其利率水平必须符合独立交易原则。独立交易原则下的利率水平取决于借出资金的一方所承担的风险。故跨国企业可通过调整母公司所承担的风险来影响独立交易原则下的利率水平,母公司承担的风险越大,独立交易原则下的利率水平越高,进而子公司可实现的税前扣除就越多。一般可通过以下三种方式增加母公司所承担的风险。

(一) 利用强制可转换贷款

强制可转换贷款,即可通过发行股份的方式来偿还的贷款。相比于传统贷款,母公司向子公司发放强制可转换贷款时母公司承担着更高的风险,因而符合独立交易原则的利率水平就相应提高了。

(二) 由借款方自行决定是否可转换为股权的贷款

母公司向子公司发放这种贷款时,将可转换权赋予借款方,在子公司无力偿还贷款时,可选择将母公司的债权转换为股权,而母公司作为出借方只能被动地接受。在这种情况下母公司所获得股份的价值显然是比较低的,基于独立交易原则,母公司所承担的额外风险可通过更高的利率水平得以补偿。

(三) 利用双币贷款

双币贷款赋予借款人可选择由借款人所在国或贷款人所在国的货币来偿付本金和利

息的权利,进而母公司承担了全部的汇兑风险,因此按照独立交易原则,母公司可设定更高的利率水平。

第二节　利用混合金融工具进行国际税收筹划

一、混合金融工具的特点:性质认定冲突

混合金融工具是指交易所涉及的国家和地区对于该工具在性质认定和税前扣除制度等方面存在差异,最为常见的是该金融工具在融资方所在国被视为债权,融资方可获得利息的税前扣除,而在投资方所在国被视为股权,投资方获得的收入被视为股息可享受部分或全部的免税待遇。类似的,可转换债券、附认股权债券、可赎回股票等兼具债权和股权性质的金融工具都属于混合金融工具。

随着金融创新的不断发展,金融工具日益复杂化多样化,金融工具的法律形式与经济实质往往出现背离,而各税收辖区在金融工具性质的认定上,有的依据法律形式,有的依据经济实质,一些金融工具在不同税收辖区发生性质认定冲突,这就导致了混合金融工具的产生。从税务处理上来看,对混合金融工具性质认定的差异使得不同税收辖区对同一工具采用不同的税务处理方式,进而产生不同的税负。使用混合金融工具进行国际税收筹划,一般表现为同一笔费用可在两个税收辖区获得双重扣除,或者一笔支付在一个税收辖区作为费用扣除的同时在另一个税收辖区不计入应税所得。

如图 8-3 的架构所示,高税国(甲国)的母公司通过设立金融公司和利用混合金融工具可在境外的高税国实现低税的效果。其中乙国和丙国均为高税国,丙国将 B 金融公司用来融资的金融工具视为债权工具,故其支付给 A 金融公司的利息可在税前扣除,B 金融公司向位于丁国的子公司提供贷款,故丙国仅对 B 金融公司收到的利息收入与利息支出的差额征税。然而乙国将该金融工具视为股权工具,将 A 金融公司的收入视为股息收入,在参股豁免条款下,这部分收入可免于征税。因此,通过设立两个金融公司,利用乙国和丙国对于混合金融工具的性质认定冲突,该公司集团在高税国乙国和丙国都避免了承担高税负。

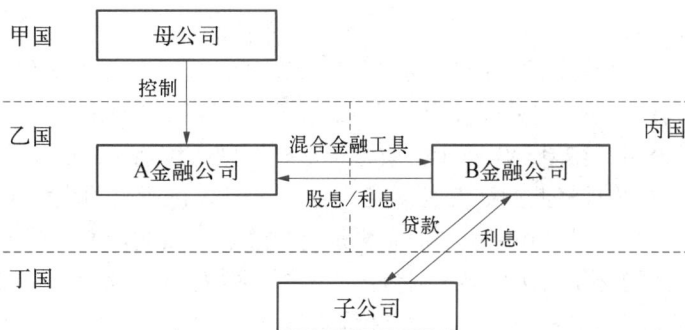

图 8-3　利用混合金融工具进行税收筹划

二、利用混合金融工具进行税收筹划的主要方法

(一) 利用股息和利息的性质认定冲突

利用利息和股息的性质认定冲突在两国分别获得利息扣除和股息免税的模式主要有两种。

第一种是某一金融工具在资金流入方所在国公司法下被视为股权工具,而在税务处理中被视为债权工具,资金提供方所在国对该金融工具的认定则基于其居民企业发行类似工具的性质来认定。如在澳大利亚发行的可赎回优先股,根据澳大利亚公司法的规定应视为股权工具,而根据税法规定又应视为债权工具。若购买该金融工具的一方(即资金提供方)所在国将该工具视为股权工具并对股息收入给予参股豁免,利用两国对同一金融工具属于债权还是股权的性质认定冲突,跨国企业集团可分别获得利息支出扣除和利息收入免税。即使资金提供方所在国不实行参股豁免,而是实行外国税收抵免制度,资金提供方收到股息在本国纳税时也可抵扣在国外已交的税款。此外,某些国家(如巴西)对于支付的股息予以税前扣除,在这种情况下同样也可以实现上述性质认定冲突产生的效果。

第二种是某一金融工具在资金流入方所在国公司法下被视为债权工具,而在资金提供方所在国被视为股权工具。这一性质认定冲突往往发生在投资方所在国基于金融工具的实质特征而不是法律形式来判断其是否可以享受参股豁免或外国税收抵免的情况。比如,在德国税制下若通过购买某一金融工具可享有融资方经营利益的分配及其未来价值的增长,则该金融工具可视为股权工具,并享受参股豁免。因此若一德国公司向位于另一国家的子公司贷款,该子公司发生的利息支出可税前扣除,同时德国对于母公司收到的报酬根据该金融工具的实质特征将其视为股息收入,其母公司还可享受参股豁免。

(二) 利用资本利得和利息的性质认定冲突

利用资本利得和利息的性质认定冲突在两国分别获得利息扣除和免税的典型模式是,资金流入方所在国根据实质重于形式的原则将某项特定交易视为零息贷款,并将其中隐含的折扣视为可扣除的利息,而资金借出方所在国根据法律形式判断将该项交易视为股权投资,相应的收益视为资本利得和(或)股息。

具体来说,这类性质认定冲突通常发生在回购交易中,资金流入方所在国对于该回购交易中所发生的融资行为根据经济实质视为贷款,但资金提供方所在国根据法律形式将其认定为股权投资。

如图 8-4 所示,在成交日,持股公司将其持有的子公司的股权出售给母公司,母公司支付相应的购买价款,双方约定未来某一时间持股公司以约定的价格再从母公司买回该股权。这里持股公司所在国乙国基于实质重于形式原则将该笔回购交易视为一种债权工具,或基于本国公司法规将此回购交易认定为债权工具。持股公司支付给母公司的利息即为回购期间子公司向母公司分配的股息再加上(或减去)回购价款和购买价款之间的差额。而甲国基于回购交易的法律形式,将母公司购买股权的行为视为一种股权投资,母公司因此可享受股息和资本利得(回购价款和购买价款之间的差额)的参股豁免待遇或外国税收抵免。

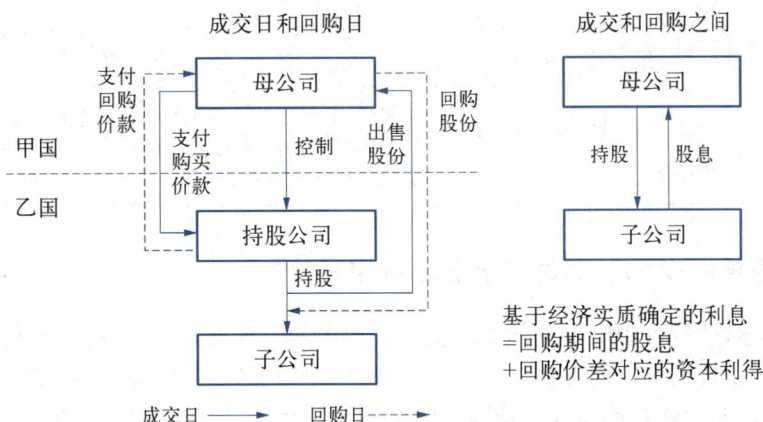

图8-4　利用回购交易中的性质认定冲突进行税收筹划

第三节　利用融资租赁的国际税收筹划

一、经营租赁和融资租赁及其税收待遇的区别

租赁也是企业金融活动中常见的一种形式,即一家企业将其某项资产的使用权让渡给其他企业而按期收取报酬,通常可以分为经营租赁和融资租赁两种方式。

经营租赁(operating lease)是为了满足承租人经营上临时的、短期的或季节性需求的租赁,是一种传统意义上的租赁,经营租赁的租赁期短于资产的使用寿命,并且在租赁期结束时一般也没有续租或取得租赁资产所有权的安排。所以在经营租赁方式下,租赁资产的所有权仍为出租人所有,租赁成为承租人的一项表外业务,为此有些高负债的企业往往会采用经营租赁的方法来降低自身的财务杠杆。

融资租赁(financial lease)是指实质上转移了与资产所有权有关的全部风险和回报的租赁,主要表现为租赁期占资产绝大部分或所有使用寿命,租赁资产成为只有承租人能够使用的特殊资产等。在会计实务中,融资租赁因为其融资性质,租赁资产通常被认定为承租人所有,同时认定对应的出租人向承租人发放了一笔贷款。

如表8-2所示,许多国家在税收上会对经营租赁和融资租赁采用不同的处理办法,一些按照经济实质处理融资租赁的国家对于融资租赁的界定也存在差异,这就给了跨国企业进行税收筹划的空间。

表8-2　经营租赁和融资租赁在不同国家的不同税收待遇

租赁方式	经 营 租 赁	融 资 租 赁
出租人	资产所有权归出租人,出租人可以对出租资产计提折旧,对应的租金收入计入应税所得	部分国家采用与经营租赁同样的方式处理,其他国家按照经济实质处理,即将融资租赁中暗含的利息(融资费用)收入计入应税所得

租赁方式	经 营 租 赁	融 资 租 赁
承租人	承租人支付的租金可以在税前扣除	除采用与经营租赁同样处理方式的国家外,按照经济实质处理的国家把融资租赁资产作为承租人的资产由承租人计提折旧,对应的融资费用给予税前扣除

二、利用租赁的安排获得更多折旧和费用扣除

如前所述,所得税中对租赁的处理主要体现在两个方面,一是对租金或利息收入如何征税,二是对租赁资产如何计提折旧,以及对租赁费用如何扣除。其中利用租赁进行税收筹划的一个重要内容是如何获得更多的折旧和费用扣除,这里主要有两种思路。

（一）利用经营租赁折旧由出租方计提的特点,将资产的折旧进行"转移"

所谓将折旧"转移",是指通过经营租赁的安排,让使用资产的企业不提折旧,转而由另一家企业计提。可以利用折旧"转移"办法来进行税务筹划的主要有以下这些情形。

情形 1：使用资产的企业计提折旧前的应税收入很少或本身只是缴纳较少所得税甚至不交所得税,计提折旧不会给该企业带来充足的税收上的利益,此时就可以选择由另外一家需要利用折旧冲抵应税收入的企业来持有资产并以经营租赁的方式出租给使用资产的企业。

情形 2：不同税收辖区对企业固定资产折旧的计提有不同的规定,一些特定的资产在一些税收辖区内无法计提折旧,这时跨国企业就可以考虑把这些资产的所有权转移到允许计提折旧的税收辖区内,并通过经营租赁的方式将资产提供给需要使用却无法计提折旧的企业。

情形 3：一些税收辖区对特定资产的折旧有较为优惠的政策,如加速折旧等,这时同样可以把资产的所有权配置到这些税收辖区内,并利用经营租赁把资产提供给无法享受优惠政策的企业使用。

在上述情形中需要考虑以下问题：在实际经营中,企业常常会面临经营环境或经营策略的改变,有时需要将资产出售。前期折旧的计提使得资产账面价值下降,相应的资产处置收入和税收可能会增加,于是前期通过计提折旧获得的税收利益将被抵消,因此,这样的安排仅仅起到了递延纳税的作用。

（二）利用不同国家对租赁税务处理方式的不同,重复计提折旧

如果一项融资租赁安排中出租人所在税收辖区对融资租赁仍然采用经营租赁的处理办法,即将出租资产视为出租方所有并允许出租方计提折旧,而承租人所在税收辖区对融资租赁按照经济实质处理,即把出租资产视为承租人所有的资产并允许承租人计提折旧,这样就实现了一项资产在两个国家重复计提折旧。

当然,这里如果将租赁资产进行处置会有同样的问题,即增加计提折旧获得的税收利益只是递延纳税。

三、售后租回交易中的税收筹划

售后租回是一种特殊的租赁行为。企业在经营过程中,有时会考虑变更资产的持有

方式,即从直接持有该项资产变更为以租赁的方式持有。变更持有方式的一种常见办法就是售后租回,企业将处在使用状态的自有资产出售给出租人,再作为承租人将资产租回。通常,企业进行售后租回业务是出于融资的需求,利用出售资产获得的收入增加流动性,而在一些特定情况下,售后租回也会被作为一种税收筹划的手段,前提是可以获取足够的税收利益。

关于利用租赁安排获得税收利益的办法前文已经介绍,这里不再赘述,但值得注意的是利用售后租回交易进行税收筹划时需要面临两个问题。

第一,关于资产所有权转移的税务成本。售后租回交易涉及租赁资产的出售,如果出售时资产的价值大于原本的账面价值,可能会引起额外的税收,使得以前因为折旧以及今后利用售后租回安排获得的税收利益被抵消。

第二,关于反避税条款。许多国家针对租赁有反避税条款,以税收筹划为目的的售后租回安排还需要考虑避免受到这些国家的反避税条款的影响。

第四节　利用衍生金融工具的国际税收筹划

企业金融活动中运用的金融工具主要可以分为两类:基础性证券和衍生金融工具。基础性证券主要包括股票和债券。而衍生金融工具是相对于基础性证券而言,其价值取决于合约标的资产的价格,衍生金融工具大致可以分为远期(期货)、期权和互换三类。

一、远期(期货)、期权和互换

(一) 远期(期货)

远期(forward)是指双方约定在未来的某一确定时间按照确定的价格买卖一定数量的某种标的资产的合约,如果把这些远期产品放在交易所进行标准化的集中交易,就形成了期货(futures)。

标的资产远期价格的制定通常都是基于利率水平,也就是说远期价格等于即期价格加远期合约所产生的利息。

假定 A 公司是生产销售 X 商品的企业,X 商品的当期价格是 100,利率为 5%,如果 A 公司和客户签订远期合约,约定一年后以 105 美元的价格卖出 X 商品。如果到期日 X 商品的市场价格上涨到 110 美元,则 A 公司发生 5 美元的损失;而如果到期日 X 商品的价格变为 90 美元,则 A 公司获得 15 美元的盈利。

对于外汇远期交易来说,因为涉及两种货币的利率水平,正常情况下,远期汇率与即期汇率的差额由两国间的利差决定。货币 A 的远期汇率与即期汇率[表示为 1 单位货币 A(本币)兑换 n 单位的货币 B(外币)]有三种关系:升水、贴水和平价,分别指远期汇率大于、小于和等于即期汇率。因此:

$$升水(或贴水)额 = 即期汇率 \times (外币利率 - 本币利率)(年率) \times \frac{期汇月数}{12}$$

其中利率较高的货币,其远期汇率表现为贴水,而利率较低的货币,其远期汇率表现为升水。

（二）期权

期权(options)是指赋予其购买者在规定期限内按照双方约定的价格购买或出售一定数量某种标的资产的权利的合约。根据标的资产的不同,有商品期权、股票期权、货币期权、指数期权等。其中看涨期权(call option)和看跌期权(put option)分别是指赋予期权购买者未来按约定价格购买和出售标的资产的权利,美式期权(American option)允许在期权到期前的任何时间行权,而欧式期权(European option)只有在期权到期日才能行权。期权合约可以是在市场上交易的高度规范化的合约,也可以是买卖双方在柜台交易的定制合同。期权与远期有许多共同之处,但它们主要的区别是,期权持有人不是必须要行权。

假定 A 公司和客户签订期权合约(欧式期权),约定一年后有权选择以 105 美元的价格卖出 X 商品,期权费是 0.5 美元。如果到期日 X 商品的价格变为 90,低于 105,A 公司选择行权,则通过期权合约可获利 14.5 美元($=105-90-0.5$);如果到期日 X 商品的价格变为 110,A 公司将选择不行权,为此只需支付 0.5 美元的期权费。

（三）期权类衍生物

除正规的期权合约外,一些期权衍生物也是重要的衍生金融工具,如认股权证和可转换债券等。

认股权证(warrants)给予持有人以一定价格(通常低于市场价格)购买股票的权利,权证由股份公司或金融机构发行,并常常在交易所上市交易。公司发行认股权证是为了增加投资者对本公司股权的兴趣。例如,公司通过发行债券进行融资时,可以给债券购买者附送一定比例的认股权证。当持有人执行权证时,公司就按权证上事先约定的协议价向他们发行新的股票。

可转换债券(convertible bonds)给予债券持有人这样一种选择权:在将来某个时候他可以将手中的债券按照事先约定的转换比例换成代表所有权的股票。可转换债券综合了债券和股票的特点,因此是一种典型的混合债券(hybrid bonds)。可转换债券的持有人有 4 种选择:(1)持可转换债券直到到期日还本付息;(2)将可转换债券在二级市场上出售;(3)将可转换债券转换成普通股并定期领取股息红利;(4)将可转换债券转换成普通股后在股票二级市场上出售。可转换债券常常同时是可赎回的,即发行人有权在一定的时间内,以事先约定的价格从债券持有人那里购回债券,以免去到期还本付息的义务。这就使发行人在一定时间可强迫债券持有人实行转换或放弃转换。

（四）互换

互换(swaps)是两个或两个以上当事人按照商定条件,在约定时间内交换一系列现金流的合约。互换的种类有很多,其中最重要和最常见的是利率互换和货币互换。利率互换是指双方同意在未来的一定时期内根据同种货币的相同名义本金交换现金流,其中一方的现金流根据事先选定的某一浮动利率计算,而另一方的现金流则根据固定利率计算。货币互换是指在未来约定期限内将一种货币的本金和固定利息与另一货币的等价本金和固定利息进行交换。

1. 利率互换

假设 A 公司和 B 公司都希望得到一笔 5 年期的 100 万美元的贷款,如果他们各自去市场上借款,可能面对的利率水平如表 8-3 所示。

表 8-3　有利率互换利益的利率

	固 定 利 率	浮 动 利 率
A公司	6%	Libor+0.75%
B公司	5%	Libor+0.25%

可以看出,若直接分别按照固定利率和浮动利率支付利息,则 A 公司分别比 B 公司多支付 1% 和 0.5%。显然,在固定利率的情况下,A 要承担更多的成本,也就是说,浮动利率对 A 来说有 0.5% 的比较优势。

如果 A 公司需要的是固定利率贷款,而 B 公司需要的是浮动利率贷款,这时 A 公司和 B 公司就可以签订一份利率互换合约:由 A 公司和 B 公司分别进行浮动利率和固定利率借款,然后交换一下各自的利息负担,到期后,A 公司根据原有贷款金额按 5.75% 的利率向 B 公司支付利息,而 B 公司按照 Libor+0.75% 的利率向 A 公司支付利息。根据合约,最后 A、B 公司实际承担的贷款利率分别为:

$$A:(Libor+0.75\%)+5.75\%-(Libor+0.75\%)=5.75\%<6\%$$
$$B:5\%+(Libor+0.75\%)-5.75\%=Libor<(Libor+0.25\%)$$

可以看出,通过利率互换合约,最后 A、B 公司实际承担的贷款利率均低于本公司直接在市场上借款的情况。利率互换双方的总收益取决于比较优势的总水平,在本例中就是 0.5%,双方各获得了 0.25% 的利益,但是通过对互换合约进行微调,可以实现互换双方收益的重新分配。

2. 货币互换

前文所述的利率互换中,本金是不交换的。而在货币互换中,贷款的本金和利息是一起交换的。如果在美元和日元资金市场上,A 公司和 B 公司分别申请贷款的利率条件如表 8-4 所示。

表 8-4　有货币互换利益的利率

	美 元	日 元
A公司	8.0%	5.4%
B公司	10.0%	6.0%

可以看出,不管申请哪种货币的贷款,A 公司的借款利率总是低于 B 公司,也就是说,A 公司的资信条件明显好于 B 公司。但是 B 公司在日元资金市场上有比较优势,比较优势的水平相当于在两个资金市场上 B 公司与 A 公司贷款利差的差异,即 (10.0%－8.0%)－(6.0%－5.4%)=1.4%。于是,如果 A 公司需要日元贷款,B 公司需要美元贷款,则 A 公司可以将 8% 年率的美元贷款换成 4.9% 的日元贷款,比自己直接借日元贷款

节省 0.5 个百分点的年利率,B 公司将 6% 年率的日元贷款换成 9.5% 的美元贷款,比自己直接借美元贷款也节省 0.5 个百分点的年利率。两个公司的交易通过金融机构的中介进行,金融机构在中介美元贷款上盈利 1.5 个百分点,但在日元贷款上亏损 1.1 个百分点,净利为 0.4 个百分点。

图 8-5 货币互换业务模式(Ⅰ)

当然,对于 1.4% 的总收益水平,也可以通过互换合约的调整在 A 公司、B 公司和金融机构之间进行其他的分配。

在货币互换业务中,本金在互换的期初进行交换,在互换的期末换回,因此,在这个过程中涉及汇率风险。特别是 A 公司和 B 公司都是收到自己需要的那种货币,并以自己需要的那种货币支付利息,因此外汇风险主要由金融机构承担。由于金融机构获取美元收益,承担日元支出,如果日元升值,预期收益就要下降。为了避免承担这样的汇率风险,如果这是一家美国的金融机构,就可以把业务模式进行调整,如图 8-6 所示,其中 B 公司和金融机构之间的美元和日元贷款利息收付的利率同时下调 1.1%,通过这样的调整,金融机构在日元业务上不再有损益,因此就避免了日元汇率变动带来的风险,同时确保了美元业务上的 0.4% 的收益。可见,互换业务中,风险的分配也是可以在交易各方之间进行调整的。

图 8-6 货币互换业务模式(Ⅱ)

二、针对衍生金融工具的国内税法和税收协定条款

在企业金融活动中,衍生金融工具不仅被广泛地运用在套期保值、套利等方面,在企业的税务筹划中也有大量的运用,这些税务筹划主要基于国内税法以及税收协定中对衍生金融工具所产生收支的不同税收处理。

(一) 针对衍生金融工具的国内税法

各国国内法中对于衍生金融工具的征税,主要涉及以下几个关键问题。

一是是否将衍生工具与基础资产分开处理。一种做法是采用独立工具法(independent instrument approach),就是在税务处理时,将衍生工具与基础资产相分离;另一种做法是采用关联法(linked approach),就是将衍生工具与基础资产捆绑在一起进行税务处理。

二是衍生金融工具产生的收入如何定性。有的税收辖区把衍生合同产生的收入作为资本利得处理,而有的税收辖区将其作为普通的经营收入。一些国家对于资本利得有较为优惠的税收政策,这时把衍生工具产生的收入作为资本利得明显就更为有利。

三是衍生金融工具产生的收支在何时确认或征税。在这方面各国也存在一定的差异,因此在跨境交易中,也存在着一定的税收筹划空间。

衍生金融工具产生的收支通常可以分成三类:达成合约所支付或收取的费用、合约本身带来的损益和到期前出售衍生金融工具带来的收入。表 8-5 以期权为例列示了国内税法中针对上述几个关键问题的不同处理。

表 8-5 对衍生金融工具产生收支的税务处理

合约方	衍生金融工具产生的收支	独立工具法	关 联 法
卖方	达成合约所收取的费用(期权费)	出售期权产生的收入立即确认为应税收入而被征税	在出售期权收取期权费时,不会被确认收入,而是在到期时确认:若到期行权,则将期权费作为出让股权收取价款的一部分;到期未行权,则将期权费作为一笔额外的收入或者是持有股权获得的投资收益
买方	达成合约所支付的费用(期权费)	可以将期权费作为当期费用税前列支	若到期行权,则支付的期权费被作为收购股权价款的一部分 若到期未行权,则期权费可以从应税收入中扣除
买方	合约本身带来的损益	到期行权,则对于行权产生的收入征税	行权产生的收入计入应税收入
买方	到期前出售带来的收入	如果期权到期前被转让出去,则对转让获得的收益征税	如果期权到期前被转让出去,则对转让获得的收益征税

(二)针对衍生金融工具的税收协定条款

关于衍生金融工具的税收协定条款,最需要关注的是收入定性问题,即衍生金融工具产生的收入适用于税收协定的哪一条或哪一款。

根据 OECD 税收协定范本,衍生金融工具产生的收入可能会落入以下条款:第七条,营业利润;第十一条,利息;第十三条,资本利得;第二十一条,其他所得。如果一笔跨国支付的收款方在来源国没有常设机构,则如果该笔支付被定性为营业利润、资本利得和其他所得,都是由收款方居民国独享征税权。而如果被定性为利息,则由居民国和来源国分享征税权。

但是,根据 UN 范本以及一些国家对外谈签税收协定的实际情况,资本利得或其他所得也可能由居民国和来源国分享征税权。

三、利用衍生金融工具进行税收筹划的方法

由于衍生金融工具在基本的分类下还有无数的具体类型,运用衍生金融工具进行税收筹划的方法也是多种多样的,比如,可以利用衍生金融工具进行利润转移、利用衍生金融工具推迟纳税、利用衍生金融工具改变收入类型等。

（一）利用衍生金融工具实现延迟纳税

例如，甲国的 A 公司与乙国的 B 公司签订了一份互换合约，根据合约，5 年后 A 公司应向 B 公司支付一笔款项。如果在税务处理上，甲国对于这笔支付采用权责发生制，而乙国采用收付实现制。则在甲国，虽然 5 年后 A 公司才会实际支付款项，但现实义务已经存在，所以该笔支付在当期就可以税前扣除；在乙国实际收到款项时才会被确认收入，所以 B 公司就可以把该笔收入对应的所得税推迟到 5 年后缴纳。

（二）利用衍生金融工具实现一方扣除、另一方不计收入（或享受税收优惠）

前文对与利息费用相关的一方扣除、另一方不计收入进行了较多的讨论，衍生金融工具中产生的费用支出也可能实现这样的避税效果。

例如，甲国的 A 公司从乙国的 B 公司处购买了一份 B 公司的股票期权，并在当期向 B 公司支付了期权费。假设在税务处理上，甲国把期权作为一项独立的财务工具，而乙国对期权采用关联法，将其与标的资产捆绑在一起进行税务处理，并且对于资本利得有一定的税收优惠。

于是，就可能实现：在甲国，A 公司支付的期权费被作为普通的经营费用，在当期税前扣除；在乙国，到期行权时，期权费才计入 B 公司股权转让的对价计入资本利得，并作为资本利得享受税收优惠。

（三）利用衍生金融工具改变收入性质

假设甲国、乙国使用两种不同的货币 A 和 B，当前两种货币的兑换率是 1：3，即 1 单位的货币 A 兑换 3 单位的货币 B。市场上两种货币的利率分别是 6% 和 10%。乙国对利息征收 10% 的预提税。

如图 8-7 所示，一个跨国公司集团的母公司处在甲国，子公司处在乙国，母公司旗下有一家设立在某低税国丙国的金融公司。出于经营需要，母公司决定由丙国的金融公司向子公司提供一笔一年期贷款。乙国和丙国的税收协定采用 OECD 范本。

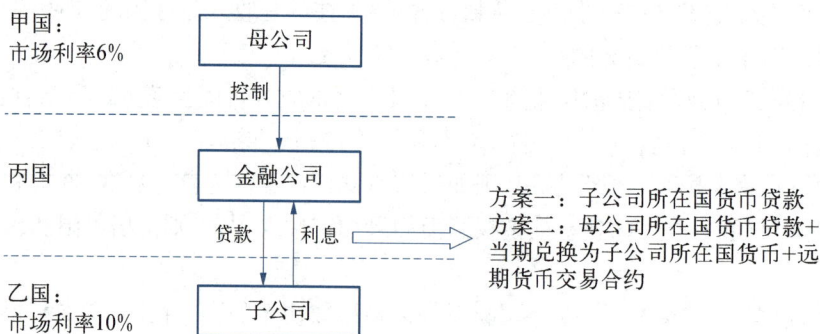

图 8-7　利用衍生金融工具改变收入性质的税收筹划

现在有两种方案。

方案一：金融公司直接向子公司提供 3 000 单位货币 B 的贷款，子公司按货币 B 的市场利率 10% 支付利息。

金融公司就这笔利息收入需向乙国缴纳的预提税为：

$$3\,000 \times 10\% \times 10\% = 30(货币\ B)$$

方案二：金融公司向子公司提供 1 000 单位的货币 A，子公司以 6％的市场利率向金融公司付息。随后，子公司将借入的 1 000 单位货币 A 在当地兑换成 3 000 单位货币 B，金融公司再与子公司签订一份一年期的远期合约，约定到期时子公司再以货币 B 向金融公司交换 1 000 单位货币 A。

因为货币 A 的市场利率相对较低，到期时将发生远期汇率升水。

$$货币\ A\ 的远期汇率升水额 = \frac{3}{1} \times (10\% - 6\%) \times \frac{12}{12} = 0.12$$

即到期时货币 A 和货币 B 的兑换比率为 1：3.12，为兑换 1 000 单位货币 A，子公司需要付出 3 120 单位的货币 B。

同时按 6％的利率水平，子公司还要支付 180 单位的货币 B 作为利息，因此为得到这笔贷款，子公司总计支付了 300 单位的货币 B，这和方案一中直接以货币 B 贷款，并按 10％的利率支付利息在经济上是等价的。

但是，在方案二下，金融公司就利息收入需向乙国缴纳的预提税为：

$$3\,000 \times 6\% \times 10\% = 18(货币\ B)$$

并且在 OECD 税收协定范本下，乙国对其中的远期汇率升水不征收预提税。

因此，方案二通过将一笔货币 B 的贷款拆成了货币 A 贷款和远期外汇买卖合约的组合，明显降低了税收负担。

当然，这里需要注意的是，经过类似的安排，虽然支付的形式改变了，但其经济实质没变，这就有可能会触发相关国家的反避税条款，因此仍然存在一定的税务风险。

第五节 利用集团内金融公司进行国际税收筹划

一、设立集团内金融公司进行税收筹划的典型模式

在子公司采取债权融资方式的情况下，若母子公司所在国之间没有税收协定，为尽可能地减少子公司所在国对支付给母公司的利息征收的预提税，跨国企业集团往往通过设立金融公司来进行税收筹划。金融公司相当于集团内部的银行，其功能主要是实施集团内部低税条件下的借贷交易。跨国企业集团可以通过在避税地或拥有广泛税收协定网络的国家建立金融公司，作为贷款者和借款者之间的中间机构，使利息收入不纳税或少纳税，或取得高税国对公司集团支付利息进行税收扣除的许可，或根据有利的税收协定使利息支付国不征或少征预提所得税。此外，金融公司的存在还便于跨国企业更容易地筹集资本。如图 8-8 所示，高税国甲国的母公司可以在避税地或其他理想的税收辖区建立一家金融公司，金融公司的典型的经营活动是从银行等外部资金来源借入资金，再将资金贷给集团内的子公司，因此需向银行支付利息，从子公司收取利息。

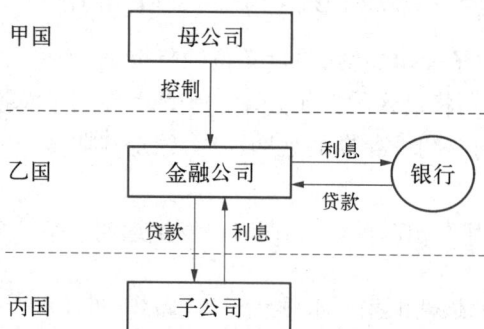

图 8-8　利用集团内金融公司进行税收筹划

二、集团内金融公司设立的理想地点

对于金融公司的选址一般要考虑以下几个条件：第一，金融公司所在国税率较低或者存在混合金融工具和混合实体应用的可能性，进而可以将外国子公司的利润以利息的形式在金融公司积聚；第二，金融公司所在国存在广泛的税收协定网络，可减少或消除对支付给金融公司的利息征收的预提税；第三，金融公司所在国对金融公司向母公司分配的股息免征或仅征较少的预提税；第四，金融公司所在国对金融公司支付给非居民公司的利息可予以税前扣除；第五，外汇和投资管制比较少，在母公司和子公司所在国存在严格的外汇和投资管制条件下，跨国企业可借助金融公司来利用集团内部的自由资本。

基于上述考虑，跨国企业设立金融公司的地点不一定是纯避税地，主要是纯避税地一般没有或只有很少的双边税收协定，同时跨国企业能够通过相关税收协定或通过一定的组织架构在非避税天堂获得比较低的有效税率。将金融公司设立在欧洲国家时，还可以享有良好的基础设施和专业人才。一些欧洲国家为了吸引跨国企业的投资，还往往和跨国企业签订提供优惠税务措施的协议，以合法形式减免跨国企业应该缴纳的税收。

当然，若母公司所在国有 CFC 规则（受控外国公司规则），则还应注意该规则是否对金融公司有豁免条款，在母公司所在国没有参股豁免等政策的情况下，外国子公司分配的股息最终将在母公司纳税，那么低税国金融公司的建立最多可实现的是税收的延迟而不是最终的免税。

三、金融公司的低税分支机构

低税分支机构模型是跨国企业在非避税地设立金融公司的一种典型架构，如图 8-9 所示，甲国母公司在乙国设立一个金融公司，由该金融公司在丙国设立一个分支机构，再通过分支机构向位于丁国的子公司发放贷款。利用金融公司所在国在本国税法下或双边税收协定下对于外国分支机构的免税规定，以及分支机构所在国对于外国来源所得不征税或有其他税收优惠，子公司向分支机构支付的利息可以获得一个非常低的有效税率。比如，比利时金融公司在中国香港设立分支机构，在比利时税法和香港-比利时税收协定下，分支机构不必向比利时纳税，同时中国香港也不会对来源于中国香港以外的利息收入征税。又如，英、美等国对于外国公司在其境内设立的分支机构，只有当这些分支机构从事贸易或经营活动时才征税,对集团内少量贷款的利息不征税,这时尽管分支机构和其总公司(即金融公司)均在高税国,若总公司所在国对于其外国分支机构有免税政策,依然可以存在一个零税率。

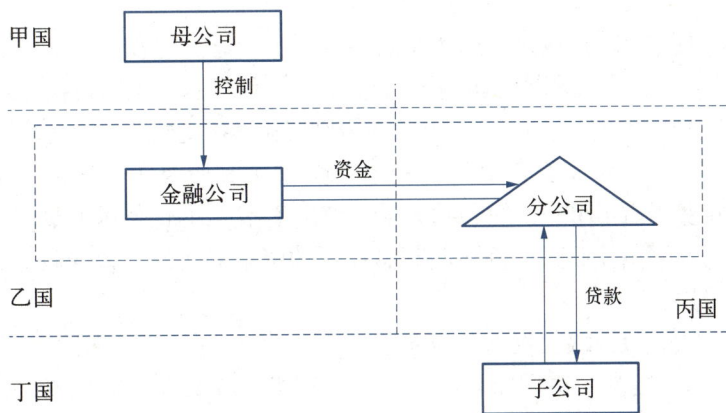

图 8-9　金融公司低税分支机构模式

四、集团内部借贷活动中的外汇风险

跨国公司集团内部借贷可能形成巨额的汇兑损益,很多情况下汇兑损益可能相当于利息的好几倍,为了避免因此承担较重的税负,需要采取措施规避外汇风险。

当金融公司向子公司贷款以子公司所在国的货币计价时,就可避免子公司因汇兑损益而被征税的风险,相应地,这一外汇风险就会被转移到金融公司身上。金融公司可通过以下几种方式来消除外汇风险:① 金融公司以同样的货币从集团外部借款,从而与借给子公司的贷款相匹配,以消除因汇兑损益产生的税收影响;② 利用衍生金融工具,比如通过远期合约卖出未来会收到的以子公司所在国货币计价的贷款本金和利息;③ 在货币互换交易中对交易合约进行适当设计,参见本章第四节的相关介绍。

第六节　BEPS 项目对金融活动中的国际税收筹划的影响

BEPS 项目行动计划中与金融活动中的税收筹划直接相关的主要是第 2 项和第 4 项。

一、BEPS 第 2 项行动计划的影响

BEPS 第 2 项行动计划针对的一个重点内容是利用混合金融工具的避税安排,因此涉及混合金融工具的原有税收筹划方案需要重新考量。与混合实体的情况类似,由于第 2 项行动计划属于"最佳实践",实施难度较大,很难在各个国家都迅速得到推广。但是,在欧盟的反避税指令中已经包含了应对混合金融工具的内容,因此,对于在欧盟国家开展经营活动的跨国企业来说,利用混合金融工具的税收筹划将比以往面临更大的风险。本

企业需要详细了解所在国家对不同金融工具和资产交易的最新认定规则,以免本企业的交易被认定为混合错配安排,导致无法获得预期的扣除或被多计收入而增加税收负担。

二、BEPS 第 4 项行动计划的影响

BEPS 第 4 项行动计划为限制利用利息扣除和其他金融支付侵蚀税基。金融活动中的税收筹划的一个重点内容就是尽可能利用利息扣除降低税负,因此以债权方式为海外子公司注资及利用集团内金融公司进行借贷活动等筹划安排直接受到此项行动计划的影响。

此项行动计划同样列入了 BEPS 的“最佳实践”。究其原因,BEPS 行动计划提出了一种新的按净利息费用占 EBITDA(税息折旧及摊销前利润)的比例限制利息扣除的规则,与各国原有的主要以负债股权比例限制利息扣除的资本弱化规则差异较大,因此难以迅速为各个国家采用。

但是,值得注意的是,欧盟发布的反避税指令中已经包含了可扣除净利息不能超过 EBITDA 的 30％的规则,一些国家在国内税法中积极采取其他措施限制利息扣除(如第二章介绍的美国的税基侵蚀税),另一些国家则加大了针对利息扣除的反避税力度(如本章案例中介绍的澳大利亚雪佛龙公司关联融资税案),因此,跨国企业在金融活动中开展税收筹划需要密切关注这些新的规则,尽量避免过多利息支出不能税前扣除的风险。

三、BEPS 第 9—10 项行动计划的影响

BEPS 第 9—10 项行动计划重点关注风险与资本的转让定价及其他高风险交易的转让定价问题,强调根据企业实际承担的风险进行关联企业间利润的分配。对于金融交易而言,企业集团中资本富余的成员企业如果仅提供资金但几乎不开展经营活动,且不控制与所提供资金相关的财务风险的,仅应获得无风险收益。因此,对于跨国企业的集团内借贷等金融活动而言,需要重新评估相关的风险分配和转让定价安排,并对转让定价政策或业务模式进行必要的调整。

专栏 +·+

美国“传奇”对冲基金避税事件

2014 年,美国对冲基金文艺复兴科技有限公司(Renaissance Technologies LLC,下称“文艺复兴”)在美国参议院的调查中被发现涉嫌在长达 15 年的时间里通过与巴克莱银行(Barclays Bank)和德意志银行(Deutsche Bank)的“合作”,利用结构化金融产品进行交易,避税金额高达 68 亿美元[①]。

该基金在业内可谓传奇:招聘时“排斥”华尔街分析师以及商学院科班生,公司员工涵盖数学、量子物理学以及统计学等领域的顶尖人才,善于运用数学模型捕捉市场机会,旗下的“大奖章基金”曾创造 20 多年来年化投资收益率超 35％的惊人业绩。

2014 年 7 月 21 日,美国参议院调查小组发布的一份长达 93 页的报告,详细地描述了在 1998 年到 2013 年期间,文艺复兴与巴克莱、德意志银行间的交易细节,以及如何通过

---

① 美国政府信息网站,https://www.govinfo.gov/content/pkg/CHRG-113shrg91172/pdf/CHRG-113shrg91172.pdf。

在交易中使用结构化金融工具达到了逃税以及避开法律杠杆限制的目的。

报告中提到的结构化金融工具是由两家银行推出的"一篮子期权"产品,由对冲基金公司进行购买。一篮子期权由多种标的证券组成,期权的值将根据标的证券组合的表现而波动,对冲基金经理可以购买和出售组合中的股票。

调查小组参议员卡尔·莱文(Carl Levin)表示:"文艺复兴与银行在签订合约时共同编造谎言,表面上由银行掌握相关股票的所有权,而实际上是由文艺复兴每日对上千只股票进行交易。"

报告指出,在15年间,"一篮子期权"中的标的证券交易量超过1 000亿美元,产品单年的相关交易超过1.29亿次,其中绝大多数都是短期交易,一些交易的时间甚至只有几秒。

文艺复兴的创始人、美国著名数学家西蒙(James Simons)正是以其及时捕捉影响股价变动因素的敏锐度以及惯用的快速买卖股票的方法而闻名,他管理的基金曾创下实现三倍的市场平均收益的纪录。

但因为股票所有权属于银行,所以当对冲基金经理卖出股票时,收益并不会记入文艺复兴的短期收益,而一年多以后该公司行使期权时所得收入记入长期资本收益,这样就避免了基金公司因为频繁交易而产生的短期资本利得税。

根据美国当时的税法,短期资本收益适用的联邦所得税率高达44.4%,而长期资本收益的税率至多为23.8%。通过"一篮子期权"的操作,文艺复兴将其短期交易取得的资本收益成功转换成了税率较低的长期资本收益。

数据显示,"一篮子期权"为文艺复兴带来了342亿美元的利润,巴克莱与德意志两家银行也赚取了11亿美元的融资和交易费用。基于短期和长期资本收益之间的税率差,调查小组估计这些利润少交的税款约为68亿美元。

案　例

雪佛龙澳洲控股公司的关联融资税案

一、案例背景[①]

雪佛龙公司是全球最大的能源公司之一和美国第二大石油公司,业务遍及全球180个国家和地区,广泛涉足于油气产业的每一领域,包括勘探开采、炼油、销售和运输、化学产品生产销售以及发电等,其总部位于美国加利福尼亚州圣拉蒙市。2001年10月,雪佛龙以390亿美元兼并了其主要竞争对手德士古,兼并后在澳大利亚成立了澳洲控股公司(Chevron Australia Holdings Pty Ltd., CAHPL),并于2002年开始对该控股公司进行资本结构调整以期扩大其债务融资比例。为实现这一目的,CAHPL通过在美国特拉华州[②]成立金融公司,由该金融公司借助集团担保在美国从外部筹得资金,再通过关联贷款的形式将该笔资金提供给位于澳大利亚的CAHPL。

---

① 澳大利亚联邦法院网站,http://www.judgments.fedcourt.gov.au/judgments/Judgments/fca/single/2015/2015fca1092。

② 根据美国特拉华州法,在该州注册的公司不必对在本州以外获得的收入缴纳税金,并且其州法不要求公司必须以实体存在而实体注册。

澳大利亚税务当局认为 CAHPL 为此项融资支付的利息过高,利率水平不符合正常交易原则,雪佛龙公司不服,因此提起诉讼。2015 年 10 月 23 日,经过长达一年的诉讼审理,澳大利亚联邦法院就雪佛龙集团于 2004—2008 年在美国和澳大利亚之间进行集团关联融资的税务案件作出判决,最终宣判澳大利亚税务当局胜诉。

二、案例焦点问题

本案件被视为是企业转移在澳利润的标志性案件,涉及澳大利亚国内税法、澳大利亚转让定价法规、美国国内税法以及澳大利亚与美国双边税收协定等一系列税收法律。案例的焦点问题在于正常交易原则下的关联融资利率水平应如何确定。

三、案例分析

（一）雪佛龙澳洲控股公司融资架构

雪佛龙澳洲控股公司(CAHPL)的融资架构如图 8-10 所示。首先,CAHPL 在美国特拉华州设立全资子公司,该公司不从事任何实质性的经营活动,单纯地作为集团内中介金融公司存在。CAHPL 与该金融公司签订贷款融资协议,由该金融公司向其提供内部关联贷款。金融公司借助雪佛龙集团最终控股母公司的担保从集团外部以不到 2% 的利率筹集到大约 25 亿美元的资金,然后再将该笔资金以澳元作为计价货币,以 LIBOR＋4.14% 的利率水平贷给 CAHPL。金融公司与 CAHPL 之间的关联借贷交易不存在任何形式的担保、财务和运营保障性条款或其他资产保全条款。根据澳大利亚国内税法以及澳大利亚与美国签订的双边税收协定,CAHPL 在澳大利亚通过申请,CAHPL 在向金融公司支付上述关联贷款利息时无需在澳大利亚缴纳任何预提所得税,且 CAHPL 的利息支出可获得税前扣除。与此同时,由于金融公司获得的利息收入来源于特拉华州以外,除此以外没有其他任何经营性收入,因此根据美国特拉华州州法,金融公司从 CAHPL 收到的利息收入无需在美国作为应纳税所得。最后,由于金融公司是 CAHPL 的全资子公司,故金融公司在该关联贷款中获得的利息收入扣除从外部贷款发生的利息支出后最终产生的净利润将以股息的形式向 CAHPL 分派,而根据澳大利亚的参股免税条款,CAHPL 就该笔股息收入可免于被征税。

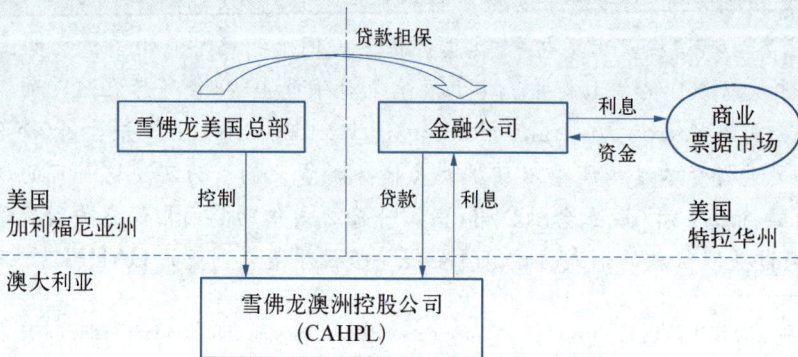

图 8-10 雪佛龙澳洲控股公司的融资架构

（二）符合独立交易原则的利率水平

澳大利亚税务当局认为，在该笔关联贷款交易中，CAHPL承担了过高的利率，该利率水平不符合独立交易原则，且交易不具备合理的商业目的。而雪佛龙集团则通过可比交易法，假设CAHPL与第三方商业银行之间发生可比贷款交易，试图对该无担保无抵押的"虚拟贷款"进行量化分析，以证明本案例交易的利率符合独立交易原则。然而法院认为，即使按照雪佛龙集团提出的假设情形对交易进行分析，也应当充分考虑交易主体的关键特征，包括CAHPL作为跨国集团企业的一部分的情况、贷款方金融公司的特征（集团母公司为其提供担保从外部获得贷款），以及CAHPL所在行业的特征（油气能源行业），从而使得假设情形足够接近真实交易。因此，本案中纳税人采用与商业银行之间的虚拟交易是难以从转让定价角度证明该行业内实际交易是如何定价和安排的。基于上述的考量，法院最终没有采纳纳税人提出的转让定价分析方式。

（三）集团隐性支持与信用评级

在关联融资交易中，集团隐性支持主要指的是单个企业因其作为集团的一部分而可能被外界认同的偿债能力和信用状况的提升。在该案中，法院认为，在没有明确的理由和法律依据可以完全忽略集团隐性支持这一因素的情况下，从集团定价政策和融资策略上可论证CAHPL在外部市场上可能会凭借集团信用支持获得更低的借款利率。此外，独立企业的概念与单个企业不同，CAHPL之所以能够实现该融资架构，与其作为跨国企业成员的身份及其与资金提供者即金融公司之间的控制关系是分不开的。因此，若完全抛去这些交易主体的特征，将纳税人当作毫无任何瓜葛的单个企业考虑其信用评级状况以及市场利率是不合适的，以单个企业信用评级为基础的分析方法在独立金融机构的贷款业务中比较常见，但并不适用于像本案中母子公司之间的关联借贷，故出于上述考虑，法院没有采纳雪佛龙集团提供的评级机构针对借款人（即CAHPL）的主体信用评级分析。

（四）对关联交易的重新定性

在独立交易情形下，借款人通常都会向资金提供方提供本企业运营或财务方面的保障，以此获得独立交易条件下的合理利率水平，作为融资交易对价。这意味着在分析本案中的独立交易条件时，应当基于含有上述保障条款的可比交易进行定价。而金融公司与CAHPL之间的关联借贷交易不存在任何形式的担保、财务和运营保障性条款或其他资产保全条款，因此雪佛龙集团基于无资产保全条款情形下的可比交易分析，显然无法提供充分有力的证据以证明其符合独立交易原则。同时，在澳大利亚修订后的转让定价法规中，税务机关正式被赋予了对交易进行重新定性的权力（即使需要满足特定条件），并且对于交易的重新定性，税务机关无需就该行为的正当性主动举证，这一举证义务将由纳税人承担，即需纳税人举证对税务机关的重新定性予以反驳。

四、总结与评论

随着数字经济的发展，借助互联网和数据平台的金融交易日益频繁，在金融机构的协助下交易成本可以达到很低的水平,因此,关联融资交易成为跨国企业进行税务筹划的日益重要的领域。但是,由于金融交易活动本身的复杂性和灵活性,各国税务机关对于金融交易的转让定价普遍缺乏针对性的规定条款,特别是缺乏关于融资交易的真实安排的界定以及关联融资交易定价方法的选择和判定方面的规则。本案例对此可提供有益的启示:第一,在界定融资交易时,对于交易双方的关联关系认定、交易的合理商业目的、集团的定价策略和融资策略等等都应予以充分考量;第二,在选择关联融资交易的定价方法时要充分考虑方法本身的适用性,以及融资交易的关键交易条款,包括币种、期限、利率、担保和抵押条件、各类其他保障性条款、赎回或提前还款权和其他各项权利,并结合双方的关联关系对各项条款进行实质性的解读。

与此同时,通过澳大利亚联邦法院对雪佛龙公司关联融资案件的判决,可以看出跨国公司在金融交易活动中进行国际税收筹划面临着诸多挑战,交易的合规性、商业合理性、转让定价风险等都是需要考虑的因素。

本 章 小 结

由于债权融资的利息成本一般可以在税前所得中扣除,而股权融资中的股息支付一般不予扣除,在东道国所得税率较高时,跨国公司向海外子公司注资时一般采用债权融资方式,但也需要关注东道国的预提所得税、外汇管制以及反资本弱化税制的影响,需要采取适当的方式规避外汇风险,且利率水平须符合独立交易原则。若母公司已经以股权投资的方式向子公司提供资金,或者子公司已偿还了之前的债务,母公司需要通过适当的方式来增加子公司的杠杆。

混合金融工具是指交易双方所在国对其收益在性质认定上存在差异的金融工具,如某项金融工具产生的收益在支出方所在国被视为利息,而在收入方所在国被视为股息。可转换债券、附认股权的债券、可赎回股票等兼具债权和股权性质的金融工具都可能成为混合金融工具。使用混合金融工具进行国际税收筹划,可实现同一笔费用在交易双方所在的两个国家获得双重扣除,或在一方不计收入,而在另一方获得扣除。

企业的租赁活动可采取经营租赁和融资租赁两种方式,租赁活动中的税收筹划主要是利用各国税法中对于两种租赁方式下租赁资产如何折旧和租赁费用如何扣除的规定的差异实现租赁资产折旧的转移或重复计提折旧。

远期(期货)、互换和期权是三种主要的衍生金融工具,各国国内税法和国际税收协定对产生自衍生金融工具的收益应如何征税有不同的规定,因此企业可能利用金融衍生工具改变支出或收入的形式,从而进行税收筹划。

集团内金融公司主要是充当跨国企业内贷款者和借款者之间的中间机构。跨国企业往往通过在避税地或拥有广泛税收协定网络的国家建立国际金融公司,使利息收入不纳税或少纳税,使利息支出在高税国获得税前扣除,并根据税收协定避免或降低利息支出在来源国缴纳的预提所得税。

习题与思考题

一、材料分析题

[阅读材料]2005 年 8 月 26 日"四大"之一的毕马威(KPMG)在位于纽约的地方初审法庭公开承认向客户兜售"恶性避税",并同意支付 4.56 亿美元的罚款。按 2004 年毕马威 1 524 名美国在册合伙人计算,人均约 30 万美元。涉案的 8 名前税务合伙人和 1 名律师将另案受到起诉。根据国会的调查,毕马威从四种避税手段(FLIP、BLIPS、OPIS 和 SC2)中获得 1.24 亿美元的收入。这些避税手段的一个共同特点就是能为纳税人带来可以抵销应税收益的虚假的应税损失。1999—2000 年至少有 186 位富人在纳税中使用了"债券溢价结构"(Bond Linked Issue Premium Structure,BLIPS)。由此,毕马威获得约 5 300 万美元的收入[①]。

[问题]试查阅有关资料,分析事件中的 BLIPS 架构的避税机制。

二、计算分析题

O 公司为 C 国的居民企业,由 B 国居民企业 H 公司 100% 持有;B、C 两国的公司所得税率分别为 20% 和 30%;B 国实行抵免法消除重复课税,并允许子公司股息税的间接抵免;C 国对于本国公司支付给非居民企业的利息和股息分别征收 10% 和 5% 的预提所得税。

若 O 公司因其业务的开展需要融资 100 万美元,假定根据独立交易原则,若 O 公司向 H 公司借款,需要每年支付 5% 的利息,若 O 公司向 H 公司发行等值股票,需要每年支付 8% 的股息。O 公司每年可以获得 10 万美元的息税前营业利润。除来自 O 公司的利息或股息外,H 公司没有其他收入。

试分别计算在 O 公司采取发行股票和银行贷款两种融资方式时,该公司集团的总税负,并分析哪一种融资方式更为合理。若该公司集团采用税负较轻的融资方式,可能面临怎样的风险?

---

① 任明川、敖曼:"毕马威'恶性避税'及其分析",《中国注册会计师》,2006 年第 1 期。

第九章

知识产权创造和管理中的国际税收筹划

教学目的与要求

知识产权(intellectual property，IP)，是指权利人对其所创作的智力劳动成果所享有的财产权利。各种智力创造成果比如发明专利、商业标识、名称、图像以及外观设计，都可被认定为知识产权。企业对知识产权的创造和持有直接决定其核心竞争力和盈利水平，在经济全球化的进程中，企业在全球范围内配置资本及生产活动的同时，同样在全球范围内配置知识产权。通过本章的学习，要求学生熟悉知识产权的开发、持有、使用以及转移过程中的主要税收筹划模式，以及 BEPS 行动计划对这些筹划方案的影响。

第一节　知识产权研发中的国际税收筹划

知识产权的研究开发是知识产权创造与管理链条中的第一步，若最初的知识产权所有权所在地不合适，必须转移，则再次转移时可能会产生很大的成本，所以从长远的角度考虑，知识产权研发过程中就需要进行必要的税收筹划。

一、研究开发知识产权的四种模式

跨国企业只要确保知识产权在它所需要的时候能够为之所用，并不需要保证知识产权是自己开发的或者将产权留在总部或某个特定的分公司，所以可以选择的研发模式也是多种多样的，以下介绍常用的四种模式。其中所称的 IP 公司指拥有知识产权的跨国企业。

(一) 自主开发模式

在这种模式下(见图 9-1)，IP 公司下设研发部门，自主开发知识产权，自行承担研发成本以及研发的风险，并拥有知识产权的所有权。

(二) 委托开发模式

在这种模式下(见图 9-2)，IP 公司与研发公司签订合同，委托研发公司研发知识产权，

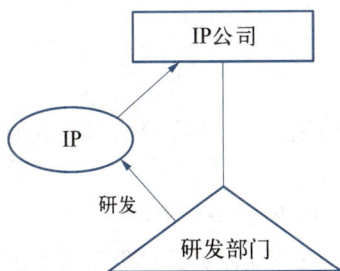

图 9-1 自主开发型知识产权研发模式   图 9-2 委托开发型知识产权研发模式

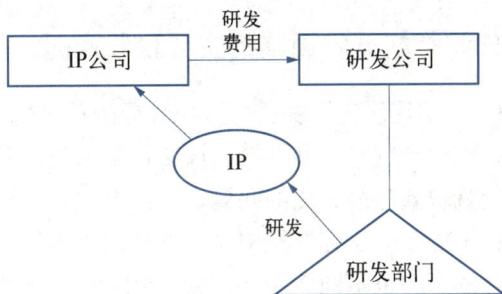

并向研发公司支付费用,研发公司研发成功后将知识产权交付 IP 公司。IP 公司承担此项研发的风险,最终所有权归 IP 公司,研发公司不承担任何经济风险。研发费用根据成本与收益配比原则,风险越大,利润越多,按照独立交易原则,研发公司的毛利应该是较低的。

(三)合作开发模式

在这种模式下(见图 9-3),多家 IP 公司会预先签订成本分摊协议,共同享有开发、受让的无形资产,并承担相应的研发活动成本。可以由其中的一家或多家公司共同研发知识产权,最后的研发成果也由各参与方按一定的规则分享。此处的 IP 公司并不是委托研发公司进行开发,而是进行研发的公司都代表着自己进行研发活动。

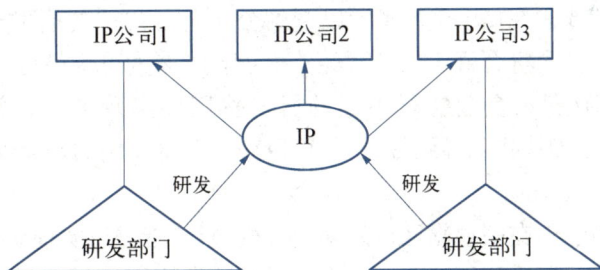

图 9-3 合作开发型知识产权研发模式

(四)共同委托模式

此模式(见图 9-4)与第二种模式类似,只是第二种是一家公司,此处是多家 IP 公司共同委托一家研发公司研发知识产权。虽然从经济实质上是多家公司共同拥有知识产权,但是在大多数情况下,法律上登记的所有者只有一家公司。

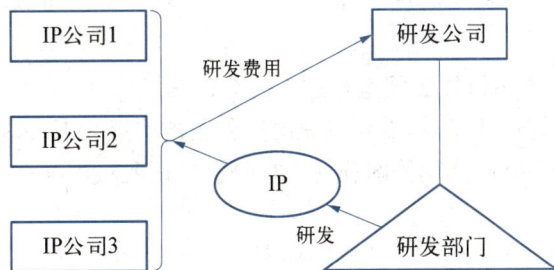

图 9-4 共同委托型知识产权研发模式

二、知识产权开发面临的主要税收问题

（一）实现研究开发费用减税效应的最大化

在知识产权研究开发的阶段会产生大量的费用支出，因此，就面临着如何实现研究开发费用减税效应最大化的问题。

许多国家对研究开发中发生的费用支出给予税收优惠，但给予优惠的方式不同，对研发企业的影响也不同。一些国家（如中国、马来西亚、新加坡等）对于研发费用给予加计扣除，即对企业在研发过程中发生的支出可以在据实从应纳税所得额中扣除的基础上，再加计扣除一定的比例。比如，我国目前规定加计扣除的比例为 75%，意味着企业发生的研发支出可以按照 175% 扣除（研发费用形成无形资产时则按 175% 的比例进行摊销）。另一些国家（如美国、加拿大、法国、日本、韩国、澳大利亚、爱尔兰等）对于研发费用给予税收抵免，即规定企业可以从应纳税额中抵免所发生的研发支出的一定比例。在研发费用加计扣除制度下，研发支出的减税效应取决于企业的税前应纳税所得额和所得税率水平，税前应纳税所得额和所得税率水平越高，则减税效应越大；在研发费用税收抵免制度下，研究开发费用的减税效应不受企业所得税率水平的影响，而是取决于研发支出水平、抵免率和税前应纳税额的大小。但如果这些国家对于应纳税额小于研发支出税收抵免的企业给予退税，则企业税前没有盈利时，也能获得全额的税收优惠。例如，自 2011 年 7 月 1 日起，澳大利亚对年营业额在 2 000 万澳元以下的公司符合规定的研发经费给予 43.5% 的可退税抵免，对其他公司符合规定的公司经费给予 38.5% 的可退税抵免[①]。

英国对中小企业和大企业实行不同的研发费用优惠政策：小企业可享受最高达 230% 的加计扣除，当加计扣除导致亏损时，可以获得一定比例的现金返还；对大企业则实行税收抵免[②]。

在自主开发模式下，在高税辖区研发知识产权，意味着可以实现研发费用支出扣除减税效应的最大化，但是以后获得的利润也需要承担较高的税负，因此有可能将来需要把知识产权的所有权从高税地区转移到低税地区，转移过程中的税收问题可能比较复杂（对此本章的第三节将会进行详细阐述）。在低税辖区研发知识产权，则意味着以后获得的利润的税负会较轻，但是研发支出带来的减税效应也不高。

在委托开发模式下，若研发公司设在高税辖区，而 IP 公司设在低税辖区，研发公司仅获得相对较低的稳定的利润，大部分利润将归集到 IP 公司。公司集团一方面可以充分利用加计扣除和抵免等研发费用的税收优惠，一方面可以避免就知识产权产生的较高的利润承担过重的税收负担。

（二）委托开发模式中研发公司是否被认定为常设机构

在委托研发公司进行开发时，需要避免研发公司被认定为 IP 公司设在研发公司所在国的常设机构，导致 IP 公司获得的部分利润在研发公司所在国被征税。如果研发公司有

---

① 2014 年 7 月 1 日起，如果年营业额在 2 000 万澳元以上的公司符合规定的研发经费超过 1 亿澳元，则抵免率下降为公司所得税率，即 30%。

② 英国在 2015—2016 财政年度以前允许大企业选择采用 130% 的加计扣除或税收抵免。

自己的实验室,有自己的员工来独立从事研发活动,则不会被认定为常设机构;但是如果研发公司与 IP 公司签订的合同显示,研发公司没有独自承担研发的风险,研发主要是在 IP 公司的指导和协助下进行的,则 IP 公司可能会被认定为在研发公司所在国设有常设机构,这时,研发公司所在国有权对 IP 公司征税。

（三）风险与收益的匹配

企业在运营过程中,为发展业务而采取的每一项措施、每一笔开支或每一项收益都存在一定的不确定性并为此承担风险。根据独立交易原则,集团成员企业为无形资产的开发、价值提升、维护、保护和利用所执行的所有功能,使用的所有资产以及承担的所有风险都应得到合理的补偿。因此,研究开发知识产权时应注意不仅在合同中保证风险与收益的匹配,也要确保最终取得知识产权的 IP 公司实际上能够控制和承担风险。

（四）应用成本分摊协议进行税收筹划

应用成本分摊协议是税收上比较有利的一种知识产权研发方式,有助于避免或降低知识产权的所有权或使用权在关联企业之间转移导致的税收负担。

如图 9-5 所示,若 A 公司、B 公司和 C 公司为关联公司,B 公司和 C 公司均为在甲国境内成立的企业,A 公司是 B 公司和 C 公司的境外母公司。三家公司从事相同产品的制造业务和销售活动,而 A 公司拥有其他两家公司所不具备的技术研究资源,从事新产品的研发,对产品进行升级换代,并将知识产权提供给 B 公司和 C 公司使用。在没有成本分摊协议的情况下,B 公司和 C 公司需要向 A 公司支付特许权使用费,作为使用技术成果的回报,甲国将就此项特许权使用费的支付征收特许权使用费。如果三家公司签订成本分摊协议,且均同意各自在其所在地享有研发成果的受益权,则对于 A 公司所发生的技术开发成本,三家公司可以按照成本与预期收益相配比的原则进行分摊,并在所得税前进行列支。通过成本分摊协议的签订,B 公司和 C 公司无须再支付特许权使用费,此公司集团也就避免了向甲国缴纳预提所得税。

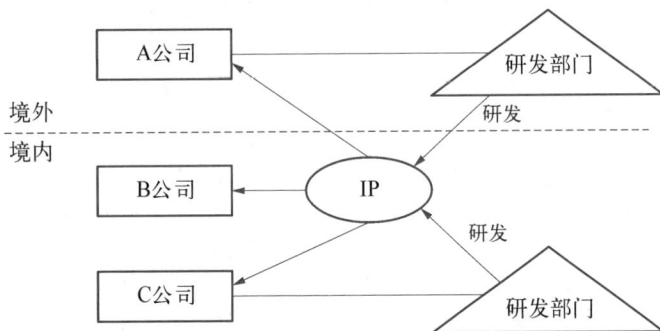

图 9-5　利用成本分摊协议开发知识产权的税收筹划

若 A 公司位于美国,是某跨国企业集团的总部,B 公司和 C 公司是该公司集团在美国以外的地区总部,需要将知识产权进一步授权给其他企业使用,则采用成本分摊协议的方法而不是将 A 公司的无形资产转让给 B 公司和 C 公司,A 公司还可以避免缴纳知识产权转让产生的资本利得税。

但是,采用成本分摊协议仍应符合独立交易原则以及成本收益配比原则。所谓配比原则,是指成本分摊协议的参与方对开发、受让的知识产权享有受益权,并承担相应的活动成本,关联方承担的成本应与非关联方在可比条件下为获得上述受益权而支付的成本相一致。在上述的例子中,如果 B 公司被要求分摊技术开发成本的 90%,但是实际上 B 公司未来可以从技术开发中获益的比例却远远低于 A 公司和 C 公司,就表明收益和成本明显不配比。但是,考虑到商业交易条件的差异,要判断关联方之间的成本分摊协议是否符合公平交易原则和成本收益配比原则并非易事,这就使关联方成本分摊协议的安排仍有一定的操作空间。

第二节　知识产权持有和使用中的国际税收筹划

知识产权管理是知识产权创造与管理链条中非常重要的一环,是企业由投入转为获得产出的关键环节,由知识产权带来的利润就是在企业的知识产权管理中实现的。

一、知识产权的使用模式

IP 公司有两种利用知识产权的方式,一种是供自己使用,一种是提供给他人使用,确定合理使用模式要考虑的因素有很多。

(一) 自我使用模式

在自我使用知识产权模式下,跨国企业由研发部门开发出知识产权后转由本企业的生产部门使用知识产权(见图 9-6),在这个过程中不涉及其他企业。一般传统的愿意承担全部风险的企业会选择这种模式,自担风险、自负盈亏。

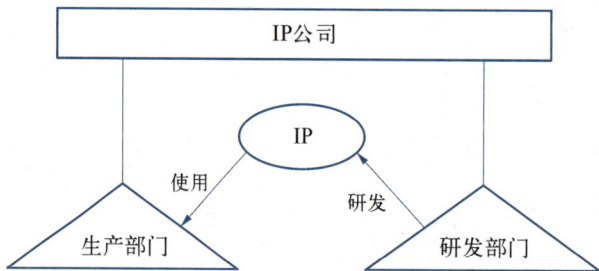

图 9-6　自我使用知识产权模式

(二) 他人使用模式

他人使用知识产权模式下,典型的做法是跨国企业(IP 公司)开发出知识产权后,将其使用权授予其他公司并收取特许权使用费(见图 9-7)。

(三) 持权公司

在跨国企业将知识产权授权他人使用的模式下,往往涉及多个公司,也就是说,知识产权往往是层层特许的。于是就产生了持权公司,即专门持有知识产权、将知识产权授权

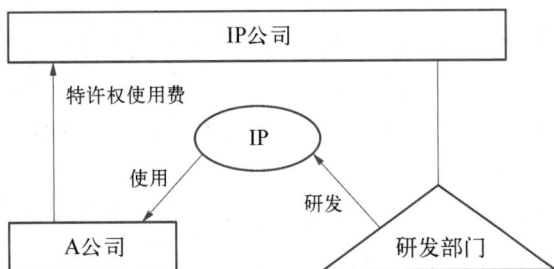

图 9-7 他人使用知识产权模式

给其他经营实体使用并收取特许权使用费的公司。持权公司的典型组织架构如图 9-8 所示。

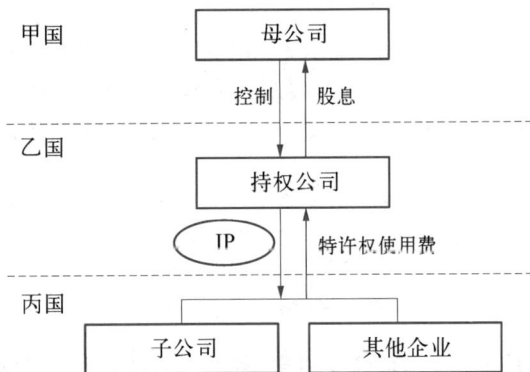

图 9-8 持权公司的组织架构

二、知识产权持有和使用面临的主要税收问题

根据各自的法律,各国对无形资产保护的范围和性质有所不同;同样,对无形资产提供的保护条件也各有不同。某些无形资产需要满足一些条件才能获得法律保护,如必须能够在商业中持续使用或定期持续。很多因素都影响着持有知识产权的公司所在地以及知识产权的使用模式的选择,以下主要介绍相关的税收因素。

(一) 特许权持有和使用中的费用扣除

基于成本收益配比的原则,持有知识产权的公司往往需要持续对知识产权进行维护和再开发,持权公司还可以基于无形资产价值进行摊销,企业所得税税率越高,无形资产持续开发费用和无形资产摊销发挥的减税作用越大。

(二) 特许权持有和使用产生收入的课税

(1) 特许权使用费是否属于应税所得

如果特许权使用费不被认定是本国或地区的应税所得,则不会被征税。例如,我国香港地区属于行使来源地管辖权的税收辖区,只对来源于境内的所得征税,所以如果持权公司建立在香港地区,则该公司从他国获得的特许权使用费收入不会被征税。

（2）对知识产权收入的税收优惠

许多国家借助专利盒（patent box）制度对符合条件的专利以及其他知识产权的收益提供税收减免，一方面可以激励研究开发活动，另一方面也促使跨国企业将 IP 所有权留在本国的税收管辖权范围之内。已经实施专利盒制度的欧洲国家有英国、荷兰、比利时、法国、爱尔兰、卢森堡、西班牙等。

在英国 2013—2014 财政年度开始分阶段实施的专利盒制度下，符合条件的知识产权所得（intellectual property profits，RIPP）可按低至 10% 的实际有效税率缴纳所得税（2013 年英国公司所得税正常税率为 23%）。此项制度适用于由专利产生的所有所得，包括特许权使用费和销售专利权获得的所得，还适用于销售内含专利权技术的相关产品取得的所得。英国规定各个财政年度专利所得适用的减免比例如下：2013—2014 年度，60%；2014—2015 年度，70%；2015—2016 年度，80%；2016—2017 年度，90%；2017—2018 年度起，100%。

假设某一个公司自 2015 年 4 月 1 日起获得利润 1 000 英镑，该利润完全符合专利盒制度下的知识产权所得标准，当年英国公司所得税的税率为 22%，则该公司应该缴纳的公司所得税不是 $1\,000 \times 10\% = 100$ 英镑，而是用先以下公式计算从总所得中减除的专利所得：

$$1\,000 \times 80\% \times [(22\% - 10\%) \div 22\%] = 436$$

因此，企业应缴纳的公司所得税为：

$$(1\,000 - 436) \times 22\% = 124$$

荷兰从 2007 年 1 月 1 日起实施"专利盒"制度。开始该制度只适用于专利，对于符合条件的专利转让所得适用 10% 的公司所得税税率。从 2010 年 1 月 1 日起，该制度适用范围被扩展到适用于更多由技术研发活动创造的无形资产产生的所得（需要向政府有关部门申请研发证书），公司所得税税率降至 5%，并被改名为创新盒（innovation box），适用于荷兰居民公司以及在荷兰设有常设机构的外国公司。2018 年创新盒的适用税率提高到了 7%，但是相比荷兰 25% 的正常公司所得税税率，创新盒仍然显著降低了税负。

部分欧洲国家专利盒制度下的税率水平与正常所得税率对比的情况如表 9-1 所示。

表 9-1　部分欧洲国家专利盒制度下的税率水平（2019 年）

国　别	专利盒税率	正常税率	国　别	专利盒税率	正常税率
英　国	10%	19%	法　国	10%	28%/31%
荷　兰	7%	25%	比利时	5.92%	29.58%
卢森堡	5.20%	26.01%	爱尔兰	6.25%	12.5%
西班牙	5%/9.5%	10%/19%			

（三）特许权使用费的预提所得税

对于本国企业对外支付的特许权使用费，主要有两种征税方法，一种是按单独的税率全额征收预提所得税，另一种是如果该项特许权使用费来源于设在本国的常设机构，则并入常设机构的经营所得,按本国的普通企业所得税率征税。但也有的税收辖区对于对外支付的特许权使用费免税,如中国香港、荷兰等。

(四) 税收协定

一个持权公司设立的理想地点,应该拥有良好的税收协定体系,与多国签订税收协定。

一般来说,IP 公司获得的特许权使用费收入会被来源国征收预提所得税,若 IP 公司有母公司,则 IP 公司将利润以股息的形式汇回给母公司时,会被课征预提税。若 IP 公司所在国和来源国、母公司所在国都签有税收协定,则特许权使用费的预提所得税可能会免征或降低,股息的预提所得税则会降低。

第三节　知识产权转移中的国际税收筹划

知识产权从一个经营实体转移到另一个经营实体往往会产生应税的资本利得,由于无形资产的账面价值相对于转让价格可能很低,可扣除的计税基础较低,所以在这个过程中跨国企业将会承担大量的税收,很有必要进行相关的税收筹划。

一、知识产权转移面临的主要问题

(一) 知识产权的所有权

当知识产权以合作开发和共同委托这两种模式进行开发时,知识产权的实质或者经济上的所有者可能会遍布世界各地,因此可能不止一个税收辖区认为对一项知识产权转移的交易拥有征税权。

在涉及无形资产的转让定价案件中,确定企业集团中哪些企业最终享有无形资产的收益十分关键。尽管无形资产的法律所有权人可能收取了利用无形资产而产生的收益,其所属跨国企业集团的其他成员也可能为无形资产价值的实现执行了相关功能、使用了相关资产或承担了相关风险。因此,应当遵循独立交易原则对企业集团利用无形资产所获得的收益在成员间进行最终分配。

(二) 知识产权转移中的定价

知识产权是一种无形资产,所以它的价值很难确定,评估结果往往是一个范围,这有利于给跨国企业一个弹性的定价区间,但与此同时也带来了较大的不确定性。当跨国企业的定价被认定为不符合独立交易原则,而被重新定价时,会面临巨大风险。

根据 OECD 的转让定价指南,对于涉及无形资产转让的交易,可比非受控价格法和交易利润分割法通常是比较有效的转让定价调整方法,同时也会涉及估值技术的应用。

1. 可比非受控价格法在无形资产转让定价调整中的应用

在能够找到可靠的可比非受控价格的情况下,可比非受控价格法是确定符合独立交易原则的无形资产转让定价的一种比较有效的方法。这种方法特别适用于关联企业当中的一方从独立企业购入无形资产再转让给关联企业当中另一方的情形,因为这时无形资产的收购价格就可以为确定受控交易中符合独立交易原则的转让定价提供有效的参照。

如图 9-9 所示,B 公司以 100 万美元的价格收购了一家非关联企业 T 公司 100％的股权。T 公司主要从事研究与开发,目前正在开发几个前景较好的技术,但是仅有较少的销售收入。收购价格的确定主要依据 T 公司正在开发的技术的价值,以及 T 公司的员工未来进一步开发新技术的潜力。在会计核算上,对 B 公司的收购价格分摊如下:20 万美元为有形资产和已认定的无形资产(包括专利),80 万美元为商誉。

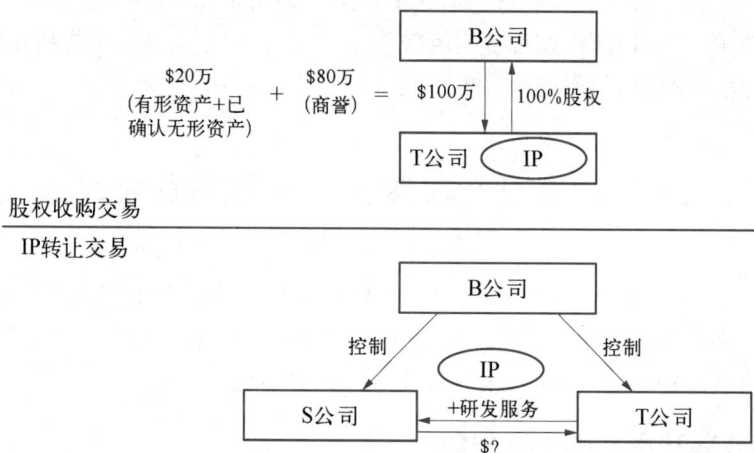

图 9-9　适用可比非受控价格法的知识产权转让交易

上述收购交易后,B 公司立即要求 T 公司将其拥有的已开发和部分开发的技术(包括专利、商业秘密和专有技术)全部转让给 B 公司的子公司 S 公司。与此同时,S 公司与 T 公司签订一份委托研发协议。根据协议规定,T 公司的员工将专门代表 S 公司继续开发已转让的技术和开发新技术,S 公司对 T 公司提供的研发服务按照成本加成的方式支付报酬,开发完成或价值提升后的无形资产的所有权属于 S 公司。为此,S 公司将为所有未来的研究提供资金,并承担未来部分或全部的研究成果不能被开发成为具有商业价值的产品而带来的财务风险。S 公司拥有大量的研究人员,其中包括负责对从 T 公司收购的技术进行管理的人员。上述安排之后,S 公司的研究及管理人员对 T 公司研究人员的工作承担全部管理责任,包括指导和控制。S 公司负责新项目的审批、预算的规划和制定,并从其他方面控制 T 公司正在进行的研究工作。所有 T 公司的研究人员将继续受聘于 T 公司,并按照与 S 公司签订的协议专门向 S 公司提供研发服务。

由于收购交易后 T 公司和 S 公司同为 B 公司的子公司,T 公司向 S 公司转让无形资产以及提供持续性研发服务的交易属于受控交易,对此项交易进行转让定价分析时就涉及无形资产的定价,即需要确认从 T 公司转移到 S 公司的无形资产的独立交易价格。由于在此前发生收购交易时,B 公司和 T 公司属于非关联企业,B 公司为收购 T 公司股权支付的价格体现了该股权的独立交易价格,因此可以为确定 T 公司所拥有无形资产的价值提供参照。但是,并不能简单采用会计核算上对收购价格的分摊方法,按照该方法,T 公司的无形资产将在 20 万美元以下,其余的 80 万美元都作为了商誉。事实上,在进行收购价格分摊时被视为 T 公司商誉的 80 万美元的大部分应该也是基于 T 公司拥有的无形资产和 T 公司拥有的研发人员的价值。因此,根据可比非受控价格法,T 公司对 S 公司转让无形资产的价值及 T 公司对 S 公司提供研发服务的服务费中应当体现这部分商誉的价值。[1]

2. 交易利润分割法在无形资产转让定价调整中的应用

在无法找到可靠的可比非受控价格的情况下,通常可以采用交易利润分割法来确定符合独立交易原则的无形资产转让价格,这时主要需要关注关联方的总利润、每个关联方履行的职能、承担的风险以及在知识产权开发中支付的成本等因素。

例如,某公司集团在某电子产品的生产方面拥有市场上领先的技术,而其关键技术有两个部分,一是产品的运行程序,二是主要组件的设计,该公司集团中的 A 公司负责产品组件的设计和制造并拥有相关的知识产权,B 公司负责成品及程序的设计、开发和制造并拥有相关的知识产权,C 公司负责成品销售。

假定已知 B 公司向 C 公司销售成品的独立交易价格,则转让定价调整主要针对 A 公司向 B 公司销售组件的价格。因该公司技术领先,无法找到可靠的可比非受控价格,又由于制造环节的利润可由成本加成法确定,这里转让定价调整的关键环节就是通过余值分析法确定 A 公司和 B 公司由于各自拥有的在组件设计和成品/程序设计中的知识产权而应分配到的利润。根据 OECD 转让定价指南,考虑到 A 公司和 B 公司开发的产品类型相似,可以根据两个公司各自支出的研发费用来进行上述分配。

两个公司在转让定价调整前的收入、成本和利润情况如表 9-2(A)所示。

可以看出,需要分割的两个公司合计的利润为 10 单位。若同行业制造利润一般为制造成本的 10%,则 A 公司和 B 公司各应分配的制造利润为 1.5 单位和 2 单位,得到剩余可分配的知识产权利润为 6.5 单位。因为两个公司的研发成本分别为 15 和 10 单位,则按 15∶10 的比例两个公司分别可分配的知识产权利润为 3.9 单位和 2.6 单位,最终 A 公司和 B 公司可分配到的总利润分别为 5.4 单位和 4.6 单位。转让定价调整后两个公司的收入、成本和利润情况如表 9-2(B)所示。

表 9-2 交易利润分割法在涉及无形资产的转让定价调整中的应用

(A)

	A 公司	B 公司	合 计
第三方销售收入		100	100
关联方销售收入	50		
制造成本	15	20	35
原 材 料	10		10
关联方制造成本		50	
研发成本	15	10	25
运营成本	10	10	20
利 润	0	10	10

---

[1] BEPS 报告案例 64。

(B)

	A公司	B公司	合 计
第三方销售收入		100	100
关联方销售收入	55.4		
制造成本	15	20	35
原 材 料	10		10
关联方制造成本		55.4	
研发成本	15	10	25
运营成本	10	10	20
利 润	5.4	4.6	10

如果该公司集团出于节约知识产权管理成本、有效打击侵权行为等考虑准备将 B 公司的专利等知识产权转移给 A 公司统一管理,则可基于上述利润分割的结果,结合适当的估值方法进一步确认 B 所拥有的知识产权的价值及符合独立交易原则的转让价格。

3. 估值方法在无形资产转让定价调整中的应用

估值方法是对各类资产的价值进行测算的方法,它在涉及资产的转让定价调整中可以发挥积极的作用,根据具体需要,可以和其他的转让定价调整方法相结合,也可以直接应用。

常见的估值方法有成本法、收益法、市场法等。其中收益法基于对未来收入流的预测对基础资产的价值进行测算,特别有助于克服知识产权的价值难以用传统的转让定价调整方法进行判定的困难,如缺乏可比非受控价格、收益可能远远高于成本等。根据收益法进行估值的基本计算公式如下:

$$PV = \sum_{i=1}^{n} \frac{R_i}{(1+r)^{n-1}}$$

其中,PV 为资产的现值,R_i 为资产第 i 年产生的净收入,n 为资产的预期使用年数,r 为贴现率。

以估值结果为基础,可以结合交易的具体情况,对无形资产的合理转让价格进行判断。例如,P 公司是在甲国经营的一家跨国公司,拥有生产 F 产品的专利、商标等知识产权,由于乙国的生产成本较低,它在乙国设立了一家子公司 S 公司,并准备将 F 产品的相关知识产权转让给这家子公司。

由于 P 公司和 S 公司是关联企业,此项知识产权转让是受控交易,因此需要认定符合独立交易原则的转让价格。如果无法应用可比非受控价格法等其他转让定价方法,则可借助估值方法进行转让定价分析。如果估值的结果显示 P 公司不转让该项知识产权自行生产 F 产品未来可产生净现金流的贴现值为 600 万美元,P 公司不转让该项知识产权采取委托加工方式在乙国生产 F 产品未来可产生净现金流的贴现值为 875 万美元,S 公司买入该项知识产权生产 F 产品未来可产生净现金流的贴现值为 1 100 万美元,则 P 公司向 S 公司转让知识产权并一次性收取的价款应高于 875 万美元,低于 1 100 万美元,否则如果 P 公司和 S 公司是独立企业,进行这样的转让交易是无利可图的。

当然,在转让定价分析中应用估值技术时,需要注意相关知识产权的预期收益、预期有效年限的预测是否准确,贴现率的选择是否适当等问题。

二、选择适当的知识产权转移模式

为以较低的税收成本实现知识产权转移,主要有以下三种常用的知识产权转移方式:提供使用模式、以股换资模式和间接转让模式。

(一) 提供使用模式

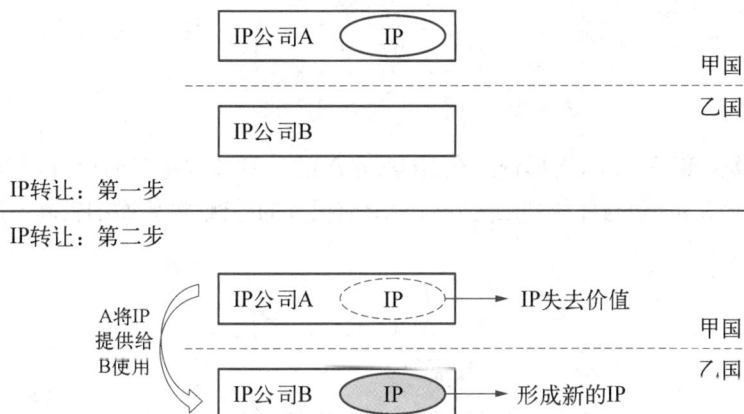

图 9-10 提供使用型知识产权转让方式

这种转让方式主要是转出方的 IP 公司 A 将知识产权提供给转入方的 IP 公司 B 使用,并不涉及所有权的转移,因此可以较好地避免相关的资本利得税问题。但转出方 IP 公司将其拥有的知识产权提供给转让方 IP 公司使用时,应收取相应的特许权使用费,否则不符合独立交易原则,可能会面临转让定价调整。在一段时间后,转入方 IP 公司利用原有的知识产权开发出了新的知识产权,原有知识产权逐渐失去价值,就实现了真正意义上的知识产权转移。

(二) 以股换资模式

这种转让方式下,转入方 IP 公司 B 以自身的股权来交换转出方 IP 公司 A 的知识产权。在有些国家,以无形资产入股的行为并不需要纳税[①]。

如果 IP 公司 B 所在的乙国已经是转移交易的目的地国家,则转移在此结束。若不是,IP 还需要转移到丙国,此时需要考虑无形资产在乙国的计税基础。在一些国家,包括中国,以非货币性资产交换获得的无形资产将会以公允价值作为计税基础,此时 IP 再以公允价值转移给 IP 公司 C,资本利得的差额较小,所以并不需要缴纳较高的企业所得税。若由 IP 公

---

① 在我国这项非货币性交易是需要缴税的,但是仍然有延期纳税的规定。我国企业所得税法第六条规定,企业以非货币形式取得的收入应当按照公允价值确定收入额。而根据国家税务总局《关于非货币性资产投资企业所得税有关征管问题的公告》(国家税务总局公告 2015 年第 33 号),实行查账征收的居民企业以非货币性资产对外投资确认的非货币性资产转让所得,可自确认非货币性资产转让收入年度起不超过连续 5 个纳税年度的期间内,分期均匀计入相应年度的应纳税所得额,按规定计算缴纳企业所得税。

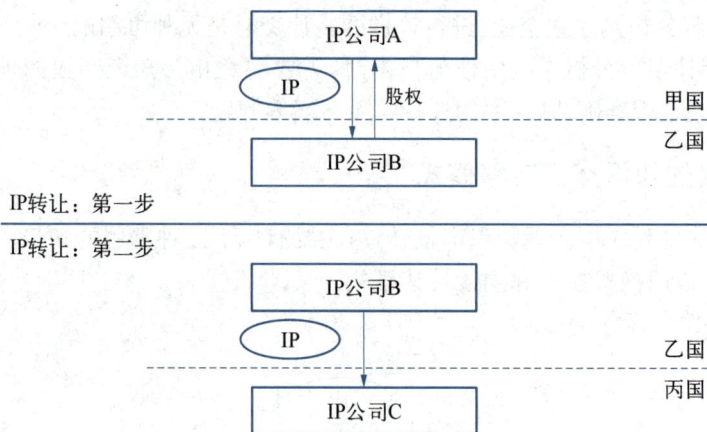

图 9-11　以股换资型知识产权转让方式

司 A 直接转移到 IP 公司 C,无形资产在 IP 公司 A 的计税基础是账面价值,相对低一些,交易价格(IP 的公允价值)与计税基础之间就会形成很大的差额,需要缴纳较高的所得税。

(三) 间接转让模式

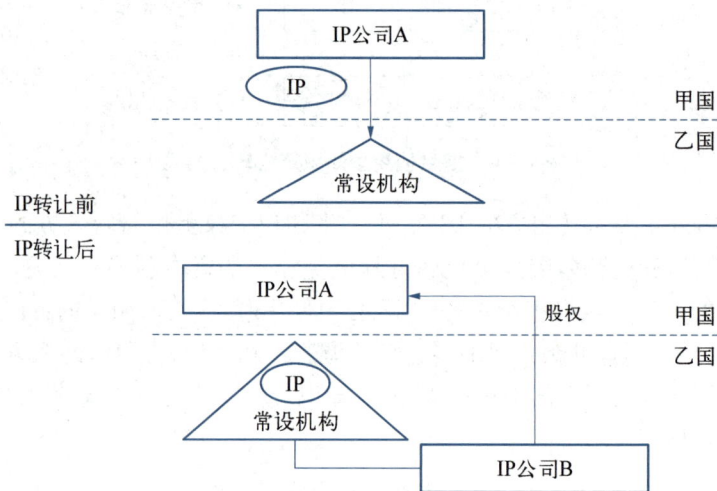

图 9-12　间接转让型知识产权转让方式

　　假定甲国的 IP 公司 A 在乙国设有一个常设机构(如分支机构)。IP 公司 A 先将其知识产权转移给它的常设机构,这一步一般是不会被征税的,因为这是知识产权在一个公司内部的转移。

　　IP 公司 A 将知识产权转移给常设机构之后,再将接受知识产权的常设机构转移给设在乙国的另一个 IP 公司 B,并获得 B 公司的股权。这里转移的对象是常设机构,知识产权只是这个常设机构的资产的一小部分。

　　如果甲国和乙国都是欧盟成员国,根据欧盟的并购指令,若合并、分立、部分分割或资产转移中转让的资产包括位于转让公司所在国(甲国)以外的成员国(乙国)的转让公司(IP 公司 A)的常设机构,则转让公司(IP 公司 A)所在的成员国(甲国)应放弃对该常设机构征税的任何权利①。因此,转让公司(IP公司A)所在的成员国(甲国)不会对常设机构资产当中的知识产权的转让收益征税。

当然,上述三种知识产权转移模式实践中是否可操作,还需要看具体情况,例如,是否符合有关国家关于合理商业目的的要求。

第四节 BEPS 项目对与知识产权相关的国际税收筹划的影响

BEPS各项行动计划中与知识产权直接相关的主要是第5项及第8项。

一、BEPS 第 5 项行动计划的影响

BEPS第5项行动计划为考虑透明度和经济实质、有效打击有害税收实践,重点针对各国与知识产权相关的税收优惠提出了新的定义经济实质的方法——关联法,即以真实的且符合比例要求的研究开发支出作为衡量经济实质的标准,企业仅在其自身发生符合条件的研发支出并获取知识产权收入的情况下才能享受税收优惠。

受到该计划的影响,近年来荷兰、西班牙、比利时、卢森堡、英国等实施"专利盒"或"创新盒"制度的欧洲国家陆续对本国原有的税收优惠政策进行了调整。

例如,荷兰自2017年1月1日起实施的新创新盒制度规定,只有归属于本公司自行开展的研发活动的利润才可以获得创新盒制度的优惠,具体计算公式如下:

$$合格利润 = \frac{合格\ IP\ 支出 \times 1.3}{IP\ 支出总额} \times 来自符合条件的\ IP\ 资产的总利润$$

其中,IP支出总额包括企业直接研发IP资产的成本、外包给集团其他公司进行研发活动的成本和外购IP资产的成本,不包括财务成本、食宿成本等间接成本,合格IP支出仅包括企业直接研发IP资产的成本,但为补偿IP支出总额中的一些未计入的部分,允许合格IP支出再乘以1.3的系数。

相比较而言,在2017年以前,虽然"创新盒"制度也适用于企业自行开发(self-developed)的无形资产,但并不排除将研发活动外包而由企业对研发活动进行控制的情况。

除调整可适用税收优惠的利润的计算方法,自2018年1月1日起,荷兰还将"创新盒"制度下的优惠税率由5%提高到7%。

由此可见,如果跨国企业的税收筹划涉及对知识产权相关的税收优惠政策的利用,需要确保研究开发支出的真实性且相关的应税收入需符合关联法中的比例要求。

二、BEPS 第 8 项行动计划的影响

BEPS第8项行动计划为无形资产转让定价,与知识产权的税收筹划直接相关。根据此项行动计划,企业享有无形资产收益应以经济所有权为基础,应根据关联企业控制重大风险的情

---

① 除非该常设机构的亏损曾经抵消过转让公司的应税所得,转让公司所在的成员国可以恢复对该抵消掉的应税利润征税的权利。

况和对无形资产价值的实际贡献来分配收益。行动计划还明确应根据可比非受控价格法、利润分割法和价值评估法等确认无形资产相关交易的独立交易价格,这些原则已写入了 2017 年版的 OECD 转让定价指南,将对各国税务机关涉及无形资产的转让定价调整提供重要参考。

根据上述情况,涉及知识产权的转移或使用的跨国企业需要重新评估本企业的相关转让定价安排,确保定价结果与企业无形资产价值创造的实际情况相一致,与 BEPS 行动计划提出的新原则相符,尽可能规避被认定为通过转让定价避税的风险。

专栏 ··–·+·–·+·–·+·–·+·–·+·–·+·–·+·–·+·–·+·–·+·–·+·–·+·–·+·–·+·–·+·–·+·–·+·–·+·–·+·–·

美国税改方案中的"全球低税无形所得"和"海外无形所得"税制

2018 年起实施的美国税改方案中针对"全球低税无形所得"和"海外无形所得"规定了新的税收制度。

"全球低税无形所得"税制是一种反避税措施,类似于受控外国公司规则,即由受控外国公司(CFC)取得的全球低税无形所得(global intangible low-taxed income,简称 GILTI)应按比例计入其美国股东当年的应税所得,在美国缴纳所得税。其中 GILTI 被定义为 CFC 总所得与其正常有形(资产)所得之间的差额,正常有形所得又被定义为 CFC 的合格商业资产投资(qualified business assets investments,QBAI)的 10%。换言之,美国立法者假定 CFC 的有形资产回报率应该为 10%,超出这一水平的所得就被认为是该公司无形资产的所得,即无形所得。

全球低税无形所得在 2018 年到 2025 年间可以享有 50% 的扣除,2026 年以后可以享有 37.5% 的扣除。由于美国公司所得税的法定税率在 2018 年以后为 21%,则全球低税无形所得税的有效税率在 2018 年到 2025 年间为 10.5%,2026 年以后为 13.125%。若某美国公司 100% 控股的所有海外子公司全球低税无形所得为 10 亿美元,则该公司 2018 年应缴纳的全球低税无形所得税为:

$$50\% \times 21\% \times 10 \text{ 亿美元} = 10.5\% \times 10 \text{ 亿美元} = 1.05 \text{ 亿美元}$$

为了避免重复纳税,对于可归属于全球低税无形所得的 CFC 在东道国缴纳的税收,可以给予相当于已纳税额 80% 的税收抵免。

由于"全球低税无形所得"税制使得美国公司通过海外子公司取得的无形资产所得在当年就要在美国纳税,对于美国公司以往采取的将无形资产转移到海外子公司并利用当地的低税率避税的行为形成了较为明显的制约。

海外无形所得制是一种税收激励措施,即针对海外无形所得(foreign-derived intangible income,FDII)给予一定比例的税收扣除,海外无形所得指美国公司通过向外国人(包括公司)出售、处置或授权知识产权和向外国人(包括公司)提供服务所获得的超过其有形资产价值 10% 的所得。

计算海外无形所得的步骤如下:

首先,在确定美国公司总收入(gross income)之后,减去扣除(包括税收)和若干需要排除的项目(如受控外国公司所得、全球低税无形所得等)便得到"可扣税收入"(deduction eligible income,DEI)。其次,计算可扣税海外收入(foreign-derived deduction eligible income),即通过向外国人(包括公司)出售、处置财产(property)或向外国人(包括公司)提供服务所获得的"可扣税收入"。第三,计算"核定的无形所得"(deemed intangible income),即公司"可扣税收入"中大于合格商业资产投资(QBAI)价值10%的部分。最后,按照以下公式计算海外无形所得:

$$海外无形所得＝核定的无形所得×(海外可扣税收入/可扣税收入)$$

新税法规定,海外无形所得可享有37.5%的免税,在21%的公司所得税率下,海外无形所得的有效税率是13.125%。不难看出,一个公司海外无形所得越多,该公司的实际所得税负就越低。

可见,设立海外无形所得税制是为了减轻大量获得来自海外的无形资产收入的美国企业的所得税负,有助于进一步鼓励美国企业直接持有知识产权而不是过多将知识产权转移到海外子公司。

案 例

谷歌双爱尔兰——荷兰三明治税收筹划模式

一、案例背景

谷歌公司(Google Inc.)是一家总部设在美国加利福尼亚州的跨国科技企业,1998年成立,2004年在纳斯达克上市,业务包括互联网搜索、云计算、广告技术等,同时开发并提供大量基于互联网的产品与服务,其主要利润来自广告服务,获取的收入主要是特许权使用费收入和广告收入。在《2017年BrandZ最具价值全球品牌100强》名单中,谷歌科技名列第一位[①]。

然而,谷歌公司承担的税负与其品牌价值并不相称。如图9-13所示,谷歌公司2004年上市以来的所得税负呈现明显的下降趋势,并且远低于美国(接近40%)和大部分欧洲国家(26%—34%之间)的法定所得税负。

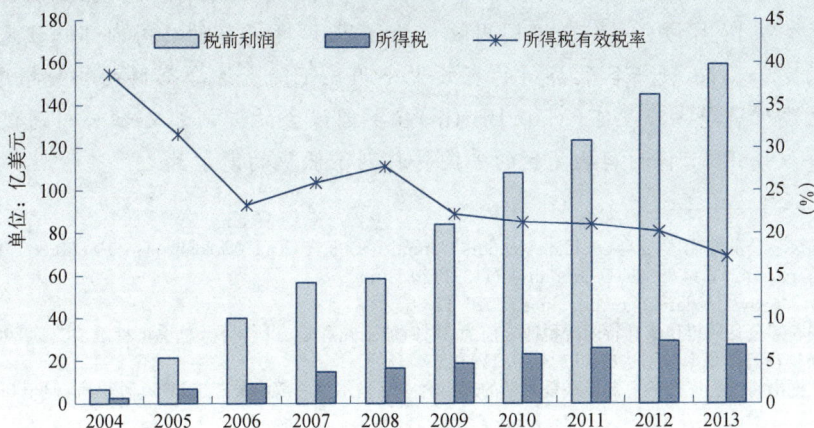

资料来源:谷歌公司历年年报,http://stockpage.10jqka.com.cn/GOOG/finance/?sort=1。

图9-13 谷歌公司历年的所得税负(2004—2013)

---

① 参见 https://us.kantar.com/business/brands/2017/brandz-most-valuable-global-and-uk-brands/。

谷歌将美国以外的总部设在了爱尔兰首都都柏林，通过在欧洲、中东和非洲市场（简称 EMEA 市场）广泛开展业务，获取了巨额的广告收入和特许权使用费收入，却通过精心设计公司的组织架构及业务模式将大部分收入转移到避税地，从而避免承担欧洲国家较重的税收负担。英国议会公共账目委员会的听证结果显示，2011 年谷歌爱尔兰公司实现的销售收入达 3.96 亿英镑，但缴纳的所得税仅有 600 万英镑[1]。

针对这种情况，英国于 2015 年 4 月开征谷歌税。谷歌税的正式名称为转移利润税（diverted profit tax）[2]，旨在打击跨国企业通过人为设计的交易转移利润，从而侵蚀本国税基的行为。由于谷歌公司采用的双爱尔兰-荷兰三明治避税模式在该税的打击范围内，因此媒体形象地将该税种称为谷歌税。谷歌税并非仅是针对谷歌公司或网络公司征收的税种，所有通过人为交易将利润转移出英国的跨国企业都可能被征收谷歌税。

二、案例焦点问题

本案例的焦点问题在于，作为一家高科技企业，知识产权管理是谷歌公司的重要业务活动，特许权使用费则是谷歌公司获取收入的重要形式，谷歌公司设计了何种组织架构，如何在知识产权管理和特许权使用费收付中避免了在美国和欧洲国家可能面临的高税负。

三、案例分析

（一）知识产权转移中美国税收的规避

谷歌公司集团的总部在美国，如果不做任何税收筹划，谷歌公司的知识产权始终由谷歌总公司持有并运营，则公司通过收取特许权使用费和广告费等获取的利润将承担接近 40% 的美国公司所得税[3]，而在欧洲的爱尔兰，公司所得税的法定税率只有 12.5%[4]，因此为降低税负水平，谷歌公司于 2003 年在爱尔兰设立了子公司爱尔兰控股公司（Google Ireland Holdings），并将其搜索引擎、广告服务及其他相关知识产权在 EMEA 市场的使用权转移至这家公司。此项交易的细节尚未公开，但据谷歌公司年报披露，2006 年 12 月该公司与美国国内收入局就 2003 年开始的公司内部转让定价安排达成预约定价协议，使得谷歌公司的有效税率明显下降。综合彭博的相关报道[5]及谷歌欧洲区高管麦特·布里丁（Matt Brittin）在英国议会的证词[6]，谷歌公司通过收取较低的特许权使用费，将利润从高税的美国转移到了低税的爱尔兰。[7]

---

① 英国议会公共账目委员会（Public Accounts Committee）报告，Tax Avoidance-Google，https://publications.parliament.uk/pa/cm201314/cmselect/cmpubacc/112/11202.htm。

② http://www.legislation.gov.uk/ukpga/2015/11。

③ 美国联邦公司所得税率在特朗普税改之前为 35%，加上州和地方所得税，总税负接近 40%。2001—2003 年谷歌公司的所得税有效税率分别达到 30.6%、46.1% 和 69.5%。

④ 谷歌提出将美国以外的总部设在爱尔兰的理由之一是爱尔兰总部的员工能讲 50 种语言，便于与不同国家的客户沟通。

⑤ Drucker, J. (2010) "Google has made $11.1 billion overseas since 2007. It paid just 2.4% in taxes. And that's legal", *Bloomberg Businessweek*, (4201), pp.43-44.

⑥ 来源同上。

⑦ 也有文献认为谷歌采用成本分摊协议的方式将其知识产权转移给了爱尔兰子公司，参见 Kleinbard, Stateless income, Edward D. Florida Tax Review, Dec, 2011, Vol.11(9), pp.699-773。

（二）双爱尔兰-荷兰三明治架构与知识产权持有和运营中爱尔兰税收的规避

虽然爱尔兰的法定公司所得税负只有 12.5%，远低于美国的税负水平，谷歌公司仍希望尽可能规避爱尔兰的税负，双爱尔兰-荷兰三明治架构主要就是为达成这一目标采用的[①]。该架构包含了两家爱尔兰子公司和一家荷兰子公司（如图 9-14 所示），就像两片面包夹着一片奶酪的三明治，所以被形象地称为双爱尔兰-荷兰三明治。这一架构是 20 世纪 80 年代苹果公司在全球初露头角时开发推出的一种财务战略。之后包括谷歌在内的美国著名跨国公司（如微软、通用电气、甲骨文等），通过改头换面方式或直接沿袭的方式套用了这一模式。

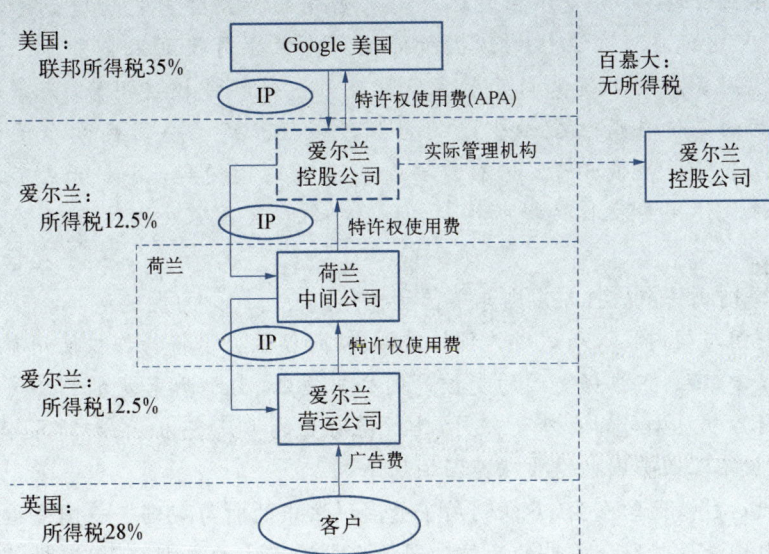

图 9-14　谷歌双爱尔兰——荷兰三明治税收筹划架构

爱尔兰控股公司虽然拥有了在美国之外使用谷歌知识产权的权利，这家公司却并不直接从事运营活动，只是一个壳公司，完全不雇佣员工，并且将实际管理机构设在百慕大。爱尔兰控股公司将其知识产权进一步授权给一家设在荷兰的子公司（Google Netherlands Holdings BV），该荷兰子公司再继续授予 IP 使用权至它设在爱尔兰的另一家子公司——爱尔兰营运公司（Google Ireland Ltd.）。爱尔兰营运公司雇佣约 1 300 名员工，谷歌公司在欧洲的业务主要通过该公司开展，来自客户的广告费也主要支付给这家公司。

通过向其上层公司支付特许权使用费，爱尔兰营运公司可以有效降低其应纳税所得额，从而降低在爱尔兰需承担的公司所得税负。由于爱尔兰根据实际管理机构标准认定公司纳税人的居民身份，只有实际管理机构设在爱尔兰的公司才需要就其全球所得纳税，实际管理机构设在百慕大的爱尔兰控股公司不会被爱尔兰认定为税收居民，因

---

① http://www.bloomberg.com/news/2010 - 05 - 13/american-companies-dodge - 60 - billion-in-taxes-even-tea-party-would-condemn.html.

而这家公司在百慕大收到的来自荷兰的特许权使用费和股息均无需在爱尔兰缴纳公司所得税。由于百慕大不征企业所得税，该项特许权使用费和股息也不需要在百慕大纳税。

但是，如果爱尔兰运营公司直接向爱尔兰控股公司支付股息和特许权使用费，由于爱尔兰税法在预提所得税方面的豁免只针对欧盟成员国公司，在爱尔兰被认定为百慕大居民企业的爱尔兰控股公司就要按正常税率缴纳预提所得税。夹在两家爱尔兰公司之间的荷兰公司的一个重要作用正是为了节省这笔税款。爱尔兰控股公司通过荷兰公司持有爱尔兰营运公司，并通过荷兰公司把知识产权许可给爱尔兰营运公司，爱尔兰营运公司则需先向荷兰公司支付股息和特许权使用费，从而可避免在爱尔兰缴纳预提所得税。荷兰公司收到来自爱尔兰营运公司的特许权使用费后由于还需向爱尔兰控股公司支付特许权使用费，只需就两笔特许权使用费的差价在荷兰缴纳少量的企业所得税。荷兰公司向爱尔兰控股公司支付的股息和特许权使用费，也不需要在荷兰缴纳预提税，因为荷兰不对向境外支付的特许权使用费征收预提所得税，也不对向欧盟国家公司支付的股息征收预提所得税。

（三）美国税法中的打勾规则与美国受控外国公司规则的规避

虽然利用与国内收入局达成的预约定价安排，谷歌公司将特许权使用费收入从美国转移到了爱尔兰，但根据美国的受控外国公司规则，由于两家爱尔兰公司和一家荷兰公司都是谷歌总公司的海外子公司，其所得有可能被认定为 F 分部（Subpart F）所得，于是即使不汇回美国也需要在美国纳税。

为防止这种情况的发生，谷歌利用了美国税法中的打勾规则。美国法律允许美国的母公司自由选择其符合条件的受控外国子公司的实体的类型，可以选择作为独立实体或者穿透实体，这就是打勾规则。根据打勾规则，谷歌总公司将荷兰公司和爱尔兰运营公司都选择认定为一个穿透实体，则在美国看来，这两家公司都相当于爱尔兰控股公司的一个分支机构，与爱尔兰控股公司构成是一个整体。于是爱尔兰运营公司向上支付的特许权使用费和荷兰公司向上支付的特许权使用费将被视同一个公司的内部资金划拨，不会产生应纳税所得额。而爱尔兰运营公司的收入属于经营所得，不会被认定为 F 分部所得，也就无需在美国纳税。

（四）常设机构与广告费收入来源国税收的规避

爱尔兰运营公司向欧洲非关联的客户收取的广告费等营业收入在来源国承担的税负也比较轻，如前文提到，谷歌在英国赚取了大量的广告费收入，却只缴纳了少量的税款。这一环节的主要依据是税收协定和相关国内税法中关于常设机构的规定，根据爱尔兰对外签订的税收协定以及有关国家的国内税法，只有爱尔兰营运公司在来源国（如英国）被认定为设有常设机构时，经营所得才需要在来源国纳税。谷歌的爱尔兰营运公司采取了多种避免在来源国被认定为设有常设机构的措施，如将在来源国开展的业务活动设计为准备性或辅助性的而仅在爱尔兰进行合同的签署等。

表 9-3　谷歌部分主要经营实体的收入形式和税负

收入 公司	特许权使用费	股　息	广告费等营业收入
爱尔兰营运公司	免预提税	免预提税	扣除特许权使用费后在爱尔兰缴纳少量税收
荷兰公司	免预提税	免预提税	无
爱尔兰控股公司	爱尔兰不征税 百慕大无企业所得税	不征税	无
谷歌美国公司	无	不汇回美国不征税	无

四、总结与评论

　　本案例主要展示了基于知识产权赚取巨额收益的 IT 公司如何通过复杂的组织架构规避税负。案例中介绍的双爱尔兰-荷兰三明治架构应用广泛,而谷歌公司借助该模式实现的税收利益又远超其他 IT 公司。据彭博报道,在苹果、甲骨文、微软、IBM 和谷歌五大顶尖 IT 公司中,谷歌公司 2007—2009 年海外业务的有效税率低至 2.4%,而其他四家公司同期海外业务的有效税率在 4.5% 到 25.8% 之间。

　　然而,谷歌公司因此成为欧洲国家反避税的重要目标,英国议会多次对谷歌进行质询,英国税务当局对谷歌进行了长达六年的调查,谷歌虽然坚持其业务安排都是合法合理的,重压之下仍于 2016 年 1 月同意向英国补交 1.3 亿英镑的税款。由此可见,采取适当的方式缴纳适当的税收对于谷歌这样商业运营上成功的公司来说也是非常复杂的。英国已经开征"谷歌税",这对谷歌必将带来新的挑战,其影响也值得我国企业和税务机关持续关注。

本 章 小 结

　　研究开发知识产权的模式有 4 种,即自主开发、委托开发、合作开发和共同委托。需要考虑的主要税收问题是在高税地区还是低税地区获得知识产权、是否委托开发以及风险与利益是否匹配。

　　知识产权的后续使用有自我使用和授权他人使用并收取特许权使用费两种模式。需要考虑的主要税收问题是持有知识产权的公司所在地是否对特许权使用费征税、特许权使用费支出是否给予扣除,支付特许权使用费的公司所在地是否基于税收协定可减征或免征预提所得税。

　　知识产权转移中需要考虑的主要税收问题是如何避免因知识产权的计税基础较低而转让时实际价值较高而承担较高的资本利得税,3 种知识产权转移模式有助于实现税收上中性的知识产权转移,即提供使用模式、以股换资模式和间接转让模式。但企业仍需注意合理商业目的的存在和基于独立交易原则的知识产权定价。

习题与思考题

一、材料分析题

[**阅读材料**] 从 2008 年 7 月上线开始，苹果公司的 iOS 应用商店 App Store 便从购买软件的用户支付的软件订阅费中收取 30% 的销售额分成，这一销售额分成被业内称为"苹果税"。至 2017 年 6 月 1 日苹果公司已经累计获得超过 700 亿美元的分成收益，这意味着，该平台产生了超过 1 000 亿美元的销售额，苹果公司也从中获取了 300 亿美元的利润。2017 年 6 月 12 日，苹果公司在更新的 App Store 条款中正式指出，通过虚拟货币的"打赏"，应当被视为"应用内购买"，苹果也将从中提取 30% 的分成，而且必须走苹果支付渠道。2017 年 4 月，因为拒绝苹果公司这一"应用内购买"规则，微信针对 iOS 版本取消了微信公众号内用户对作者的"打赏"功能，"苹果税"引起了各界广泛关注①。

[**问题**] 苹果公司取得的来自中国手机用户的苹果税收入，属于何种类型的所得，是否应该缴纳中国的企业所得税？

二、讨论题

1. 知识产权的研究开发有哪些典型的方式，需要注意哪些税收问题。
2. 知识产权的转移有哪些典型的方式，需要注意哪些税收问题。

---

① 李晨赫、曹华威、王旭："微信叫板苹果的背后"，《中国青年报》，2017 年 6 月 20 日第 9 版。

第十章

供应链管理中的国际税收筹划

教学目的与要求

供应链是围绕核心企业,通过对商品流、信息流、物流、资金流的控制,从采购原材料到制成中间产品及产成品、最后经由销售网络把产品送到消费者手中的一个由供应商、制造商、分销商、零售商和消费者所连成的一个整体功能网链。在经济全球化的进程中,企业将在全球范围内配置供应链中的不同环节。通过本章的学习,要求学生熟悉制造、批发和零售这三个主要供应链环节中的税收筹划模式,以及 BEPS 行动计划对这些筹划方案的影响。

第一节 制造企业的国际税收筹划

一、制造企业的不同模式

制造企业履行的职能、拥有的资产和承担的风险大致包括以下方面:

首先,就职能而言,包括:① 生产决策,比如决定产品种类、产品性能,以及生产数量;② 购买原材料,这是生产商品的必备前提;③ 加工成产成品,这是制造企业的核心业务。

其次,与产品制造有关的资产包括:① 相关固定资产,包括厂房、生产设备;② 原材料;③ 在产品;④ 产成品。其中②到④都是任何一个生产环节必将涉及的资产。

由制造企业履行的职能和拥有的资产不难识别出制造环节所产生的风险,包括:① 与原材料购买相关的风险,比如原材料价格波动引起的成本变动、运输原材料时的损耗、保存原材料时的损失;② 与加工制造相关的风险,比如加工成残次品和废品的损失;③ 库存风险,指完工产品在库存时可能被盗、被损坏的风险;④ 销售风险,指因市场波动而产生的滞销损失,销售所产生的坏账等。

根据加工制造价值链上职能、资产、风险的不同划分,制造企业可以分为传统制造模式、合同加工模式和付费加工模式。

传统制造模式是由一个企业独自完成原料采购、产品制造以及产成品销售,也就是说由同一家企业履行与制造相关的所有职能、拥有所有必要的资产并且承担与制造相关的所有风险。

合同加工模式是由委托方和制造方签订加工合同,由制造方根据委托方的要求购买原材料和必要部件,进而生产产品。在这种情况下,制造方完全根据委托方的要求来生产,委托方在产品生产完成时会购买所有的产成品,从而制造方将与产成品存货管理和销售相关的风险转嫁给了委托方。

付费加工模式则是由委托方提供原材料,制造方只提供加工服务并收取加工费。这种情况下,除制造风险外,其他风险均由委托方承担。

不同模式下制造企业所履行的职能、拥有的资产和承担的风险如表 10-1 所示,其中合同加工模式和付费加工模式统称委托加工模式。

表 10-1　不同制造模式下制造企业的职能、资产和风险

	履行的职能	拥有的资产	承担的风险
传统制造模式	生产决策 购买原材料 加工生产 产品销售	生产设备 原材料 在产品 产成品	原材料相关风险 制造风险 库存风险 销售风险
合同加工模式	购买原材料 加工生产	生产设备 原材料 在产品	原材料相关风险 制造风险
付费加工模式	加工生产	生产设备	制造风险

二、符合正常交易原则的利润水平

近年来,越来越多的跨国企业开始运用委托加工模式,将与加工制造有关的风险和职能部分地转移给委托方,这样做的好处在于根据收益与风险相匹配原则,可以将与制造相关的利润归集到委托方企业。在委托方企业处于低税国时,可以降低跨国企业集团的总体税负。

根据前文的分析,在传统制造模式下,制造方承担了所有与制造相关的风险,因此与制造相关的利润也全部归属于这个企业。在合同加工的模式下,制造方承担部分风险,因此也只能享有与制造相关的部分利润,这部分利润相当于是加工费用加上对所承担风险的额外补偿收益。付费加工能分享的利润则更少,仅仅是加工费。由此可见,在委托加工模式下,可以正当地将利润归集给委托方,只保留少量利润在制造方。

三、委托企业的设立

(一) 设立委托企业的理想地点

由于合同加工模式和付费加工模式的主要目的之一是将利润归集到委托方企业,基于税收方面的考虑,委托企业产设立地点的选择通常要考虑两大方面:一方面是委托方企业所在地税率,税率较低时能达到很好的节税效果;另一方面是良好的税收协定网络,这样可以避免或降低对委托方企业股息汇回的预提税,以及避免委托方在制造方所在国就经营所得被征税。

图 10-1 显示了一个典型的委托加工制造模式,其中甲国的母公司在乙国设立一个委托企业(委托方),该委托企业又委托丙国的一个制造企业(制造方)加工产品。

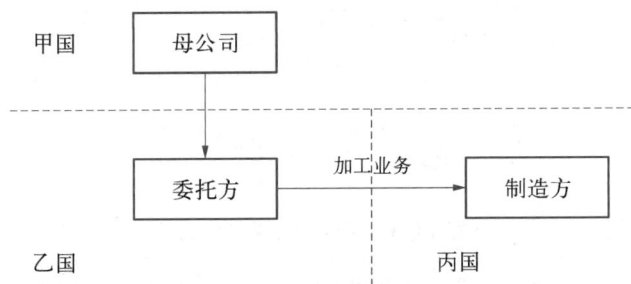

图 10-1　委托加工制造模式

这里,委托方所在国(乙国)最好满足以下条件:① 委托方所在国(乙国)公司所得税率低;② 母公司所在国(甲国)和委托方所在国(乙国)有税收协定,根据税收协定,委托方所在国对委托方向母公司汇回的股息征收较低的预提所得税;③ 根据制造企业所在国(丙国)的国内税法或丙国与乙国的税收协定,委托方在丙国设有常设机构时才需要就经营所得向丙国纳税,而制造方不会被认定为委托方在设在丙国的常设机构。

(二) 设立委托企业的原则

根据 OECD 税收协定范本,与制造企业相关的常设机构主要有两种情况:一是场所型常设机构,凡是企业进行全部或部分营业活动的固定场所都可能被认定为常设机构;二是代理型常设机构,即当缔约国一方企业有权以缔约国另一方企业的名义签订合同并经常行使这种权力时,应认为缔约国另一方企业在该缔约国一方设有常设机构。

在 UN 范本下,除了以上考虑,针对代理型常设机构的认定,还需要特别注意若缔约国一方企业经常在缔约国一方保存货物或商品并代表缔约国另一方企业从库存中交付货物或商品,此类活动也会构成该缔约国另一方企业在缔约国一方设有常设机构。

比较合同加工制造模式(见图 10-2)和付费加工制造模式(见图 10-3),在合同加工模式下,原材料由制造方所有,委托方从制造方购买产成品再销售,制造方和委托方形式上是卖方和买方关系;在付费加工模式下,原材料由委托方所有,制造方只负责加工,制造方和委托方只是受托人和委托人关系。因此通常情况下,前一种模式下的制造方不会构成委托方的常设机构,而后一种模式下的制造方则存在被认定为委托方的常设机构的风险。

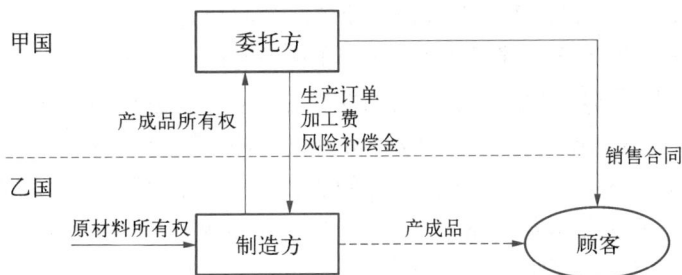

图 10-2　合同加工制造模式

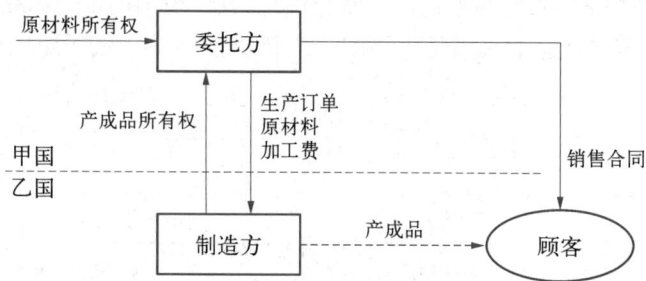

图 10-3　付费加工制造模式

总体来说,付费加工中的制造方仍然是独立企业,不是委托方设在制造方所在国的固定营业场所,同时,制造方通常只是承担加工制造业务,也不属于委托方的非独立代理人,因而不符合常设机构的认定标准。但是,在实际操作中,应特别注意以下几点。

第一,委托方和制造方应该权责分明,保证委托方只下达生产命令而不涉及生产过程,制造方只进行单纯的生产活动。比如,要避免委托方派遣自己的员工到制造方监督生产过程,因为在 UN 范本中,与劳务有关的监督管理活动会构成常设机构。

第二,如果制造方直接将货物提供给客户,必须是在委托方和顾客已经达成销售合同的前提下在委托方的指示下进行,否则制造方就会涉嫌经营活动,从而被认定为委托方的常设机构。

第三,如果受雇于委托方的员工在制造方所在地从事其他工作,必须有独立的公司和独立的工作场所,以避免制造方被认定为委托方的常设机构。因为在 OECD 范本和 UN 范本的第五条第四款都提到,一些仅产生辅助性或准备性结果的业务活动所构成的场所和设施通常不会被认定为常设机构。所以单独加工的制造方被认定为委托方在制造方所在国的常设机构的风险较低,而同时为委托方进行采购、销售业务构成常设机构的风险很高。

第四,如果委托方授予制造方代表其签署合同的权利,则会被认定为代理型常设机构。在 UN 范本中还需特别注意:即使委托方没有授予制造方代表自己签署合同的权利,但制造方经常性替委托方储存和交付货物,也会构成常设机构。

第五,独立代理人不构成常设机构,是指一个企业仅通过经纪人、一般佣金代理人或者任何其他独立地位代理人在缔约国一方营业,而这些代理人又按常规进行其本身业务的,应不认为在该国构成常设机构。因此要避免代理人的活动全部或几乎全部代表被代理企业。

一些并非基于 OECD 范本和 UN 范本谈签的税收协定中,也有可能将付费加工产品等同于设有常设机构,对于此类国家和地区,在选址时应尽量避免。比如,美国对外谈签的部分税收协定中,是以产品制造加工活动发生的地点为制造利润的来源地。

除避免被认定为在制造方所在国设有常设机构外,设立委托企业的原则还包括注意委托方的经济实质,具体考虑以下两方面的问题:第一,生产经营决策是否真的在委托方发生,只有经营决策真实发生在委托方企业,委托方和制造方才构成真实的委托加工关系;第二,委托方和制造方之间的转让定价是否合理,要考察委托方是否具有足够的人力、资金等资源来承担委托合同规定的职能和风险。

第二节　批发企业的国际税收筹划

一、几种主要的分销模式

批发企业最基本的分销模式有分销商模式和代理商模式两种:一种是完全独立的分销商模式(distributors),这种模式下分销商与委托方企业之间的关系是买方和卖方的关系;另一种是接受他人委托的代理商模式(agents),这种模式下代理商和被代理方企业之间的关系是受托方和委托方的关系。

分销商的特点在于:① 分销商的经营并不受委托方企业和个人的约束,他可以为许多制造商分销产品;② 分销商用自己的资金买进产品,承担能否从销售中得到足够盈利的全部风险,并赚取全部销售利润。

代理商的特点在于:① 固定地从事被代理企业委托的活动;② 是独立的商事经营者;③ 所代理货物的所有权属于被代理企业,并非售卖自己的产品,而是代被代理企业转手卖出去;④ 赚取代理佣金,而非销售利润。

进一步细分,分销商按承担的风险大小可以分为完全风险分销商和有限风险分销商,代理商按与被代理企业的依属关系可以分为非独立代理商和独立代理商(也称佣金代理人)。

(一) 传统分销商和有限风险分销商

传统分销商也就是完全风险分销商,分销商从委托方企业购进商品,拥有商品的所有权,承担与商品销售、库存有关的全部风险。而有限风险分销商是将分销商的部分风险转移给委托方,典型的做法包括:① 委托方补偿分销商产生的坏账损失,从而承担销售中产生的信用风险;② 委托方以成本价回购分销商没有售出的产品,从而承担因商品销售不佳而导致的风险;③ 委托方负责货物的库存,从而承担因销售货物所带来的贮存风险。

如图 10-4 所示,对比传统分销商,有限风险分销商的优势在于通过风险分担协议和货物仓库,将部分风险转移给委托方企业,从而承担较少的风险。因为在这种情况下,货物仓库与委托方本质上是一个整体,分销商虽然购入货物时拥有货物所有权,但拥有时间极短,由于很快就将商品转手销售给顾客,几乎不承担与货物相关的贮存风险。

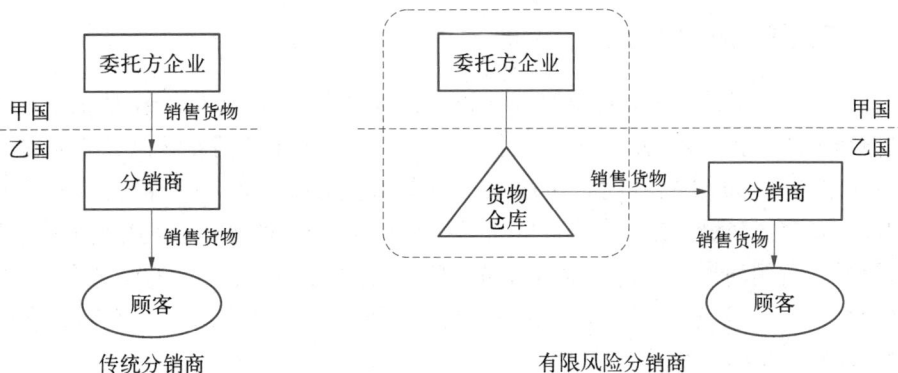

图 10-4　传统分销商和有限风险分销商

（二）非独立代理商和独立代理商

独立代理商和非独立代理商最大的区别在于与被代理企业关系是否独立。非独立代理商是指专门为本企业提供代理服务的代理商，其地位相当于被代理方（即制造商）外设的分支机构，但是只为被代理企业提供代理服务，而不享有销售利润。独立代理商是指独立于被代理企业的代理商，相比非独立代理商与被代理企业的关联关系，独立代理商是独立的第三方，并且代理商与顾客之间签订的购销合同对被代理企业没有约束力。

如图 10-5 所示，对于非独立代理商，由于其代表被代理企业签订销售合同，符合税收协定范本中对常设机构的认定标准，因此归属于代理商 B 的利润会在代理商 B 所在国（乙国）征税，从而在乙国为高税国时会降低该企业集团的税后利润。对于独立代理商，代理商与顾客签订的购销合同对被代理企业不产生约束力，代理企业和被代理企业仅签订代理服务合同，由被代理企业支付代理佣金。因此，货物虽然可能从被代理企业直接销售给顾客，但在顾客的角度，自己是与代理商 B 进行交易，与 A 无关。

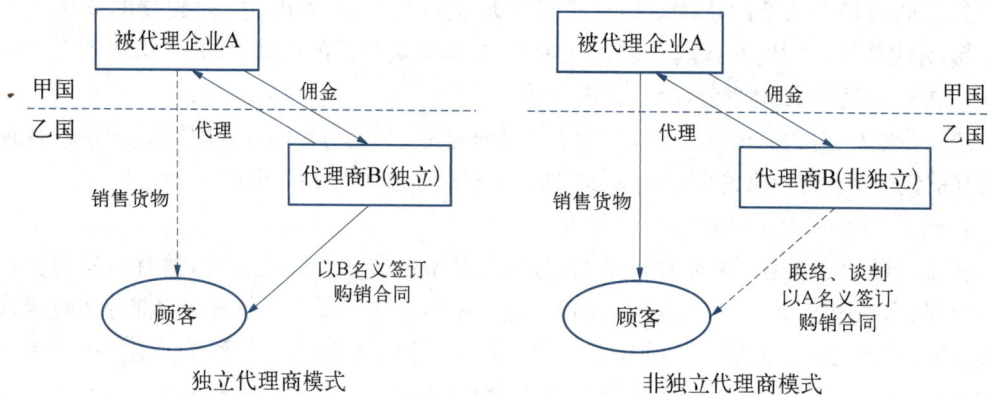

图 10-5 独立代理商和非独立代理商

对于非独立代理商，一般当代理方经常性或习惯性地以委托方的名义签订合同时则构成委托方的常设机构。但是根据 OECD 范本的注释，代理方以自己名义签订的对委托方有约束力的合同也适用此项规定。因此，只有认定代理方与顾客签订的合同对被代理方不具有约束力，才能避免代理方被认定为常设机构的风险。

二、不同模式下的税收负担

传统分销商模式是分销商将货物购入再售出，利润即购销利差。这种模式下的利润由分销商销售能力和与委托方企业的议价能力决定。但由于分销商承担了全部的销售风险，也应该享有全部的销售利润。同时，由于分销商是独立企业，一般需就其来源于东道国的利润在东道国交税。如果东道国的所得税率较高，则这种模式下的税收负担较重。

有限风险分销商模式是将一部分分销风险分给委托方企业下设的商品仓库，根据风险与利润相匹配原则，分销商分享更少的利润。如果东道国的税负较重，在商品仓库不在东道国构成常设机构的情况下，能到达节税目的。

非独立代理商模式和独立代理商只能拿到代理佣金，因为都是只提供代理服务。但两者的不同之处在于,前者会在东道国构成常设机构,从而会被东道国征税,后者一般不会被认定为被代理企业在东道国设立的常设机构,因而如东道国的税负较重,可能达到节税效果。

　　以设备销售为例,假设某企业的居民国企业所得税率为30%,东道国企业所得税税率为40%,利润汇出无须缴纳预提所得税,设备成本为120万元,关联公司以5:5的比例分享利润且符合正常交易原则,则在传统分销商(子公司)、非独立代理商(构成常设机构)、独立代理商(不构成常设机构)三种情形下该企业从居民国向东道国销售设备的税收负担对比如表10-2所示。

表10-2　不同境外销售模式下企业税负的对比　　　　　　　　单位:万元

		传统分销商	非独立代理商	独立代理商
母公司	销售收入	140	160	160
	销售成本	120	120	120
	代理佣金		10	10
	毛　利	20	30	30
	所　得　税	3	12 (为东道国征税,居民国抵免后无应纳税额)	4.5 (居民国征税)
	净利润	17	18	25.5
子公司	销售收入	160		
	销售成本	140		
	毛　利	20		
	所　得　税	6		
	净利润	14		
集团	毛　利	40	30	30
	税　金	9	12	4.5
	净利润	31	18	25.5

　　可见,在这种假设下,不构成常设机构的代理商模式节税效果最好。

三、选择适当的分销模式

　　从税收角度考虑,假设委托方或被代理企业所在国税率较低,而顾客所在国(东道国)税率较高,选择适当分销模式的目的就是使利润尽量归集到委托方或被代理企业,给分销商和代理商只保留少量利润。根据前文分析,有限风险分销商和独立代理商模式能达到节税效果。

　　对于有限风险分销商,需要特别注意的是避免货物仓库被认定为委托方企业的常设机构,根据 OECD 范本和 UN 范本第五条的规定,常设机构一般都不包括从事企业营业的准备性或辅助性活动的场所,例如:① 专为储存、陈列或者交付本企业货物或者商品的目的而使用的设施;② 专为储存、陈列或者交付的目的而保存本企业货物或者商品的库存;③ 专为另一企业加工的目的而保存本企业货物或者商品的库存;④ 专为本企业采购货物或者商品,或者收集情报而设立的固定营业场所;⑤ 专为本企业进行其他准备性或辅助性活动的目的设立的固定营业场所。虽然这些场所是企业营业的固定场地,但其服务对象是专为本企业,不直接起到盈利的作用,因而不构成常设机构。

对于独立代理商,则应该考虑代理商的独立性是否成立。例如,在我国判定代理人的独立性时,根据国税发〔2010〕75 号文件①,需考虑如下因素:代理人商务活动的自由度、代理人商务活动的风险由谁承担、代理人代表的企业的数量以及被代理企业对代理人专业知识的依赖程度,等等。

除了税收因素,在选择合适的分销模式时,还要考虑以下因素:第一,架构的投入成本,如设立一个货物仓库的成本投入;第二,当地的相关法律是否允许此类仓库的存在,可能有些地方不允许设立专门储存货物的仓库;第三,增加的流转环节是否会产生较重的增值税、消费税、关税等间接税。

第三节　零售企业的国际税收筹划

零售环节是供应链的最后一个环节,零售企业是供应链实体里与最终消费者直接联系的一个实体,也是大部分跨国企业最主要的获取经营利润的场所。传统零售企业是在一个国家或地区完成商品采购、库存管理、销售运营等所有与零售相关的业务,从而与零售相关的利润都归集于这个企业,而通过适当的供应链管理,可以将这些业务分离到不同的国家和地区,从而达到节税的效果。

一、采购业务的税收筹划

零售企业税收筹划的第一种方式是将其采购业务分拆到低税率国家或地区。

如图 10-6 所示,传统零售模式是甲国的母公司在乙国设立一个零售公司,该公司从丙国的供应商处采购产品,再销售给本国的顾客。若乙国、丙国都为高税率国家(公司所得税率达 30％),可以选择在一个低税率国家丁国(公司所得税率为 10％)下设一个采购公司。

假设丙国供应商提供某笔货物的价格为 100 万元,零售公司对外销售价格为 300 万元,不考虑其他税费的影响。在传统零售模式下,零售公司应负担(300－100)×30％＝60万元的所得税,但若零售公司将采购业务分离到丁国的采购公司,而乙国的零售公司只从事销售业务,假设采购公司与零售公司的内部转移价格为 200,则针对这笔交易,该公司集团的税收负担为(200－100)×10％＋(300－200)×30％＝40 万元,显然可以达到节税的目的。

---

① 详见本书第五章第二节。

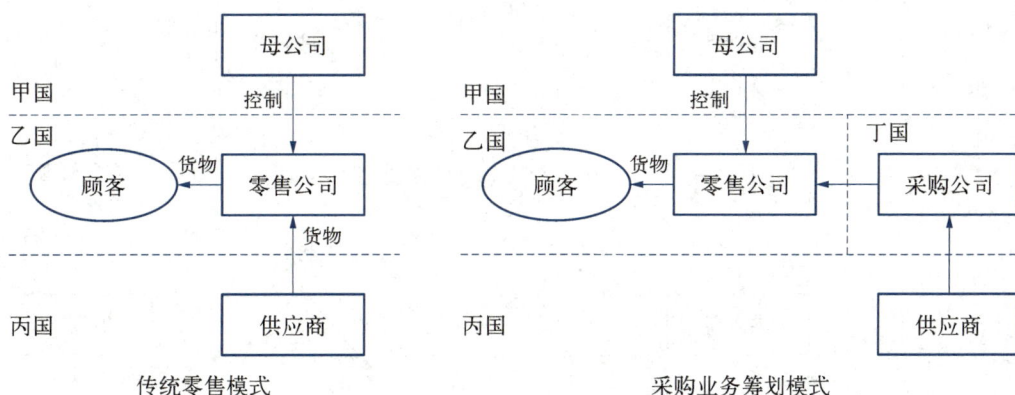

图 10-6 采购业务的筹划模式

但是,这种采购模式需要注意两个问题。

一方面,要考虑零售公司和新设的采购公司的交易价格是否合理,由风险利润相匹配原则,只有当采购公司分享的利润与承担的风险相匹配才不会被税务机关质疑。因此,为了使利润更大程度地归集给采购公司,也应将风险更大程度地归集给采购公司,如货物价格波动带来的风险、货物储存带来的偷窃或损坏风险等。为此可以考虑由采购公司独立地与供应商签订销售合同,或设在乙国的零售公司只短暂拥有货物所有权。

另一方面,要考虑低税国的采购公司是否会在高税国构成常设机构,首先应避免乙国的零售公司构成采购公司的常设机构。由于采购公司是受零售公司的委托开展采购活动,而不是零售公司受采购公司的委托开展销售活动,零售公司的销售业务都是独立于采购公司而开展的,因此,零售公司一般不会构成采购公司的常设机构;其次,也应该避免采购公司在丙国被认定为设有常设机构,一般而言采购公司和供应商是购销关系,供应商不会构成采购公司的常设机构。

除了以上方面,进出口货物的关税和流转环节产生的增值税、消费税等间接税,都会增加采购成本,这些因素也要纳入考虑。

二、存货管理业务的税收筹划

零售企业开展税收筹划的第二种方式是将存货管理业务分拆到低税国,从而使与货物储存相关的利润避开高税区。如图 10-7 所示,传统零售模式是甲国的母公司在乙国设立一个零售公司,该公司从丙国的供应商处采购产品,再销售给本国的顾客。而在乙国和丙国都是高税国的情况下,还可以在低税的丁国建立一个存货管理公司,由乙国的零售公司只短暂地拥有商品的所有权,并且使存货管理公司与零售公司的内部转销价格略低于零售公司针对外部顾客的销售价格,从而在零售公司保持较低的利润。

与采购公司的设计一样需要考虑的是,内部转移定价的合理性,以及货物仓库是否会被认定为存货管理公司在乙国的常设机构,根据 OECD 税收协定范本,存货仓库不构成实际经营场所,不代表存货管理公司签订销售协议,就不会被认定为常设机构。在这一模式下,同样要考虑进出口、商品流通环节的间接税。

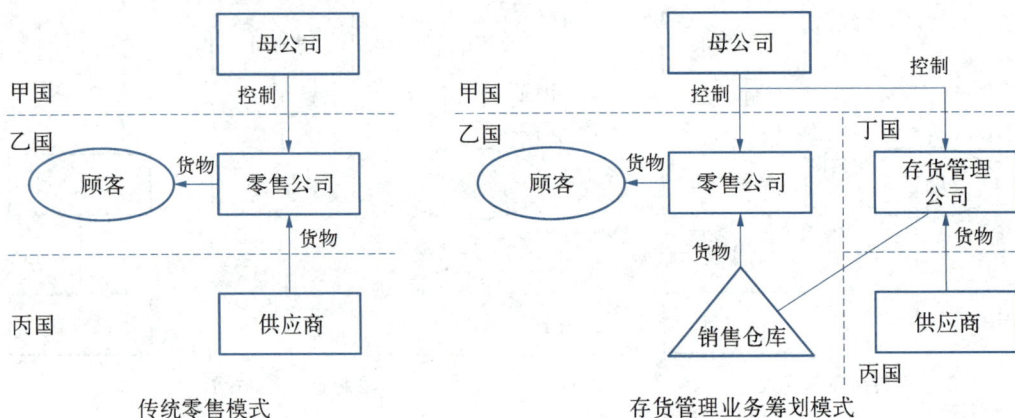

图 10-7　存货管理业务的筹划模式

三、连锁经营的税收筹划

所谓连锁经营,是指将若干个同行业的店铺以共同进货、共享经营技术或是经营同一种商品的方式联系起来,以提高规模效益的一种商业经营方式,连锁经营包括三种形式:直营连锁、特许经营和自由连锁。

直营连锁就是指总公司直接经营的连锁店,即由公司本部直接管理各个零售点的经营形态,所有的店铺都是由同一经营实体——总公司所有。总部直接下达指令掌管所有的零售点,零售点也毫无疑问必须完全接受总部的指挥。直营连锁最大的特点在于同一投资者开设门店、经营管理高度集中统一,并且有统一的核算制度。以直营连锁方式经营的典型的跨国公司是屈臣氏集团,它在各地出资设店,各店的所有权都由总公司所有。屈臣氏集团总部对连锁店铺在人事、财务、投资、分配、采购、定价、促销、物流、商流、信息等方面进行高度集中统一的管理经营,而店铺只负责销售业务。

特许连锁是由拥有技术和管理经验的总部,指导传授加盟门店各项经营的技术经验,并收取一定比例的特许金及指导费。这是总部与加盟店之间依靠契约结合起来的一种经营形式,是以单个店铺经营权的授予为核心的连锁经营。典型的案例有肯德基、麦当劳等。以肯德基为例,总部负责控制、组织、授权等职能,筛选出合格的加盟者,提供物流、营销推广等服务,而加盟店在总部的技术指导下进行销售运营,在开始时支付一定金额的特许经营初始费,之后持续支付占销售额的一定比例的特许权使用费和一定比例的广告分摊费。

自由连锁是多个企业为了共同利益结合而成的事业合作体,各成员店是独立法人,具有较高的自主权,只是在部分业务范围内合作经营,以达到共享规模效益的目的。自由连锁的特点在于成员店拥有独立的所有权、经营权和核算权,总部与成员店之间的关系是协商与服务的关系。食品分销企业 SPAR 是典型的自由连锁。1932 年,为了抵御来自大型直营连锁企业的竞争压力,荷兰的中小零售业经营者联合起来正式设立了这家 SPAR 超级市场连锁店。如今,SPAR 的业务扩展到全球 34 个国家,拥有 1 000 多个零售商合作伙伴、1.5 万多家会员门店,2009 年营业额达 280 亿欧元,并在许多国家和地区发挥着惊人的联盟效应。

在税收方面,直营连锁模式下,总部和门店是统一核算,而后两种模式下总部和门店则分开核算。因此在设计企业跨国经营的构架时应该考虑不同地区税率不同所带来的效应,即当门店所在地税率较低时,在能实现销售盈利的前提下,可以优先考虑后两种模式,由各门店独立纳税。同时,对于特许经营权费用,还存在一定的筹划空间,即由门店将特许经营权的费用以特许权使用费的形式支付给公司总部还是以商品销售为载体,在销售额的基础上补贴特许经营权费用,两者的税负差距很大。前者存在预提所得税的问题,后者的特许经营权费用则隐含在商品成本中。

第四节　BEPS 项目对供应链管理中的国际税收筹划的影响

BEPS 各项行动计划中与供应链管理直接相关的主要是第 7 项及第 8—10 项。

一、BEPS 第 7 项行动计划的影响

BEPS 第 7 项行动计划为防止人为规避构成常设机构,关于此项计划对跨国企业的影响及可采取的应对措施,第 7 章第 6 节已进行讨论,这里不再赘述。

二、BEPS 第 8—10 项行动计划的影响

BEPS 第 8—10 项行动计划重点关注风险与资本的转让定价及其他高风险交易的转让定价问题,与制造、批发、零售等处在不同供应链管理环节的企业都有关。因此,从事这些业务的跨国企业需要重新评估本企业的相关转让定价是否符合 BEPS 行动计划提出的新的原则。其中 BEPS 行动计划特别强调不能通过关联方之间的合同来进行风险和利润的分配,而应基于企业实际承担的风险。因此,跨国企业应避免将利润更多归集到实际承担风险较低的企业,以防止被税务机关认定为通过转让定价避税而进行调整。

专栏

来料加工和进料加工

来料加工和进料加工是区别于一般贸易的我国对外贸易管理中的两种加工贸易方式。

来料加工和进料加工这两种加工贸易的共同之处在于原材料和元器件来自国外,加工后成品也销往国外市场。但两者有本质上的区别。

进料加工贸易中,进口料件和出口成品是两笔独立的交易,进料加工的企业需自筹资金从国外购入料件,然后自行向国外市场销售;而来料加工贸易则进、出为一笔交易的两个方面,料件和成品的所有权均由委托方所有,承接方无须支付进口费用也不承担销售风险。

进料加工贸易中,企业所获得的是出口成品的利润,利润的大小取决于出口成品的

市场行情;而来料加工贸易,承接方收取的是工缴费,工缴费的大小以劳动力的费用,即工资水平作为核算基础。两者相比,进料加工贸易的收益大于来料加工贸易,但风险也较大。

进料加工贸易,企业有自主权,根据自身的技术、设备和生产能力,选择市场上的适销商品进料加工;而来料加工贸易,则由委托方控制生产的品种、数量和销售地区。

对照前文关于制造企业不同模式的介绍,来料加工接近于付费加工模式,而进料加工接近于合同加工模式。

案 例

中兴通讯和印度税务机关税收诉讼案

一、案例背景①

中兴通讯股份有限公司(以下简称"中兴通讯")是全球领先的综合性通信制造业上市公司和全球通信解决方案提供商之一。公司主要从事通信设备和通信系统的研制、生产,并提供技术设计、开发、咨询、服务等。公司总部位于深圳,1997 年成立,同年在深圳证券交易所上市,2004 年在香港上市。

中兴通讯在全球 160 多个国家地区有经营业务,在全球范围内有近百家子公司,集团的组织结构错综复杂。子公司大致分为以下几类:① 中国内地的子公司,主要是在全国范围内从事设备销售和提供服务的子公司,例如:从事软件开发的深圳市中兴软件有限责任公司、以销售设备和相关工程服务为主业的深圳市中兴通讯技术服务有限责任公司、西安中兴新软件有限责任公司等;② 设立在中国香港的中兴通信(香港)有限公司;③ 为海外提供设备销售和工程服务的海外子公司,如中兴通讯巴基斯坦私人有限公司、中兴通讯(美国)有限公司、中兴电信(印度)私人有限公司、中兴通讯(巴西)有限公司等。大致框架如表 10-8 所示。

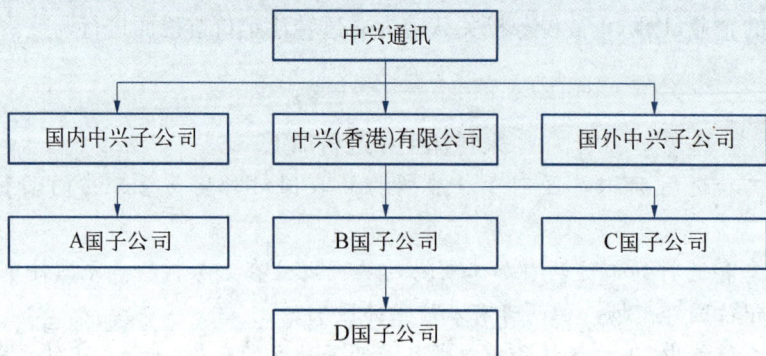

图 10-8　中兴通讯集团架构

---

① 资料主要来自印度所得税上诉法院网站,https://www.itat.gov.in/judicial/judicialdetail/?id=MjI3MDc5。

中兴通讯于1999年开始进入印度市场,此后在印度市场上的销量持续增长。到2010年,中兴通讯在印度通讯设备市场的份额已达到15%左右①。

在2010会计年度以前,中兴通讯母公司从未向印度税务机关申报所得税,其理由是中兴通讯在印度并未设有常设机构,根据中印两国签订的避免双重征税协定中第5条的规定,无须就营业利润向印度缴纳所得税。

但是,印度税务机关对此并不认可。2009年10月6日,印度税务机关对中兴电信(印度)私人有限公司(以下称为"中兴印度公司")在印度的办公场所展开调查,根据调查中获取的文件和相关人员的陈述,印度主管税务官员(assessment officer)认定中兴印度公司是中兴通讯在印度设立的场所型常设机构(fixed base PE)、代理型常设机构(agency PE)和工程型常设机构(installation PE),因此中兴通讯需就2004—2005会计年度以来应归属于该常设机构的向印度客户销售通信设备和手机的所得在印度缴纳所得税。

对于应归属于常设机构的所得,印度主管税务官员认为应区分销售硬件的所得和销售软件的所得,分别确定所得的性质和应纳税所得额。

第一,销售硬件的所得属于营业利润。由于中兴通讯没有对印度业务进行单独的会计核算,无法直接根据销售收入以及成本、费用和损失来计算应纳税所得额,所以需要采用间接法进行核定,具体的核定方法是将中兴通讯在印度销售通信设备(硬件部分)和手机的净利润的20%归属于设在印度的常设机构。

第二,销售通信设备软件部分的所得属于特许权使用费,根据中印税收协定的规定,应以收入总额按10%的税率征税。理由是在销售通信设备的合同中,软件部分是以单独的条款约定并报价的,软件部分的购买发票也单独开具,并且中兴通讯并不完全转让软件的所有权,只是许可客户使用。

中兴通讯对印度主管税务官员的以上决定不服,因此向印度所得税上诉委员[Commissioner of Income Tax (Appeal)]上诉,并提出以下主张:第一,否认在印度设有常设机构;第二,反对主管税务官员提出的核定归属于常设机构的销售硬件所得的方法;第三,主张销售软件的所得属于营业利润,不属于特许权使用费。

印度所得税上诉委员对案件作出的主要裁定如下:第一,中兴通讯在印度设有场所型常设机构和代理型常设机构,但没有工程型常设机构;第二,中兴通讯销售通信设备软件部分的所得属于营业利润,不属于特许权使用费;第三,中兴通讯归属于常设机构的营业利润,应为销售收入的2.5%。

对这一裁定,中兴通讯和主管税务官员均不服,于是双方都向新德里所得税上诉法院提出上诉,分别再次重申了各自原来的主张。

二、案例焦点问题

本案例中兴通讯和印度税务机关争议的焦点主要有两个问题:

第一,中兴通讯是否在印度设有常设机构?

---

① 参见"中兴印度主席 Dr. Ghosh:最差结果不会到来",载于2010年6月2日《第一财经日报》,记者马晓芳。

第二,如果中兴通讯在印度设有常设机构,应如何认定应归属于该常设机构的所得的性质以及应税所得额?

三、案例分析

(一)关于中兴通讯在印度是否设有常设机构的问题

在新德里所得税上诉法院于2016年4月12日对此案开展听证时,中兴通讯的法律顾问和印度税务机关达成和解,认可了在印度设有常设机构的事实,所以案件后续主要针对的是如何核定应归属于常设机构的所得的问题。但是,新德里所得税上诉法院在2016年5月30日发布的最终判决文书中,仍然列出了认定中兴通讯在印度设有常设机构的理由。

第一,认定中兴通讯在印度设有场所型常设机构的理由:中兴通讯在印度市场上向顾客供应电信设备,这些设备的安装和交付使用由中兴通讯全资拥有的子公司中兴印度公司负责;合同的谈判和订立由来自两个公司的人员组成的团队在印度进行;来自中兴通讯的人员到印度帮助中兴印度公司准备投标文件,直接与客户会面,并对中兴印度公司提供各类技术支持服务,他们的工作地点均为中兴印度公司的办公场所。所有这些活动表明中兴通讯与印度建立了业务上的联系,因为作为印度非居民企业的中兴通讯并非在印度开展孤立的业务活动,相反这些活动代表了中兴通讯在印度的业务活动和在印度之外的业务活动之间的真实而紧密的联系。同时,中兴通讯在印度的业务活动是创造所得的业务,因为这些业务活动对于争取业务合同和履行合同义务都是必需的。

第二,认定中兴通讯在印度设有代理型常设机构的理由:中兴印度公司帮助安装中兴通讯销售给印度客户的通信设备,而并不同时帮助其他的供货商提供此类服务。因此,应认定中兴印度公司几乎全部为中兴通讯服务,而不是一个独立地位代理商。中兴印度公司在技术上也几乎全部依赖中兴通讯,是中兴通讯的雇员在持续地为中兴印度公司提供技术支持,没有这些支持,中兴印度公司无法自立,这也证明中兴印度公司不是一个独立地位代理人。同时,合同的谈判和签署是由中兴通讯和中兴印度公司的员工合作完成的,其中的价格谈判主要是由中兴印度公司代表中兴通讯开展的。中兴印度公司的这些业务活动并非准备性和辅助性,对于创造收入至关重要。因此,可以说中兴印度公司经常性地代表中兴通讯协商和订立合同,即使合同形式上由中兴通讯签署,中兴印度公司仍然构成中兴通讯的非独立地位代理人。

(二)关于核定归属于常设机构的应税所得的方法

首先,新德里所得税上诉法院支持了中兴通讯关于销售通信设备软件部分的所得属于营业利润而非特许权使用费的主张。对这一判决主管税务官员不服,再度上诉到新德里高等法院,新德里高院于2017年1月24日做出判决,仍然支持了中兴通讯的主张,理由如下:设备软件部分的销售是和设备硬件部分的销售合为一体的,软件的销售是为了确保硬件能正常使用,软件使用权的许可方式和发票单独开具等做法并不影响交易的上述本质。

其次,关于归属于常设机构的应税所得(包括软件部分的销售所得在内)的核定,新德里所得税上诉法院最终判定的标准为在印度销售通信设备和手机的净利润的35%。主要依据是对中兴印度公司所履行的职能的分析。根据税务人员的调查,中兴印度公司几乎承担了全部的销售职能,包括市场业务、银行业务、售后业务等。考虑到相关判例表明,在销售和制造业务中,原则上归属于制造业务的应税所得应更高,而制造业务主要是在中国而不是印度完成的,所以新德里所得税上诉法院认为35%的净利润归属于中兴印度公司是合理的。

以2003—2004会计年度的数据为例,中兴通讯应归属于印度常设机构的应税所得核定步骤如表10-3所示。

表10-3 中兴通讯应归属于印度常设机构应税所得的核定方法

项 目	金额(比率)
印度市场手机销售额(美元)	112 000.00
印度市场通信设备销售额(美元)	302 843.31
印度业务总销售额(美元)	414 843.31
全球加权平均销售利润率(%)	7.08
印度业务总利润(美元)	29 370.91
归属印度常设机构的应税所得比例(%)	35
应归属于印度常设机构的应税所得(美元)	10 279.82

注:中兴通讯全球财务报表显示,2003和2004日历年度的销售利润率(=利润总额占营业总收入的比重,据母公司调整报表)分别为7.32%和6.36%,考虑到印度的会计年度是当年的4月1日到次年的3月31日,故采用以下方法计算加权平均销售利润率:$(7.32 \times 9 + 6.36 \times 3)/12 = 7.08$。

四、总结与评论

从中兴通讯披露的年报信息看,该公司集团大部分年份的有效所得税负在20%以下(见图10-9),这当然与该公司在国内可享受高新企业15%的优惠税率有关,但考虑

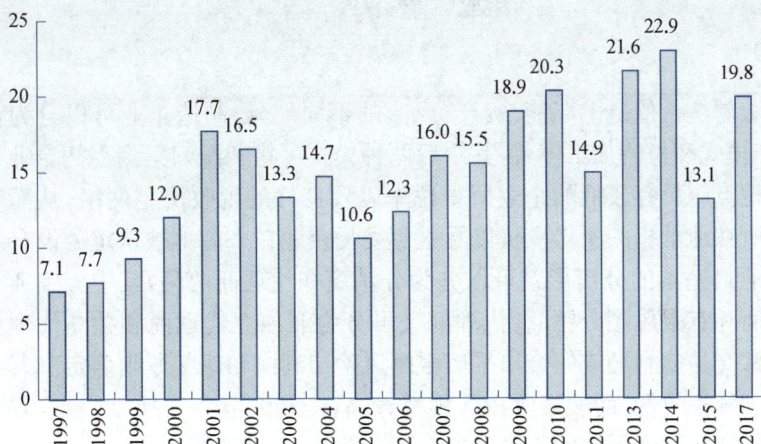

图10-9 中兴通讯的所得税有效税负

资料来源:中兴通讯历年年报,http://stockpage.10jqka.com.cn/000063/finance/#view。

到海外经营经常要面临 30%—40% 的高所得税率,能够将集团总体所得税负保持在 20% 以下,说明该公司的税收筹划能力总体较强。

但是,通过回顾本案例的诉讼进程,仍能发现中兴通讯在税收筹划方面的不足。

第一,该公司在进入印度市场的初期,采取了设立子公司的模式,但在开展业务活动的进程中,未能注意避免在印度被认定为设有常设机构,导致需要就归属于常设机构的营业利润在印度缴纳企业所得税。

第二,该公司未能对印度业务进行独立的会计核算,导致无法采用直接法根据营业收入以及成本、费用、亏损等来核算归属于常设机构的应税所得,而只能根据销售利润率等指标进行间接核定,税务机关采用不同核定方法时结果差异巨大。虽然经过多轮的诉讼,可能争取到较为合理的核定结果,其中仍然有比较大的税负加重的风险。

第三,该公司针对销售通信设备时涉及的软件单独订立合同条款,单独开具发票,导致相应的所得可能被认定为特许权使用费按收入总额征税,有比较大的加重税负的风险。

为此,对于中兴通讯和其他的走出去企业来说,至少应该从以下方面注意改进。

首先,为避免海外子公司被认定为设在东道国的常设机构,设备销售和工程合同应尽量由母公司直接和东道国客户谈判协商,由海外子公司与东道国客户谈判协商时则应避免母公司人员的参与,并避免订立对母公司有约束性的涉及母公司的义务的条款。

其次,为避免东道国用间接法核定归属于常设机构的所得,应尽量对海外实体的收入、成本、费用、损失进行独立的会计核算。

最后,为避免设备销售中涉及软件部分的所得被认定为特许权使用费,应尽量避免对软件部分规定单独的合同金额以及单独开具发票。

本 章 小 结

根据加工制造价值链上职能、资产、风险的不同划分,制造企业可以分为传统制造模式、合同加工模式和付费加工模式,其中后两种模式可将利润归集到委托企业。委托企业设立的理想地点应具有较低的企业所得税率以及良好的税收协定网络,从而有效降低委托企业在其所在地承担的所得税负以及避免委托企业在来源地被认定为设有常设机构。

批发企业最基本的分销形式可以分为分销商和代理商两种,其中分销商又可分为完全风险分销商和有限风险分销商,代理商又可分为非独立代理商和独立代理商。不同模式下符合正常交易的利润或佣金水平应根据风险与利润相匹配原则确定。若委托方或被代理人所在国税率较低,而顾客所在国税率较高,则利润应向委托方归集,有限风险分销商和独立代理商能达到更好的节税效果。

与零售相关的价值链主要可以分为商品采购、库存管理、销售运营三大模块。从税收角度考虑,零售企业可能将其采购业务分拆到低税率国家或地区,或将存货管理业务分拆到低税国,在这一过程中特别值得关注的是内部转移定价的合理性,以及销售仓库是否会被认定为存货管理公司的常设机构。直营连锁、特许经营和自由连锁是连锁销售运营的三种主要模式,当门店所在地税率较低时,跨国企业往往优先考虑后两种模式。

习题与思考题

一、材料分析题

[阅读材料] M公司集团是一家主要从事A电子产品的研发、生产和销售的跨国公司,在全球拥有多家子公司。其中,M集团成都公司是M集团在成都设立的一家主要从事加工生产和销售业务的外商独资企业。M集团的运作模式是由设在美国的M集团母公司与所有的子公司签订加工协议,M集团公司为所有子公司提供原材料,各子公司以来料加工的方式为M集团母公司加工生产A电子产品,产品的所有权为M集团母公司拥有,M集团母公司向各子公司支付加工费。在中国,M集团母公司与M集团成都公司又签订了《A电子产品销售协议》,规定A电子产品在中国的销售采取国内直销模式,即对于中国国内客户需要购买的A电子产品,先由M集团母公司将产品的所有权转售给M集团成都公司,再由MPU集团成都公司直接销售给中国境内的客户。

[问题] 试查阅有关资料,分析M集团成都公司现有的运作模式是否合理,如果M集团母公司直接将产品销售给中国境内的客户,对M集团税收负担的影响如何,如果M集团成都公司与M集团海外公司不是以来料加工而是以进料加工的方式签订加工合同,对M集团税负的影响如何?

二、讨论题

1. 独立地位代理人和非独立地位代理人的确定依据是什么? 企业通过独立地位代理人和非独立地位代理人从事跨境经营活动在税收待遇上有哪些差异?

2. 跨国企业在东道国设立的销售仓库会被认定为常设机构吗? 为什么?

第十一章

综 合 案 例

第一节　中国移动有限公司被认定为中国居民
　　　　企业的税收影响

一、案例背景

（一）中国移动有限公司简介

中国移动有限公司（以下简称中国移动）于 1997 年 9 月 3 日在香港注册成立，并于 1997 年 10 月 22 日和 23 日分别在纽约证券交易所和香港联合证券交易所上市。中国移动集团公司是中国内地最大的移动通信服务供应商，拥有全球最多的移动通信用户和全球最大规模的移动通信网络。

其组织架构如下：

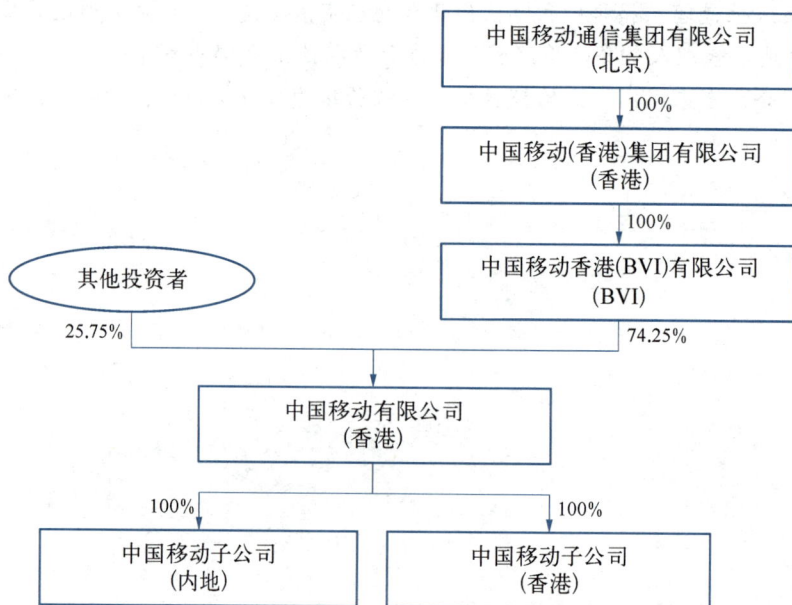

图 11-1　中国移动有限公司组织架构

中国移动有限公司 2000 年以来的经营情况如表 11-1 所示。

表 11-1　中国移动有限公司的经营状况　　　　　　　　金额单位：亿元

年份	营运收入	税前利润	净利润	所得税	平均税负（%）	名义税率（%）		股息	派息率
						中国香港	中国		
2000	649.8	263.9	180.3	83.7	31.70	—	33/30/15	—	—
2001	1 003.3	417.2	280.1	137.0	32.85	—	33/30/15	—	—
2002	1 285.6	489.8	327.4	162.3	33.15	—	33/30/15	66.8	20.4
2003	1 586.0	529.6	355.5	174.1	32.88	—	33/30/15	75.2	21.1
2004	1 923.8	609.5	420.3	189.3	31.05	—	33/30/15	137.9	32.8
2005	2 430.4	782.6	535.9	246.8	31.53	—	33/30/15	210.3	39.2
2006	2 953.6	961.8	661.1	300.0	31.26	17.5	33/30/15	279.4	42.3
2007	3 569.6	1 292.4	871.8	420.6	32.54	17.5	33/30/15	379.4	43.5
2008	4 118.1	1 495.2	1 129.5	365.7	24.46	16.5	25/18	483.6	42.8
2009	4 521.0	1 538.4	1 154.2	384.1	24.97	16.5	25/20	495.4	42.9
2010	4 852.3	1 590.7	1 200.2	390.5	24.55	16.5	25/22	518.2	43.2
2011	5 280.0	1 665.8	1 259.8	406.0	24.37	16.5	25/24	543.0	43.1
2012	5 818.4	1 713.0	1 293.8	419.2	24.47	16.5	25	558.2	43.1
2013	6 301.8	1 585.8	1 218.0	367.8	23.19	16.5	25/15	526.8	43.2
2014	6 515.1	1 425.2	1 094.1	331.2	23.24	16.5	25/15	471.7	43.1
2015	6 683.4	1 437.3	1 086.6	350.8	24.41	16.5	25/15	461.5	42.5
2016	7 084.2	1 444.6	1 088.4	356.2	24.66	16.5	25/15	489.9	45.0
2017	7 405.1	1 481.4	1 144.1	337.2	22.76	16.5	25/15	1 109.1	96.9

来源：中国移动有限公司历年年报。2017 年扣除特别股息的派息率为 48.3%。

（二）2008 年新企业所得税法颁布后中国移动有限公司居民身份的调整

中国移动有限公司设立之初作为一家根据香港公司条例在香港注册成立的企业，不被认定为中国居民企业。

但 2008 年《中华人民共和国企业所得税法》将我国法人居民身份的认定原则由"总机构＋注册地双重标准"变更为"注册地或实际管理机构标准"。2009 年 4 月 22 日，国家税务总局正式发布《关于境外注册中资控股企业依据实际管理机构标准认定为居民企业有关问题的通知》（国税发〔2009〕82 号），规定境外注册中资控股企业是指由中国境内的企业或企业集团作为主要控股投资者，在境外依据外国（地区）法律注册成立的企业。大批的境外注册中资控股企业、红筹股企业面临纳税身份的转变，中国移动就是其中的典型代表。

中国移动通信集团公司全资拥有中国移动(香港)集团有限公司,由其控股的中国移动有限公司在国内 31 个省(自治区、直辖市)和香港特别行政区设立全资子公司。由于中国移动有限公司的实际控制人是内地的中国移动通信集团公司,所以很有可能按照实际管理机构标准应被认定为中国居民企业。

2009 年 5 月 12 日,中国移动在香港联合交易所发布《关于代扣代缴境外非居民企业二零零八年度末期股息所得税事项的公告及更改暂停办理股份过户登记期间》的公告①,内容中公布对境外股东代扣代缴了 10% 的预提所得税。对境外股东代扣代缴预提所得税规定适用于中国居民企业,因此该公告被视为中国移动默认居民身份转变的标志。

随后,国家税务总局在 2010 年发布国税函〔2010〕360 号文件,正式批复中国移动有限公司依据实际管理机构标准认定为居民企业,身份认定自 2008 年 1 月 1 日起生效。

二、案例焦点问题

中国移动有限公司派发 2008 年度末期股息时为什么需要代扣代缴 10% 的企业所得税?作为中国内地的税收居民和作为中国香港的税收居民相比,中国移动有限公司和它的股东(投资者)的税收负担有什么差异,这种差异对我国企业从事跨国经营的税收规划有什么启示?这些都是本案例将探讨的焦点问题。

三、案例分析

(一) 中国移动有限公司居民身份调整对其公众投资者税负的影响

1. 股息红利所得

公众投资者收到中国移动分配的股息红利,由于中国香港地区对于股息红利免税,所以无须在香港地区纳税;同时,中国内地的非居民在其居民国纳税的情况由该居民国的税法确定。

在中国内地,2008 年前,由于中国移动被认定为中国的非居民企业,中国不对该股息征收预提税。若公众投资者为中国非居民,对中国来说,此所得属于非居民取得的境外支付的境外所得,免征个人所得税和企业所得税;若公众投资者为中国居民,负有无限纳税义务,个人需要按股息红利收入适用 20% 的税率,企业需要适用 33% 的企业所得税率②或符合企业所得税法规定的其他优惠税率。

2008 年后,中国移动被认定为中国的居民企业,其公众投资者中的居民和非居民个人都需缴纳 20% 的股息红利所得税,非居民企业需要缴纳 10% 的预提所得税,在有税收协定或安排的情况下,非居民个人和非居民企业可适用优惠的协定税率。根据企业所得税法第二十六条和实施条例第八十三条的规定,符合条件的居民企业之间的股息、红利等权益性投资收益(指居民企业直接投资于其他居民企业取得的投资收益,但不包括连续持有居民企业公开发行并上市流通的股票短于 12 个月取得的投资收益),是作为免税收入,

---

① http://stock.finance.sina.com.cn/hkstock/go/CompanyNoticeDetail/code/00941/aid/298388.html.
② 2008 年前居民企业所得税税率为 33%,2008 年新企业所得税法下税率为 25%。

因此,中国移动公众投资者中符合条件的居民企业无须就收到的股息红利缴纳企业所得税。

但是,《国家税务总局关于外商投资企业、外国企业和外籍个人取得股票(股权)转让收益和股息所得税收问题的通知》(国税发〔1993〕45号文)规定"……外国投资者从外商投资企业取得的利润(股息),和外籍个人从中外合资经营企业分得的股息、红利,免征所得税"[1],该文件中针对个人的部分在2008年以后仍然适用,因此,由于中国移动仍然属于外商投资企业,其公众投资者中的外籍个人可以免于缴纳个人所得税[2]。上述情况见图11-2。

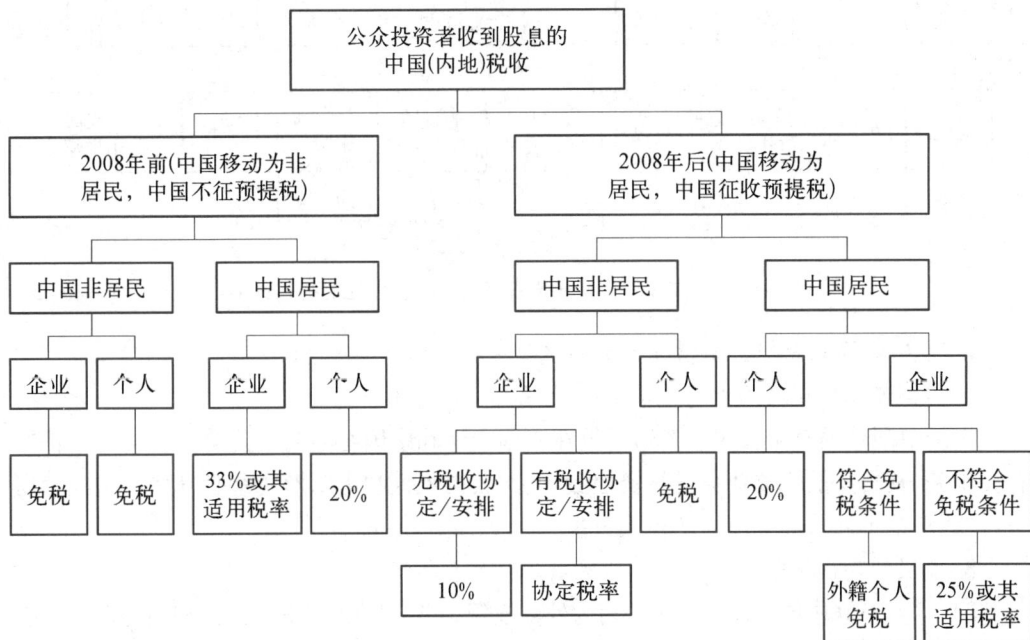

图11-2　中国移动公众投资者收到股息在内地的税收负担

2. 股权转让所得

公众投资者转让其持有的中国移动股权,由于中国香港地区对于资本利得免税,所以此股权转让或股票交易取得的资本利得无须在香港地区纳税;中国内地的非居民在其居民国纳税的情况由该居民国的税法确定。

在中国内地,中国内地的居民和非居民就该项所得纳税的情况如图11-3所示。非居民企业和非居民个人转让中国移动股权(不包括在公开的证券市场上买入并卖出中国居民企业的股票)均需缴纳所得税,其中企业需扣缴10%的预提所得税,个人需缴纳20%的个人所得税,有税收协定或安排时适用协定或安排的规定。中国内地的居民企业转让中国移动股权时需按其适用税率缴纳企业所得税,中国内地的居民个人只能在公开的证券市场上买卖中国移动的股票,免征个人所得税。

---

① 该文涉及企业的部分由于新《企业所得税法》的实施而废止,但涉及个人的部分仍然有效。
② 参见赵炎:"对内地在香港上市公司派息扣缴股息税存在问题的探讨",《企业研究》,2014年第12期。

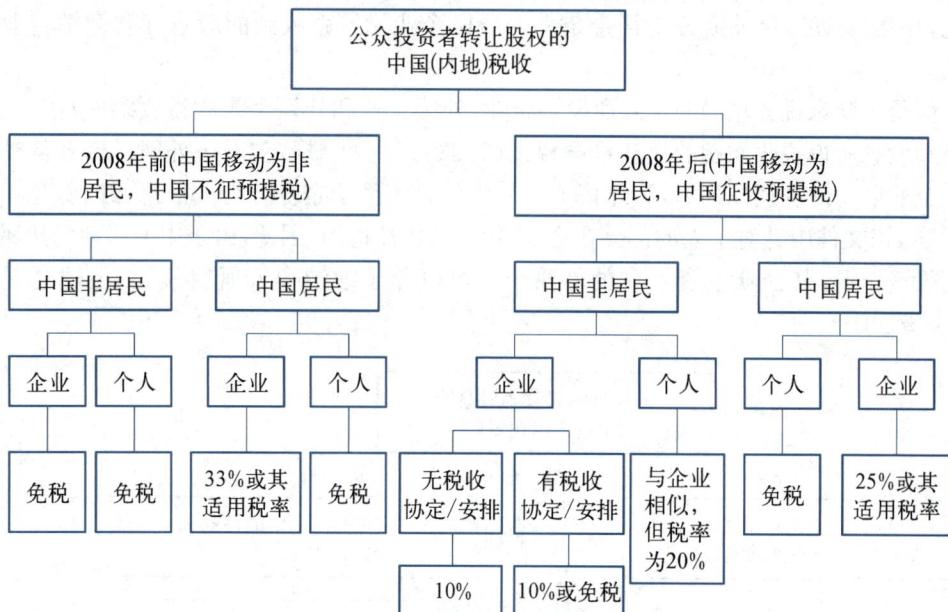

图 11-3 中国移动公众投资者转让股权在内地的税收负担

(二) 中国移动有限公司居民身份调整对中国移动公司集团的影响

1. 中国移动有限公司自身经营所得的税收负担变化

由于中国移动有限公司主要通过设在中国内地和中国香港的子公司提供移动电信及有关服务,其自身的主要业务是投资控股,因此获得收入的主要形式是股息而不是经营所得,也就基本不涉及经营所得的税收负担。

2. 中国移动内地子公司自身经营所得的税收负担变化

2008 年以前,中国移动内地子公司为外商投资企业,适用《中华人民共和国外商投资企业和外国企业所得税法》。在深圳、珠海、汕头、厦门和海南经济特区的中国移动子公司在以上地区内从事生产、经营取得的所得,适用 15% 的企业所得税税率;其余子公司适用 33% 的企业所得税税率,但由于其中 3% 的地方所得税通常是免征的,所以实际税率为 30%。

2008 年以后,原适用税率为 33% 的内地子公司适用税率改为 25%。根据《财政部国家税务总局关于贯彻落实国务院关于实施企业所得税过渡优惠政策有关问题的通知》(国发〔2007〕39 号文),原适用 15% 税率的内地子公司在 2008—2011 年分别适用 18%、20%、22% 和 24% 的过渡税率,2012 年起适用 25% 的税率。

3. 中国移动内地子公司向中国移动有限公司支付的股息的所得税负担

根据《内地和香港特别行政区关于对所得避免双重征税和防止偷漏税的安排》,若香港公司持有内地公司 25% 以上股份,取得来源于中国境内的股息时扣缴 5% 的预提所得税。2008 年后,由于中国移动有限公司被认定为中国居民企业,根据前述符合条件的居民企业间的股息分配免税的规定,内地子公司向中国移动有限公司支付的股息避免了 5% 的预提所得税。当然,在 2008 年前,这部分股息也无须缴纳预提所得税,其原因在于我国当时总体上免征非居民企业的股息预提税。

4. 中国移动香港子公司经营所得和向中国移动有限公司支付股息的所得税负担

2008 年以前根据香港税务条例,中国移动有限公司香港子公司取得的运营收入需要交纳 17.5% 的利得税。中国移动有限公司从其香港子公司取得的股息收入不征税。

2008 年以后,香港利得税税率由 17.5% 下降为 16.5%,故香港子公司取得的运营收入需要交纳 16.5% 的利得税。中国移动有限公司从其香港子公司取得的股息所得,在香港免于缴纳预提税,但要向内地税务机关缴纳企业所得税。在计算所得税额时,可根据《中华人民共和国企业所得税法》第二十四条"居民企业从其直接或者间接控制的外国企业分得的来源于中国境外的股息、红利等权益性投资收益,外国企业在境外实际缴纳的所得税税额中属于该项所得负担的部分,可以作为该居民企业的可抵免境外所得税税额,在本法第二十三条规定的抵免限额内抵免"的规定进行抵免。其中,《中华人民共和国企业所得税法实施条例》第八十条对符合间接抵免条件的"控制"作了规定"企业所得税法第二十四条所称直接控制,是指居民企业直接持有外国企业 20% 以上股份。企业所得税法第二十四条所称间接控制,是指居民企业以间接持股方式持有外国企业 20% 以上股份,具体认定办法由国务院财政、税务主管部门另行制定。"中国移动有限公司对香港移动所持股份达到 20% 以上,故从香港移动取得的股息只需向中国内地税务机关交纳 8.5% 的实际所得税(因为香港不征收预提税,故中国移动收到股息的实际税负可以由 25%~16.5% 计算得到)。

当然,本节分析均假定中国移动有限公司香港子公司木被视为中国居民企业,若中国移动有限公司的香港子公司同样被认定为中国居民企业了,则相关分析与内地子公司相同。

5. 中国移动内地母公司收到股息的所得税负担

中国移动有限公司自 2002 年起,每年都对股东分配股息,派息率从 2002 年的 20% 逐年递增,2007 年以后稳定在 43% 左右。

2008 年前,中国移动香港(BVI)有限公司和中国移动(香港)集团有限公司均为非居民纳税人,中国移动有限公司向中国移动香港(BVI)有限公司分配的股息无需支付预提税。中国移动香港(BVI)有限公司无需就收到的股息向当地政府支付任何的所得税,再将股息支付给中国移动(香港)集团有限公司时也无需缴纳预提税。中国移动(香港)集团有限公司无需就收到的股息向香港政府纳税。但是,因为中国移动通信集团公司(CMCC)为中国居民企业,中国移动(香港)集团有限公司是非居民企业,中国移动通信集团公司(CMCC)收到中国移动(香港)集团有限公司分配的股息时,需要缴纳企业所得税。当然,由于 2008 年以前我国的税法中尚未有 CFC 条款,中国移动通信集团公司(CMCC)的子公司可以采用对利润不作分配的形式将集团利润留存在中国移动(香港)集团有限公司和中国移动香港(BVI)有限公司。

2008 年后,中国移动有限公司为内地居民企业,而中国移动香港(BVI)有限公司和中国移动(香港)集团有限公司居民身份不确定,下面分两种情况进行讨论:

① 若中国移动香港(BVI)有限公司和中国移动(香港)集团有限公司被认定为内地居民企业,那么由中国移动有限公司分配的股息红利,向中国移动香港(BVI)有限公司、中国移动(香港)集团有限公司和中国移动通信集团公司(CMCC)流转时,均属于企业所得税法第二十六条和实施条例第八十三条所规定的"符合条件的居民企业之间的股息、红利

等权益性投资收益",免于缴纳企业所得税。

② 若中国移动香港(BVI)有限公司和中国移动(香港)集团有限公司维持非居民纳税人身份,那么中国移动有限公司向中国移动香港(BVI)有限公司分配的股息需要向内地税务机关缴纳10％的预提税。此后利润从中国移动香港(BVI)有限公司向中国移动(香港)集团有限公司流转时无需缴纳任何所得税。但中国移动通信集团公司(CMCC)收到中国移动(香港)集团有限公司分配的股息时,因为中国移动通信集团公司(CMCC)为中国居民企业,需要缴纳企业所得税。

此外,2008年后,中国的CFC条款生效。根据《特别纳税调整实施办法(试行)》(国税发〔2009〕2号)第八章,若中国移动(香港)集团有限公司和中国移动香港(BVI)有限公司为中国移动通信集团公司(CMCC)的受控外国公司,其并非出于合理经营需要对利润不作分配或少作分配部分,将视同股息分配额,计入中国移动通信集团公司(CMCC)的应税所得额。理由如下:

① 中国移动(香港)集团有限公司和中国移动香港(BVI)有限公司符合《特别纳税调整实施办法(试行)》七十七条"股份控制"的定义:股份控制是指由中国居民股东在纳税年度任何一天单层直接或多层间接单一持有外国企业10％以上有表决权股份,且共同持有该外国企业50％以上股份。中国居民股东多层间接持有股份按各层持股比例相乘计算,中间层持有股份超过50％的,按100％计算。按该定义,CMCC对这两个公司的持有股份达100％。② 中国移动(香港)集团有限公司和中国移动香港(BVI)有限公司"设立在实际税负低于所得税法第四条第一款规定税率水平50％的国家(地区)"。因为香港和BVI对股息不征税,且二者均不在《国家税务总局关于简化判定中国居民股东控制外国企业所在国实际税负的通知》(国税函〔2009〕37号)所列举的地区内。③ 不满足"主要取得积极经营活动所得""年度利润总额低于500万元人民币"的条件(以2008年为例,中国移动有限公司向中国移动香港(BVI)有限公司分配的利润在300亿以上)。

根据上述分析,中国移动集团的所得税负担情况取决于中国移动有限公司及其两家上层公司(指中国移动(香港)集团有限公司和中国移动香港(BVI)有限公司)的居民身份及派息政策,我们主要讨论了六种情形,如表11-2所示。其中情形1和情形2更接近于2008年前和2008年后的真实情形,其余为基于分析目的的假定情形。具体来说,情形3和情形4假定2008年后中国移动有限公司及其两家上层公司均为非居民企业,情形5和情形6假定2008年后中国移动有限公司为居民企业而其两家上层公司为非居民企业,针对中国移动有限公司的实际情况,在各种假定情形下我们均设定中国移动有限公司派息,而其两家上层公司则区分派息和不派息两种情况。

表 11-2 中国移动有限公司及其两家上层公司居民身份及派息政策的不同情形

情 形	时 间	中国移动有限公司		中国移动有限公司的两家上层公司	
		居民身份	是否派息	居民身份	是否派息
1	2008年前	非居民	派 息	非居民	不派息
2	2008年后	居 民	派 息	居 民	派 息

续 表

情 形	时 间	中国移动有限公司		中国移动有限公司的两家上层公司	
		居民身份	是否派息	居民身份	是否派息
3	2008 年后	非居民	派 息	非居民	派 息
4	2008 年后	非居民	派 息	非居民	不派息
5	2008 年后	居 民	派 息	非居民	派 息
6	2008 年后	居 民	派 息	非居民	不派息

以上 6 种情形下中国移动集团来自内地子公司每百元营运利润的综合有效所得税负情况如表 11-3 所示(香港子公司每百元营运利润的综合有效所得税负情况略,留待读者自行计算)。

表 11-3 不同情形下中国移动集团来自内地的每百元营运利润的所得税负担情况

情形	内地子公司所得税	中国移动有限公司股息所得		中国移动有限公司两家上层公司股息所得		中国移动通信集团公司股息所得		综合有效税负
		预提税	所得税	预提税	所得税	预提税	所得税	
1	33% (33)	0	0	0	0	0	0	33% (33)
2	25% (25)	0	0	0	0	0	0	25% (25)
3	25% (25)	5% (3.75)[注1]	0	0	0	0	25% (17.8)[注2]	46.55% (46.55)[注3]
4	25% (25)	5% (3.75)	0	0	0	0	25% (17.8)	46.55% (46.55)
5	25% (25)	0	0	5% (3.75)	0	0	25% (17.8)	46.55% (46.55)
6	25% (25)	0	0	5% (3.75)	0	0	25% (17.8)	46.55% (46.55)

注:① $(100-25)×5\%=3.75$,下同,其中 5% 为《内地和香港特别行政区关于对所得避免双重征税和防止偷漏税的安排》规定的预提税率;② $(100-25-3.75)×25\%=17.8$,下同,在两家上层公司是非居民企业的情况下,中国移动通信集团收到的股息不能获得免税,同时子公司缴纳的税收也不能获得抵免,因为都不是外国税收,在中国移动的两家上层公司不派息时,对中国移动通信集团公司的征税基于受控外国公司规则;③ $(25+3.75+17.8)=46.55$,下同。

6. 中国移动集团内上层公司转让下层公司股权的所得税负担

由于香港和 BVI 都不征收资本利得税,则中国移动集团内的上层公司转让位于香港和 BVI 的下层公司的股权时,都不需要在香港和 BVI 纳税。

2008 年前,中国移动集团内的中国移动有限公司及其两家上层公司和香港子公司是中国非居民企业,位于北京的中国移动通信集团有限公司和中国移动有限公司的内地子公司是中国居民企业。因此,若中国移动通信集团有限公司转让下层公司的股权,所取得的所得需要计入应纳税所得额缴纳企业所得税,由于当时中国不对非居民企业征收预提所得税,中国移动集团内其他公司转让下层公司股权取得的所得都不需要向内地税务机关缴纳企业所得税。

2008年后,在中国移动有限公司及其两家上层公司都是中国居民企业的情况下,无论中国移动集团转让中国移动有限公司的内地子公司、中国移动有限公司或其两家上层公司的股权,所取得的所得都需要计入转让股权企业的应纳税所得额,并按25%的税率(或其具体适用税率)缴纳企业所得税。中国移动有限公司转让香港子公司的股权,根据内地和香港避免双重征税安排的规定,在所转让股权比例超过香港子公司股本的25%的情况下,香港可以征税,但由于香港不征收资本利得税,转让所得在香港的实际税负为0,最终应计入中国移动有限公司的总收入而在中国内地缴纳25%的企业所得税。

2008年后,在中国移动有限公司及其两家上层公司都是中国非居民企业的情况下,若中国移动通信集团有限公司转让下层公司股权,转让所得同样将计入应纳税所得额按25%的税率缴纳企业所得税。若中国移动有限公司转让其内地子公司的股权,其所得将被视为境内所得,需要向内地税务机关缴纳10%的预提所得税。若中国移动香港(BVI)有限公司或中国移动(香港)集团有限公司转让其下层公司的股权,由于中国移动集团的收入最终主要来自中国内地的31家子公司,根据《国家税务总局关于加强非居民企业股权转让所得企业所得税管理的通知》(国税函698号)的规定,"境外投资方(实际控制方)通过滥用组织形式等安排间接转让中国居民企业股权,且不具有合理的商业目的,规避企业所得税纳税义务的,主管税务机关层报税务总局审核后可以按照经济实质对该股权转让交易重新定性,否定被用作税收安排的境外控股公司的存在",因此若不能证明所进行的交易没有滥用组织形式且具有合理商业目的,这两种情况下的转让所得也可能被视为中国境内所得而需要向内地税务机关缴纳10%的预提所得税。

综合上述分析,2008年后中国移动集团内部股权转让的所得税负担情况如表11-4所示。

表 11-4　中国移动集团内上层公司转让下层公司股权的所得税负担情况(2008年后)

转 让 公 司	被转让公司	股权转让所得税	
		中国移动有限公司及两家上层公司为居民企业	中国移动有限公司及两家上层公司为非居民企业
中国移动通信集团	中国移动(香港)	25%	25%
中国移动(香港)	中国移动香港(BVI)	25%	10%
中国移动香港(BVI)	中国移动有限公司	25%	10%
中国移动有限公司	内地子公司	25%	10%
中国移动有限公司	香港子公司	25%	0

综上所述,从中国移动公司集团的角度看,被认定为居民企业虽然意味着全球所得均需在中国承担纳税义务,但由于其主要业务在中国内地,内地子公司本来就需要按中国的企业所得税法缴纳所得税,而内地子公司向位于香港的中国移动有限公司分配股息时,由于两家公司都是居民企业,中国移动有限公司不需要就收到的股息再次缴税。同时,若中

国移动有限公司上层的两家位于香港和 BVI 的公司同时也被认定为中国居民企业,中国移动有限公司向上分配股息时也不涉及预提税,股息再分配到中国移动通信集团公司也都无需缴税,因此,公司集团总体在中国承担的税负会以内地子公司缴纳的企业所得税为限,不涉及重复课税问题,总体税负仅为 25%(对应于表 11-3 中的情形 2)。

相反,若中国移动有限公司是非居民企业,内地子公司向其分配股息时,需要缴纳 5% 的预提所得税,位于北京的中国移动通信集团有限公司收到股息时又需要再次缴纳企业所得税(即使位于香港和 BVI 的两家中国移动有限公司的上层公司不分配股息,中国移动通信集团有限公司仍可能由于 CFC 条款而被征税),相当于要多交两道税,总体税负达到 46.55%(对应于表 11-3 中的情形 3),接近于中国移动有限公司是居民企业时的两倍。

另一方面,就股权转让所得而言,当中国移动有限公司及其两家上层公司都是中国居民企业时,中国移动集团总体要承担的所得税负担相对更重。

但考虑到中国移动集团更经常地发生股息分配行为而较少进行股权转让,总体而言,虽然中国内地的企业所得税负高于香港,中国移动有限公司被认定为居民企业对该公司集团是有利的。

事实上,中国移动有限公司的中国居民企业身份是由该企业自行申请后经税务机关认定的[①],这更加印证了该公司被认定为居民企业对中国移动集团更为有利的结论。

四、延伸思考与探讨

从本案例除可以直接分析中国移动有限公司居民身份调整的税收影响外,还可以进一步从税收角度对中国移动有限公司的分红派息和组织架构策略进行简要评价。

由中国移动有限公司的年报可以看出,其分红派息策略基本上基于公司的总体的经营策略,2007 年后保持在 43% 左右的水平,税收因素影响不大。

中国移动有限公司的组织架构策略是在 2008 年前制定的,从当时的情况看,这种组织架构对于中国移动公司集团降低税负和减轻其他方面的合规成本十分有利。

分别记中国移动通信集团有限公司、中国移动(香港)集团有限公司、中国移动香港(BVI)有限公司和中国移动有限公司为 CMCC、CMHK、CMBVI 和 CML,则 CMCC 可以有多种控制 CML 的方式,即直接控制(图 11-4 中的情形 A),通过一层中间公司控制(图 11-4 中的情形 B 和情形 D)和通过两层中间公司控制(图 11-4 中的情形 C)。

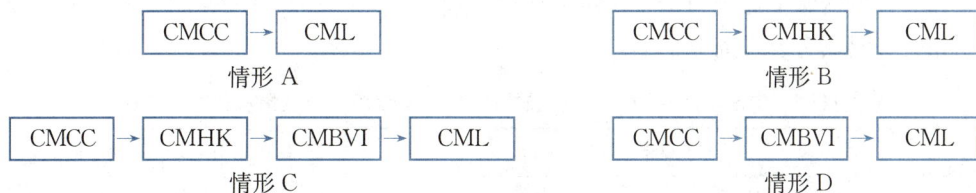

图 11-4 中国移动通信集团有限公司控制中国移动有限公司的四种方式

---

① 侯江玲:"关注企业所得税纳税人认定方面的涉税风险",《注册税务师》,2014 第 4 期。

在 CMCC 直接控制 CML 的情况下,根据前文分析,CMCC 收到 CML 的股息和 CMCC 转让 CML 股权的所得都要在内地缴纳最高 33% 的企业所得税,同时若 CMCC 实行重组转让 CML 的股权,在内地面临复杂的审批程序,在中国香港地区也因为 CML 是上市公司的原因需要履行信息披露等义务,因此,这种情形从节省税收成本和降低合规复杂性方面看对中国移动公司集团都十分不利。

在 CMCC 通过一层中间公司控制 CML 的情况下,CML 派发的股息若在中间公司积累而不继续分配给 CMCC,可以避免中国内地的股息所得税(当时中国内地没有受控外国公司条款),CMCC 重组时也可以通过中间公司转让 CML 的股权而避免股权转让所得在内地需要缴纳的资本利得税,但是这时仍然避免不了因为 CML 是香港上市公司的原因而需要履行的披露等义务。

而在 CMCC 通过两层中间公司控制 CML 的情况下,中国移动集团既可以通过上述方式避免在内地的股息所得税和资本利得税负担,重组时还可以方便地由 CMHK 转让 CMBVI 的股权而减轻在香港承担的合规义务。

根据上述分析,2008 年前不同情形下中国移动公司集团重组时的所得税负担及合规复杂性情况如表 11-5 所示。

表 11-5　中国移动集团公司重组的所得负担及合规复杂性情况(2008 年前)

情　形	重　组　方　式		所得税	内地合规复杂性	香港合规复杂性
	转让公司	被转让公司			
A	CMCC	CML	+	+	+
B/C	CMCC	CMHK/CMBVI	+	+	－
B/C	CMHK/CMBVI	CML	－	－	+
D	CMHK	CMBVI	－	－	－

注:"+"代表有所得税或合规复杂,"－"则相反。

2008 年后,中国移动有限公司成为中国居民企业,更重要的是,由于 2009 年 12 月《关于加强非居民企业股权转让所得企业所得税管理的通知》(国税函〔2009〕698 号)的发布,不论中国移动有限公司的两家上层公司是否是居民企业,由于中国移动集团的主要资产是位于中国内地的子公司,中国移动集团以各种方式转让中国移动有限公司的股权获得的所得都要向内地税务机关缴纳所得税(如表 11-6 所示)。唯一可能的例外是中国移动有限公司的两家上层公司未被认定为居民企业、由 CMHK 转让 CMBVI 的股权且能够证明相关交易具有合理商业目的。

表 11-6　中国移动集团公司重组的所得负担及合规复杂性情况(2008 年后)

情　形	重　组　方　式		所得税	内地合规复杂性	香港合规复杂性
	转让公司	被转让公司			
A	CMCC	CML	+	+	+
B/C	CMCC	CMHK/CMBVI	+	+	－

情 形	重 组 方 式		所得税	内地合规复杂性	香港合规复杂性
	转让公司	被转让公司			
B/C	CMHK/CMBVI	CML	＋	－	＋
D	CMHK	CMBVI	＋	－	－

注:"＋"代表有所得税或合规复杂,"－"则相反。

总体而言,中国移动公司集团目前采取的组织架构能够最大限度地降低公司重组的合规成本,在2008年前有利于降低公司的税收负担,在2008年后也未导致公司承担更多的税收负担,因此这一组织架构的设计是合理的。

本案例虽然针对中国移动有限公司展开讨论,但对于我国在境外上市的"走出去"企业也有重要启示。显然,境外注册中资控股企业被认定为中国居民企业是一柄双刃剑,对于在中国香港上市的"境外注册中资控股企业"来说,若2008年前已经采取了与中国移动有限公司相似的组织架构与分红派息政策而2008年后未能被认定为中国居民企业,则即使其2008年前仅须承担较低的所得税负担,2008年后税负将显著上升。另一方面,若公司集团未来出售内地子公司股权的可能性较大,认定为居民企业也可能加重其资本利得税负担。因此,一般而言,中国移动有限公司这种类型的组织架构仍然是存在风险的,对于从事跨国经营的企业来说,其组织架构的设计必须充分考虑税收因素,不仅应以当前的税收制度为依据,也要结合对税收制度发展趋势的前瞻性预判进行决策。

第二节 宜家的避税策略案例分析

一、案例背景

宜家于1943年创建于瑞典,以其现代主义的家具设计和平实的产品价格而闻名。"为大众创造更加美好的日常生活"是宜家公司自创立以来一直努力的方向。截至2017年8月,宜家已在全世界开设了400家零售店[①],目前是全世界最大的家具零售跨国企业。

近年来,不断有媒体披露著名跨国企业利用各国税制之间的差异开展避税活动,其中2014年11月5日发生的"卢森堡泄密事件"[②]影响很大。国际调查记者联合会曝光了卢森堡税务机关与苹果、宜家和百事可乐等300多家跨国企业达成的税收裁定,宜家的避税行为露出了冰山一角。

2016年2月12日,欧洲议会绿党和自由联盟党团发布了马克·奥尔巴赫(Marc Auerbach)撰写的针对宜家避税策略的报告[③],该报告宣称宜家通过在荷兰设立导管公司和向导管公司支付特许权使用费等方式转移利润,在2009年到2014年减少了将近10亿

---

①　参见维基百科"宜家"词条,https://en.m.wikipedia.org/wiki/IKEA。
②　详见本书第六章专栏"卢森堡泄密事件"。
③　IKEA：Flat Pack Tax Avoidance, Marc Auerbach, https://www.greens-efa.eu/legacy/fileadmin/dam/Documents/Studies/Taxation/Report_IKEA_tax_avoidance_Feb2016.pdf.

欧元的税收。于是,宜家的避税行为吸引了公众更广泛的关注。

二、案例焦点问题

本案例的焦点问题是宜家如何达成了大幅度降低所得税负的目标,主要采用了哪些值得关注的避税手段。

三、案例分析

基于现有公开信息,我们可以梳理宜家内部的股权架构、分析宜家避税的思路,并对宜家避税行为可能面临的风险进行探讨。

(一)宜家集团和英特宜家集团的组织架构和业务设计

1. 宜家集团和英特宜家集团的主要组织架构

宜家创始人英格瓦·坎普拉德(Ingvar Kamprad)于1943年在瑞典设立了宜家公司,并于1958年开设了他第一家零售店。经过70余年的经营,宜家已经在全世界40多个国家建立了至少375家零售店。2014年,宜家的销售额达292.93亿欧元,其中的76%来自欧洲市场。

瑞典是典型的福利国家,与之对应的高税率让包括坎普拉德在内的企业家倍感压力。英格瓦·坎普拉德承认他至少从20世纪60年代起开始考虑如何避免瑞典高额的所得税和遗产税[1],为此他移居到瑞士,并且重建了宜家的组织架构。

根据奥尔巴赫的报告,坎普拉德最早于1973年开始在荷属安的列斯(今库拉索)和卢森堡建立公司持有宜家的资产,主要是知识产权。

到1982年,坎普拉德已经将宜家分成了两个不同的公司集团:宜家集团和英特宜家集团。如图11-5所示,截至2016年初,宜家集团主要由位于荷兰的英格卡控股有限公司

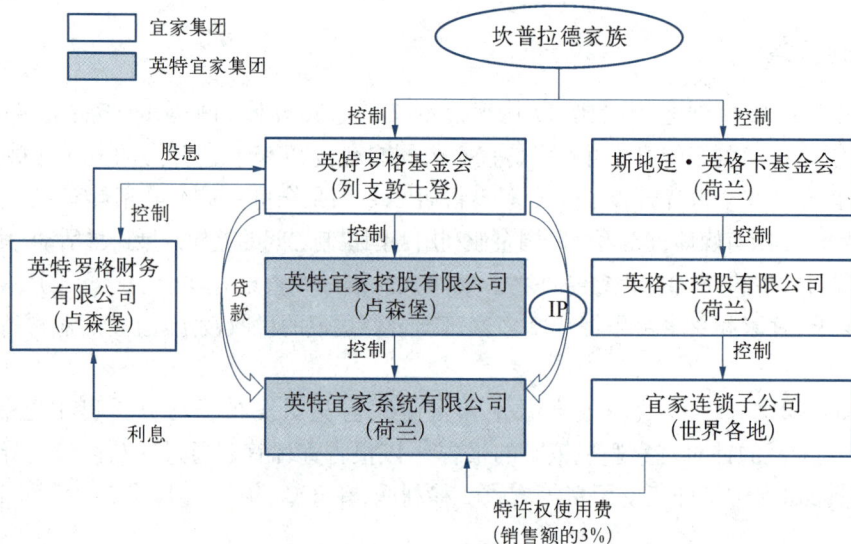

图 11-5 "宜家"在欧洲的主要组织架构

---

[1] http://www.ikea.com/ms/fi_FI/about_ikea/pdf/We_are_open_Ingvar_comments.pdf.

(INGKA Holding BV)和旗下的 328 家连锁子公司组成。而英特宜家集团主要由位于卢森堡的英特宜家控股公司(Inter IKEA Holding SA①)和位于荷兰的英特宜家系统有限公司(Inter IKEA System BV)组成。但这两个公司集团不由坎普拉德持有,而是分别于 1989 年和 1982 年被转移至位于列支敦士登的英特罗格基金会(INTEROGO Foundation)和位于荷兰的斯地廷·英格卡基金会(STICHITING INGKA Foundation)旗下(如图 11-5 所示)。此外,英特罗格基金会旗下还设有一家子公司英特罗格财务公司(INTEROGO Finance SA),位于卢森堡。

2. 宜家集团和英特宜家集团的主要业务

宜家的盈利主要来自数百个连锁子公司的销售收入,而宜家品牌的专营权、商标等一系列无形资产却由英特宜家系统有限公司所有,只有经过英特宜家系统有限公司授权,连锁子公司才能使用"IKEA"的商标开设零售店。因此,所有使用宜家品牌开设的零售店需要每年支付相当于其营业收入 3%的特许权使用费给英特宜家系统有限公司。据奥尔巴赫统计,从 1991—2014 年,英特宜家集团通过特许权使用费归集了近 143 亿欧元。

但是,宜家商标的所有权是 2012 年 1 月 1 日由英特罗格基金会以 90 亿欧元的价格卖给英特宜家系统有限公司的,并且 90 亿欧元的交易被英特罗格基金会拆成了两部分:其中 36 亿欧元由英特宜家系统有限公司以股权溢价(share premiums)的方式支付,剩余 54 亿欧元由英特宜家系统有限公司向英特罗格基金会贷款支付,随后英特罗格基金会以这笔债权出资成立了英特罗格财务有限公司。于是,英特宜家系统有限公司每年需要支付贷款利息给英特罗格财务有限公司。

据英特宜家集团的年报披露信息显示,2012—2014 年英特宜家系统有限公司向英特罗格财务有限公司支付了 9.72 亿欧元的贷款利息,而英特罗格财务有限公司向英特罗格基金会支付了 8.08 亿欧元的股息。

2012 年以前,宜家商标一直由英特罗格基金会持有。据奥尔巴赫调查,英特宜家公司自 1991 年起每年会发生一笔大额"其他费用"并在税前扣除。该费用从 1991—2011 年累计发生了 105 亿欧元,约为同期英特宜家系统有限公司收到的特许权使用费金额的95%。因此,可以推测,2012 年以前英特宜家集团是从英特罗格基金会获得特许经营权然后再将特许经营权转授给连锁子公司的,英特宜家集团因此以支付特许权使用费的方式向英特罗格基金会进行了利润转移。

宜家集团和英特宜家集团还分别设有内部财务公司处理集团内的资金借贷业务。

其中宜家集团的内部财务公司为设在比利时的宜家服务中心,该中心的业务主要是接受设在荷兰的宜家资本有限公司的长期贷款,再将其转换为短期贷款贷给世界各地的宜家连锁子公司,具体业务架构如图 11-6 所示。

英特宜家集团的内部财务公司原为设在比利时的英特宜家财务有限公司(Inter IKEA Treasury SA②),其业务模式与宜家集团的宜家服务中心相似,但 2011 年以后,由

---

① 根据卢森堡法律,SA 为公开发行股票的有限责任公司(public limited liability company)。
② 根据比利时法律,SA 为公开发行股票的有限责任公司(public limited liability company)。

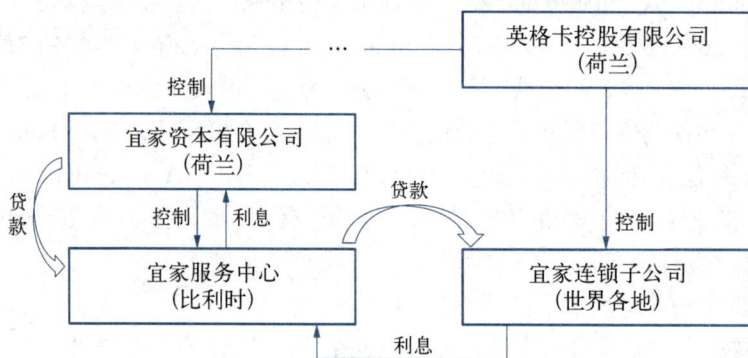

图 11-6　宜家集团的集团内贷款业务架构

于比利时原有的协调中心税收优惠政策①被欧盟认定为非法国家援助而取消,该集团将英特宜家财务有限公司的业务模式进行了重组,在卢森堡重新设立英特宜家金融公司,然后通过该公司及其设在瑞士的分支机构来处理集团内部的资金借贷,具体如图 11-7 所示。

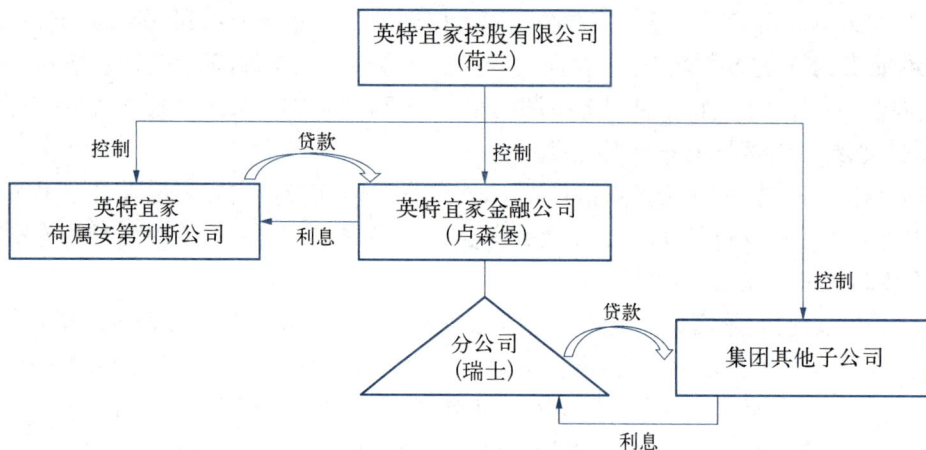

图 11-7　英特宜家集团的集团内贷款业务架构

(二) 持有宜家集团和英特宜家集团的基金会

2015 年 11 月 16 日,欧盟议会税收委员会曾针对"卢森堡泄密事件"举办了一次听证会②,有 11 家企业的代表受邀参加,其中包括宜家的全球财务、保险、税收领导人克里斯特尔·马特森(Krister Mattson)。会上,马特森强调宜家集团和英特宜家集团时常被人混淆,英特宜家集团与前者是不同的法律实体。可见,宜家集团和英特宜家集团是否独立,是理解和判定宜家避税事件性质的一个关键环节,而为了厘清宜家集团和英特宜家集团之间的关系,就要深入分析持有宜家集团和英特宜家集团的两家基金会的架构。

①　下文对这一制度将详细介绍。
②　https://www.icij.org/blog/2015/11/companies-grilled-eu-politicians-over-tax-dodging.

1. 英特罗格基金会

英特罗格基金会是英特宜家集团的股东,这家基金会有两大管理机构,理事会和监事会,其中监事会对理事会的决策有监督权。坎普拉德家族中没有人进入理事会,且只有一位成员进入了监事会,形式上对基金会没有控制权。但是,由于与该家族具有长期密切联系的人士在监事会中掌握了绝对的控制权,坎普拉德家族对英特罗格基金会已经形成了实质上的控制。

2. 斯地廷·英格卡基金会

斯地廷·英格卡基金会是宜家集团的股东,这家基金会是世界上最大的慈善基金会之一,也是世界上第二大非营利组织[①]。该基金会的事务由五名成员组成的理事会进行管理,其中有两位是英格瓦·坎普拉德的儿子,形式上坎普拉德家族也没有对基金会形成控制。但是由于理事会中还有两名成员是与该家族具有长期密切联系的人士,斯地廷·英格卡基金会实质上也处于坎普拉德家族的控制下。

由于英特罗格基金会和斯地廷·英格卡基金会都实际受控于坎普拉德家族,绿党和自由联盟人士认为,328家连锁子公司向英特宜家系统有限公司支付的特许权使用费表面上是向独立的交易方支付的,实际上是坎普拉德家族把利润从一个口袋转移到了另一个口袋。

(三) 相关国家和欧盟的税收制度

奥尔巴赫的报告称宜家利用导管公司和税制漏洞成功将利润在承担很少税负的情况下从连锁子公司所在国转移到列支敦士登的基金会,在2009年至2014年间避税达到10亿欧元,这一目标的达成,是与所涉及的几个国家的国内法、税收协定以及欧盟税收指令的相关规定密不可分的。

1. 荷兰相关税收制度

荷兰为鼓励创新型企业的进驻,实行了创新盒制度,对来自专利、商标等无形资产的收入提供低税率,因此特许权使用费可享受低至5%的优惠税率(荷兰的法定企业所得税税率为25%)。

该国对汇出的特许权使用费和利息免征预提税,同时还拥有丰富的双边税收协定网络[②],根据双边税收协定的规定,对于荷兰企业收到的股息、利息、特许权使用费等收入,来源国也将提供低于法定税率的优惠税率。

荷兰税法规定对居民企业支付给非居民企业的股息征收15%的预提税,但是根据欧盟母子公司指令,对于支付给符合条件的欧盟国家企业的股息免征预提税。

荷兰税务机关还往往通过特别税收协议对跨国企业规定更为优惠的税收待遇,目前已知的与荷兰签订特别税收协议的企业有星巴克、微软和荷兰皇家邮政等。

荷兰对基金会的管理也较为宽松,法律上不强制要求公布基金会账户。同时荷兰的慈善基金会还可以享受以下税收优惠:捐赠者的捐赠费用可在税前扣除,免征遗产税和赠与税,基金会所得免征公司所得税。

---

① https://www.fundsforngos.org/foundation-funds-for-ngos/stichting-ingka-foundation/.
② 截至2019年8月1日,荷兰已缔结并生效的税收协定有103个。

2. 卢森堡相关税收制度

卢森堡税法规定对居民企业支付给非居民企业的股息征收 15％的预提税。但适用欧盟《母子公司指令》的企业免征预提税。《母子公司指令》原则上只适用于欧盟成员国之间，但卢森堡的国内税法允许将《母子公司指令》的适用范围扩大至非欧盟成员国，即如果非居民企业对卢森堡居民企业的参股情况满足卢森堡参股豁免制度规定的条件①，并且母公司居民国的企业所得税制与卢森堡企业所得税制类似②，那么对卢森堡居民企业汇出的股息也免征预提税。

卢森堡对汇出的特许权使用费和利息③免征预提税，同时拥有比较丰富的双边税收协定网络④。根据双边税收协定的规定，对于卢森堡企业收到的股息、利息、特许权使用费等收入，来源国也将提供低于法定税率的优惠税率。卢森堡对于本国居民企业在东道国取得的营业利润，采取免税法消除重复课税。

不仅如此，据"卢森堡泄密事件"中披露的信息，卢森堡税务机关往往通过预先税收裁定的方式给予跨国企业十分优惠的税收待遇，其中 2012 年至 2014 年英特罗格财务有限公司实际有效税率只有 0.06％，远低于卢森堡的企业所得税法定税率。

3. 列支敦士登相关税收制度

列支敦士登公国位于瑞士与奥地利之间，是欧洲著名的避税天堂。该国未加入欧盟，但有低至 12.5％的企业所得税税率，而且对于汇出的股息、利息和特许权使用费不征收预提税。

同时，列支敦士登公国基于基金会法的自由原则（liberal principles of foundation law）⑤对银行和受托人规定了严格的保密制度，这也为英特罗格基金会这样的组织提供了理想的税务庇护。

4. 比利时相关税收制度

比利时在 1984 年曾出台协调中心制度（coordination centre regime）⑥，在该制度下，跨国公司负责提供融资、财务等特定服务的子公司能够享受税收优惠。比利时以这些子公司的员工人数和财务费用的固定比例来设定优惠税率，从而大幅度降低了企业的实际税负。协调中心制度还允许这类子公司支付的股息、利息和特许权使用费免缴预提税。

然而，2003 年欧盟委员会认定该制度涉及非法国家援助，与欧盟法律相悖，因此要求比利时立即停止执行该制度，并在 2010 年 12 月 31 日前终止已执行的税收优惠。

在协调中心制度被废止后，比利时在 2007 年又推出了名义利息扣除制度（notional interest deduction）⑦。顾名思义，名义利息并不是真实发生的利息，而是基于企业所有者权益计算的理论利息。相比于债权融资，股权融资在税收上处于劣势，因为债权融资发生

---

① 卢森堡居民企业从符合条件的参股企业（参股比例需要大于 10％并持续持有至少 12 个月）获取的股息和资本利得免征企业所得税和地方商业税。

② 此处意指卢森堡企业的参股方居住国应也有类似的税收制度。

③ 对向关联公司支付的超过独立交易原则标准的利息或部分分享利润的类似股息的利息征收 15％的预提所得税或根据协定适用较低的预提所得税。

④ 截至 2019 年 8 月 1 日，卢森堡已缔结并生效的税收协定有 84 个。

⑤ http://www.marxerpartner.com/fileadmin/user_upload/marxerpartner/pdf-downloads/Stiftungsrecht_new_e.pdf.

⑥ http://europa.eu/rapid/press-release_IP-03-242_en.htm.

⑦ https://www.pwc.com.cy/en/publications/assets/notional-interest-deduction-november-2015-english.pdf.

的利息可在税前扣除,股权融资分配的股息却不能享受这一优待。为了消除不同融资方式税收待遇的差异、鼓励企业增加自有资本投入,比利时规定符合条件的居民企业可以基于其所有者权益的3%—4%计算出名义上的"利息",将其从应税所得中扣除,如果名义利息超过当年的所得,超出部分能够向前结转7年。

比利时拥有丰富的双边税收协定网络[1],根据双边税收协定的规定,对于卢森堡企业收到的股息、利息、特许权使用费等收入,来源国也将提供低于法定税率的优惠税率。

5. 瑞士相关税收制度

瑞士对于符合条件的非居民金融公司的分支机构,认定其利息的绝大部分要付给债权人,只有$\frac{1}{11}$应作为归属于这些分支机构的所得在瑞士纳税,从而金融公司分支机构在瑞士只需承担很低的税负。符合条件的金融公司分支机构资产应达到1亿瑞士法郎,其中75%以上与金融服务相关;收入的75%以上来自利息或规避货币风险的业务;金融服务可向关联公司提供,也可向第三方公司提供,但向瑞士的集团内成员公司提供的贷款应不超过10%。此项金融公司分支机构的税制安排在1991年正式引入,在2018年的瑞士公司所得税制改革中被名义利息扣除制度所取代。

6. 欧盟《母子公司指令》

欧盟《母子公司指令》最初于1990年发布(90/435/EEC指令),该指令取消了不同欧盟成员国关联公司之间发生股息支付时子公司所在国对汇出股息向母公司课征的预提税,目的是防止子公司经营所得的利润在母公司和子公司所在国被重重征税。2003年欧盟理事会通过了2003/123/EC指令,该指令扩大了原90/435/EEC指令的范围,进一步放宽了免征预提税的条件,原要求母公司至少要持有附属公司25%的股份,从2009年1月1日起这一比例降至10%。

(四) 宜家获得的税收利益

在上述一系列的税收制度下,宜家的两家集团公司取得了可观的税收利益。

1. 2012年(含)之后从宜家连锁子公司到英特罗格基金会的利润转移

这一时期利润转移的路线为:

宜家连锁子公司→英特宜家系统有限公司→英特罗格财务有限公司→英特罗格基金会

各相关公司获得的税收利益如下。

(1) 宜家连锁子公司

宜家连锁子公司向英特宜家系统有限公司支付的特许权使用费在子公司所在国获得税收扣除。

宜家连锁子公司向英特宜家系统有限公司支付的特许权使用费借助荷兰的税收协定网络在子公司所在国缴纳较低的预提所得税。

(2) 英特宜家系统有限公司

英特宜家系统有限公司收到的特许权使用费在荷兰借助创新盒制度获得优惠的税收

---

① 截至2019年8月1日,比利时已缔结并生效的税收协定有98个。

待遇。

英特宜家系统有限公司向英特罗格财务有限公司支付的利息在荷兰获得税前扣除。

英特宜家系统有限公司向英特罗格财务有限公司支付的利息在荷兰免征预提所得税。

（3）英特罗格财务有限公司

英特罗格财务有限公司收到的利息在卢森堡通过预先裁定等方式获得优惠的税收待遇。

英特罗格财务有限公司向英特罗格基金会分配的股息在卢森堡免征预提所提税。

（4）英特罗格基金会

英特罗格基金会收到的股息在列支敦士登享有优惠的税收待遇。

2. 2012 年之前从宜家连锁子公司到英特罗格基金会的利润转移

这一时期利润转移的路线为：

宜家连锁子公司→英特宜家系统有限公司→英特罗格基金会

各相关公司获得的税收利益如下：

（1）宜家连锁子公司

与 2012 年之后相同。

（2）英特宜家系统有限公司

英特宜家系统有限公司收到的特许权使用费在荷兰借助创新盒制度获得优惠的税收待遇。

英特宜家系统有限公司向英特罗格基金会支付的特许权使用费在荷兰获得税前扣除。

英特宜家系统有限公司向英特罗格基金会支付的特许权使用费在荷兰免征预提所得税。

（3）英特罗格基金会

与 2012 年之后相同。

3. 宜家集团的集团内借贷

宜家连锁子公司向宜家服务中心支付的利息在子公司所在国获得税前扣除。

宜家服务中心收到的利息因为协调中心制度以及后来的名义利息扣除制度在比利时享受优惠的税收待遇。

宜家服务中心支出的利息因为协调中心制度在比利时免于缴纳预提所得税。

宜家连锁子公司向宜家服务中心支付的利息因比利时的税收协定网络在子公司所在国缴纳较低的预提所得税。

4. 英特宜家集团的集团内借贷

（1）2012 年之前

英特宜家财务有限公司收到的利息借助协调中心制度在比利时享受优惠的税收待遇，因比利时的税收协定网络在来源国缴纳较低的预提所得税，还在来源国得到税前扣除。

英特宜家财务有限公司支出的利息因为协调中心制度在比利时免于缴纳预提所得税。

（2）2012 年之后

英特宜家金融公司的瑞士分支机构收到的利息在卢森堡免税。卢森堡对外谈签的税收协定中对于营业利润实行免税法消除重复课税,本国金融机构的分支机构取得的利息根据税收协定的规定应适用"营业利润"条款,因此在卢森堡免税。

英特宜家金融公司的分支机构收到的利息在瑞士基于金融公司分支机构税制安排享受优惠的税收待遇。

英特宜家金融公司的分支机构收到的利息借助卢森堡的税收协定网络在来源国缴纳较低的预提所得税。

英特宜家金融公司的分支机构收到的利息在来源国得到税前扣除。

英特宜家金融公司支出的利息在卢森堡免于缴纳预提所得税。

（五）宜家避税问题的后续进展

1. 宜家的回复

在奥尔巴赫的报告发布后,2016 年 3 月 15 日欧洲议会税收委员会组织了对宜家及其他几家跨国公司的讯问,随后英特宜家集团 CEO 索伦·汉森(Søren Hansen)对奥尔巴赫的报告正式进行了回复①。

汉森在回复中重申宜家集团和英特宜家集团相互独立,两者拥有不同的股东和管理模式。回复还声称宜家授权经营的方式有商业实质,并列举了 13 个宜家授权经营公司,这些公司虽然向英特宜家系统有限公司支付特许权使用费,但与英特宜家集团相互独立。

关于奥尔巴赫报告中"英特宜家集团使用荷兰导管公司避税"的说法,英特宜家集团辩称英特宜家系统有限公司有一千多名全职员工,而且有实际经营业务,如产品开发、概念店的员工培训等。英特宜家系统有限公司会向授权经营公司提供宜家店面和产品销售的优化解决方案、店面布局、员工培训、市场调研及一系列服务。授权经营公司支付的特许权使用费在荷兰是应税收入,英特宜家系统有限公司已经完全按照荷兰企业所得税法纳税,而且荷兰就是这笔使用费的最终接收者。同样作出解释的还有英特宜家财务公司,该公司回复称英特宜家集团有义务给需要资金的子公司提供借款,而且财务公司本身也有充足的资本进行长期运营。

英特宜家集团称 2014 年集团缴纳了 8 500 万欧元的企业所得税,实际有效税率为 15.5%;虽然其 2015 年年报尚未发布,但整体纳税情况不会和 2014 年相差太大。

2. 欧盟绿党和自由联盟党团人士的进一步回复

对于英特宜家关于两个集团相互独立的辩解,欧盟绿党和自由联盟党团的分析师再次强调了控制宜家集团和英特宜家集团的两家基金会实质上由坎普拉德家族控制。此外,欧盟绿党和自由联盟党团认为宜家设置的荷兰导管公司虽然有实际经营业务,但还是促进了集团避税。

---

① https://www.greens-efa.eu/legacy/fileadmin/dam/Documents/Background_notes/Economy_taxation/Inter_IKEA_Group_answer_re_Greens_report.pdf.

英特宜家集团纳税情况的真实性,主要建立在特许权使用费汇集至荷兰后未进行进一步转移。英特宜家系统有限公司并未披露公司账目,因此无法证明这部分收入的真实去向。欧盟绿党和自由联盟认为"对缩水的蛋糕缴纳的税款不等于实际应该缴纳的税收"。对此,绿党和自由联盟人士认为宜家澄清的最好方法就是披露相关公司的数据,保持信息的公开透明。

3. 欧洲议会和欧盟委员会的应对措施

在 2016 年 2 月发布的宜家避税策略报告中,欧盟绿党和自由联盟党团向欧洲议会提出了一系列建议,包括采取更有力的一揽子反避税计划,要求在欧洲经营的大型跨国公司披露分国财务信息,要求欧洲国家向公众公开给予企业的税收裁定,填补特许权使用费免税、集团内借贷款、名义利息扣除等税收制度漏洞,确保最低有效税收(minimum effective taxation),以及对宜家的税收待遇中是否含有非法的国家援助进行调查,等等。

作为对这些建议的回应,欧盟委员会 2016 年 4 月 12 日提出了一项议案[1],要求在欧盟国家开展业务的年度全球营收超过 7.5 亿欧元的跨国企业向公众披露分国的盈利和纳税情况,包括汇总的在欧洲之外的纳税额,欧洲议会于 2017 年 4 月 7 日投票表决支持了该议案[2]。欧盟委员会还于数月后(2017 年 12 月 18 日)宣布开始对于荷兰税收当局是否给予了 IKEA 非法国家援助展开调查。

四、总结与评论

本案例详细分析了宜家避税的模式,同时结合对宜家避税事件后续进展的介绍,也在一定程度上揭示了宜家的避税模式面临的风险。宜家关于公司架构和业务模式的大部分安排本来是公司内部的安排,并未对外披露,并且这些安排也都符合相关国家的国内税法,已经得到这些国家税务机关的认可。然而媒体和政治团体还是将这些避税手段公之于众,并且在这些避税手段进入公众视野后,欧盟委员会、欧洲议会等机构启动了新的调查或新的立法程序,最终不但可能导致企业丧失已经得到的避税利益,还可能使企业因补缴税款和滞纳金而蒙受更大的损失。

由此可见,虽然降低包括税收在内的运营成本对于跨国企业来说无可厚非,随着国际反避税力度的加大,未来通过巧妙的组织架构和商业模式设计来成功降低税负将会更加困难,并且将面临更大的不确定性。

特别值得关注的是,与以往反避税风险主要来自各主权国家的情况不同,欧盟反避税力度的加大,使得跨国企业的避税模式即使得到所在国税务机关的认可,仍然有可能在若干年后被欧盟委员会推翻,已经得到的避税利益有可能被迫退回。比利时的协调中心制度被欧盟委员会认定为"非法国家援助"而被迫停止执行,以及卢森堡泄密事件之后欧洲议会开展听证调查等一系列事件,都表明了这种风险的客观存在。

因此,对于在欧盟从事跨国经营活动的企业来说,为了进行合理的税收筹划,不仅需

---

[1]　http://europa.eu/rapid/press-release_IP-16-1349_en.htm?locale=en.

[2]　http://www. europarl. europa. eu/news/en/press-room/20170629IPR78639/multinationals-should-disclose-tax-information-in-each-country-they-operate.

要熟悉东道国的国内税法、相关的税收协定,还必须熟悉欧盟的税收指令及非法国家援助制度等相关规则。只有密切关注国际税收环境、税收协定以及各国国内税法的变化,及时复核现有的税收筹划方案,考虑可能的调整方案,才能在纷繁复杂的税收环境下从容应对跨国税务筹划可能面临的内部及外部风险。

附录一

避税地国家和地区

OECD 在 2000 年 6 月发布的题为《认定和消除有害税收行为的进程》的报告中，将 35 个国家或地区列入避税地的"黑名单"，加上由于此前同意响应 OECD 的要求采取措施消除有害的税收竞争而未被列入"黑名单"的百慕大、开曼群岛、马耳他、塞浦路斯、毛里求斯和圣马力诺，OECD 事实上第一批认定的避税地有 41 个。此外，瑞士、爱尔兰、新加坡、中国香港等国家或地区虽未被列入 OECD 的名单，在关于避税地的研究文献[①]以及重要的避税地网站[②]中都被视为避税地。综合 OECD 的名单和相关研究的成果，主要的国际避税地如下表所示：

区　域	避　税　地
加勒比海地区	安圭拉、安提瓜和巴布达、阿鲁巴、巴哈马、巴巴多斯、英属维尔京群岛、开曼群岛、多米尼加、格林纳达、蒙塞拉特岛、荷属安的列斯群岛、圣克里斯托夫和尼维斯、圣卢西亚、圣文森特和格林纳丁斯、特克斯和凯克斯群岛、美属维尔京群岛
中美洲	伯利兹、巴拿马、哥斯达黎加*
东　亚	中国澳门*、新加坡*、中国香港*
欧洲/地中海地区	安道尔、根西岛和泽西岛、塞浦路斯、直布罗陀、曼岛、爱尔兰*、列支敦士登、卢森堡*、马耳他、摩纳哥、圣马力诺、瑞士*
印度洋	马尔代夫、毛里求斯、塞舌尔
西亚、中东	巴林、约旦*、黎巴嫩*、阿联酋*
北大西洋	百慕大
太平洋/南太平洋	库克群岛、马绍尔群岛、萨摩亚群岛、瑙鲁、纽埃、汤加、瓦努阿图
西　非	利比里亚

注：* 代表该国（或地区）未包括在 OECD(2000)的名单中。

---

① 如 J. R. Hines and E. M. Rice, Fiscal Paradise: Foreign Tax Havens and American Business, *Quarterly Journal of Economics*, vol.109, February 1994, pp.149–182。

② 如 http://www.lowtax.com。

附录二

2018 年个人所得税税制改革前的
工资薪金所得适用税率表

（2011 年 9 月前,不含 2011 年 9 月）

级　数	应纳税所得额区间（元）	税率（%）	速算扣除数（元）
1	0—1 500	3	0
2	1 500—4 500	10	105
3	4 500—9 000	20	555
4	9 000—35 000	25	1 005
5	35 000—55 000	30	2 755
6	55 000—80 000	35	5 505
7	80 000 以上	45	13 505

（2011 年 9 月后,含 2011 年 9 月）

级　数	应纳税所得额区间（元）	税率（%）	速算扣除数（元）
1	0—500	5	0
2	500—2 000	10	25
3	2 000—5 000	15	125
4	5 000—20 000	20	375
5	20 000—40 000	25	1 375
6	40 000—60 000	30	3 375
7	60 000—80 000	35	6 375
8	80 000—100 000	40	10 375
9	100 000 以上	45	15 375

附录三

我国对外签订已生效税收协定中
对方国家(地区)适用税种一览表

序号	国家(地区)	税　　　种
1	日　本	所得税,法人税,居民税
2	美　国	根据国内收入法征收的联邦所得税
3	法　国	所得税,公司税 包括为上述各种税的源泉扣缴和预扣款
4	英　国	所得税,公司税,财产收益税
5	比利时	自然人税,公司税,法人税,非居民税,视同自然人税的特别捐助 包括预扣税,上述税收和预扣税的附加税以及自然人税的附加税
6	德　国	个人所得税,公司所得税,财产税和营业税
7	马来西亚	所得税和超额利润税;补充所得税,即锡利润税、开发税和木材利润税; 石油所得税
8	挪　威	对所得征收的国家税,对所得征收的郡的市政税,对所得征收的市政税,国家平衡基金税,对财产征收的国家税,对财产征收的市政税,按照石油税收法令对所得和财产征收的国家税,对非居民艺术家报酬征收的国家税,海员税
9	丹　麦	国家所得税,市政所得税,县政所得税,老年养老金捐助,海员税,特别所得税,教会税,股息税,对疾病每日基金捐助,碳氢化合物税
10	新加坡	所得税
11	加拿大	加拿大政府征收的所得税
12	芬　兰	国家所得税,公司所得税,公共税,教会税,对居民取得的利息源泉扣缴的税收,对非居民所得源泉扣缴的税收(议定书,1998年4月10日生效) 国家所得税,公共税,教会税,对非居民所得源泉扣缴的税(原协定)
13	瑞　典	国家所得税,包括对股息征收的预提税;非居民所得税;非居民艺术家和运动员所得税;市政所得税;扩大经营目的税(附加议定书,2000年6月11日生效) 国家所得税,包括海员税和息票税;对公众表演家征收的税收;公共所得税;利润分享税(原协定)

序号	国家(地区)	税　　种
14	新西兰	所得税(第二议定书,适用于 1991 年 7 月 1 日起取得的所得) 所得税,超额留存税(原协定)
15	泰　国	所得税,石油所得税
16	意大利	个人所得税,公司所得税,地方所得税,无论这些税是否通过源泉扣缴征收
17	荷　兰	所得税,工资税,公司税(包括开发自然资源净利润中的政府股份),股息税
18	原捷克 斯洛伐克 (适用于 斯洛伐克)	利润税,工资税,文学艺术活动税,农业利润税,人口所得税,房屋租金税
19	波　兰	所得税,工资薪金税,平衡税,不动产税,农业税
20	澳大利亚	澳大利亚税收
21	南斯拉夫 (适用于 波斯尼亚和 黑塞哥维那)	对所得征收的税收,对工人个人所得征收的税收,对来自农业活动的个人所得征收的税收,对来自经济活动的个人所得征收的税收,对来自专业活动的个人所得征收的税收,对来自版权、专利和技术革新的特许权使用费征收的税收,对从财产和财产权利取得的收入征收的税收,对财产征收的税收,对公民的全部收入征收的税收,对外国人从事经济和专业活动的所得征收的税收,对外国人在国内的联合劳动组织投资取得的利润征收的税收,对在南斯拉夫境内未设机构的外国人从事运输活动的利润征收的税收
22	保加利亚	个人所得税,企业所得税,财产税,最终年度税(议定书,2003 年 1 月 2 日生效) 总所得税,独身男女、鳏夫、离婚者和无子女者所得税,利润税,房产税(原协定)
23	巴基斯坦	所得税,特别税,附加税
24	科威特	公司所得税,控股公司应向"科威特科学发展基金会"支付的净利润的 5%(KFAS),财产税(The Zakat)
25	瑞　士	联邦、州和镇对所得(全部所得、薪金所得、财产所得、工商利润、财产收益和其他所得)征收的税收,以及对财产(全部财产、动产和不动产、营业财产、实收股本、准备金和其他财产)征收的税收
26	塞浦路斯	所得税,财产收益税,特别捐税(用于共和国防务),不动产税
27	西班牙	个人所得税,公司税,财产税,地方对所得和财产征收的税收
28	罗马尼亚	对个人和法人团体取得的所得征收的税收,对外国代表机构和按照罗马尼亚法律建立的有外国资本参与的公司取得的利润征收的税收,对从事农业活动实现的所得征收的税收
29	奥地利	所得税;公司税;董事税;财产税;替代遗产财产税;工商企业税,包括对工资总额征收的税收;土地税;农林企业税;闲置土地价值税
30	巴　西	联邦所得税,不包括追加所得税和对次要活动征收的税收

序号	国家(地区)	税 种
31	蒙 古	个人所得税,外商投资企业所得税,外国企业所得税,地方所得税
32	匈牙利	个人所得税,利润税
33	马耳他	所得税
34	阿联酋	所得税,公司税,附加税
35	卢森堡	个人所得税,公司税,对公司董事费征收的税收,财产税,地区贸易税
36	韩 国	所得税,公司税,居民税(原协定) 协定第二条韩国方面的税种应理解为包括韩国在所得税或者公司税的税基上直接或者间接附加征收的农村发展特别税(第二议定书,2006年7月4日生效)
37	俄罗斯	企业及团体利润税,个人所得税
38	巴布亚新 几内亚	根据巴布亚新几内亚法律征收的所得税
39	印 度	所得税及其附加
40	毛里求斯	所得税
41	克罗地亚	所得税,利润税
42	白俄罗斯	法人所得和利润税,个人所得税,不动产税
43	斯洛文尼亚	对法人利润,包括对斯洛文尼亚共和国境内设有代理机构的外国人从事运输服务的所得征收的税收 对个人所得,包括工资和薪金、农业活动所得、经营所得、财产收益、特许权使用费及不动产和动产所得征收的税收
44	以色列	所得税(包括公司税和财产收益税),根据土地增值税法对不动产转让收益征收的税收,以及根据财产税法对不动产征收的税收
45	越 南	个人所得税,利润税,利润汇出税
46	土耳其	所得税,公司税,对所得税和公司税征收的税收
47	乌克兰	对企业的利润征收的税收,公民所得税
48	亚美尼亚	利润税,所得税,财产税
49	牙买加	所得税,有关财产收益的转让税
50	冰 岛	国民所得税,特别国民所得税,市政所得税,对银行机构取得的所得征收的税收
51	立陶宛	对法人利润征收的税收,对自然人所得征收的税收,对使用国有资产的企业征收的税收,不动产税
52	拉脱维亚	企业所得税,个人所得税,财产税
53	乌兹别克斯坦	企业、协会及社团组织所得税,乌兹别克斯坦共和国公民、外籍个人及无国籍人员个人所得税

续　表

序号	国家(地区)	税　　　种
54	孟加拉国	所得税
55	南斯拉夫联盟(适用于塞尔维亚和黑山)	公司利润税,公民所得税,财产税,对从事国际运输活动取得的收入征收的税收
56	苏　丹	所得税,财产收益税
57	马其顿	个人所得税,利润税,财产税
58	埃　及	不动产所得税(包括农业土地税和建筑税),统一的个人所得税,公司利润税,国家金融资源开发税,对上述各税按百分比征收的附加税
59	葡萄牙	个人所得税,公司所得税,公司所得税地方附加
60	爱沙尼亚	所得税,地方所得税
61	老　挝	企业利润(所得)税,个人所得税
62	塞舌尔	营业税,石油所得税
63	菲律宾	对个人、公司、产业和信托征收的所得税,股票交易税
64	爱尔兰	所得税,公司税,财产权益税
65	南　非	标准税,附加公司所得税
66	巴巴多斯	所得税,公司税(包括分支机构利润税和保险费所得税),石油经营收益税
67	摩尔多瓦	所得税
68	卡塔尔	所得税
69	古　巴	利润税,个人所得税
70	委内瑞拉	公司所得税,营业财产税
71	尼泊尔	按照所得税法征收的所得税
72	哈萨克斯坦	法人所得税,个人所得税
73	印度尼西亚	按照1984年所得税法征收的所得税(根据1983年第七号法修订)
74	阿　曼	根据皇家修订法令第47/1981号征收的公司所得税,根据皇家修订法令第77/1989号征收的商业和工业利润税
75	尼日利亚	个人所得税,公司所得税,石油利润税,财产收益税,教育税
76	突尼斯	所得税,公司税
77	伊　朗	所得税
78	巴　林	所得税(所得税法第22/1979号)
79	希　腊	个人所得税,法人所得税
80	吉尔吉斯斯坦	对法人利润及其他收入征收的税,个人所得税

序号	国家（地区）	税　　　种
81	摩洛哥	一般所得税，公司税
82	斯里兰卡	所得税，包括对投资委员会颁发许可证的企业营业额征收的所得税
83	特立尼达和多巴哥	所得税，公司税，石油利润税，附加石油税，失业税
84	阿尔巴尼亚	所得税（包括公司利润税和个人所得税），小规模经营活动税，财产税
85	文　莱	根据所得税法征收的所得税（第 35 号），根据所得税（石油）法征收的石油利润税（第 119 号）
86	阿塞拜疆	法人利润税，个人所得税
87	格鲁吉亚	企业利润税，企业财产税，个人所得税，个人财产税
88	墨西哥	联邦所得税
89	沙特阿拉伯	扎卡特税；所得税，包括天然气投资税
90	阿尔及利亚	全球所得税，公司所得税，职业行为税，财产税、矿区使用费
91	塔吉克斯坦	自然人所得税，法人利润税，不动产税
92	埃塞俄比亚	按第 286/2002 号公告规定对所得和利润征收的税收，按相应公告对采矿、石油和农业活动所得征收的税收
93	土库曼斯坦	个人所得税，法人利润税
94	捷　克	个人所得税，法人所得税
95	赞比亚	所得税
96	叙利亚	商业、工业和非商业利润所得税，薪金工资所得税，非居民所得税，动产和不动产收入所得税 对上述税收按比例征收的附加税，包括地方当局征收的附加税
97	厄瓜多尔	个人所得税，社团和其他类似实体的所得税
98	智　利	根据所得税法所征收的税收
99	津巴布韦	所得税，非居民股东税，非居民酬金税，非居民特许权使用费税，财产收益税，居民利息税
100	柬埔寨	利润税（包括预提税、最低税、股息分配附加利润税和财产收益税），工资税
101	中国香港	利得税，薪俸税，物业税
102	中国澳门	职业税，所得补充税，凭单印花税，房屋税

附录四

我国对外签订已生效税收协定中的
常设机构列举情况

协定条款 （第五条第二款）	内　容	与下列国家（地区）协定
常设机构一语 特别包括	管理场所，分支机构，办事处，工厂，作业场所，矿场、油井或气井、采石场或者其他开采自然资源的场所	所有协定国
	农场和种植园	马来西亚、泰国、印度尼西亚、毛里求斯、老挝、埃及、摩尔多瓦（包括葡萄园）、柬埔寨、埃塞俄比亚
	农场或林场	澳大利亚、埃塞俄比亚
	永久性展销场所	巴基斯坦
	炼油厂、销售店、为他人提供存储设施及仓库	巴林、柬埔寨、埃塞俄比亚
	为勘探或开采自然资源所使用的装置、钻井机或船只，仅以使用期____月的为限	1个月：新西兰 3个月：丹麦、法国、澳大利亚、菲律宾、阿塞拜疆 6个月：印度尼西亚、巴巴多斯 183天：印度、斯里兰卡 12个月：牙买加、克罗地亚、哈萨克斯坦 无时间限制：英国
	直销店	埃塞俄比亚

附录五

我国对外签订已生效税收协定中的
工程型常设机构有关规定

内　　容	期　　限	与下列国家(地区)协定
建筑工地、建筑、装配或安装工程,或者与其有关的监督管理活动,但仅以该工地、工程或活动连续____月以上的为限	6个月	日本、美国、比利时、德国、马来西亚、挪威、丹麦、新加坡、泰国、芬兰、加拿大、瑞典、新西兰、意大利、荷兰、捷克、波兰、澳大利亚、保加利亚、巴基斯坦、科威特、瑞士、西班牙、奥地利、巴西、卢森堡、韩国、越南、葡萄牙、菲律宾、巴新、孟加拉国、巴巴多斯、印度尼西亚、突尼斯、格鲁吉亚、墨西哥、特多、摩洛哥、智利、埃塞俄比亚、南斯拉夫(波黑)、赞比亚、中国香港、中国澳门
	183天	印度、斯里兰卡
	8个月	马耳他
	9个月	阿曼、委内瑞拉、阿尔巴尼亚、柬埔寨、叙利亚
	12个月	塞浦路斯、罗马尼亚、匈牙利、毛里求斯、斯洛文尼亚、以色列、土耳其、亚美尼亚、牙买加、冰岛、乌兹别克斯坦、南斯拉夫联盟(塞黑)、老挝、埃及、南非、摩尔多瓦、克罗地亚、马其顿、塞舌尔、古巴、哈萨克斯坦、伊朗、巴林、吉尔吉斯斯坦、阿塞拜疆、塔吉克斯坦、津巴布韦、捷克、土库曼斯坦、厄瓜多尔
	18个月	蒙古、乌克兰、俄罗斯 白俄罗斯、苏丹
	24个月	阿联酋
建筑工地、建筑、装配或安装工程,仅以连续____月以上的为限	6个月	法国、英国、爱尔兰
建筑工地、建筑、装配或安装工程,或者与其有关的监督管理或咨询活动,仅以连续____月以上的为限	12个月	立陶宛、拉脱维亚、爱沙尼亚
无此项内容		英国、巴基斯坦、立陶宛、拉脱维亚、爱沙尼亚、乌兹别克斯坦、老挝、爱尔兰、摩尔多瓦、突尼斯、格鲁吉亚、墨西哥、委内瑞拉、马其顿、伊朗、巴林

附录六

我国对外签订已生效税收协定中的
劳务型常设机构有关规定

内　　容	期　限	与下列国家(地区)协定
缔约国一方企业通过雇员或其他人员,在缔约国另一方为同一个项目或相关联的项目提供的劳务,包括咨询劳务,仅以在任何12个月中连续或累计超过____月的为限	6个月	日本、美国、法国、比利时、德国、马来西亚、挪威、丹麦、新加坡、芬兰、加拿大、瑞典、新西兰、意大利、荷兰、捷克、波兰、保加利亚、澳大利亚、科威特、瑞士、西班牙、罗马尼亚、奥地利、巴西、卢森堡、韩国、越南、冰岛、葡萄牙、菲律宾、巴新、孟加拉国、巴巴多斯、印度尼西亚、特立尼达和多巴哥、摩洛哥、中国香港、中国澳门、塔吉克斯坦、津巴布韦、智利、南斯拉夫(波黑)
	183天	厄瓜多尔、赞比亚、智利、土库曼斯坦、塔吉克斯坦
	8个月	马耳他
	9个月	阿曼、阿尔巴尼亚、捷克
	12个月	塞浦路斯、匈牙利、毛里求斯、斯洛文尼亚、以色列、土耳其、亚美尼亚、牙买加、苏丹、埃及、南非、克罗地亚、塞舌尔、古巴、哈萨克斯坦、吉尔吉斯斯坦、阿塞拜疆
	18个月	蒙古、乌克兰、俄罗斯、白俄罗斯
	24个月	阿联酋
缔约国一方企业通过雇员或者其他人员,在缔约国另一方提供第十二条(特许权使用费和技术服务费)所规定的技术服务以外的劳务,但仅以该项活动在该缔约国另一方连续或累计超过____为限	183天	印度、斯里兰卡、泰国
无此项内容协定		英国、巴基斯坦、立陶宛、拉脱维亚、爱沙尼亚、乌兹别克斯坦、南斯拉夫联盟(塞黑)、老挝、爱尔兰、摩尔多瓦、突尼斯、格鲁吉亚、墨西哥、委内瑞拉、马其顿、伊朗、巴林、埃塞俄比亚、叙利亚、柬埔寨

附录七

中国对外签订已生效税收协定中股息的预提所得税率

支付股息公司所在国(地区)有征税权	条件	税率	与下列国家(地区)协定
是	股息受益所有人必须为缔约国(地区)对方居民	5%	科威特、蒙古、毛里求斯、斯洛文尼亚、牙买加、南斯拉夫联盟(塞黑)、苏丹、老挝、南非、克罗地亚、马其顿、塞舌尔、巴巴多斯、阿曼、巴林、沙特阿拉伯、埃塞俄比亚、赞比亚、厄瓜多尔
		7.5%	津巴布韦
		7%	阿联酋
		8%	埃及、突尼斯、墨西哥
		10%	日、美、法、英、比利时、德、马来西亚*、丹麦、芬兰*、瑞典、意大利、荷兰、捷克、波兰、保加利亚、巴基斯坦、瑞士*、塞浦路斯、西班牙、罗马尼亚、奥地利、匈牙利、马耳他、卢森堡、韩国、俄罗斯、印度、白俄罗斯、以色列、越南、土耳其、乌克兰、亚美尼亚、冰岛、立陶宛、拉脱维亚、乌兹别克斯坦、爱沙尼亚、葡萄牙、爱尔兰、摩尔多瓦、孟加拉国、哈萨克斯坦、印度尼西亚、古巴、伊朗、吉尔吉斯斯坦、委内瑞拉、斯里兰卡、阿尔巴尼亚、阿塞拜疆、摩洛哥、格鲁吉亚、特立尼达和多巴哥、智利、柬埔寨、南斯拉夫(波黑)、中国香港、中国澳门
		12%	新加坡*
		15%	挪威、加拿大、新西兰、巴西、菲律宾、巴布亚新几内亚
		20%	泰国
是	股息受益所有人为缔约国(地区)对方居民公司且直接拥有支付股息公司至少50%股份或在该公司投资达到200万欧元	0%	格鲁吉亚

支付股息公司所在国(地区)有征税权	条　件	税率	与下列国家(地区)协定
是	股息受益所有人为缔约国(地区)对方居民公司并且直接拥有支付股息公司至少 25% 股份	2.5%	津巴布韦
		5%	卢森堡、韩国、乌克兰、亚美尼亚、冰岛、立陶宛、拉脱维亚、爱沙尼亚、爱尔兰、摩尔多瓦、古巴、特立尼拉和多巴哥、中国香港、土库曼斯坦、捷克、叙利亚、塔吉克斯坦
		7%	新加坡、奥地利
		15%	泰国
是	股息受益所有人必须为缔约国(地区)对方居民公司并且直接拥有支付股息公司至少 10% 股份	5%	委内瑞拉、格鲁吉亚(或在该公司投资超过 10 万欧元)
		10%	加拿大*、菲律宾
否	股息受益所有人为缔约国(地区)对方政府、政府机构或政府全资拥有资本的实体;或政府直接拥有支付股息公司至少 25% 股份		阿联酋

注：*代表我国居民从该国取得的股息免予征税。

附录八

我国对外签订已生效税收协定中利息的预提所得税率

项　目	与下列国家(地区)协定
对利息征税税率低于或高于10%	智利4%(因银行、保险公司和其他金融机构提供的贷款而取得的利息) 中国香港7% 新加坡7%(限于银行或金融机构),科威特5% 奥地利7%(限于银行或金融机构),以色列7%(限于银行或金融机构) 埃塞俄比亚7% 牙买加7.5%,阿联酋7%,古巴7.5%,捷克7.5%,津巴布韦7.5% 塔吉克斯坦8% 委内瑞拉5%(限于银行或金融机构),巴西15%
对国家(地区)银行(或中央银行)或政府拥有金融机构贷款利息免税	日本、美国、法国、英国、比利时、马来西亚、挪威、丹麦、芬兰、加拿大、新西兰、意大利、捷克、波兰、保加利亚、巴基斯坦、科威特、瑞士、罗马尼亚、巴西、蒙古、匈牙利、马耳他、卢森堡、韩国、俄罗斯、印度、毛里求斯、白俄罗斯、越南、乌克兰、亚美尼亚、牙买加、立陶宛、拉脱维亚、乌兹别克斯坦、南斯拉夫(塞尔维亚和黑山)、爱沙尼亚、苏丹、埃及、爱尔兰、南非、菲律宾、摩尔多瓦、克罗地亚、阿联酋、巴新、孟加拉、马其顿、塞舌尔、古巴、哈萨克、印度尼西亚、突尼斯、吉尔吉斯斯坦、巴林、斯里兰卡、阿尔巴尼亚、格鲁吉亚、墨西哥、阿塞拜疆、特立尼达和多巴哥、摩洛哥、巴巴多斯、沙特阿拉伯、埃塞俄比亚、土库曼斯坦、赞比亚、叙利亚、厄瓜多尔、津巴布韦、柬埔寨、塔吉克斯坦、中国香港、中国澳门
与下列国家(地区)的协定或议定书中列名的免税银行或金融机构	日本:日本银行、日本输出入银行、海外经济协力基金、国际协力事业团 法国:法兰西银行、法国对外贸易银行、法国对外贸易保险公司 德国:德意志联邦银行、重建供求银行、德国在发展中国家投资金融公司、赫尔梅斯担保公司 马来西亚:马来西亚挪格拉银行 新加坡:新加坡金融管理局、新加坡政府投资公司、新加坡星展银行有限公司 芬兰:芬兰出口信贷有限公司、芬兰工业发展合作基金会 加拿大:加拿大银行、加拿大出口开发公司 瑞典:瑞典银行、瑞典出口信贷担保局、国家债务局、瑞典与发展中国家工业合作基金会 泰国:泰国银行、泰国进出口银行、政府储蓄银行、政府住房银行 荷兰:荷兰银行(中央银行)、荷兰发展中国家金融公司、荷兰发展中国家投资银行 巴基斯坦:国家银行 奥地利:奥地利国家银行、奥地利控制银行公司

项　目	与下列国家(地区)协定
与下列国家(地区)的协定或议定书中列名的免税银行或金融机构	韩国：韩国银行、韩国产业银行、韩国输出入银行 越南：越南国有银行 土耳其：土耳其中央银行、土耳其进出口银行、土耳其发展银行 冰岛：冰岛中央银行、工业贷款基金、工业开发基金 老挝：老挝银行、老挝对外贸易银行 葡萄牙：储蓄总行、国家海外银行、葡萄牙投资贸易和旅游协会 巴巴多斯：巴巴多斯中央银行 阿曼：阿曼中央银行、国家总储备基金、阿曼发展银行 委内瑞拉：委内瑞拉中央银行 墨西哥：墨西哥银行、国家外贸银行、国家财务银行、国家公共建设和服务银行 阿塞拜疆：阿塞拜疆共和国国家银行和国家石油基金会 特立尼达和多巴哥：中央银行、农业发展银行、出口保险公司、国家住房管理局、国家保险管理委员会、住房抵押银行、存款保险公司、小企业发展公司、发展融资有限公司、抵押金融公司 摩洛哥：中央银行 巴巴多斯：中央银行 土库曼斯坦：中央银行；以及缔约国双方主管当局随时可同意的，由土库曼斯坦政府完全拥有的任何机构 捷克：捷克出口银行(CEB)、出口担保和保险公司(EGAP)、缔约国双方主管当局一致同意的任何其他机构 叙利亚：政府、地方当局、中央银行或者任何完全由政府拥有的金融机构 埃塞俄比亚：政府、地方当局或者中央银行 厄瓜多尔：政府、其行政区或地方当局、中央银行或者任何由政府全资拥有的机构 赞比亚：政府或地方当局、中央银行或任何完全由政府拥有的金融机构 柬埔寨：政府或地方当局、中央银行或者政府主要拥有的金融机构或法定主体 津巴布韦：政府、地方当局、中央银行或者完全为政府所拥有的金融机构
与下列国家(地区)的协定对利息无免税规定	澳大利亚、塞浦路斯、西班牙、斯洛文尼亚、智利、南斯拉夫(波黑)
与下列国家(地区)协定中列名的在对方予以免税的我国金融机构	法国：中国人民银行、直接或间接贷款或担保的中国银行或中国国际信托投资公司 德国：中国人民银行、中国农业银行、中国人民建设银行、中国投资银行、中国工商银行、由中国银行和中国国际信托投资公司直接担保或提供的贷款 马来西亚：中国人民银行、中国银行总行、中国国际信托投资公司 新加坡：中国人民银行、中国国际信托投资公司、中国银行总行 加拿大：中国人民银行、直接或间接贷款或担保的中国银行或中国国际信托投资公司 瑞典：中国人民银行、直接或间接贷款或担保的中国银行或中国国际信托投资公司 泰国：中国人民银行、在中央银行一般授权的范围内进行活动的中国银行 荷兰：中国人民银行、中国银行、中国国际信托投资公司 巴基斯坦：中国人民银行、中国银行 奥地利：中国人民银行、直接或间接贷款的中国银行或中国国际信托投资公司 韩国：中国人民银行、中国国家开发银行、中国进出口银行、中国农业发展银行 土耳其：中国人民银行、中国银行、中国国际信托投资公司实业银行 冰岛：中国人民银行、国家开发银行、中国进出口银行、中国农业开发银行 老挝：中国人民银行、中国国家开发银行、中国进出口银行、中国农业发展银行

续　表

项　目	与下列国家(地区)协定
与下列国家(地区)协定中列名的在对方予以免税的我国金融机构	葡萄牙：中国人民银行、国家开发银行、中国进出口银行、中国农业发展银行 巴巴多斯：中国人民银行、国家开发银行、中国进出口银行、中国农业开发银行 阿曼苏丹：中国人民银行、国家开发银行、中国进出口银行、中国农业开发银行 委内瑞拉：中国人民银行、中国开发银行、中国进出口银行、中国农业银行 摩洛哥：中国人民银行、中国国家开发银行、中国进出口银行、中国农业发展银行 特立尼达和多巴哥：中国人民银行、国家开发银行、中国进出口银行、中国农业发展银行 阿塞拜疆：中国国家发展银行、中国进出口银行、中国农业发展银行、社会保险基金理事会、中国银行、中国建设银行、中国工商银行、中国农业银行 墨西哥：中国人民银行、国家开发银行、中国进出口发展银行、中国出口信用保险公司 土库曼斯坦：中国人民银行、国家开发银行、中国农业发展银行、中国进出口银行、全国社会保障基金理事会、中国出口信用保险公司，以及缔约国双方主管当局随时可同意的，由中国政府完全拥有的任何机构 捷克：中国国家开发银行、中国农业发展银行、中国进出口银行、中国出口信用保险公司、缔约国双方主管当局一致同意的任何其他机构 叙利亚：政府、地方当局、中央银行或者任何完全由政府拥有的金融机构 埃塞俄比亚：政府、地方当局或者中央银行 厄瓜多尔：政府、其行政区或地方当局、中央银行或者任何由政府全资拥有的机构 赞比亚：政府或地方当局、中央银行或任何完全由政府拥有的金融机构 柬埔寨：政府或地方当局、中央银行或者政府主要拥有的金融机构或法定主体 津巴布韦：政府、地方当局、中央银行或者完全为政府所拥有的金融机构

注：除表中栏目1所列国家(地区)外，与其他国家(地区)协定对利息征税税率均为10％。

附录九

我国对外签订已生效税收协定中
特许权使用费的预提所得税率

项　　目	与下列国家（地区）协定
特许权使用费税率低于或高于 10%*	5%：古巴、格鲁吉亚、埃塞俄比亚、赞比亚 7%：中国香港、罗马尼亚 7.5%：津巴布韦 8%：埃及、塔吉克斯坦 12.5%：巴基斯坦 15%：泰国 其他特殊规定 智利：2%（工业、商业或科学设备） 巴西：25%（仅限商标）、15%（其他） 老挝：5%（在老挝）、10%（在中国） 菲律宾：15%（文学、艺术或科学著作）、10%（其他） 突尼斯：5%（技术或经济研究或技术援助）、10%（其他）
与下列国家（地区）协定规定对使用对方机器设备支付的特许权使用费征税税率为 6%	法国、比利时、荷兰、瑞士、西班牙、奥地利、卢森堡、爱尔兰
与下列国家（地区）协定规定对使用对方机器设备支付的特许权使用费税率为 7%	美国、英国、德国、丹麦、芬兰、意大利、波兰、保加利亚、南非
与下列国家（地区）协定规定特许权使用费不包括使用对方机器设备支付的款项	突尼斯、吉尔吉斯斯坦、格鲁吉亚
与下列国家（地区）协定规定我国居民从对方国家取得的特许权使用费对方给予单方面免税	马来西亚（限于电影影片）

注：除表中栏目 1 所列国家（地区）外，与其他国家（地区）协定特许权使用费税率均为 10%。

附录十

我国对外签订已生效税收协定中的
"财产收益"条款有关规定

收益类别	来源国(地区)征税	居民国(地区)征税
转让主要财产为不动产的公司股份取得的收益	主要财产为不动产的公司所在国征税： 日本、美国、法国、英国、比利时、德国、挪威、丹麦、新加坡、瑞典、新西兰、泰国、意大利、荷兰、捷克、波兰、巴基斯坦、塞浦路斯、西班牙、罗马尼亚、巴西、蒙古、马耳他、卢森堡、俄罗斯、越南、乌克兰、牙买加、冰岛、乌兹别克斯坦、摩尔多瓦、克罗地亚、苏丹、老挝、埃及、南非、奥地利、土耳其、塞舍尔、马其顿、巴布亚新几内亚、阿曼、巴林、吉尔吉斯斯坦、斯里兰卡、马来西亚、芬兰、加拿大、澳大利亚、保加利亚、印度、匈牙利、瑞士、韩国、毛里求斯、以色列、立陶宛、拉脱维亚、南斯拉夫联盟(塞尔维亚和黑山)、南斯拉夫(波黑)、爱沙尼亚、葡萄牙、爱尔兰、菲律宾、阿联酋、哈萨克斯坦、印度尼西亚、伊朗、阿尔巴尼亚、阿塞拜疆、墨西哥、摩洛哥、埃塞俄比亚、赞比亚、厄瓜多尔、智利、津巴布韦、柬埔寨、塔吉克斯坦、土库曼斯坦、中国香港、中国澳门	白俄罗斯*、斯洛文尼亚*、科威特*、亚美尼亚*、孟加拉*、巴巴多斯*、古巴*、委内瑞拉*、突尼斯*、格鲁吉亚*、特立尼达和多巴哥*、捷克*、叙利亚
转让其他公司股份取得的收益	被转让股份的公司所在国(地区)征税 (转让者参股至少25%情况下)： 英国、美国、法国、比利时、德国、挪威、丹麦、新加坡、瑞典、新西兰、泰国、意大利、荷兰、捷克、巴基斯坦、塞浦路斯、西班牙、罗马尼亚、蒙古、马耳他、卢森堡、俄罗斯、越南、乌克兰、牙买加、冰岛、乌兹别克、摩尔多瓦、克罗地亚、苏丹、老挝、埃及、南非、土耳其、塞舌尔、马其顿、巴新、阿曼、巴林、吉尔吉斯、斯里兰卡、芬兰、毛里求斯、津巴布韦(参股至少50%)、中国香港、中国澳门 (无参股比例限制)： 奥地利、捷克、智利、墨西哥	瑞士*、韩国*、以色列*、立陶宛*、拉脱维亚*、南斯拉夫联盟(塞尔维亚和黑山)*、爱沙尼亚*、葡萄牙*、爱尔兰*、菲律宾*、哈萨克斯坦*、白俄罗斯*、斯洛文尼亚*、科威特*、亚美尼亚*、孟加拉*、巴巴多斯*、古巴*、委内瑞拉*、突尼斯国*、格鲁吉亚*、印度尼西亚*、伊朗*、阿尔巴尼亚*、阿塞拜疆*、特立尼达和多巴哥*、摩洛哥*、叙利亚*、厄瓜多尔*、赞比亚

收益类别	来源国（地区）征税	居民国（地区）征税
转让"其他财产"取得的收益	转让收益发生国（地区）征税： 日本、美国、法国、比利时、马来西亚、挪威、新加坡、加拿大、瑞典、新西兰、泰国、意大利、波兰、澳大利亚、保加利亚（未明确）、巴基斯坦、西班牙、罗马尼亚、奥地利、巴西（规定双方都有征税权）、匈牙利、印度、阿联酋（未明确）、南斯拉夫（波黑）	英国、荷兰、丹麦、德国、芬兰、科威特、瑞士、塞浦路斯、蒙古、马耳他、卢森堡、韩国、俄罗斯、毛里求斯、白俄罗斯、斯洛文尼亚、以色列、越南、土耳其、乌克兰、亚美尼亚、牙买加、冰岛、乌兹别克斯坦、南斯拉夫（塞尔维亚和黑山）、立陶宛、拉脱维亚、爱沙尼亚、葡萄牙、爱尔兰、菲律宾、苏丹、老挝、埃及、南非、摩尔多瓦、克罗地亚、孟加拉国、巴巴多斯、塞舌尔、马其顿、巴新、阿曼、巴林、吉尔吉斯斯坦、斯里兰卡、哈萨克斯坦、印度尼西亚、伊朗、阿尔巴尼亚、古巴、委内瑞拉、突尼斯、格鲁吉亚、阿塞拜疆、墨西哥、特立尼达和多巴哥、摩洛哥、中国香港、中国澳门、埃塞俄比亚、捷克、赞比亚、叙利亚、厄瓜多尔、智利、津巴布韦、柬埔寨、塔吉克斯坦、土库曼斯坦

注：

1. 来源国（地区）拥有征税权指被转让股份的公司所在国（地区）拥有征税权。

2. 居民国（地区）拥有征税权指转让股份取得收益的人（法人及自然人）为居民的国家（地区）拥有征税权。

3. 财产转让收益发生国（地区）拥有征税权：有些协定在对转让"其他财产"时规定，发生于缔约国（地区）一方的财产转让收益可以在该缔约国（地区）征税。所谓"发生国"（地区）应理解为收益发生时的财产所在国（地区）或转让行为发生国（地区）。

4. ＊是指与这些国家（地区）的协定"财产收益"条款没有单列"对转让主要财产为不动产公司股份取得收益"或"对参股 25％情况下转让公司股份取得收益"的税收处理规定，对这些协定涉及的有关股份转让收益按"其他财产收益"款项的规定确定征税权。

我国对外签订已生效税收协定中
关于个人劳务所得的
"停留 183 天"有关规定

项　　目	与下列国家(地区)协定
与下列国家(地区)的协定规定停留期按一个历年内连续或累计停留是否超过 183 天	日本、美国、比利时、德国、马来西亚、丹麦、新加坡 芬兰、加拿大、瑞典、意大利、荷兰、捷克、波兰 保加利亚、巴基斯坦、科威特、瑞士、西班牙、罗马尼亚 奥地利、巴西、蒙古、匈牙利、马耳他、卢森堡、韩国(独立个人劳务)、俄罗斯、斯洛文尼亚、以色列、越南、土耳其、乌克兰、亚美尼亚、冰岛、乌兹别克斯坦、南斯拉夫、爱沙尼亚、苏丹、老挝、葡萄牙、菲律宾、摩尔多瓦、克罗地亚、阿联酋、马其顿、塞舌尔、哈萨克斯坦、伊朗、古巴、巴林、墨西哥、格鲁吉亚
与下列国家(地区)的协定规定停留期按有关会计(财政/纳税)年度内连续或累计停留是否超过 183 天	会计年度：英国、埃及、孟加拉国 财政/纳税年度：爱尔兰、巴巴多斯、印度
与下列国家(地区)的协定规定停留期按任何 12 个月内连续或累计停留是否超过 183 天	任何 12 个月：挪威、泰国、新西兰、澳大利亚、塞浦路斯、毛里求斯、白俄罗斯、牙买加、立陶宛、拉脱维亚、委内瑞拉、印度尼西亚、吉尔吉斯斯坦、斯里兰卡、特立尼达和多巴哥、阿塞拜疆、阿尔巴尼亚、阿曼、南非、突尼斯、摩洛哥、韩国(非独立个人劳务)、中国香港、中国澳门 任何 365 天：巴布亚新几内亚

附录十二

我国对外签订已生效税收协定中的
"教师和研究人员"条款有关规定

项　　目		与下列国家(地区)协定
按免税期规定的协定	免税期为5年	波兰、科威特、阿联酋
	免税期为3年	日本、丹麦、瑞典、西班牙、蒙古、匈牙利、韩国、印度、卢森堡、俄罗斯、乌克兰、亚美尼亚、牙买加、冰岛、苏丹、埃及、葡萄牙、老挝、塞舌尔、哈萨克斯坦、巴林、吉尔吉斯斯坦、斯里兰卡、墨西哥、中国澳门
	免税期为2年	巴基斯坦、塞浦路斯、罗马尼亚、马耳他、毛里求斯、白俄罗斯、克罗地亚、斯洛文尼亚、以色列、越南、立陶宛、拉脱维亚、南斯拉夫联盟(塞尔维亚和黑山)、马其顿、爱沙尼亚、菲律宾、爱尔兰、南非、巴巴多斯、摩尔多瓦、阿曼、突尼斯、伊朗、古巴、委内瑞拉、摩洛哥、特多、阿尔巴尼亚、格鲁吉亚
按免税条件规定的协定	停留时间不超过5年	捷克、保加利亚
	停留时间不超过3年	美国、法国、英国、比利时、德国、马来西亚、挪威、芬兰、新加坡、泰国、意大利、荷兰、奥地利、孟加拉国、塔吉克斯坦、津巴布韦、捷克、埃塞俄比亚、南斯拉夫(波黑)、土库曼斯坦
	停留时间不超过2年	新西兰、澳大利亚、瑞士、巴布亚新几内亚、土耳其、巴西、印度尼西亚
	停留时间不超过1年	叙利亚
在下列机构中从事活动予以免税的协定(符合免税条件的机构)	大学、学院、学校或教育机构	日本、德国、新加坡、新西兰、泰国、澳大利亚、马耳他、巴布亚新几内亚、立陶宛、拉脱维亚、南斯拉夫联盟(塞尔维亚和黑山)、爱沙尼亚、委内瑞拉
	大学、学院、学校或教育机构或科研机构	美国、法国、英国、比利时、马来西亚、挪威、丹麦、芬兰、瑞典、意大利、荷兰、捷克、波兰、保加利亚、巴基斯坦、科威特、瑞士、塞浦路斯、西班牙、罗马尼亚、奥地利、蒙古、匈牙利、韩国、印度

项　　目		与下列国家（地区）协定
在下列机构中从事活动予以免税的协定（符合免税条件的机构）	大学、学院、学校或教育机构或科研机构	卢森堡、阿联酋、俄罗斯、毛里求斯、白俄罗斯、克罗地亚、斯洛文尼亚、以色列、越南、乌克兰、亚美尼亚、牙买加、冰岛、孟加拉国、苏丹、马其顿、埃及、葡萄牙、老挝、塞舌尔、菲律宾、爱尔兰、南非、巴巴多斯、摩尔多瓦、哈萨克斯坦、阿曼、突尼斯、古巴、巴林、吉尔吉斯斯坦、摩洛哥、斯里兰卡、特立尼达和多巴哥、阿尔巴尼亚、格鲁吉亚、墨西哥、中国澳门、塔吉克斯坦、津巴布韦、捷克、叙利亚、南斯拉夫（波黑）、埃塞俄比亚、土库曼斯坦
	大学、学院、学校、博物馆或其他文化机构	巴西、印度尼西亚
	对所在机构没有限定	土耳其、伊朗
无此条款		加拿大、乌兹别克斯坦、阿塞拜疆、中国香港、柬埔寨、赞比亚、厄瓜多尔、智利、捷克

附录十三

我国对外签订已生效税收协定中的 "其他所得"条款有关规定

"其他所得"条款	与下列国家（地区）协定
规定来源国（地区）拥有征税权	日本、美国、法国、比利时、德国、马来西亚、挪威、丹麦、新加坡、芬兰、加拿大、瑞典、新西兰、泰国、意大利、荷兰、捷克、波兰、澳大利亚、巴基斯坦、塞浦路斯、西班牙、罗马尼亚、奥地利、巴西、匈牙利、印度、越南、牙买加、南非、中国香港
居民国（地区）拥有征税权	科威特、蒙古、马耳他、卢森堡、韩国、俄罗斯、毛里求斯、阿联酋、巴布亚新几内亚、白俄罗斯、克罗地亚、斯洛文尼亚、以色列、土耳其、乌克兰、亚美尼亚、冰岛、立陶宛、拉脱维亚、乌兹别克斯坦、南斯拉夫（塞尔维亚和黑山）、爱沙尼亚、菲律宾、爱尔兰、孟加拉国、苏丹、埃及、马其顿、葡萄牙、老挝、塞舌尔、哈萨克斯坦、印度尼西亚、巴巴多斯、摩尔多瓦、巴林、阿曼、希腊、摩洛哥、特多、墨西哥、格鲁吉亚、阿塞拜疆、阿尔巴尼亚、斯里兰卡、委内瑞拉、吉尔吉斯斯坦、突尼斯、伊朗、古巴、沙特、中国澳门
无此条款	英国、保加利亚、瑞士

主要参考文献

〔1〕Arnold, B. J., *International Tax Primer* (*3rd edition*). Kluwer Law International, Zuidpoolsingel, Netherlands, 2016.

〔2〕Brauner, Y. & P. Pistone, *BRICS and the Emergence of International Tax Coordination*. IBFD, Amsterdam, Netherlands, 2015.

〔3〕Doermberg, R. L., *International Taxation in a Nutshell*. Thomson Reuters, St. Paul, U.S., 2012.

〔4〕Finnerty, C. J., P. Merks, R. Russo, *Fundamentals of International Tax Planning*. IBFD, Amsterdam, Netherlands, 2007.

〔5〕OECD, *International Tax Avoidance and Evasion*, *Four Related Studies*. OECD Publishing, Paris, France, 1987.

〔6〕OECD, *Action Plan on Base Erosion and Profit Shifting*. OECD Publishing, Paris, France, 2013.

〔7〕OECD, *Addressing on Base Erosion and Profit Shifting*. OECD Publishing, Paris, France, 2013.

〔8〕OECD, *Transfer Pricing Guidelines for Multinational Enterprises and Tax Administrations*. OECD Publishing, Paris, France, 2017.

〔9〕荷兰国际财税文献局:《IBFD 国际税收词汇》(第 7 版),中国税务出版社,2016 年。

〔10〕曹明星、于海、李娜:《跨境所得的国际税收筹划与管理》,中国税务出版社,2014 年。

〔11〕杜莉:《国际税收学》,上海三联书店,2001 年。

〔12〕段从军:《国际税收实务与案例》,中国市场出版社,2016 年。

〔13〕国家税务总局国际税务司:《非居民企业案例集》,中国税务出版社,2012 年。

〔14〕国家税务总局国际税务司:《中国避免双重征税协定执行指南》,中国税务出版社,2013 年。

〔15〕何杨:《国际税收规则变革与中国的应对》,经济科学出版社,2017 年。

〔16〕黄素华、高阳:"国际税收情报交换制度进入快速发展期",《国际税收》,2014 年第 2 期。

〔17〕凯文. 霍姆斯著,姜跃生、陈新译:《国际税收政策与避免双重征税协定》(第 2 版),中国税务出版社,2017 年。

〔18〕刘剑文：《国际税法学》(第三版),北京大学出版社,2013 年。

〔19〕鲁文·S·阿维-约纳、吉尔·萨维尔、胡天龙:"从税收情报交换协议到政府间协议",《国际税收》,2015 年第 8 期。

〔20〕罗伊· 罗哈吉著,林海宁、范文祥译:《国际税收基础》,北京大学出版社,2006 年。

〔21〕唐腾翔:《国际税收协定通论》,中国财政经济出版社,1992 年。

〔22〕杨斌:《国际税收学》,复旦大学出版社,2003 年。

〔23〕中国注册会计师协会:《税法》,中国财政经济出版社,2018 年。

〔24〕中国国际税收研究会:《中国国际税收 40 年》,中国税务出版社,2018 年。

〔25〕中国国际税收研究会:《中国开放型经济税收发展研究报告(2017 年度)——全球合作应对 BEPS 背景下中国企业"走出去"税收问题研究》,中国税务出版社,2018 年。

〔26〕朱青:《国际税收》(第七版),中国人民大学出版社,2017 年。

术 语 索 引

图书在版编目(CIP)数据

国际税收/杜莉编著. —上海:复旦大学出版社,2019.9(2023.10 重印)
经管类专业学位研究生主干课程系列教材
ISBN 978-7-309-14411-6

Ⅰ.①国… Ⅱ.①杜… Ⅲ.①国际税收-研究生-教材 Ⅳ.①F810.42

中国版本图书馆 CIP 数据核字(2019)第 122269 号

国际税收
杜 莉 编著
责任编辑/谢同君

复旦大学出版社有限公司出版发行
上海市国权路 579 号 邮编:200433
网址:fupnet@ fudanpress.com http://www.fudanpress.com
门市零售:86-21-65102580 团体订购:86-21-65104505
出版部电话:86-21-65642845
上海四维数字图文有限公司

开本 787 毫米×1092 毫米 1/16 印张 22 字数 482 千字
2023 年 10 月第 1 版第 3 次印刷

ISBN 978-7-309-14411-6/F·2591
定价:66.00 元